DIALOGUE

시나리오

어떻게

쓸 것인가 2

DIALOGUE

: The Art of Verbal Action for Page, Stage, Screen

by Robert McKee

DIALOGUE

시나리오 어떻게 쓸 것인가 2

로버트 맥키 | 고영범·이승민 옮김

민음인

미아에게

그녀가 말할 때
내 심장은 듣는다.

차례

감사의 말

모든 작가들은 초고를 읽어주고, 통찰력 있는 노트를 작성해주며, 우정으로 인해 비평의 칼날이 무뎌지지 않을 친구들이 필요하다. 나는 캐롤 탬보, 바심 엘-와킬, 제임스 맬케이브, 조엘 번스타인, 폴 맥키, 미아 킴, 마시아 프리드먼, 스티븐 프레스필드, 패트릭 맥그래스에게 빚을 졌다.

대화는 왜 중요한가

우리는 말한다.

말은, 인간의 다른 어떤 특성들보다도, 인간으로서의 우리를 더 잘 표현해낸다. 우리는 연인에게 속삭이고, 적에게 저주를 퍼붓고, 배관공과 언쟁을 벌이고, 개를 칭찬하고, 어머니의 무덤에 대고 맹세를 한다. 인간 사이의 관계란 결국 우리가 사는 나날들을 힘들게 혹은 아름답게 하는 복잡한 실타래 속으로 들어가거나, 감싸고 돌거나, 뚫고 나가거나, 아니면 아예 그 모두에서 벗어나려는 길고 긴 대화를 말한다. 가족이나 친구 사이에 얼굴을 마주 대하고 나누는 대화는 몇십 년을 이어질 수도 있다. 그런가 하면 한 사람이 자기 자신과 나누는 대화는 영원히 끝나지 않는다. 죄의식에 가득 찬 양심은 과도한 욕망을 꾸짖고, 무지는 지혜를 비웃고, 희망은 절망을 위로하고, 충동성은 조심성을 조롱하고, 경망스러운 재치는 이 모든 걸 비웃는다. 이렇게 우리 안의 선과 악을 대변하는 목소리들은 우리의 호흡이 다하는 마지막 날까지 언쟁을 멈추지 않는다.

몇십 년 동안 이렇게 범람해온 대화들은 말들로부터 그 의미를 벗겨내고, 그렇게 의미가 침식되면서 우리의 남은 나날들도 점차 줄어들어 간다. 그러나 시간이 희석한 것들을 '이야기story'는 농축시킨다.

　먼저, 작가는 일상적인 생활로부터 평범한 것들, 사소한 것들 그리고 반복되는 잡담들을 제거함으로써 의미를 응집한다. 그런 다음 복잡한 욕망들이 서로 충돌하는 위기를 향해 이야기를 구축해간다. 압력이 가해질 때 말에는 함축과 뉘앙스가 차오른다. 갈등에 직면한 인물이 하는 말은 그 말 뒤에 가려져 있던 의미를 분출시킨다. 표현적인 대사는 말을 반쯤 투명하게 만들어 독자와 관객들로 하여금 인물의 시선 뒤편 침묵 속에 가려진 생각과 느낌들을 들여다볼 수 있게 해준다.

　잘 쓰인 글은 관객과 독자들을 거의 심령술사로 만든다. 극화된 대사에는 언어화되지 않은 두 개의 영역, 즉 인물의 내적 삶과 독자/관객의 내적 삶을 하나로 잇는 힘이 있다. 우리의 본능이 인물 내면의 속삭임을 감지하게 되면서 마치 무선 통신기처럼 하나의 무의식이 다른 무의식에 채널을 맞추는 것이다. 케네스 버크가 말했듯이 이야기는 우리가 이 세상 속에서 타자들과, 그리고 무엇보다도 우리 자신과 긴밀한 관계를 맺으며 살아갈 수 있도록 우리를 준비시킨다.

　작가들은 몇 단계를 통해 우리에게 이런 힘을 전해준다. 먼저, 작가들은 우리가 인물이라고 부르는, 인간 본성에 대한 은유를 만들어낸다. 그 다음으로 인물들의 심리 속으로 파고 들어가 그들의 내적 외적 자아를 움직이는 갈망들, 즉 의식적인 바람들과 무의식적인 욕망을 끄집어낸다. 이러한 통찰을 바탕으로 작가들은 인물의 가장 강렬한 욕망을 일촉즉발의 갈등 지점에 갖다 놓는다. 장면들이 이어지는 동안 작가들은 인물들의 행동과 반응을 이야기의 전환점들과 엮어놓는다. 마지막 단계로, 작가들은 인물들이 말하게 하되 일상생활에서 사용되는 단조롭고 반복적인 언어가 아니라 '대사dialogue'라고 불리는 거의 시에 가까운 언어로 말하게 한다. 작가는 마치 연금술사처럼 인물, 갈등, 변화 등을 섞어 하나의 혼합물로 만든 후 대사라는 틀로 뽑아내, 실존이라는 기본 금속 재료를 번쩍이는 황금 같은 이야기로 전환시킨다.

일단 발화되고 나면 대사는 말해진 것을 넘어 말해지지 않은 것, 말할 수 없는 것들까지 모두를 담아 울리는 감각과 실체로 우리에게 전달된다. 이때 **말해진 것**은 인물이 다른 이들에게 드러내 표현하겠다고 선택한 생각과 감정을 말하고, **말해지지 않은 것**은 인물이 자기 안의 목소리로 오로지 자기 자신에게만 표현한 생각과 느낌을 말한다. **말할 수 없는 것**은 아무런 소리도 내지 않을 뿐만 아니라 자각할 수 있는 범주 밖에 있어서, 인물이 자기 자신에게조차 언어화하여 표현해낼 수 없는 무의식적인 충동과 욕망을 말한다.

연극 무대가 아무리 화려하고, 소설의 묘사가 아무리 선명하고, 영화의 촬영이 아무리 근사하다 해도, 인물의 저 깊은 곳에 숨어 있는 복잡한 심리와 아이러니 그리고 이야기의 내면성을 그려내는 건 그들이 내뱉는 말이다. 표현적인 대사가 없으면 사건은 깊이를 가질 수 없고, 인물은 입체성을 잃으며, 이야기는 평범해진다. 인물에 성격을 부여하는 여러 테크닉들(성별, 연령, 복장, 계급, 캐스팅)이 있지만, 대사는 인생의 여러 지층에 걸쳐 이리저리 복잡하게 얽혀 있을 뿐인 이야기들을 체계적이고 다양한 층위를 갖춘 복잡계의 이야기로 향상시키는 힘을 가지고 있다.

혹시 내가 그러하듯이 당신에게도 좋아한 나머지 암기하고 있는 대사가 있는가? 내 생각엔 우리가 어떤 대사를 암기하게 되는 건, 좋아하는 대사를 몇 번이고 속으로 반복하는 과정에서 그 대사가 그려내는 그림이 선명해질 뿐만 아니라 그 인물이 가진 생각의 자장 속에서 우리 자신의 목소리를 들을 수 있기 때문이다.

"내일, 내일 그리고 또 내일,
하루에서 또 하루로 이 느린 속도로 기어가는구나,
기록되어 있는 시간의 마지막 한 음절을 향해,
그리고 우리의 모든 어제들은 바보들을 밝혀주었다.
먼지 낀 죽음에 이르는 길을."
― 연극 「맥베스」에서 맥베스

"이 세상의 그 많은 동네, 그 많은 술집 중에서 그 여자가 내 가게로 걸어 들어온 거야."
― 영화 「카사블랑카」에서 릭

"너를 향해 나는 굴러간다. 모든 것을 파괴하지만 아무것도 정복하지 않는 너, 고래. 마지막 순간까지 나는 너를 붙들고 싸운다. 지옥의 심장부로부터 올라와 나는 너를 찌른다. 증오의 힘으로 네게 나의 마지막 호흡을 내뱉는다."
― 소설 「모비딕」에서 에이허브

"그게 뭐 꼭 잘못됐다는 얘긴 아니고."
― 시트콤 「사인펠드」에서 제리

위에서 예로 든 네 명의 인물들처럼 우리 역시 아이러니의 뜨거운 맛을 보고 나서야 세상이 우리에게 어떤 짓을 했는지, 무엇보다 우리가 우리 자신에게 어떤 짓을 했는지 비로소 들여다보게 된 적이 있다. 인생의 잔인한 농담이 우리를 향하고 있어서 웃어야 할지 울어야 할지 알 수가 없었던 그런 순간 말이다. 이런 아이러니들을 언어로 버무려내는 작가들이 없다면 우린 이 맛있는 쏩쓸함을 어떻게 맛볼 수 있을까? 대사라는 기억의 방편이 없다면 이런 기억 속의 역설들을 어떻게 유지할 수 있을 것인가?

나는 모든 다양한 형태의 대사의 기술을 사랑한다. 이 느낌 때문에, 이야기를 쓰는 데 있어 화룡점정이라 할 수 있는 일, 즉 등장인물들에 목소리를 부여하는 일을 탐구하는 이 책을 썼다.

들어가며

1부 대사의 기술에서는 대사의 개념을 극단적으로 확장하고 그 용법을 확대시킨다. 2장에서 5장까지는 이야기를 다루는 네 가지 주요 매체에서 인물들이 사용하는 말의 기능과 내용, 형식, 기술들을 들여다본다.

2부 결함과 수정에서는 신뢰하기 어려운 대사와 클리셰로부터 시작해 곧이곧대로 쓰는 대사, 반복적인 대사들에 이르는 고질적인 문제들을 꼬집어내 이유를 찾은 후 치유책을 제시한다. 대사를 짜는 다양한 기술을 보여주기 위해 여러 편의 소설, 연극, 영화, 텔레비전 프로그램을 인용한다.

3부 대사 쓰기에서는 작가가 텍스트를 만들어내는 데 필요한 말들을 찾아가는 마지막 단계를 검토한다. 우리가 일반적으로 작가는 "대사를 듣는 귀"를 가지고 있다고 말할 때, 이는 작가가 인물 특유의 말을 써낸다는 걸 뜻한다. 그가 만들어내는 각각의 인물은 오로지 그 인물만이 사용할 법한 문장, 리듬, 어조, 그리고 무엇보다 중요하게, 선택된 단어들을 사용한다. 가장 이상적인 건 각 인물이 자기가 사용하는 독특한 단어들을 소장한 걸어 다니는 사전인 경우다. 그렇기 때문에 대사의 독창성은 어휘에서 시작된다.

개성이 드러나는 인물 특유의 대사가 가지는 힘을 살펴보기 위해 우리는 셰익스피어의 희곡 「줄리어스 시저」, 엘모어 레너드의 소설 「표적」, 티나 페이의 TV 시리즈 「30 록」 그리고 알렉산더 페인과 짐 테일러의 영화 「사이드웨이」를 들여다볼 것이다.

4부 대사 설계는 이야기의 구성 요소들과 장면 설계에 대한 연구로 시작한다. 12장에서는 이 형식들이 인물이 말하는 바를 어떻게 규정하는지를 보여준다. 이어서 여섯 가지의 사례 분석을 하는데, 케이블TV 시리즈 「소프라노스」에서는 균형적 갈등을, 네트워크TV 시리즈 「프레이저」에서는 코믹한 갈등을, 희곡 「태양 속의 건포도」에서는 비대칭적 갈등을, 소설 「위대한 개츠비」에서는 간접적 갈등을, 소설 「엘제 양」과 「순수 박물관」에서는 반사적 갈등을, 영화 「사랑도 통역이 되나요?」에서는 암묵적 갈등을 각각 몇 개의 장면들을 예로 들어 살펴볼 것이다.

이러한 과정에서 우리는 효과적인 대사를 구성하는 두 가지 기본적인 원리를 보게 된다. 첫째, 매번 대사를 주고받을 때마다 장면을 진행시키는 행동과 반응의 쌍이 만들어진다는 것. 둘째, 이런 행동들은 말이라는 외형적 행위로 표현되되, 보이지 않는 서브텍스트에 원천을 두고 흘러나온다는 것이다.

이 책은 마치 작가들을 위한 GPS처럼 목적지를 찾는 이에게는 안내자가 되어줄 것이고, 길을 잃은 이에게는 다시 방향을 찾아줄 것이다. 새롭게 글쓰기의 길로 접어들었는데 창의성의 막다른 골목에 몰려 있다면 이 책은 다시 활로를 열어줄 것이고, 글쓰기를 생계수단으로 삼고 있는데 갈 길을 잃어버렸다면 이 책은 초심으로 돌아가는 길을 알려줄 것이다.

DIALOGUE

제1부

대사의 기술

제1장
대사에 대한 충분한 정의

대사: 어떤 인물이 누구에게든 건네는 모든 형태의 말

전통적으로 대사란 등장인물들이 주고받는 말을 뜻한다. 하지만 나는 대사에 관한 모든 것을 아우르는 깊이 있는 연구는, 스토리텔링을 최대한 폭넓게 바라보는 관점으로 한 걸음 물러서는 것에서부터 시작해야 한다고 믿는다. 그런 각도에서 보면 인물들의 말이 매우 선명하게 구분되는 세 갈래의 길을 따라 움직이고 있다는 사실이 가장 먼저 눈에 띈다. 다른 사람에게 말하는 것, 자기 자신에게 말하는 것, 독자나 관객에게 말하는 것이 그것이다.

나는 이 세 갈래의 말을 '대사dialogue'라는 용어 아래 함께 놓는데 거기에는 두 가지 이유가 있다. 첫째, 어떤 인물이 언제, 어디서, 누구에게 말을 하든 작가는 그 작품 안에서 그 인물만이 가지는 특유의 목소리를 부여해 그 역할을 특정한 개인으로 만들어야 한다. 둘째, 머릿속에서만 맴도는 것이든 입 밖으로 소리 내어 말하는 것이든 관계없이, 모든 말이란 내면에서 벌어지는 일을 밖으로 내놓는 행위다. 모든 말은 필요에 응답하는 것이고, 목표에 연관되어 있으며, 어떤 종류의 행동을 실행하는 것이다. 아무리 알맹이 없이 공허하게 보이는 말이라 할지라도, 누구에게든 심지어 자기 자신에게조차도, 아무 이유나 목표도 없이 말하는 인물은 없다. 그렇기 때문에 작가는 한 인물이 내뱉는 모든 대사의 이면에 욕망과 의도와 행동을 창조해 넣어야 한다. 그 행동이 바로 우리가 대사라고 부르는 언어적 전술이 된다.

대사의 세 가지 갈래를 조사해보자.

첫째, 다른 사람에게 말하는 경우다. 양방향으로 오가는 말들을 일컬어 우리는 **대화duologue**라고 한다. 세 사람이 대화를 나누면 **삼자대화 trialogue**가 형성될 것이다. 열 명 이상의 식구들이 추수감사절 저녁 식사 테이블에 모여 앉아 동시에 대화를 나눌 수도 있다.

둘째, 자기 자신에게 말하는 경우다. 시나리오 작가는 이런 식의 대사를 사용하는 경우가 드물지만, 극작가는 자주 그렇게 한다. 소설가 입장에서 보자면 마음속으로 하는 말은 그들이 늘 쓰는 방식이고 그들이 다루는 형식의 핵심이기도 하다. 소설은 인물의 마음속으로 틈입해서 그의 내적 갈등을 생각의 풍경 위에 펼쳐놓는 힘을 가지고 있다. 작가가 자신의 이야기를 1인칭이나 2인칭 시점에서 풀어나갈 때마다 그 목소리는 곧장 등장인물의 것이 된다. 그렇기 때문에 소설은 종종 자신에게 말하는 사유적인 대사들로 채워지고 독자는 그걸 엿듣게 된다.

셋째, 독자나 관객에게 말하는 경우다. 연극에는 독백과 방백이라는 관습이 있어서 인물들이 관객을 향해 돌아서서 그들 사이에서만 유지되는 비밀을 말할 수 있다. 텔레비전과 영화에서는 이런 관습이 스크린 밖에서 들려오는 내레이션으로 유지되고 있지만, 간혹 등장인물이 카메라를 보고 직접 말하는 형식으로 행해지기도 한다. 소설에서는 인물이 독자를 향해 직접 자기 이야기를 건네는데, 특히 1인칭 시점 소설에서 이는 핵심적이다.

어원을 따져보면 '대사dialogue'는 두 개의 그리스어까지 거슬러 올라간다. '~을 통해서'라는 뜻을 가진 dia-와 '발언'이란 뜻으로 옮길 수 있는 legein이 그것이다. 이 두 단어를 영어로 직역하면 '통과-발언through-speech', 다시 말해서 일반적인 행위와 반대로 '언어를 통해 이뤄지는 행동'이라는 뜻의 합성명사가 된다. 등장인물이 말하는 모든 대사는, 그것이 다른 사람들을 향해 소리 내어 말해지는 것이든 마음속으로 소리 없이 말해지는 것이든 상관없이, J. L. 오스틴이 말하는 바에 따르자면, 수행적인 것, 즉 어떤 임무를 수행하는 말을 뜻한다.[1]

무언가를 말한다는 것은 곧 무언가를 한다는 뜻이다. 바로 그렇기 때문에 나는 대사에 관한 나의 새로운 개념 규정을 등장인물이 어떤 필요나 욕망을 충족시키기 위해 자기 자신에게, 다른 인물들 혹은 독자/관객에게 행하는 행동으로서의 모든 언어라는 데까지 확장시켰다. 이 세 가지 경우 모두에서, 어떤 인물이 말을 한다는 것은 신체적인 것과 대비되어 언어적으로 행동한다는 것이다. 또 인물이 행하는 모든 '통과-발언' 행위는 그 인물이 등장하는 해당 장면을 한 비트beat에서 다음 비트로 옮겨감과 동시에 인물이 품고 있던 핵심 욕망에 가까워지도록(긍정적), 혹은 그로부터 멀어지도록(부정적) 극적으로 움직이게끔 하는 역할을 한다.

대사가 그 안에 들어 있는 행동을 드러내는 방식은 다음의 두 가지 중 하나다. 극화하거나 내레이션화하거나.

극화된 대사

극화되었다는 건 장면 안에서 행해진다는 뜻이다. 그 어조가 코믹하든 비극적이든 극화된 대사는 갈등에 처한 인물들 사이에서 오간다. 각 대사는 특정한 의도를 담은 행동이며, 같은 장면 어느 지점에선가 반응(리액션)을 불러일으킨다.

이는 심지어 하나의 인물만 등장하는 장면에도 해당된다. 누군가가 "나 자신한테 화가 나서 못 견디겠어."라고 말할 때, 누가 누구에게 화가 난 것인가? 거울 속에 비친 자신의 이미지를 쳐다보는 순간, 당신은 당신이 이미지화한 당신을 본다. 당신이 자신 안에서 갈등을 빚을 때, 당신의 마음은 마치 다른 사람처럼 당신의 상대가 되어줄 두 번째 자아를 만들어낸다. 인물의 내적 대화는 한 사람 안에서 갈등을 일으키고 있는 두 개의 자아 사이에서, 누가 이기든, 역동적으로 극화된 장면이 된다. 그러므로 엄밀하게 말하자면 모든 독백은 사실상 대화다. 어떤 인물이 말을 시작하는 순간, 그게 설령 자기 안의 다른 자아에게 하는 말일지라도, 그 인물은 항상 누군가에게 말을 하고 있는 것이다.

내레이션화된 대사

내레이션화됐다는 것은 장면 바깥에서 말이 들려온다는 걸 뜻한다. 이 경우 인물과 독자/관객 사이의 보이지 않는 벽이 사라지고, 인물은 극화되어 있던 이야기로부터 걸어 나온다. 엄격하게 말해서 내레이션화된 대사는 독백이 아니라, 인물이 독자나 관객 혹은 자기 자신에게 직접 말하기 위해 취하는 언어적 행동을 담은 대화 행위다.

욕망이라는 면에서 보자면, 소설에서의 1인칭 화자나 무대 혹은 화면에서 내레이션을 하는 인물이 단순히 독자/관객에게 과거의 사건들에 대한 정보를 전달하거나 앞으로 벌어질 사건에 대해 궁금증을 불러일으키고 싶어 할 수도 있다. 인물은 오로지 이 단순한 욕망을 실현하기 위해서 내레이션화된 대사를 사용할 수 있다.

그러나 좀 더 복잡한 상황에서 인물은, 독자/관객으로 하여금 자기의 과거의 잘못을 용서하고, 자기의 적을 자기가 보고 있는 관점에서 보도록 유도하기 위해서 이 방식을 사용할 수도 있다. 이야기에 따라 인물이 이런 행동을 취하게 하는 욕망, 그리고 이처럼 독자/관객에게 직접 말하는 과정에서 인물이 택할 수 있는 공략 방법의 경우의 수는 거의 무한하다.

이는 인물이 자기 자신에게 말하려 하는 경우에도 똑같이 적용된다. 어떤 인물이 이런 방식을 취하려는 데는 실로 다양한 목적이 있을 수 있다. 즐거움을 맛보기 위해 기억을 되살려보려는 것일 수도 있고, 사랑하는 연인의 마음을 믿을 수 있을지 없을지 저울질해보려는 것일 수도 있고, 과거와 현재, 미래에 대해 현실과 상상 속을 두루 돌아다니면서 앞으로의 삶을 꿈꾸면서 희망을 키우려는 것일 수도 있다.

같은 내용이 어떻게 세 가지 상이한 대사의 방식으로 표현될 수 있는지 보여주기 위해 스웨덴의 작가 얄마르 쇠데르베리의 1905년 작 소설 「닥터 글라스」의 한 부분을 들여다보기로 하겠다.

이 작품은 작품명과 동일한 이름을 가진 주인공이 쓴 일기의 형식을 취하고 있다. 현실에서 일기란 일기를 쓴 사람이 자기 자신과 나눈 내적 대화를 기록하는 것이다. 그러므로 허구로 쓰인 일기 또한 그와 같은 방식으로 쓰여서 독자가 그 사람의 비밀스러운 내적 대화를 엿듣는 것 같은 느낌을 받을 수 있도록 해야 한다.

　이 소설에서 글라스 박사는 자신의 환자 중 한 사람(그가 남모르게 사랑하고 있는 여인)을 그녀 남편의 성적 학대로부터 구해내고 싶어 한다. 여러 나날 동안 그의 마음속에서는 그 사내를 죽이는 일이 좋은 일인지 나쁜 일인지를 놓고 윤리적 갈등이 벌어진다. 밤이면 밤마다 그는 살인을 범하는 악몽을 꾼다.(이 소설의 말미에서 그는 실제로 그 남편을 독살한다.) 8월 7일 자 일기에서 그는 식은땀을 흘리며 악몽에서 깨어난다. 그 끔찍한 꿈이 예언이 아니라는 점을 스스로에게 납득시키기 위해 중언부언하는 내레이션화된 대사를 한번 들어보자.

“꿈이란 시냇물처럼 흐른다.” 구닥다리 속담에 들어 있는 지혜, 난 널 잘 알아. 실제로 꿈이라는 건 두 번 다시 생각해볼 가치도 없는 것들이지. 경험했던 일들의 느슨한 쪼가리들, 대개는 의식 속에서 보관될 가치가 없다고 판단된 것들, 하지만 가치가 있다 하더라도, 마음 한구석에 버려져 있는 구역의 다락방 속에서 그림자처럼 희미한 삶을 살아가고 있는 그런 것들의 제일 보잘것없고 제일 하찮은 쪼가리들. 물론 다른 꿈들도 있지. 기억나는데, 어릴 때 오후 내내 기하학 문제 하나를 붙들고 씨름하다가 결국 풀지 못한 채 자러 가야 했던 적이 있어. 자고 있는 동안 내 두뇌가 저 혼자 알아서 그 문제를 풀기 시작했고, 꿈을 통해서 나한테 답을 알려줬단 말이지. 정답이었어. 그리고 꿈이란 저 깊은 데서 올라오는 공기 방울 같기도 한 거야. 이제 좀 더 분명하게 생각할 수 있는데—꿈이 나한테 나 자신에 대해서 뭔가를 가르쳐준 적이 꽤 있어. 내가 바라서는 안 되는 걸 바라고 있다는 걸 드러내준 적도 여러 번 있지. 백주대낮에 드러내고 싶지는 않았던 욕망들 말이야. 이 바람들, 이 꿈들을 난 나중에 밝은 태양 빛 아래서 이모저모 검토해보고 시험해봤지. 하지만 그것들이 밝은 빛을 견뎌내는 경우는 거의 없었기에 대개 난 그것들을 원래 있던 악의 심연으로 던져 넣었어. 밤이 되면 새롭게 공격해올 수도 있겠지만, 난 그것들을 금세 알아보지. 심지어 꿈속이지만, 그것들이 현실과 백주대낮의 밝은 빛 아래로 나와 살겠다던 요구를 모두 포기하게 될 때까지 그것들을 경멸하면서 비웃지.[2]

첫째 줄에서 글라스는 그의 마음속에서 떠다니고 있던 속담에 말을 건넨다. 그게 마치 나름대로 정신을 가진 존재이기라도 한 것처럼. 그런 후에 그는 방향을 틀어 누군가를 죽이고 싶어 하는 욕망으로 들끓고 있는, 자신의 조용하고 어둡고 비윤리적인 또 다른 자아와 다툰다. 마지막 문장에 도달할 때쯤 글라스는 좀 더 나은 자아가 이 언쟁에서 이겼다고 생각한다. 최소한 잠시 동안은 말이다. 그가 심사숙고하는 바가 길고 겹겹이 쌓이는 문장의 형태로 흘러나오고 있는 걸 주목하기 바란다.

이제 쇠데르베리가 이 문단을 글라스 박사가 독자에게 직접 말하도록 내레이션화된 대사의 방식으로 서술했다고 생각해보자. 글라스 박사가 다른 사람에게 말하는 것으로 할 경우, 쇠데르베리는 의사들이 환자에게 처방 내릴 때 쓰는 것 같은 권위적인 말투를 부여했을 것이다. 문장은 짧아지고 명령형으로 변했을 것이다. 그리고 생각들에 날카로운 전환점을 부여하기 위해 '하시오', '하지 마시오' 따위와 더불어 '그러나'도 여러 번 사용되었을 것이다.

"꿈이란 시냇물처럼 흐른다." 당신도 이런 속담을 들어봤습니까. 이런 말 믿지 마시오. 우리가 꾸는 대부분의 꿈은 두 번 다시 생각할 가치가 없는 것들이니까. 경험에서 파생된 이런 파편들은 우리의 의식이 무가치하다고 판단 내린

싱겁고 사소한 것들이니까. 가치가 있다 하더라도, 우리 마음속의 다락방에서는 이것들이 그늘 속의 삶을 살아가고 있지. 건강하지 못한 일이오. 그러나 어떤 꿈들은 유용하지. 어렸을 적에 나는 기하학 문제를 붙들고 하루 오후를 보낸 적이 있소. 결국 그 문제를 풀지 못한 채로 잠자리에 들었지. 그러나 내가 자는 동안에도 내 두뇌는 계속 일했고, 꿈을 통해 답을 알려줬어. 그런가 하면 저 심연에서 올라오는 공기 방울 같은 위험한 꿈들도 있지. 감히 그것들에 대해 생각하려고 덤벼든다면, 그 꿈들은 당신 자신에 대해 어떤 것들을 가르쳐주기도 해. 당신이 소망했으리라고 미처 생각지 못한 소망, 감히 입 밖으로 내어 말하지 못했던 욕망 같은 것들. 그것들을 신뢰하지 마시오. 이 꿈들은 밝은 대낮에 검토해보고 따져보면 다 스러지는 것들이니. 그러니 건강한 사람이 할 법한 바를 행하시오. 그 꿈들은 그것들이 마땅히 속해 있어야 할 악의 심연 속으로 되던져버리시오. 만약 어느 밤에 그것들이 새롭게 당신을 공격해 오면, 그것들이 당신의 현실에 대해 요구하던 모든 걸 포기하게 될 때까지 비웃어주시오.

세 번째로, 극작가이기도 했던 쇠데르베리는 이 이야기를 무대화시키는 걸 선택했을 수도 있다. 주인공을 두 인물, 글라스와 마켈로 분리시킬 수 있었을 것이다. 이 소설에서 마켈은 글라스의 가장 가까운 친구다. 희곡에서는 글라스가 살인 충동을 느끼면서 고뇌하고 있는 역을 맡는다면, 마켈은 글라스의 윤리적으로 올바른 측면이 인격화된 경우로 설정할 수 있을 것이다.

아래에 제시된 장면의 서브텍스트에서, 글라스는 자신의 문제 있는 꿈들 때문에 마켈의 도움을 구한다. 마켈은 글라스의 질문에서 그가 겪고 있는 문제를 눈치채고 윤리적으로 올바른 입장을 대답으로 내놓는다. 이

텍스트는 소설에서 그려내고 있는 그림들을 그대로 유지하되(어차피 연극에선 묘사적인 언어들이 장려된다.) 겹겹이 쌓여 있는 대사를 순차적으로 늘어놓아 배우가 다루기 좋게 해준다.(대사 형태 설계에 관해서는 5장을 볼 것.)

글라스와 마켈이 카페에 앉아 있다. 해 질 녘에서 밤으로 바뀌는 시점. 두 사람은 저녁 식후 브랜디를 마시고 있다.

글라스

"꿈은 시냇물처럼 흐른다."는 속담 알고 있나?

마켈

응, 우리 할머니가 노상 하시던 말씀이지. 하지만 실제로 꿈이란 건 그날의 남은 찌꺼기 같은 거야. 갖고 있을 가치가 없는 것들이지.

글라스

가치가 없으면 없는 대로, 마음속의 다락방에서 그늘진 삶을 살고 있는 것들이라네.

마켈

그건 자네의 마음속이지, 의사 선생. 난 아닐세.

글라스

하지만 꿈이 어떤 내적인 통찰 같은 걸 준다는 생각은 안 드나?

마켈

그럴 때도 있지. 어렸을 때 오후내 기하학 문제를 붙들고 있다가 해결을 못 본 채 잠자리에 든 적이 있어. 그런데 내 두뇌는 잠을 자지 않고 계속 그 문제를 풀어서 결국 꿈을 통해 내게 답을 전해줬지. 다음 날 아침에 확인해봤더니 영락없이 정답인 거야.

글라스

아니, 내 말은 감춰진 어떤 것, 저 깊이에서부터 올라온 진실을 담은 공기 방울, 아침을 먹으면서 입 밖으론 내놓을 수는 없는 어두운 욕망 같은 것, 그런 자기 안을 들여다보는 시선 같은 것 말이야.

마켈

만약 나한테 그런 게 생긴다면 말일세, 전혀 그랬던 적이 없지만, 난 그걸 집어 들어서는 그게 원래 있어야 할 어두운 심연 속으로 되던져 넣을 거야.

글라스

그런 욕망들이 매일 밤 되돌아온다면 어찌 할 텐가?

마켈

그럼 나는 그 꿈들을 놀리고 비웃는 꿈을 꿔서 내 머리 밖으로 내쫓아버릴 걸세.

이 세 가지 버전들은 핵심 내용을 똑같이 담고 있지만 말을 건네는 대상이 자기 자신으로부터 독자에게로, 다른 인물에게로 변해가면서 사용하는 언어가 형태와 말투, 분위기, 질감 등 모든 면에서 큰 변화를 겪는다. 이 세 가지의 기본적인 대사 형식들은 서로에 대해 첨예하게 대비되는 문장 스타일을 요구하게 된다.

대사와 주요 매체들

극화되든 내레이션화되든 모든 대사는 이야기라는 거대한 교향곡의 한 부분으로 연주되지만, 그 연주되는 곳이 무대냐 화면이냐 지면이냐에 따라 구성하는 악기와 편곡은 상당히 달라진다. 작가가 어떤 매체를 선택하느냐에 따라 대사 구성에 있어 양과 질 모두에서 큰 영향을 미치는 것이다.

예를 들어 연극은 일차적으로 청각적인 매체다. 연극에서 관객들은 보는 것보다는 듣는 것에 집중한다. 그 결과 무대에서는 이미지보다는 말을 더 선호한다.

영화는 그와 반대다. 영화는 일차적으로 시각 매체다. 영화 관객들은 듣는 것보다는 보는 것에 집중한다. 바로 그 이유로 시나리오에서는 말보다 이미지를 선호한다.

텔레비전의 미학은 연극과 영화 사이에서 떠다닌다. 텔레비전용 대본은 말과 이미지의 균형을 찾는 경향이 있고, 보는 것과 듣는 것 모두에 시청자를 집중시키려 한다.

소설은 정신적인 매체다. 무대나 화면에서 펼쳐지는 이야기들은 관객의 눈과 귀를 직접적으로 자극하지만, 문학은 독자의 마음을 통해 간접적인 방식으로 작동한다. 독자는 우선 언어를 해석해야만 하고, 그다음에야 그 언어가 묘사하는 이미지와 소리를 상상하게 되고(모든 독자의 상상은 독자 자신의 것이다.) 마지막으로 독자 자신이 그려낸 것에 대해 스스로 반응한다. 게다가 문학적 인물은 배우라는 존재를 요구하는 것이 아니므로, 작가들은 극화든 내레이션화든 상관없이 본인이 필요하다고 생각하는 만큼 분량에 개의치 않고 자유롭게 대사를 구성할 수 있다.

자, 이제 각 매체가 어떻게 대사의 특성을 구성하는지 살펴보기로 하자.

무대에서의 대사

극화된 대사

'장면scene'은 이야기를 다루는 네 가지 주요 매체 모두에서 이야기 구조의 기본 단위가 된다. 연극 무대에서는 대사의 대부분이 장면들 안에서 인물끼리 나누는 극화된 대사로 펼쳐진다.

등장인물이 한 사람인 연극도 예외는 아니다. 홀로 무대 위를 왔다 갔다 하는 동안 그 인물은 자신을 둘로 분리시켜 서로 다른 자아가 대적하게 함으로써 내적으로 극화된 대사로 채워지는 장면을 만들어낸다. 어떤 인물이 느긋하게 앉아 떠오르는 생각들을 자연스럽게 풀어놓는다고 해보자. 여기서 흘러나오는 기억, 환상, 철학들은 그 인물의 욕망과 그가 가지고 있는 목적에 의해 충전된 내적인 행동이 될 때 가장 훌륭한 역할을 할 수 있다. 겉으로는 수동적이고 무목적적으로 보일지라도, 그것들은 갈등에 처한 인물이 자신 안에서 스스로를 이해하기 위해, 과거를 잊기 위해, 혹은 스스로를 속이기 위해, 혹은 다른 어떤 이유로 작가가 만들어낸 내적 행동이 장면 안에서 말해진, 사실상 극화된 대사들이다. 사무엘 베케트의 「크라프의 마지막 테이프」는 이런 모노드라마에서 극화된 대사를 보여주는 아주 뛰어난 예라고 할 수 있겠다.

내레이션화된 대사

극작가가 내레이션화된 대사를 사용할 때에는 대개 연극의 오래된 관습에 따라, 한창 진행되고 있는 장면에서 인물을 빼내 관객을 향해 독백하게 한다든가, 또 아주 잠깐일 경우 방백으로 말하게 하는 방법을 취한다.[3] 내레이션화된 대사는 대개 인물이 자기 고백이나 비밀을 털어놓거나, 자기가 생각하고 느끼는 것, 혹은 원하는 것이지만 다른 등장인물들 앞에서 소리 내어 말할 수는 없는 것을 밝힐 때 사용한다. 테네시 윌리엄스의 「유리동물원」에서 톰 윙필드가 뼈아픈 뉘우침을 보여주는 장면이 좋은 예가 될 것이다.

「상실」, 「마크 트웨인, 투나잇」, 「나는 나의 아내다」 같은 모노드라마에서는 독백이 곧 전체의 연극이 된다. 이런 종류의 작품들은 잘 알려진 전기나 자서전을 각색한 경우가 많아서, 배우는 잘 알려진 동시대인(「상실」의 원작자 존 디디온)이나 과거 인물(마크 트웨인)을 연기하게 된다. 공연에서 배우는 아마도 세 가지 대사 형식을 모두 사용하게 될 것이다. 그러나 내레이션화된 대사를 사용해 관객들에게 자기 자신의 이야기를 고백하는 게 대부분일 것이다. 이따금 극화된 대사를 사용해 과거에 만났던 사람들을 흉내 내거나 겪었던 일들을 재현해내기도 할 것이다.

현대의 스탠드업 코미디는 코미디언들의 만담에서 시작해 내레이션화된 대사로 발전하면서 지금처럼 성숙해졌다. 그렇기 때문에 스탠드업 코미디언들은 자기가 연기할 인물을 만들어내든가(스티븐 콜베어처럼), 아니면 자기 자신의 특징을 선택적으로 조합해 인물로 묘사된 자신을 연기해야 한다.(루이스 C. K.처럼) 누구도 그날 아침에 침대에서 일어난 자기 자신과 같은 사람의 모습으로 무대에 나설 수는 없다. 연기할 페르소나가 있어야 하는 것이다.

무대 위에서, 극화된 대사와 내레이션화된 대사 사이의 구분은 배우의 해석에 따라 조정될 수 있다. 예를 들어 햄릿이 자신의 존재에 대해 "살 것이냐 죽을 것이냐."라고 말할 때, 이는 관객을 보고 하는 얘기인가 아니면 자기 자신에게 하는 얘기인가? 그건 배우의 선택에 달려 있다.

내레이션

오랜 기간에 걸쳐 많은 인물이 등장하는 이야기를 다루는 희곡의 경우 작가는 내레이터를 무대 한쪽 옆에 세우는 걸 고려할 것이다. 등장인물에 해당하지 않는 이런 인물은 다양한 역할을 소화할 수 있다. 역사적 사실들을 이어주는 역할을 할 수도 있고, 인물들을 소개할 수도 있으며, 무대 위 장면에서 직접 극화되지 못하는 해석이나 생각들을 무대 위의 행동과 대조해 제시할 수도 있다.

예를 들어보자. 도널드 홀의 「어느 저녁의 서리」(시인 로버트 프로스트의 생애를 무대화한 작품)나 어윈 피스카토르가 톨스토이의 「전쟁과 평화」를 각색한 대서사희곡을 보면, 무대에 오른 내레이터들은 마치 신이라도 되는 것처럼 역사와 등장인물에 관해 모든 걸 알고 관객에게 설명해주지만, 그들 자신이 개인적인 욕망을 가지고 있지는 않다. 내레이터는 드라마의 상위 심급에 위치하면서 이야기의 진행을 주관한다. 반면 「우리 읍내」에서는 극작가 손튼 와일더의 내레이터가 '무대감독'이라는 이름으로 등장해서 다양한 역할을 수행한다. 이 내레이터는 설명을 제공하기도 하고 관객에게 봐야 할 사항을 제시하기도 하지만, 때때로 드라마의 장면 안으로 들어가서 몇 차례 작은 역할을 연기하기도 한다.

화면에서의 대사

극화된 대사

연극 무대에서와 마찬가지로 화면상의 말들은 대부분 극화된 대사들이다. 실사 영상물에서는 인물들이 카메라 앞에서 말을 하고, 애니메이션에서는 화면에 목소리 연기가 덧입혀진다.

내레이션화된 대사

영상 속의 인물이 내레이션화된 대사를 하는 건 다음의 두 가지 중 하나의 경우에 해당한다. 카메라 밖에서 영상 위에 목소리 더빙을 입힌 경우거나 영화 속의 독백으로 카메라에 대고 말하는 경우다.

카메라 밖에서 내레이터 역할을 하는 인물은 영화에 사운드가 도입된 이후로 늘 활용돼왔다. 어떤 경우에는 차분하고 논리적이고 신뢰가 가는 목소리로 말하고(「내가 그녀를 만났을 때」), 어떤 경우에는 발작적이고 비이성적이고 신뢰하기 어려울 정도로 고함을 지르기도 한다.(「파이」) 어떤 경우엔 황당한 사건을 이해 가능한 것으로 만드는 역할을 하기도 하고(「메멘토」), 진행되고 있는 사건에 대조되는 효과를 만들어내기도 한다.(「위대한 레보스키」) 어떤 인물은 자신의 내면에 들어 있는 솔직한 생각을 극화된 대사를 통해서 고통스럽게 드러내기도 하고(「어댑테이션」), 또 어떤 인물은 변명과 자기합리화 뒤에 자신의 비밀스러운 자아를 숨기기도 한다.(「시계태엽 오렌지」) 어떤 인물은 곤경에 빠진 자신의 처지를 유머러스하게 표현하기도 한다.(「마이 네임 이즈 얼」)

인물이 카메라 렌즈를 들여다보면서 뭔가 비밀스럽고 사적인 이야기를 속삭일 때는, 대개 관객을 자기편으로 끌어들이려는 전술을 사용하고 있는 것이다.(「하우스 오브 카드」) 밥 호프 이래로, 몇 마디 대사를 한 뒤 마지막 결정적인 펀치라인은 카메라에 대고 던지는 게 코미디언들의 관습처럼 됐다.(「게리 샌드링 쇼」) 그리고 그중 가장 위대한 인물인 우디 앨런은 관객들의 감정이입을 끌어내고 또한 촌철살인의 개그 효과를 노리기 위해 카메라를 보고 하는 내레이션과 밖에서 하는 내레이션을 자유자재로 섞어서 활용한다.(「애니 홀」)

잉마르 베리만의 「겨울 빛」에서 여인(잉리드 툴린 분)은 그녀의 전 애인(군나르 비욘스트란드 분)에게 그가 얼마나 비겁하게 그녀를 사랑하는 일에 실패했는지를 묘사하는 편지를 보낸다. 사내가 편지를 집어 들고 읽기 시작하는 순간, 베리만은 곧바로 여자가 카메라를 정면으로 응시하면서 6분 동안 아무런 방해도 받지 않고 편지의 내용을 말하는 얼굴 클로즈업으로 넘어간다. 베리만의 주관적 카메라가 관객을 사내의 상상 속으로 이끌고 가는 것이다. 그렇게 카메라 앞에 선 잉리드 툴린의 연기가 그 두 사람 사이의 관계를 샅샅이 드러내는 동안, 우리로 하여금 그녀가 말하는 모습을 상상하는 사내와 그가 당하는 고통에 동일시되도록 만든다.

내레이션

「배리 린든」이나 「아멜리에」, 「이 투 마마」 같은 영화들에서는 그 영화의 등장인물이 아닌 카메라 밖의 내레이터가 울림이 깊고 또렷한 말씨로 에피소드들을 연결하고, 해설을 채워 넣으며, 이야기의 진행에 대조적인 **효과를 제시하기도 한다.**(이 역할은 각각 마이클 호던 경, 앙드레 뒤솔리에, 다니엘 히메네 카초가 맡았다.)

대위법적 내레이션은 이야기가 만들어내고 있는 세계의 바깥에서 제공되는 생각과 통찰력을 끌고 들어와 이야기에 깊이와 입체감을 더하는 역할을 한다. 이런 내레이션은, 예를 들자면 코미디 위에 드라마를 얹거나 드라마에 코미디를 가미하는 식으로 변화를 줄 수도 있다. 또한 현실성을 빌어 와 망상을 깰 수도 있고, 반대로 환상을 이용해 이야기의 현실성을 깨뜨릴 수도 있다. 그런가 하면 사적인 영역에 정치적 세계를 들이댈 수도 있고, 그 반대의 역할을 수행할 수도 있다. 이 영화 밖의 인물들이 던지는 아이러니한 논평들은 대체로 등장인물들의 정서적 과잉을 제어하는 역할을 하여 영화가 감상주의로 빠지는 것을 막는다. 영화 「톰 존스의 화려한 모험」이 좋은 예다.

지면에서의 대사

무대와 화면에서 공연되고 상영된 이야기들은 공기와 빛이라는 물질적 매개를 통해 전달되어 관객들의 청각과 시각을 통해 그들의 마음속으로 들어간다. 그러나 문장을 통해 작동된 이야기들은 언어라는 정신적 매개를 통해 전달되어 독자의 상상력 속에서 그 생명을 이어간다. 상상력은 감각들에 비해 훨씬 더 복잡하고 다면적이고 중층적이기 때문에, 연극이나 텔레비전, 영화에 비해 문학은 훨씬 더 다양하고 유연한 대사 기술을 갖고 있다.

문장 형태로 이뤄진 이야기들은 그 이야기 세계 안에 속한 인물에 의해 말해질 수도 있고, 내레이터에 의해 이야기 세계의 바깥으로부터 말해질 수도 있다. 이 간단한 구분은 문학 작품에서 가능한 세 가지 관점, 즉 **1인칭**, **2인칭**, **3인칭 시점**의 선택에 따라 더 복잡해진다.

먼저 **1인칭 시점**을 살펴보자. 1인칭 서술에서는 자신을 '나'라는 대명사로 지칭하는 인물이 이야기를 이루는 사건들에 대해 자기가 기억하는 바대로 독자들에게 이야기한다. 이 화자는 이 사건들을 묘사하기도 하고, 일련의 장면들로 극화시켜서 제시하기도 하는데, 이때 화자 자신과 다른 등장인물들은 그 장면들 안에서 서로를 향해 직접 말하게 된다. 또 이 화자는 시선을 안으로 돌려 자기 자신에게 말하기도 하는데, 이런 경우 독자는 화자를 따라가 그 대화 내용을 엿듣게 된다.

1인칭 내레이터는 이야기에 개입하고 있는 인물이기도 하기 때문에 자신의 삶에서 벌어지는 일들에 대해 불완전한 증인이다. 그 사건들을 총체적으로 이해하지 못하며, 아직 발화되지 않았거나 무의식의 영역에 들어 있는 욕망을 추구하는 데 있어서 충분히 객관적이지 못하다. 바로 이런 이유로 1인칭 내레이터의 신뢰성은 '믿을 만하다'에서 '기만적이다'에 이르기까지 상당히 넓은 스펙트럼을 형성한다.

게다가 1인칭 내레이터는 다른 인물들보다 자기 자신에 훨씬 더 초점을 맞추고 있기 때문에, 화자의 내적 행위, 자기 관찰, 생각의 반추 따위로 지면을 채우는 경향이 있다. 그러다 보니 다른 인물들의 내면의 사정은 독자들이 행간에서 읽어내는 이 1인칭 내레이터의 추측이나 암시에 의해서만 알려진다.

다른 인물들의 감정과 생각을 꿰뚫어 보는 초자연적인 통찰력을 지닌 전지적 1인칭 내레이터는 상당히 드문 장치다. 이런 오만한 설정은 예외적으로 뛰어난 설명을 필요로 한다. 예를 들어, 앨리스 시볼드 작 「러블리 본즈」에서 1인칭 내레이터는 살해당한 소녀의 영혼이다. 이 내레이터는 소녀의 실종으로 인해 고통을 겪고 있는 자기 가족의 마음속을 영계에서 환히 내려다본다.

1인칭 내레이터는 이야기의 주인공이거나(줄리언 반스의 「예감은 틀리지 않는다」에서 토니 웹스터처럼), 주인공이 마음을 털어놓는 친구일 수도 있고(셜록 홈스의 친구 왓슨 박사처럼), 1인칭 복수형으로 이야기하는 그룹일 수도 있고(제프리 유제니디스의 「처녀들, 자살하다」), 아니면 거리를 유지하는 관찰자일 수도 있다.(조지프 콘래드의 「암흑의 핵심」)

다음으로 **3인칭 시점**을 살펴보자면, 3인칭 서술 방식에서는 내레이션을 전달하는 전지적 존재가 독자를 이야기 속의 사건들로 안내한다. 이 전지적 존재는 많은 경우 등장인물들의 생각과 감정을 향한 깊은 통찰을 보여준다. 이 존재는 이야기에 등장하는 인물은 아니지만, 이야기가 만들어내는 세계와 그 안의 인물들의 사회에 대해, 윤리적인 면을 포함해 강한 의견을 가지고 있는 경우가 많다. 그러나 관습에 따라 이 존재는 인물들을 '그녀', '그', '그들' 같은 대명사로 지칭하면서 일정한 거리를 유지한다.

이 제삼의 지적 존재는 인물이 아니기 때문에 그 내레이션은 대사가 아니다. 또한 작가의 목소리를 그대로 옮긴 것도 아니다. 그 누구도, 공영방송에 게스트로 출연하는 천하의 달변가들조차도 이 존재처럼 말하면서 살지는 않는다.

등장인물이 아닌 이 존재는 동정심이나 정치성, 준법성, 윤리성 등의 측면에서 작가의 입장보다 조금 더 적극적일 수도 있고, 더 소극적일 수도 있다. 어떤 경우가 됐든, 소설가는 등장인물들의 목소리를 만들어내는 것과 같은 방식으로 내레이션의 언어적 태도를 만들어낸다. 관객들이 무대에 등장하는 내레이터든 화면 밖에서 말하는 내레이터든 기꺼이 의지하게 되는 것처럼, 소설의 독자들 또한 등장인물도 아니고 누군가의 대사도 아닌 내레이션을 스토리텔링에 있어 하나의 관습으로 받아들인다는 것을 알고 있기 때문이다.

이 존재는 매우 표현적인 언어를 사용하고, 독자는 이것이 마치 누군가의 목소리인 것처럼 상상하면서 듣게 되지만, 이는 누구의 목소리도 아니다. 오직 인물들만이 진짜 목소리를 가진다. 우리가 제삼자적 내레이터의 '목소리'라고 부르는 것은 단순히 작가의 문학적 스타일일 뿐이다. 그렇기 때문에 독자들이 이 목소리와 자신을 동일시하지 못하는 것이고, 또한 그 목소리의 배후에 있는 의식의 운명에 대해 궁금해하지도 않는 것이다.

독자들은 호머보다 더 오래된 이 관습 덕에, 작가가 이러한 인물이 아닌 존재를 발명해낸 것은 독자들이 이야기를 더 잘 따라오게 하려는 오직 한 가지 목적 때문이라는 점을 알고 있다. 반면에 만약 이 지적 존재가 느닷없이 자기 자신을 '나'라고 지칭하게 되면, 그 순간부터 이 비인물적 존재는 인물로 화하고 이야기는 1인칭 화법으로 변한다.

이 제삼자적 내레이터가 가지고 있는 정보의 폭은 전지적인 것에서부터 제한적인 것까지 다양하고, 그의 판단 또한 윤리적으로 중립적인 것에서부터 비판적인 것에 이르기까지 다양하다. 이 존재가 독자의 마음속에 나타나는 양상 역시 공공연한 것에서부터 감춰져 있는 것에 이르기까지 다양하고, 신뢰도 또한 신뢰할 만한 데서 시작해서 (매우 드물긴 하나) 기만적인 데 이르기까지 다양하게 분포한다. 소설가는 이런 다양한 차원을 공글리는 동안, 자기가 활용하는 제삼자적 내레이터의 객관성/주관성의 정도를 아이러니한 거리감에서부터 깊숙한 개입에 이르기까지 다양한 지점 중에서 설정할 수 있다.

객관적 제삼자(은밀한 혹은 극적인dramatic 제삼자라고도 불리는) 방식은 '말하기'보다 '보여주기'로 전달하는 게 훨씬 더 많다. 이 방식은 관찰은 하지만 절대 해석을 하지는 않는다. 인생이라는 극장에서 관객처럼 뒤로 기대앉은 채 관찰할 뿐 절대 그 내적 영역으로 들어서지 않으며, 어떠한 인물의 감정이나 생각도 묘사하지 않는다. 어니스트 헤밍웨이의 「흰 코끼리 같은 언덕」이나 「킬리만자로의 눈」 같은 단편 소설들이 그 유명한 예다. 20세기 중반, 알랭 로브그리예의 「질투」 류의 누보로망 작품들은 이 기법을 극한까지 밀고 갔다.

주관적 제삼자 방식은 인물의 내면을 뚫고 들어가기도 하고, 복수 인물들의 생각과 감정 사이를 옮겨 다니기도 한다. 그러나 많은 경우 작가는 이런 개입이 주인공의 내면에 한해서만 가능하도록 제한한다. 이 방식은 1인칭과 유사하게 느껴지기도 하지만, '나' 대신 '그'나 '그녀', 비인칭 대명사를 사용함으로써 거리를 유지한다.

예를 들어 조지 마틴의 「얼음과 불의 노래」 시리즈에서는 각 장이 별개의 스토리라인을 가지는데, 각 장의 내레이션은 그 장의 주인공의 관점으로 제한된다.

이런 주관적 탐색의 기법은 내레이터가 전지적이냐 제한적 정보만을 가지고 있느냐에 관계없이 20세기의 소설에서 가장 많이 쓰이는 내레이터 관점이 되었다. 주관적 내레이터는 대개 약간의 개성과 겉으로 드러나는 의견도 가지고 있는 경우가 많은데(1장 마지막에 인용된 「인생 수정」의 문장들을 참고할 것), 그 제삼자 내레이터가 얼마나 장난기가 심하고 비꼬아 말을 하든 얼마나 친밀하고 사적인 관계로 여겨지든 간에, 그 목소리는 작가에게 속한 것이다. 작가가 사건들의 바깥에서 자기 이야기를 가지고 들어오기 위해 만들어낸, 작가 자신만 위치하는 특정한 차원인 것이다.

어떤 작가는 자신의 내레이터가 수천 년에 걸친 시와 소설의 역사 속에서 작가와 독자 사이에 맺어진 신뢰 관계를 깨뜨리도록 하는 선택을 할 수도 있을 것이다. 드문 경우긴 하지만, 어떤 작가들은 이 목소리에 혼란스럽고 이중성을 지닌 인물과 같은 성격을 부여하기도 했다. 그러나 다시 한번 말하건대, 이 제삼자적 내레이터가 아무리 조작적이고 신뢰하기 어렵고 또는 규정하기 어려운 어떤 존재라고 해도, 대사 형태의 언어는 사용하지 않는다. 이는 가면을 쓴 저자의 말들이다. 제삼자적 내레이션은 매우 독특한 전술과 기술을 요구하는데, 이러한 사항들은 이 책에서 이야기하고자 하는 바는 아니다.

마지막으로 **2인칭** 시점을 살펴보자. 2인칭의 방식은 1인칭이나 3인칭 방식이 겉모습만 바꾼 것이다. 이 방식에서 이야기를 진행하는 목소리는 1인칭의 '나'와 '그녀' '그' '그들' 같은 3인칭 대명사를 제거하고 대상을 '너'라고 지칭한다. 이 '너'는 주인공 자신을 지칭하는 것일 수도 있다. 예를 들어 어떤 사람이 자기 자신을 "넌 바보야."라고 질책할 때, 그건 자신의 어떤 한 성격이 다른 성격을 비난하는 것이다. 그렇기 때문에 2인칭의 목소리는 자기 자신을 분석하는 것일 수도 있고, 아니면 스스로에게 용기를 주거나 추억에 잠기는 것일 수도 있다.(미셸 뷔토르의 「변심」에서처럼) 혹은 '너'는 침묵하는, 이름이 붙여지지 않은 상대 인물이어서 이야기를 한쪽 입장에서 일방적으로 서술하는 극화된 대사로 만들 수도 있다.(이언 뱅크스의 「돌의 노래」에서처럼) 제삼의 가능성으로 '너'는 독자일 수도 있다. 제이 맥키너니의 소설 「밝은 불빛, 대도시」에서는 무어라 말하기 어려운 예민한 의식이 현재형 시제로 이뤄진 이야기 속으로 독자를 이끌고 가서 마침내 는 독자가 그 안의 사건들에 참여하고 있는 것처럼 느끼게 만든다.

당신은 지금 당신이 정확히 어디로 가고 있는지 모른다. 당신은 집에까지 걸 어갈 만한 기운이 있는 것 같지 않다. 당신은 좀 더 빨리 걷는다. 만약 길 위를 걷고 있는 당신 위로 햇볕이 떨어진다면, 당신은 모종의 끔찍한 화학적 변화 를 겪게 될 것이다.

몇 분이 지난 후 당신은 당신의 손가락에 피가 묻어 있는 걸 보게 된다. 당신 은 손을 얼굴 앞으로 들어 올린다. 당신의 셔츠에도 피가 묻어 있다. 당신은 겉옷 주머니에서 크리넥스를 찾아내어 코밑에 대어본다. 당신은 고개를 어깨 에 얹듯 뒤로 젖힌 채 앞으로 나아간다.[4]

이 문장들에서 '당신'을 '나'로 바꾸고 과거형으로 다시 쓴다면 전통적 인 1인칭 소설이 될 것이고, '당신'을 '그'로 바꾼다면 전통적인 3인칭의 서술이 될 것이다. 2인칭 현재형을 사용하면서 이 이야기는 모호하게 중 층적이고, 주관적 카메라의 느낌을 닮은 영화적 분위기 속을 관통하면서 움직이게 된다.

이 복잡성을 분명하게 밝히기 위해 소설의 관습과 무대나 화면에서 그 에 상응하는 면을 들어 비교해보기로 하자.

극화된 대사

소설에서 극화된 장면은 1인칭, 2인칭 혹은 3인칭의 세 시점 중 어떤 방식으로도 쓰여질 수 있다. 이 중 어느 시점을 차용하든 장면들은 그 고유의 시간적·공간적 설정 속에서 구성되고, 인물들과 그들의 행동은 묘사되며, 그들이 하는 말은 한 자 한 자 그대로 문자로 옮겨진다.

이렇게 쓰여진 장면들은 지면에서 들어 올려 크게 손대지 않은 채 연극 무대나 촬영 세트로 옮겨놔도 배우들이 별무리 없이 연기할 수 있을 것이다.

내레이션화된 대사

극화된 장면의 바깥에서 말해지는 1인칭, 혹은 2인칭의 목소리들을 나는 내레이션화된 대사로 분류한다. 이 문장들은 이야기에 복무하려는 목적으로 인물의 입장에서 말해진 것들이고, 연극 무대 위에서의 독백이나 영상에서 직접 카메라를 보고 말하는 것과 같은 효과를 독자에게 준다. 내레이션화된 대사를 의식의 흐름 기법으로 서술하면(다음 쪽 참조), 이 글들은 연극에서의 내면 독백이나 「메멘토」나 「파이」 같은 영화에서의 주인공의 내레이션처럼 읽힌다. 이 모든 경우에서 작가는 인물의 입장에서 쓰고 있는 것이다.

간접적 대사

과거를 다룰 때 작가는 과거 속 장면들을 불러내 묘사를 할 수도 있고, 독자/관객 앞에 펼쳐놓고 사건으로 재현해 보여줄 수도 있다. 네 가지 주요 매체 모두 이런 선택이 가능하다. 묘사하는 방법을 택한다면, 극화된 대사로 이뤄진 장면이 될 수 있었던 내용은 **간접적 대사**로 바뀐다.

작가가 선행 장면을 묘사하기 위해 인물을 활용하게 되면, 그 뒤에 이어지는 대사는 다른 인물의 선행 대사를 부연하는 것이 된다. 예를 들어 브루스 노리스의 희곡 「클라이본 파크」에서 베브는 자기 남편에 대해 이렇게 불평한다.

베브

그 사람 밤새 그렇게 앉아 있는 거 말예요. 어젯밤에도 새벽 세 시에 그냥 그러고 앉아 있길래 말을 걸었죠. "저기, 당신 졸리지 않아? 수면제 좀 줄까? 아니면 카드게임이라도 할래?" 그랬더니 이러는 거예요. "왜 그래야 되는지 모르겠는데." 마치 사람이 뭐라도 하나 하려면 무슨 엄청난 이유가 있어야 된다는 것처럼 말예요.[5]

베브의 부연설명이 얼마나 사실에 부합하는지 관객은 오직 짐작만 할 수 있을 뿐이다. 지금 이 맥락 안에서는 그녀가 정확하게 무슨 말을 했는지는 중요하지 않다. 작가는 관객들에게 중요한 내용, 다시 말해 베브가 남편의 행동을 자신의 언어로 해석하는 것을 들려주기 위해 간접적 대사를 활용하고 있는 것이다.

3인칭 내레이션이 대사를 부연할 경우, 독자는 그것이 말로는 어떻게 들릴지를 두고 다시 한번 해석해야만 한다. 조너선 프랜즌의 소설 「인생수정」에서 남편과 아내 사이의 한 장면을 예로 들어보자.

임신으로 인해 행복해진 나머지, 그녀는 마음이 풀어져서 앨프레드에게 하지 말아야 할 이야기들을 했다. 섹스나 약속의 이행, 공평함 같은 것에 대한 얘기는 물론 아니었다. 하지만 그것들보다 살짝 덜 금지되어 있는 주제들이 있었는데, 이니드는 유난히 들뜬 기분이었던 어느 날 아침 그 경계선을 넘고 말았다. 이니드는 앨프레드에게 특정 주식을 사라고 권했다. 앨프레드는 주식시장이란 위험하고 터무니없는 데라서 그런 건 부자들이나 게으른 투기꾼한테나 맡겨두는 게 좋을 거라고 말했다. 이니드는 그렇더라도 어떤 특정한 주식을 사라고 권했다. 앨프레드는 '검은 화요일'이 마치 어제 일처럼 기억난다고 말했다. 이니드는 그렇더라도 어떤 특정한 주식을 사라고 권했다. 앨프레드는 그 회사 주식을 사는 건 정말로 적절하지 않은 일이라고 말했다. 이니드는 그렇더라도 그걸 사라고 권했다. 앨프레드는 그럴 여윳돈도 없을 뿐만 아니라 이제 셋째가 나올 참이라고 말했다. 이니드는 돈을 빌려보라고 권했다. 앨프레드는 안 된다고 말했다. 그는 훨씬 큰 목소리로 안 된다고 말한 뒤 부엌의 간이식탁에서 일어섰다. 너무 큰 목소리로 안 된다고 말하는 통에 부엌 벽에 걸어놓은 장식용 동판 그릇이 잠깐 울렸고, 그는 이니드에게 작별 키스도 해주지 않은 채 집을 나가 10박 11일 동안 돌아오지 않았다.[6]

프랜즌은 "권했다"는 말을 다섯 번 반복함으로써 이니드의 잔소리와 앨프레드의 분노가 거의 소극이 되는 지점까지 밀고 나간다. "10박 11일"이라는 구절은 두 사람의 크루즈 휴가여행의 불길한 전조가 되고, 벽에 걸린 동판 그릇이 울리는 이미지는 그 장면을 소극을 넘어 괴이한 지점까지 밀고 나간다.

간접적 대사는 독자가 그 장면을 상상하도록 이끈다. 그래서 직접적 대사에서는 격해져 멜로드라마처럼 과장될 수도 있었던 언어가 간접적 대사에서는 독자에 의해 훨씬 더 개인화되고 신뢰할 만한 어떤 것으로 재탄생된다.

제2장

대사의 세 가지 기능

극화되거나 내레이션화된 대사들이 수행하는 핵심적인 기능은 다음 세 가지다. 해설, 인물묘사 그리고 행동.

해설

해설은 이야기의 설정, 역사, 인물 따위에 대한 허구적 사실을 제시하는 기술을 일컫는 용어다. 독자나 관객들은 이야기 진행 과정의 어느 지점에선가 이 허구적 사실을 받아들여서 이야기를 따라가고, 또 그 결과물에 자신을 연관시킬 수 있게 된다. 작가는 묘사나 대사 두 가지 중 하나의 방법을 통해서만 이야기 진행 과정 중에 이 해설을 배치할 수 있다.

무대 위나 화면상에서, 연출자와 디자이너는 작가가 묘사해놓은 것을 대사를 제외한 다른 표현 요소들, 예컨대 무대장치, 의상, 조명, 소도구,

음향효과 등으로 해석해낸다. 만화가들과 그래픽노블 작가들은 이야기를 하면서 동시에 그 이야기를 그려낸다. 소설가들은 '언어-이미지'를 독자의 상상력 속으로 투사하는 문학적 묘사를 써낸다.

대사로도 같은 역할을 할 수 있다. 예를 들어 다음 문장을 머릿속에 그려보자. 금박으로 번쩍거리는 대리석 로비에서, 정장을 입고 머리를 반듯하게 다듬은 방문객들이, 제복을 입은 경비원이 지키는 보안 데스크에 가서 방문객 서명을 하고 있고, 그 뒤로는 여러 대의 엘리베이터 문이 열렸다 닫혔다 하면서 바쁘게 움직이고 있다. 이 이미지를 떠올리는 순간, 몇 가지 해설적인 사실들이 전달된다. 우선 장소—북반구 어딘가에 있는 주요 도시의 사무실 건물. 시간—오전 8시에서 저녁 6시 사이의 주중 어느 날. 사회—길거리의 빈민 계급으로부터 높은 층의 임원들을 보호하기 위해 무장 경비원들을 고용하는 서구 문화에 속한 전문직 계급. 이 표면적인 사실들 외에 이 이미지에는 이익과 경쟁을 중시하고 부와 권력을 추구하는, 그래서 언제든 부패할 가능성이 있는 백인 남성 중심 세상의 분위기가 짙게 깔려 있다.

이제 에너지가 넘치는 투자 중개인이 잠재적 고객과 점심을 같이 하는 장면을 그려보자. 이 사람의 중의적인 달변 밑에 어떤 얘기가 함축되어 있는지 살펴보자. "사무실에 올라와서 저희 젊은 매 같은 친구들하고 만나보세요. 우린 칠십칠 층 높이의 가지에 올라앉아 있다가 월스트리트에서 사냥감을 낚아채죠." 트위터보다 적은 글자 수를 가지고도 '언어-그림'은 카메라로 보는 것보다 더 다양한 차원의 것들을 표현해낼 수 있다.

이미지로 표현되었거나 내레이션으로 설명된 사실상 모든 것들이 대사로도 표현될 수 있다. 그래서 대사의 첫째 기능은 귀를 기울이고 있는 독자/관객에게 해설을 전달하는 것이다. 아래에 언급되는 수칙들을 따라가다 보면 이 까다로운 작업을 파악하게 될 것이다.

페이싱과 타이밍

페이싱pacing이란 해설이 이야기의 서술 속으로 쪼개져 들어가는 비율이나 빈도를 의미한다. **타이밍**이란 특정한 사실을 드러내기 위해 특정한 장면과 그 장면 안의 특정한 대사를 선택하는 걸 의미한다.

해설의 페이싱과 타이밍을 조정하는 데에는 다음과 같은 위험부담이 따른다. 이야기를 따라가는 이에게 너무 적은 해설을 제공하면 혼란에 빠져 작품과 맺는 관계가 끊길 수도 있다. 반대로 너무 과도한 양의 해설은 아예 흥미를 빼앗아가 버릴 수 있다. 독자는 책을 내려놓게 되고, 관객은 자리에서 자꾸 몸을 움직이면서, 팝콘이나 좀 더 살 걸 그랬네, 하고 생각하게 되는 것이다. 그렇기 때문에 해설을 삽입할 시점과 빈도나 정도를 결정하기 위해 기술적으로 매우 세심한 주의를 기울여야만 한다.

독자/관객의 흥미를 계속 유지시키기 위해서, 좋은 작가는 계속해서 해설을 세부 사항 하나하나씩 분석하고, 독자/관객이 꼭 알아야 하고 알고 싶어 할 법할 시점에만, 그들이 알 필요가 있는 사항들을 배치한다. 한순간의 오차도 없이. 좋은 작가는 독자/관객의 호기심과 감정이입의 흐름을 유지하기에 딱 필요한 만큼 최소한의 해설만을 제공한다.

이야기 장르에 아주 익숙해져 있는 요즘의 독자/관객에게 너무 일찍 너무 많은 해설을 주면 그들의 흥미가 반감될 뿐만 아니라, 이야기의 결말을 포함해서 작가가 설정한 전환점(터닝 포인트)들을 미리 예측할 수 있다. 이들은 이제 실망하고 짜증이 난 나머지 눈앞에서 펼쳐지는 당신의 작품을 보면서 '이렇게 될 줄 알았어.' 하고 내내 생각하게 된다. 19세기의 소설가 찰스 리드가 조언했듯이 "그들을 웃게 하고, 그들을 울게 하고, 그들을 기다리게 하라."

마지막으로, 모든 해설적 요소가 이야기 서술에서 같은 수준의 가치를 지니지는 않으며, 따라서 같은 수준으로 강조될 이유도 없다. 별도의 파일에 당신이 쓰고 있는 이야기의 모든 요소를 나열하고, 그것들을 독자/관객에게 중요한 순서대로 서열을 매겨보기 바란다. 이야기를 계속 퇴고해가다 보면, 어떤 요소들은 독자/관객이 나중에 이야기의 중요한 전환점에 도달하게 됐을 때 더 확실히 기억할 수 있도록 더 강조해야 하고, 하나 이상의 장면에 걸쳐 반복 제시할 필요가 있다는 걸 알게 될 것이다. 덜 중요한 다른 요소들은 살짝 힌트만 주거나 분위기만 잡아줘도 된다.

보여주기와 말하기

"보여줘라, 말하지 말고."라는 격언은 대사에서 소극적인 설명으로 상황을 극화하는 역동적인 시도를 대체하지 말라는 경고다. '보여주기'란 있을 법한 설정에, 각자의 욕망을 성취하기 위해 분투하는 개연성 있는 인물들이, 진정성 있는 대사를 하면서 매 순간 진실한 행동을 하는 장면을 제시하는 걸 말한다. '말하기'란 인물들로 하여금 그들이 여태 해나가고 있던 일을 중단하고, 그 대신에 자신들이 살아온 사연이나 그들이 가지고 있는 생각과 감정, 또는 그들이 좋아하는 것과 싫어하는 것들, 과거와 현재에 대해, 그것들이 그 장면이나 인물들과 밀접하게 연관되어 있지 않음에도 불구하고, 장황하게 말하게끔 하는 것이다. 이야기란 삶에 대한 은유이지 심리학이나 환경 위기, 사회적 불의, 또는 인물들의 삶과 직접적인 관계를 맺지 않는 어떠한 외부적 요인들에 대한 논문이 아니다.

많은 경우 이러한 '말하기'는 이미 해당 작품을 접하고 있는 독자/관객의 귀에 직접 자기 의견을 불어넣는 작가의 일방적인 낭송에 불과할 뿐, 사건과 관련해서 움직여야 하는 인물의 본질적인 필요와는 관계가 없는 경우가 많다. 그리고 그보다 더 고약한 건, 이런 직접적인 말하기가 서브텍스트를 지워버린다는 사실이다. 어떤 인물이 자신을 가로막는 힘에 대처하면서 자신의 욕망을 추구해가는 과정에서 내뱉는 언어적 반응과 언어적 전술은, 독자나 관객으로 하여금 그 인물이 입 밖에 내서 말하지 않은 생각과 감정들에 대해 생각해보도록 이끄는 역할을 한다. 그런데 작가가 인물로 하여금 스스로 충분히 동기부여가 되지 않은 해설을 내뱉게 하면, 이 설익은 대사들은 감상자들이 화자의 내면으로 접근해 들어갈 통로를 미리 봉쇄하는 역할을 할 뿐이다. 그리고 인물이 작가의 생각을 전달하기 위한 대변인으로 단순화되는 순간, 흥미는 사라진다.

마지막으로, 보여주기는 독자/관객의 개입과 페이스를 빠르게 하지만, 말하기는 호기심을 저하시키고 페이스를 떨어뜨린다. 보여주기는 독자/관객을 어른으로 대접한다. 그들을 이야기 안으로 초대하고, 작가가 보여주는 세계 안에 그들의 감성을 열어놓을 수 있도록, 또한 사태의 중심을 들여다보고 그래서 앞으로 벌어질 사건에 대해 기대를 품을 수 있도록 한다. 반면에 말하기는 그들을 아이 취급한다. 아이들을 부모의 무릎 위에 올려놓고 뻔한 것들에 대해 설명해주는 것처럼 말이다.

다음의 대사는 말하기에 해당하는 좋은 예다. 해리와 공동으로 운영하는 세탁소 문을 열면서 찰리는 이렇게 말한다.

찰리

오, 해리. 우리가 서로 안 지 얼마나 됐지? 그게, 이십 년, 어쩌면 그보다 더

됐을 걸. 우리가 학교 다닐 때부터니까. 오래됐네, 안 그래, 오랜 친구야? 이 좋은 아침에 기분이 좀 어떤가?

이 대사는 독자/관객에게 찰리와 해리가 학교 시절부터 알고 지낸 20년 넘은 오랜 친구 사이며, 이제 막 하루가 시작되고 있다는 사실을 알려주는 것 외에는 아무런 목적도 없다.

반면에 다음의 대사는 보여주기의 방식을 취한다. 찰리가 세탁소의 문을 여는 동안, 티셔츠 쪼가리를 걸치고 면도도 하지 않은 모습의 해리가 문가에 기대선 채 대마초를 빨면서 통제 불능으로 키들거리고 있다. 찰리가 그를 쳐다보면서 고개를 젓는다.

찰리

해리, 너 언제나 좀 클래? 니 꼴 좀 봐. 그 얼룩덜룩한 티셔츠하고. 넌 20년 전에 학교 다닐 때나 지금이나 똑같이 못된 애새끼 같애. 하나도 변한 게 없어. 정신 좀 차려, 해리. 지금 니 꼴이 어떤지 좀 보라고.

독자의 상상력 혹은 관객의 눈은 해리가 이 비난에 대해 어떻게 반응할지를 살피려 들고, 그와 동시에 눈에 보이지 않는 과정을 통해 자연스럽게 두 사람의 "20년"과 "학교"에 대해 알게 된다.

이야기의 어느 지점엔가 도달하면, 이야기에서 중요한 허구적인 요소들이 이야기 속에서 자기 자리를 찾아 들어가, 가장 효과적인 어떤 순간에 중요한 통찰을 제공해줄 수 있도록 장전돼 있어야 한다. 이런 세세한 요소들과 그것이 불러일으키는 지각은 독자/관객의 의식에까지 도달하되, 사건의 흐름을 따라가는 데 방해가 되어서는 안 된다. 작가는 어떤 한 방향으로 자꾸 요소들을 채워가면서 독자/관객의 주의를 그리로 이끌어야만 한다.

이러한 작업을 숙련되게 행하려면 다음에 언급하는 두 기술 모두에, 혹은 한 가지에는 통달해야 한다. **서사적 추동** 그리고 **결정적 무기로서의 해설**이 이 두 가지다. 전자는 지적인 호기심을 이끌어내기 위한 기술이고, 후자는 정서적 공감을 이끌어내기 위한 기술이다.

서사적 추동

서사적 추동이란 우리 마음이 이야기에 몰두하면서 얻게 되는 부작용 같은 것이다. 이야기가 변화하고 새로운 사실들이 드러나게 되면 이야기를 접하는 이들은 "다음엔 어떤 일이 벌어지게 될까? 저 다음에는 어떤 일이 일어나게 될까? 이게 어떻게 될까?" 하고 궁금해진다. 대사로부터 흘러나온 약간의 해설이 독자/관객에게 이해의 바탕을 제공해주면, 그들은 좀 더 진전된 호기심을 가지고 이야기의 흐름을 따라 자기를 끌어당기기에 적당한 만큼의 예견을 얻는다. 독자/관객은 뭔가를 알 필요가 있는 시점에 도달하게 될 때 그걸 알게 되긴 하지만, 누군가가 자기에게 그걸 알려주고 있다고는 절대 의식하지 않는다. 왜냐하면 독자/관객에게 제공된 해설은 그가 앞으로 벌어질 일에만 관심을 두게끔 하기 때문이다.

해설의 힘이 서사적 추동을 강제하는 하나의 예를 소설 「캐치-22」를 통해 확인해보라. 이 소설의 제목은 해설 중 나오는 용어에서 비롯된 것으로, 저자 조지프 헬러는 희생자를 폭압적인 논리의 순환 속에 가두는 관료적 함정을 일컫기 위해 이 용어를 만들어냈다.

이 이야기는 2차 세계대전 당시 지중해에 있던 공군 기지를 배경으로 한다. 5장에서 소설의 주인공인 존 요사리안 대위는 기지의 군의관인 댄 다네카에게 오르라는 이름의 조종사에 대해 묻는다.

"오르가 미쳤나?"

"맞아." 다네카 군의관이 말했다.

"비행기에 못 오르게 해줄 수 있어?"

"물론 그렇게 할 수 있지. 그런데 우선 그 사람이 나한테 그렇게 해달라고 요청해야 해. 그게 규칙이니까."

"그런데 오르는 왜 안 하는 거야?"

"그야 미쳤으니까." 다네카 군의관이 말했다. "노상 죽을 뻔하면서도 계속 전투비행에 나가는 것도 미쳤으니까 그런 거야. 오르가 비행기 못 타게 할 수 있지만, 그가 먼저 나한테 와서 요청을 해야 해."

"그렇게 하기만 하면 비행근무가 해제되는 건가?"

"그게 다야. 나한테 와서 요청하라고 해."

"그렇게만 하면 자네가 오르의 비행근무를 해제시킬 수 있는 거고?" 요사리안이 물었다.

"아니. 그렇게 되면 내가 비행근무를 해제할 수가 없어."

"그런 단서조항catch이 있단 얘기야?"

"당연히 있지." 다네카 군의관이 대답했다. "캐치-22. 전투 의무에서 벗어나려고 하는 자는 누구든 진짜로 미친 게 아니다."

규정에는 단 한 가지의 단서조항이 있었는데 그게 바로 캐치-22였다. 이 조항은 목전에 닥친 현실적 위험에 직면해 자신의 안전을 고려하는 것은 이성적인 정신의 작동이라고 규정하고 있었다. 오르는 미쳤고, 비행근무를 해제 받을 수 있는 조건이었다. 그걸 위해 그가 해야 하는 일은 비행근무를 해제시켜달라고 요청하는 것뿐이었는데, 그렇게 하는 순간 그는 더 이상 미친 게 아니며, 다시 비행작전에 참여해야만 한다. 비행작전에 또 참여한다면 그건 오르가 미쳤다는 얘기일 것이고 하지 않는다면 멀쩡하다는 얘기일 것이지만, 그러나 멀쩡한 상태라면 그는 비행에 나가야만 했다. 그가 비행에 나선다면 그건 그가 미쳤다는 얘기고, 그렇다면 비행에 나서지 않았어도 된다는 얘기가 된다. 하지만 그가 비행에 나서는 걸 원치 않았다면 그건 그의 정신이 멀쩡하다는 얘기고, 따라서 비행에 나서야만 했다. 요사리안은 이 캐치-22라는 항목의 완벽한 단순성에 깊이 감명을 받아서 경탄 어린 휘파람 소리를 냈다.

"거 참 대단하네, 그 캐치-22라는 거." 그가 말했다.

"나와 있는 것 중에 최고지." 다네카 군의관이 말했다.

극화된 대사로 이루어진 장면 속에 간접적 대사 한 문단을 삽입해 넣은 헬러의 방식에 주목해보라. 줄글로 요약된 이 문단은 다네카가 요사리안에게 무어라 말했으며, 요사리안이 그에 대한 반응으로 어떻게 휘파람을 불었는지를 우리에게 말해준다. 이 문단은 3인칭 화자의 목소리를 빌어 작가의 코멘트를 덧붙이고 있음에도 불구하고, 다음의 이유들로 말하기보다는 보여주기에 해당한다. 1) 이 해설은 장면 내부에서 벌어진다. 2) 이 해설은 장면의 역동적인 행동을 더 밀고 나간다. 다네카는 요사리안이 전투에서 빠질 구실을 찾느라 자신을 성가시게 하는 걸 중단시키고 싶어하고, 요사리안은 미쳤다고 주장하는 일의 무용함을 갑자기 깨닫게 된다. 진퇴양난을 분명하게 보여주는 이 지점은 요사리안의 플롯이 부정적인 방향으로 움직이게 되는 전환점이 된다.

서사적 추동이라는 관점에서 보자면, '캐치-22'라는 진퇴양난의 논리를 이해하는 순간, 독자의 기대는 훨씬 앞으로 나아간다. 독자는 어떻게 해야 요사리안이나 다른 인물들이 이 괴이한 군사 규칙의 강고한 손아귀에서 탈출할 수 있을지 궁금해진다. 독자/관객은 이런 해설이 제기하는 질문에 대한 답을 찾는 과정에서 서사적 추동력을 얻는다.

결정적 무기로서의 해설

독자/관객이 눈치채지 못하는 상태에서 해설을 전달하는 두 번째 기법은 그들의 감정적 개입 여부에 달려 있다. 감정이입은 이런 생각과 더불어 시작된다. '저 인물도 나와 마찬가지인 인간이야. 그러니까 저 인물이 자기가 원하는 걸 얻었으면 좋겠어. 내가 저 인물이었다면 나도 같은 걸 원했을 거야.' 독자/관객이 자기 자신과 이야기 속의 인물이 같은 종류의 인간이라는 사실을 인식하는 순간, 그는 인물과 자신을 동일시할 뿐만 아니라 자신이 실제 생활 속에서 가지고 있던 욕망들을 이 허구 속 인물이 가지고 있는 욕망에 전이시킨다.

일단 이 자기 동일시적 연결이 감정적 개입을 이끌어내면, 결정적 무기로서의 해설이라는 기법은 다음과 같이 작동하게 된다. 독자/관객들이 이야기 속 사건들을 따라가기 위해 알고 있어야 하는 인물들의 과거와 현재, 그들 자신과 서로에 대한 정보들은 작중 인물들 또한 가지고 있다. 그러므로 작중 인물들이 그들이 추구하는 바를 얻으려고 벌이는 싸움의 과정에서, 아주 중요한 순간에, 그들이 알고 있는 사실을 결정적 무기로 사용할 수 있도록 해줘야 한다. 이런 정보의 노출을 통해 드러난 사실들은 독자/관객의 배경의식 속으로 재빨리 스며들고, 이야기에 정서적으로 깊이 개입되어 있던 독자/관객은 이를 통해 발견의 기쁨을 누린다.

초창기에 나온 「스타워즈」 3부작을 예로 들어 생각해보자. 이 세 편의 영화는 다스 베이더가 루크 스카이워커의 아버지라는 하나의 '이야기-사실'을 고리로 엮여 있다. 이 이야기를 전개하는 과정에서 조지 루카스의 문제는 언제, 그리고 어떻게 해설을 전달하느냐 하는 것이었다. 루카스는 첫 번째 영화의 어느 지점에서고 C-3PO가 R2-D2에게 "루크한테는 말하지 마, 이 얘길 들으면 엄청 화날 테니까, 근데 다스는 루크의 아버지야." 하는 식으로 밝힐 수도 있었다. 이 경우에도 정보가 관객들에게 전달되기는 하겠지만, 오직 최소한의, 거의 우스꽝스러운 효과밖에는 거두지 못할 것이다. 대신에 작가는 결정적 무기로서의 해설을 차용해서 이 정보의 전달을 3부작 중 가장 유명한 장면으로 바꿔놓았다.

두 번째 에피소드인 「제국의 역습」 편의 절정에서, 루크 스카이워커는 주인공으로서 다스 베이더와 싸우겠다는 결정을 내린다. 광선검을 부딪치며 둘이 싸울 때, 다스 베이더가 상황을 장악하고 루크는 열세에 허덕인다. 루크에 대한 감정이입과 결과에 대한 초조감으로 인해 관객은 그 순간에 완전히 몰입한다.

일반적인 액션 영화의 절정에서는 주인공이 악당에 대한 열세를 뒤집는 기상천외한 방법을 찾아내게 마련이다. 그 대신 조지 루카스는 결투 한가운데에 그가 그동안 서브텍스트에 숨겨왔던 동기 요소 하나를 밀어넣는다. 다스 베이더는 그동안 떨어져 지내온 아들이 자신과 함께 그 악명 높은 어둠의 편에 서기를 원하지만, 두 가지의 고약한 선택지 중 그나마 덜 나쁜 쪽을 택해야 하는 딜레마에 직면한다. 자식을 죽이느냐, 자식에게 죽임을 당하느냐, 하는 선택이 그것이다. 이 딜레마에서 벗어나기 위해 베이더는 영화 역사상 가장 유명한 해설 중의 하나를 아들을 무장 해제시키려는 결정적 무기로 활용한다. "내가 네 아버지다." 그러나 베이더는 이 사실을 밝힘으로써 아들을 구하는 대신 오히려 그를 자살로 몰고 간다.

전편에서 숨겨져 있던 진실이 갑자기 드러나면서 충격받은 관객은 루크에게 동정심을 느끼고 그의 앞날에 대해 깊이 염려하게 된다. 여기서 결정적 무기로 사용된 이 전기적 사실은 인물과 그들을 둘러싼 과거의 사건들에 엄청난 회고적 통찰을 부여하고, 관객에게 풍부한 감정을 불러일으키면서, 3부작의 마지막 에피소드를 위한 기본적인 설정 작업을 해준다.

드러냄

코미디가 됐든 드라마가 됐든, 거의 모든 이야기에서 해설을 통해 드러나는 가장 중요한 사실들은 인물들이 외부 세계는 물론 심지어 자기 자신에게조차 감추어온 비밀, 어두운 진실 등이다.

그렇다면 비밀은 언제 세상으로 나오는가? 그건 한 인간이 그나마 덜 나쁜 선택을 해야만 하는 딜레마에 직면할 때다. "내 비밀을 드러낸다면 난 내가 사랑하는 이들로부터의 존경을 잃을 거야." 대 "하지만 내 비밀을 드러내지 않는다면 그보다 더 고약한 일이 벌어질 거야." 하는 식의 선택 말이다. 이런 딜레마의 압박으로 인해 비밀의 봉인이 느슨해지고, 그것이 마침내 세상으로 나오는 순간 그 충격파는 위력적인 전환점을 만든다. 그렇다면 이 비밀들은 어디에서 나오는가?

백스토리: 미래의 사건들을 추동하는 과거의 사건들

백스토리backstory는 인물의 '인생사'를 의미하는 것으로 종종 잘못 사용되어온 용어다. 어떤 인물의 전기적 사실은 그가 타고난 것과 경험한 것들이 일생을 통해 함께 엮어 만들어낸 사실들을 담고 있다. 백스토리란 이 전체성의 부분 집합이다. 작가가 자기 이야기를 절정으로 밀어 올리기 위해 결정적인 순간에 드러내는 사건들, 대개 비밀과 같은 과거사의 한 부분을 말한다. 백스토리로부터 제공되는 이런 드러냄은 곧이곧대로 전개되는 사건들보다 훨씬 더 큰 충격을 가하는 경우가 많다. 그래서 대개 주된 전환점에 사용하기 위해 이것들을 남겨놓는다. 아래 인용한 부분은 이런 기법의 유명한 한 예다.

「누가 버지니아 울프를 두려워하랴?」

에드워드 올비의 1962년 작인 이 희곡에서 중년 부부 조지와 마르타는 갈등으로 가득한 결혼 생활을 견디고 있다. 지난 20년 동안 두 사람은 그들의 아들 짐을 키우는 방식을 두고 사사건건 끊임없이 싸워왔다. 술에 취해 소란을 떨면서 사람들의 진을 빼고 서로를 향한 비난과 성적인 방종이 넘치던, 게다가 손님들 앞에서 아들을 두고 격렬한 말싸움까지 벌였던 파티가 끝나고 난 후, 조지는 마사를 향해 돌아서서 이렇게 말한다.

조지

자기, 당신이 깜짝 놀랄 뉴스가 있어, 우리 귀염둥이 집에 관한 얘기야.

마사

조지, 이제 그만해….

조지

그러지!… 자기, 근데, 좀 나쁜 뉴스가 있어… 우리 둘한테, 물론. 어찌 보면

슬픈 뉴스지.

마사

(두려워하며, 의심스럽게)

뭔데?

조지

(일부러 질질 끌며)

어, 마사, 당신이 방에서 나가 있을 때 말이야… 그때 초인종이 울렸는데…
글쎄 그게, 이걸 어떻게 말해야 하나, 마사….

마사

(목이 쉰 듯한 괴상한 목소리로)

말해줘.

조지

그게… 그게 뭐였냐면… 웨스턴 유니언이었는데, 그 왜 일흔 살쯤 먹은 자
그마한 사람 있잖아.

마사

(관심을 보인다.)

크레이지 빌리?

조지

어, 마사, 그렇지… 크레이지 빌리… 그 사람이 전보를 가지고 왔는데, 우리한테 온 거지. 그 전보에 대해서 당신한테 얘기를 해줘야 할 거 같아.

마사

(멀리에서 말하는 것처럼)

왜 전화로 안 했대? 왜 직접 가지고 왔대, 전화로 안 하고?

조지

어떤 전보는 직접 배달을 해줘야 하는 거야, 마사, 어떤 전보들은 전화로 처리할 수가 없어.

마사

(일어나며)

그게 무슨 소리야?

조지

마사… 내 입으로 말하기 정말 어려운데…

(무겁게 한숨을 쉬며)

어, 마사… 우리 아들이 그 애 생일에 집에 안 오려나 봐.

마사

안 오긴 왜 안 와.

조지

안 와, 마사.

마사

당연히 와. 내가 장담해!

조지

그 앤… 못 와.

마사

와. 내가 장담한다니까!

조지

마사… (긴 침묵) 우리 아들은… 죽었어.

(침묵)

그 애는… 죽었어… 오후 늦은 시간에…

(살짝 킬킬거린다.)

…시골길에서, 핸들을 확 꺾었는데, 고슴도치를 피하려고, 그러다가 정면으로 들이받았어….

마사

(정색하며 분노한다.)

당신… 이럴 수는… 없어!

조지

…커다란 나무를.

마사

당신 이럴 수는 없어.

조지

(조용히. 기운을 빼고)

당신이 알아야 될 거 같아서.

마사

(분노와 상실감으로 벌벌 떨며)

안 돼! 안 돼! 당신 이럴 수는 없어! 당신 맘대로 이렇게 결정할 순 없어! 내가 그렇게 내버려 두지 않을 거야!

조지

정오쯤에는 떠나야 할 거야, 아마도….

마사

이런 것들을 당신 맘대로 결정하게 놔두진 않을 거야!

조지

…당연히 신원확인 같은 것도 해줘야 하고, 이런저런 준비도 해야 하고….

마사

(그를 잡으려 덤벼든다. 그러나 미치지 못한다.)

당신 이럴 수는 없어! 그렇게 내버려 두지 않을 거야!

조지

이해를 못 하는 거 같은데, 마사. 난 아무것도 안 했어. 정신 좀 차려봐. 우리 아들이 죽었어! 그게 접수가 안 돼?

마사

당신 맘대로 이런 걸 결정할 순 없어!

조지

들어봐, 마사. 잘 들어봐. 우린 전보를 받았어, 차 사고가 있었고, 그리고 걔가 죽었어. 쾅! 그냥 그렇게! 자, 맘에 들어?

마사

(고함을 지르다가 신음소리로 잦아든다.)

안돼애애애애애애애애….

(애처롭게)

안 돼, 안 돼, 우리 앤 안 죽었어. 걘 안 죽었어.

조지

걘 죽었어. 불쌍히, 여기소서. 주여, 불쌍히. 불쌍히, 여기소서.

마사

당신 안 돼. 당신이 이런 걸 결정할 수는 없어.

조지

맞아, 마사. 난 신이 아니야. 난 삶과 죽음을 결정할 힘이 없어, 안 그래?

마사

당신은 그 애를 죽일 수 없어! 당신 맘대로 그 앨 죽게 할 수 없어!

조지

전보가 왔어, 마사.

마사

(일어나시, 그를 마주 보며)

그거 나한테 보여줘! 그 전보 나한테 보여줘!

조지

(긴 침묵. 그러고 나서는 정색을 하고)

내가 먹었어.

마사

(침묵. 그러고는 도저히 믿을 수 없다는 듯이, 금방이라도 발작이 일어날 것처럼)

방금 나한테 뭐라 그랬어?

조지

(웃음이 터지려는 걸 간신히 참으며)

내가… 그걸… 먹었다고.

(마사는 조지를 한참 노려보다가, 그의 얼굴에 침을 뱉는다.)

잘 했어, 마사.

「누가 버지니아 울프를 두려워하랴?」의 절정은 조지와 마사가 가지고 있던 백스토리의 비밀이 드러나면서 시작된다. 두 사람이 가운데 두고 노상 다투는 아들 짐이 사실은 상상 속의 존재인 것이다. 두 사람은 그들의 공허한 결혼 생활을 메우기 위해 짐이라는 존재를 만들어냈다. 이야기의 방향을 바꾸기 위해 백스토리를 이용하는 것은 해설을 활용하는 유일무이하고 강력한 기법이다.

직접 말하기

말하는 대신에 보여주라는 충고는 사건으로 보여지는 장면 안에 들어 있는 극화된 대사의 경우에만 적용된다. 세련되고 직설적인 말하기는, 지면에서든 무대에서든 혹은 화면에서든 관계없이, 또한 그것이 내레이션화된 대사의 형식을 취하든 제삼자 내레이션의 형식을 취하든 관계없이, 두 가지 매우 중요한 미덕을 지니고 있다. 속도와 대조가 그것이다.

먼저 **속도**를 살펴보자. 내레이션은 몇 마디 말에 많은 양의 해설을 욱여넣고 독자/관객 안에 이해를 심어둔 채 진도를 나갈 수 있다. 내적인 독백은 서브텍스트를 한순간에 텍스트로 바꿔놓는 힘을 가지고 있다. 한 인물이 자기 자신과 나누는 대화는 자유연상으로 기억과 기억 사이를 맥락

없이 뛰어넘거나, 무의식에 들어 있던 이미지들을 의식의 표면으로 불쑥 끌어올릴 수도 있다. 이런 문장들이 아름답게 쓰이면 한 문장 안에서도 감정을 움직일 수 있다. 가브리엘 가르시아 마르케스의 소설 「백 년 동안의 고독」의 한 부분을 예로 들어보자. "그로부터 오랜 세월이 지난 후, 총살 집행 부대를 마주하고 선 아우렐리아노 부엔디아 대령은 오래전, 그의 아버지가 그에게 얼음을 처음 보여주던 어느 날 오후를 떠올렸다." 이것은 아주 속도가 빠르고 선명한, 단 하나의 문장 안에 복잡하고 압축된 이미지를 담은 서술이다.

그러나 너무나 자주, 영화에서의 내레이션은 '그리고 그래서… 그래서… 그래서' 같은 형태의 뻔한 해설을 퍼 올리는 장치가 되곤 한다. 이런 방식은 보여주기의 고된 작업이 이뤄져야 할 자리에 말하기라는 쉬운 방법을 대체시키는 것일 뿐이다. 복잡한 인물을 극화시키는 영화나 텔레비전의 대화 장면들은 재능과 지식 그리고 상상력을 요구한다. 말로만 가득 찬 내레이션은 키보드만 있으면 만들어낼 수 있다.

내레이션화된 해설을 극화된 장면으로 바꾸기 위해서는 다음의 두 가지 기법 중 하나를 활용하면 된다.

첫째, 장면에 개입하라. '그리고 그래서… 그래서… 그래서'로 되어 있는 서술을 '나는 말했다/그(녀)는 말했다'와 같은 극화된 장면에 대한 내레이션으로 바꿔라. 내레이터들(소설, 연극에서의 1인칭 화자거나 영상물에서의 보이스오버)은 기억에서 떠오르는 말들 하나하나를 그대로 장면의 대사로 옮겨 놓을 수도 있을 것이고, 혹은 대략의 내용만 전달하는 간접대사를 사용할 수도 있을 것이다.

넷플릭스 시리즈인 「하우스 오브 카드」를 예로 들자면, 간접 대사들이 끼어 들어오는 장면들을 종종 볼 수 있다. 케빈 스페이시가 연기하는 프랭크 언더우드는 종종 카메라를 향해 돌아서서는 마치 자기는 교수이고, 관객인 우리는 그가 개설한 정치술수학 과목의 학생이기라도 한 것처럼 직접 말을 건넨다. 아래에 든 삽입문에서, 언더우드는 우리에게 도널드라는 인물과 자기 자신에 대한 통찰을 제공해줌으로써 해설을 극화시킨다. 언더우드는 도널드라는 인물의 결함을 단 두 문장으로 된 은유적 장면을 통해 선명하게 부각시킨다.

순교자가 다른 무엇보다 갈망하는 건 자기 몸을 내던질 칼날이죠. 그러니 칼날을 잘 갈아서, 딱 맞는 자리에 잘 세워놓고 있는 겁니다. 그러면 3, 2, 1….

바로 다음 비트에서, 우리의 프랭크 교수가 예견했듯이 도널드는 언더우드가 마련해놓은 덫 안으로 기꺼이 빠져든다.

둘째, 내적 갈등을 만들어내라. 분열된 자아끼리 벌이는 결투를 만들어 내레이션하는 인물의 한쪽 자아가 다른 쪽 자아와 논쟁을 하게 해라. 다음 두 편의 영화에 나오는 인물들이 좋은 예가 될 것이다. 마틴 스콜세지의 「비상근무」에 나오는 프랭크 피어스(니콜라스 케이지 분)와 밥 클락의 「크리스마스 스토리」의 성인 랄피 파커(진 셰퍼드 분)가 그들이다.

다음으로 **대조**를 살펴보자. 내가 경험한 바로는 이야기를 가장 풍성하게 하는 내레이션 기법은 '대조'다. 어떤 작가들은 그들의 이야기를 완전히 극화시켜서 내레이터를 단순한 이야기 전달자로 이용하지 않고, 이야기의 주제에 대해 대비되거나 아이러니를 부여하는 역할을 맡긴다. 이 작가들은 재치를 이용해 극적인 상황들을 우스꽝스럽게 하거나 극적인 상황을 이용해 풍자를 더 심화시킨다. 그들은 개인적인 것을 사회적인 것과, 혹은 사회적인 것을 개인적인 것과 대조시키는 방법을 활용하곤 한다.

존 파울스의 포스모던적이고 역사적인 반소설적 소설 「프랑스 중위의 여자」를 예로 들어보자. 이 이야기의 절반 정도는 빅토리아 시대의 신사인 찰스 스미슨과 과거가 있는 가정교사 사라 우드러프 사이의 이야기를 극화시키고 있다. 그러나 19세기의 문화와 계급 간 갈등에 대한 현대적 지식을 가지고 있는 내레이터의 목소리가 이 이야기에 교직되어 들어가면서 찰스와 사라의 사랑 이야기를 시들한 것으로 만든다. 사랑 이야기가 진행되는 동안 내레이터는 별다른 사회적 지위와 재산이 없었던 19세기의 여자는 사랑보다는 재앙에 훨씬 더 많이 노출되어 있었다는 주장을 펴면서 주된 이야기에 대조적인 입장을 제공한다.

다른 예로서 「이투 마마」의 보이스오버 내레이터는 성장 드라마인 영화의 스토리라인과 대조되는 멕시코의 사회적 문제들을 끊임없이 상기시킨다. 「애니 홀」에서는 우디 앨런의 재치 있는 보이스오버가 자기정죄적인 주인공과 대조되는 성격을 만들어낸다. 사무엘 베케트의 희곡 「연극」에서 큰 독에 목만 남기고 들어가 있는 세 명의 인물들은 각자 아무런 맥락이 없어 보이는 생각들을 내뱉으면서 세 목소리의 대조를 형성한다.

소설은 '직접 말하기'를 구사하기에 아주 적당한 매체다. 소설가는 장단편을 막론하고 자기가 원하는 수준으로 정보를 노출시키는 해설을 전경에 배치할 수 있으며, 그들이 사용하는 언어가 독자를 사로잡고 충족시킬 수 있다면 그 분량도 얼마든지 원하는 대로 펼쳐놓을 수 있다. 예를 들어서 찰스 디킨스는 「두 도시 이야기」의 서두에서 서로 대조되는 해설을 쏟아부어 독자들의 호기심을 이끌어낸다.

최고의 시절이었고, 최악의 시절이었고, 지혜의 세기였고, 멍청함의 세기였고, 믿음의 시대였고, 의심의 시대였고, 빛의 계절이었고, 어둠의 계절이었고,

희망의 봄이었고, 절망의 겨울이었고, 우리 앞에 모든 것이 있었고, 우리 앞에 아무것도 없었고, 우린 모두 곧장 천국을 향해 가고 있었고, 우린 모두 곧장 다른 길로 가고 있었고…

디킨스의 전지적 3인칭 내레이션이 "우리"라는 단어를 사용해 독자들 어깨에 팔을 걸고 이야기 속으로 함께 나아가도록 하고 있는 점에 주목하자. 이 내레이션과, 대립을 두려워하지 않는 1인칭 화자로서 랠프 엘리슨의 「보이지 않는 인간」을 시작하는 빠른 페이스의 '나'의 목소리를 비교해보자.

나는 보이지 않는 인간이다. 아니, 난 에드거 앨런 포에게 나타난 유령 따위가 아니다. 할리우드 영화가 만들어내는 영체 따위도 아니다. 나는 살과 뼈, 근육과 체액을 가진, 실체가 있는 인간이다. 나는 심지어 마음도 가지고 있다고 말할 수 있을 것이다. 내가 보이지 않는 것은, 이해하라, 단순히 사람들이 날 보는 걸 거부하기 때문이다. 당신들이 가끔 서커스의 곁다리쇼에서 보는 몸통 없는 머리들처럼, 나는 마치 왜곡되어 보이는 단단한 거울에 둘러싸여 있는 것 같다. 사람들이 내게 다가올 때, 그들은 오로지 나를 둘러싸고 있는 것들과 그들 자신, 혹은 그들의 상상이 만들어낸 것들만, 그렇다, 나를 제외한 다른 모든 것들만 본다.

후반부의 장들로 넘어가면 디킨스와 엘리슨은 장면들을 극화시키는데, 어떤 소설가들은 절대로 그렇게 하지 않는다. 그들은 대신에 계속해서 직설적인 내레이션만 반복하고, 단 하나의 사건도 대사로 펼쳐놓지 않는다. 당신이 위에 주어진 해설 두 문단을 연기가 가능한 대사들로 이뤄진 장면들로 극화시킨다면 어떻게 할지를 상상해보라. 이론상으로는 가능한 일이다. 셰익스피어라면 해낼 수는 있겠지만, 만만한 난이도의 작업은 아니다. 독자를 위한 글쓰기에서는 '말하기'로 기적을 만들어낼 수 있다. 그러나 배우들을 위한 글쓰기에서는 정반대의 일이 벌어진다.

무대와 화면의 연기 예술에서 가장 이상적인 건 해설이 대사 속에 감춰진 채 누구도 의식하지 못하는 사이에 관객에게 전달되는 것이다. 우리가 보았듯이, 보이지 않게 해설을 전달하려면 인내와 재능 그리고 그에 맞는 기법을 갖추어야 한다. 이 세 가지 요소들을 갖추지 못한, 인내심도 없고 별다른 재능도 없는 시나리오 작가들은 해설을 관객에게 강제로 부여하면서도 그것이 받아들여지기를 기대한다.

강제된 해설

영화의 초창기부터, 감독들은 헤드라인에 큰 글자로 "전쟁!" 따위의 사건을 인쇄한 신문의 숏을 끼워 넣는 방법을 써왔다. 또 그들은 아주 편리하게도, 인물들이 텔레비전이나 라디오 앞을 지나가다가 관객들한테 정보가 필요한 순간에 필요한 정보를 뉴스의 형태로 접하는 방법을 써왔다. 빠르게 편집된 몽타주 시퀀스와 분할스크린으로 보여지는 콜라주는 가능한 한 짧은 시간 안에, 가능한 한 많은 정보를 욱여넣는 방법으로 사용되었다. 감독들은 해설이 빨리 스쳐 지나가듯 나오면 관객들이 지루해할 여지가 없을 거라는 생각으로 이런 장치의 사용을 합리화했다. 그러나 그건 잘못된 생각일 수 있다.

이와 비슷한 종류의 생각이 「스타워즈」에서와 같은 타이틀 롤을 이용한 오프닝(웅장한 톤으로 빠른 템포의 해설을 제공하는)을 만들거나 「완다라는 이름의 물고기」에서와 같은 클로징(웃음을 이끌어내면서 엔딩을 약간 더 연장시킨)을 만든다. 스릴러 장르의 영화가 분초를 다퉈 여기저기 장소를 바꾸면서 전개될 때, 이 영화들은 장면의 설정숏 위로 장소명과 날짜를 수퍼임포즈 superimpose 하는 기법을 종종 사용한다. 이런 경우에는 짧은 정보가 큰 역할을 한다. 이런 식으로 설득력 있는 이미지나 짧게 수퍼임포즈 되는 자막들이 삽입되면서 이야기는 잠시 멈칫하기도 하지만 계속 진도를 나가게 되고, 관객은 그런가 보다 하고 보아 넘기게 된다.

그러나 관객들은 전혀 예술적이지 않은 방식으로, 인물이나 장면에 대한 아무런 본질적 연관성도 없이 무턱대고 대화 속으로 밀고 들어오는 '사실'들은 용납하지 않을 것이다. 작중 인물이 서로에게 각자 이미 알고 있는 사실들을 말하도록 하는 식의 서투른 글쓰기는 사건의 굴곡을 제대로 따라가지 못한 채 결국 페이스를 잃고 거꾸로 처박혀서 다시는 일어서지 못하게 될 것이다.

예를 들어보자.

INT. 실내. 호사스러운 응접실―낮
존과 제인이 비단술로 장식된 소파에 앉아 마티니를 마시고 있다.

존

아 정말, 여보, 우리가 서로를 알고 사랑한 게 얼마나 됐지? 와, 벌써 이십 년이 넘었어, 안 그래?

제인

응, 우리가 대학 같이 다닐 때부터니까. 그때 당신네 남성 클럽에서 우리 여성 사회주의자 클럽을 초대했었잖아. 그때 당신네 클럽 기숙사 애들이 다 너무 부자라서 우리 가난한 여자애들은 거길 억만장자 클럽이라고 불렀었어.

존

(자기들의 호화로운 집을 둘러보며)

맞아, 근데 그러고 나서 곧 상속받은 유산을 다 잃어버렸지. 하지만 그 후로 몇 년 동안 우리는 우리 꿈을 이루기 위해서 정말 열심히 일했어. 정말 그랬지, 안 그래, 나의 사랑스러운 트로츠키주의자?

이 대화는 관객들에게 허구상의 사실 일곱 가지를 전해주고 있다. 이 부부는 부자이고, 둘 다 40대이고, 대학의 엘리트 그룹들끼리의 모임에서 만났고, 사내는 부잣집에서 태어났고, 여자는 가난한 집에서 태어났으며, 두 사람은 한때 정반대의 정치적 견해를 가지고 있었지만 지금은 그렇지 않고, 지난 세월 동안 두 사람은 자기들만의 다정한 말투를 키워와서 듣는 사람은 닭살이 돋을 지경이다.

이 장면은 가짜처럼 보이고 대사들은 삐거덕거린다. 왜냐하면 정직하지 않게 쓰였기 때문이다. 인물들은 그럴듯한 시늉만 하고 있다. 그들은 과거를 회상하는 것처럼 보이지만 실제로는 관객들이 엿듣는 걸 염두에 두고 해설을 내뱉고 있을 뿐이다.

위에서 말한 것처럼, 소설가들은 몇 가지 이어지는 사실들을 읽기 좋은 스타일로 묶어서 간략하게 이들의 결혼사를 훑고 지나감으로써 이런 식의 가짜 장면들을 피할 수 있다. 소설가들은 그들이 원한다면, 일정한 한계 안에서 독자들이 알 필요가 있을 만한 것들을 직접 말해줄 수도 있다. 어떤 극작가나 시나리오 작가들은 소설가들을 흉내 내서 내레이션에 의

지하기도 하지만, 아주 드문 경우를 제외하면, 무대 위에서 직접 설명을 하거나 화면상에서 보이스오버로 설명을 하는 방식으로는 완전히 극화된 대사 속에 들어 있는 해설의 지적인 힘이나 정서적 충격의 수준을 넘어서기가 어렵다.

이걸 스스로 깨닫기 위해서는, 결정적 무기로서의 해설을 사용하는 연습을 해보길 바란다. 두 인물로 하여금 그들이 알고 있는 해설적 사실들을 무기로 활용하여 싸우게 하되, 한 인물이 다른 인물로 하여금 원치 않는 일을 하도록 강제하는 방식으로 위의 장면을 다시 쓰는 것이다.

그리고 같은 작업을 다시 한번 해보자. 그러나 이번에는 같은 요소들을 사용해서 유혹하는 장면으로 만들되, 한 인물이 자신이 알고 있는 사실을 결정적 무기로 활용하여 상대방이 원하지 않는 일을 하도록 은근히 조작하는 것으로 해보자.

해설이 그 안에 녹아 들어가서 보이지 않고, 인물들의 행동은 핍진해 보이는 장면을 쓰라는 것이다. 달리 말하자면, 갈등이나 유혹이 독자/관객을 매혹시켜 그들이 알아야 할 정보로서의 해설이 모르는 사이에, 보이지 않게, 그들의 마음속으로 스며들어 가도록 쓰라는 것이다.

인물묘사

대사의 두 번째 기능은 등장하는 인물들 각각에 대해 뚜렷한 인물묘사를 창조하고 표현하는 것이다.

인간의 천성은 실용적인 면에서 크게 두 가지 측면으로 구분될 수 있다. 겉모습(어떤 사람으로 보이는가.)과 실체(실제로 어떤 사람인가.)가 그것이다. 그렇기 때문에, 작가들은 인물들을 설계할 때 '진정한 성격'과 '인물묘사'로 알려진 상호 조응하는 두 부분을 가지고 작업하게 된다.

진정한 성격은, 이 표현이 시사하듯이 한 인물이 삶에 의해 완전히 구석으로 내몰렸을 때, 그리하여 구체적인 선택을 하고 행동을 취하라고 압박당할 때 드러나는 근원적인 심리와 윤리성의 진실을 말한다. 이때의 선택 원칙은 그것이 픽션이든 논픽션이든 모든 스토리텔링에서 근본 토대로 작용하는데, 더 정확히 말하자면 어떤 인물의 진정한 성격이란 그가 자신의 욕망을 추구해가는 과정에서 결정하게 되는 위험으로 가득 찬 행동의 선택을 통해서만 표현될 수 있다.

인물묘사란 인물의 전체적인 모습, 겉으로 보이는 모든 특성과 행위를 의미한다. 이것은 다음의 세 가지 기능을 수행한다. 흥미를 불러일으키기, 개인화시키기, 그리고 설득력을 부여하기다.

먼저, **흥미를 불러일으키는 기능**을 살펴보자. 독자/관객은 인물의 겉모습이 그의 실체가 아니라는 사실, 그러한 인물묘사는 그저 페르소나에 불과하다는 사실을 알고 있다. 그것은 외부세계와 진정한 성격 사이의 한 지점에서 매달려 있는 인물이 쓴 가면일 뿐이다. 독자/관객은 아주 독특한 개성의 인물을 만나는 순간, 그 인물의 말에 귀를 기울이면서 아주 자연스럽게 궁금증을 품는다. "저 인물이 저렇게 보이긴 하는데, 진짜로 어떤 인물일까? 저 인물은 실제로는 정직할까 아니면 거짓말쟁이일까? 남을 사랑하는 성격일까 아니면 잔인할까? 현명할까 아니면 멍청할까? 느긋할까 아니면 성급할까? 강할까 아니면 약할까? 선할까 아니면 악할까? 이렇게 흥미를 불러일으키도록 묘사된 저 인물 뒤에 숨어 있는 핵심적인 정체성은 어떤 걸까? 저 인물의 진정한 성격은 뭘까?"

일단 독자/관객의 호기심을 낚고 나면, 이야기는 위에 언급된 질문들에

답을 해주는 놀라운 드러남의 연속이 된다.

두 번째로, 인물묘사는 **설득력을 부여하는 기능**을 한다. 잘 상상되고 잘 설계된 인물묘사는 인물의 수용 능력(정신적·육체적)과 행위(감정적·언어적)를 잘 배합해서 독자/관객들이 이 허구적인 인물이 실재하는 인물인 것처럼 믿게 만드는 역할을 한다. 두 세기 전의 시인 사무엘 테일러 콜리지가 지적했듯이, 독자/관객은 이야기와 그에 등장하는 인물들이 실재하지 않는다는 사실을 알고 있다. 그러나 그와 동시에, 이야기의 진행에 끼어 들어가기 위해서는 한시적으로나마 이야기와 인물들을 믿어야 한다는 사실 또한 알고 있다. 좀 더 정확하게 말하자면, 독자/관객들은 자발적으로 그들의 불신을 중단하고 인물들의 행동과 반응을 아무런 의심 없이, 아무런 반론도 제기하지 않고 받아들여야만 한다는 사실을 알고 있다.

만약 당신의 독자/관객들이 당신의 인물이 거짓말쟁이라는 점을 느끼면서 '저 사람이 하는 말은 한마디도 믿지 못하겠어.'라고 생각한다면, 그건 인물의 진정한 성격이 드러나는 순간이 될 수 있다. 그러나 그들이 당신이 만들어낸 인물을 신뢰할 수 없기 때문에 그렇게 생각한다면, 그건 작품을 다시 손봐야 한다는 걸 의미한다.

인물묘사의 세 번째 기능은 **개인화시키기**다. 잘 상상되고 자료 조사도 잘된 인물묘사는 생물학적 특성, 성장 과정, 육체적 특질, 정신세계, 정서적 특성, 교육, 경험, 태도, 가치체계, 취향, 그리고 그 인물에게 개성을 부여한 문화적 영향들을 살펴볼 수 있는 복잡다단한 뉘앙스들로 이뤄진 아주 독특한 조합을 만들어낸다. 그 인물이 일상적으로 경력과 이성 관계, 성, 건강, 행복 등등의 것들을 추구해가는 과정에서 취하는 행위들이 모여 그 인물만의 독특한 개성으로 드러난다.

그리고 이 모든 것 중에 가장 중요한 특성이 있는데, 그것은 바로 '말'이다. 그 인물은 우리가 여태 만나본 사람 누구와도 다르게 말한다. 그가 말하는 스타일은 같은 작품에 등장하는 인물 누구와도 구별될 뿐만 아니라, 장인의 솜씨로 제대로 쓰였다면, 기존의 어떤 작품에 나오는 인물과도 다르다. 최근의 예 하나를 들어보자. 우디 앨런의 영화 「블루 재스민」에 등장하는 지네트 '재스민' 프란시스(케이트 블란쳇 분)가 그런 인물이다.(대사를 통한 인물묘사는 10장과 11장에서 충분히 다룰 것이다.)

행동

대사가 가지고 있는 세 번째 핵심적 기능은 인물에게 행동을 위한 도구를 마련해주는 것이다. 이야기에는 세 가지 종류의 행동이 포함된다. 정신적, 육체적 그리고 언어적 행동이다.

먼저 **정신적 행동**을 살펴보자. 말과 이미지는 생각을 조합해낸다. 그러나 생각은 인물 내부에서 그 인물의 태도와 신념, 기대, 이해 등에 관련된 변화를 이끌어내지 않는 한 정신적 행동이 되지 못한다. 정신적 행동은 외적 행위로 바뀌어 드러나기도 하고 그렇지 않기도 한다. 그러나 그것이 인물의 내면에 비밀로, 그리고 표현되지 않은 채 남아 있게 된다고 하더라도, 일단 어떤 정신적 행동을 취한 인물은 그 행동을 취하기 전의 인물과 더 이상 같은 인물이라고 볼 수 없다. 정신적 행동을 통해 변화하는 인물은 보다 현대적인 스토리텔링을 추동한다.

다음으로, **육체적 행동**은 두 가지 근본적인 범주로 나타난다. 하나는 제스처이고, 다른 하나는 임무 수행이다.

'제스처'라고 했을 때, 나는 온갖 종류의 신체 언어를 의미한다. 표정,

손의 움직임, 자세, 건드리는 행위, 타인과의 공간 유지, 목소리, 몸의 움직임 등등의 것들. 이런 행위 습관들은 언어의 느낌을 바꾸거나 그걸 대신하기도 하고, 언어로는 전달할 수 없는 느낌을 표현해낸다.[1]

'임무 수행'이란 무언가를 구체적으로 해내는 행동들을 말한다. 일하기, 놀기, 여행하기, 잠자기, 섹스하기, 싸우기, 몽상하기, 읽기, 낙조를 감상하기 등등의 것들. 이런 모든 행동은 말을 요구하지 않는다.

세 번째로 **언어적 행동**을 살펴보자. 소설가 엘리자베스 보웬이 말했듯이 "대화란 인물들이 서로에게 행하는 어떤 것"[2]이다.

인물의 외적 행위 차원에서는, 인물의 대사 스타일이 그의 다른 특성들과 섞이면서 표면적인 인물묘사를 만들어낸다. 그러나 '진정한 성격'이 들어 있는 내적 차원에서는, 인물이 세상을 향해 취하는 행동이 그의 인간성, 혹은 그것의 결여를 드러내 보인다. 그보다 더 중요한 것은, 어떤 장면 안에서 인물에게 가해지는 압력이 높으면 높을수록(그 순간에 인물이 무언가를 잃거나 얻기 위해 견뎌야 하는 게 많을수록), 그 인물이 취하는 행동을 통해 우리는 그가 진짜로 어떤 인물인지를 더 잘 알게 된다는 것이다.

그러나 인물이 말하는 내용은, 그 대사가 말해지는 특정한 순간에 그 대사가 담고 있는 언어적 행동이 그 인물에게 진실한 것일 때에만 독자/관객의 마음을 움직인다. 그러므로 대사를 쓰기 전에 다음의 질문들을 던져보라. 내 인물은 이 상황으로부터 무얼 얻으려 하는 건가? 이 특정한 순간에, 그 인물은 이 욕망을 달성하기 위해 어떤 행동을 취할 것인가? 이 행동을 취하기 위해 그는 정확히 어떤 말들을 사용할 것인가?

인물이 하는 말을 통해 우리는 그가 어떤 생각을 하고 있고, 무엇을 느끼고 있는지 알게 된다. 그 말들에 실려 있는 행동은 인물의 정체성을 드러낸다. 인물의 내밀한 삶을 드러내기 위해 텍스트 밑에 숨어 있는 행동을 찾아 하나의 동명사로 그것을 표현해보기로 하자. 아래에 예로 든 것들은 서문에서 인용한 네 개의 대사들이다. 각 인용문의 서브텍스트를 들여다보고, 인물의 행동을 적절하게 표현하는 하나의 동명사를 부여해보자. 다 하고 나서, 필자의 것과 비교해보라.

"내일, 내일 그리고 또 내일,

하루에서 또 하루로 이 느린 속도로 기어가는구나,

기록되어 있는 시간의 마지막 한 음절을 향해,

그리고 우리의 모든 어제들은 바보들을 밝혀주었다."

먼지 낀 죽음에 이르는 길을.

— 연극 「맥베스」에서 맥베스

"이 세상의 그 많은 동네, 그 많은 술집 중에서 그 여자가 내 가게로 걸어 들어온 거야."

— 영화 「카사블랑카」에서 릭

"너를 향해 나는 굴러간다. 모든 것을 파괴하지만 아무것도 정복하지 않는 너, 고래. 마지막 순간까지 나는 너를 붙들고 싸운다. 지옥의 심장부로부터 올라와 나는 너를 찌른다. 증오의 힘으로 네게 나의 마지막 호흡을 내뱉는다."

— 소설 「모비딕」에서 에이허브

"그게 뭐 꼭 잘못됐다는 얘긴 아니고."

— 시트콤 「사인펠드」에서 제리

위의 네 인용문들은 하나같이 인물들이 넌더리를 내는 상황을 보여주
지만, 맥베스, 릭 블레인, 에이허브 그리고 제리 사인펠드가 각각 자신의
거부감을 드러내는 방식은 그 말의 스타일에 있어서 현저하게 다르다. 각
자의 개성이 이보다 더 다를 수 없을 정도다.(인물묘사를 향한 입구로서의 대사 스
타일에 대해서는 3부에서 상세히 다룰 것이다.)

내가 느끼기로는 위의 네 대사들 밑에 깊이 감춰져 있는 성격들은 다음
과 같은 서브텍스트적 언어 행동을 보여준다. 맥베스—존재를 비난함, 릭
블레인—잃어버린 사랑을 슬퍼함, 에이허브—신의 권능을 모독함, 제리
사인펠드—터무니없는 짓을 옹호하는 역할을 하는 정치적 올바름을 비
웃음.

4부에서는 일곱 개의 장면을 놓고 장면의 최소 단위인 비트별로 분석
하면서 이 기법을 좀 더 자세히 소개할 것이다. 표면의 언어와 그것들이
내포하고 있는 언어적 행동을 구분하면서 이런 역동적인 설계가 어떻게
대사에 포함될 내용을 이끌어내고, 그것들로 전환점을 중심으로 장면들
을 쌓아 올리게 되는지 보여줄 것이다.

제3장
표현성 1: 내용

「뜻대로 하세요」 2막 7장

제이퀴즈

(노 공작에게)

온 세상은 무대요,

모든 사내와 여인은 배우에 불과합니다.

그들에겐 모두 각자의 퇴장과 등장이 주어져 있죠.

그리고 한 사람은 살아 있는 동안 많은 역할을 연기합니다….

제이퀴즈는 모든 인간이 인생이라는 극장에서 수십 년에 걸쳐 어린아이로부터 어른으로 그리고 노인으로 변해가는 동안 그때그때의 역할을 연기하며 살아갈 뿐이라고 믿는다. 제이퀴즈는 한 걸음 물러나 이 패턴을 철학적, 객관적, 장기적, 밖에서 안으로, 그리고 공적인 관점에서 고찰한다. 그런데 제이퀴즈의 이 우울한 신조를 만들어내기 위해 셰익스피어가 취한 방식은 (내가 짐작하기에) 정반대다. 심리적, 주관적, 즉각적, 안에서 밖으로, 그리고 완전히 사적인 관점에서 접근한 것이다.

작가가 대사를 쓸 때는 인물의 자아를 세 겹의 동심원으로, 하나의 자아 안에 또 다른 자아, 그 안에 또 하나의 자아가 있다는 식으로 상상하면서 인물을 설계하는 게 도움이 된다. 이 세 겹으로 구성된 복잡성은 제스처와 말로 표현의 외양을 구성하는 동시에, 생각과 감정으로 대사의 내용을 채운다. 이중 가장 안쪽의 영역은 말할 수 없는 것들로 직조되고, 가운데 영역은 말해지지 않은 것들이 튀어나오지 않도록 억제하며, 가장 바깥의 영역은 말해지는 것들을 내보내는 역할을 한다.

말해진 것

표면의 차원에서 '말해진 것'은 그때 사용된 단어들이, 말로든 글로든 명시적/함축적으로 직접 표현해낸 구체적 의미를 뒷받침한다. 예를 들어 '뱀'은 액면 그대로는 '다리 없는 파충류'를 뜻하지만, 서양 문화에서는 배신과 악을 상징하기도 한다. '집'이란 단어는 단순한 거주지 이상을 의미한다. 이 단어는 가정, 따스함, 가족 등의 뜻을 가지기도 하지만, 그 외에 비를 가릴 건물, 잠자리, 잠만 자고 나가는 장소 따위를 함축하기도 한다.

그렇기 때문에 "빨리빨리 살 궁리를 하든지 아니면 빨랑 가버리든지."(「쇼생크 탈출」에서 엘리스 보이드 '레드' 레딩의 대사)라든가 "바이러스성 장염 한 번만 더 앓으면 목표 체중에 도달할 거야."(「악마는 프라다를 입는다」에서 에밀리 찰튼의 대사)처럼 입에 붙는 대사들은 그것이 나온 영화와 인물들보다 더 오래 살아남는다. 이 문장들은 누가 언제 말하든 관계없이 문장에 들어 있는 의미를 그대로 표현해낸다.

이런 언어 선택("빨랑 가버리든지", "바이러스성 장염" 따위)이 이야기의 허구적 설정 바깥 세계의 문화를 함축하면서 대사는 자연스럽게 풍요로워진다. 그런데 어떤 특정한 상황에 처한 특정한 인물은 특정한 목적을 가지고 대사를 하기 때문에, 새롭고 깊은 독립적인 세계를 극 안으로 끌고 들어온다. 그 인물의 지성, 상상력 그리고 기타 유전적 결과물들 말이다.

작가는 독창성 있는 어휘와 발음, 문장 구조, 문법, 어조, 비유, 억양을 갖춘 대사를 만듦으로써 하나의 배역을 인물로 묘사해낸다. 언어적 선택은 인물의 교육 수준, 재치의 정도, 인생관, 감정적 행동의 범위 등 한 인물의 개성으로 조합될 수 있는 관찰 가능한 특성들을 표현해낸다.

말해지지 않은 것

이 두 번째 영역, '말해지지 않은 것'은 인물의 내면에서 움직인다. 자아는 이 내부의 공간으로부터 외부 세계를 응시한다. 생각과 감정은 모두 이 차원에서 형성되는데, 자아는 이것들을 의도적으로 감춰두고 내놓지 않는다. 그럼에도 불구하고 일단 인물이 말을 하게 되면(텍스트), 독자나 관객들은 본능적으로 그 말 뒤에 있는 '말해지지 않은 것'을 감지하게 되면서 그 인물이 실제로 생각하고 느끼고 있지만(서브텍스트) 일부러 입 밖에 내지 않는 무언가를 눈치챈다. 독자/관객은 인물의 대사를 통하여 이 '말해지지 않은 것'을 짐작할 수 있기 때문에 작가는 대사 쓰는 기술을 연마해 이러한 일이 가능하게 만들어야 한다.[1]

에밀리 찰튼(에밀리 블런트 분)이 앤디 삭스(앤 해서웨이 분)에게 "바이러스성 장염 한 번만 더 앓으면 목표 체중에 도달할 거야."라고 말할 때, 우리는 그녀가 말로 옮기진 않았지만 대충 이런 생각을 하고 있다는 걸 알고 있다. "패션계라는 게 날 거식증 환자로 몰아가고 있지만, 난 내 건강보다 경력이 더 중요해. 노상 배고프게 지내는 것 정도는 기꺼이 감수할 수 있어. 너도 앞으로 잘나가고 싶으면, 별수 없을 거야."

소설이 진정으로 꽃을 피우는 공간은 바로 이 '말해지지 않은 것'의 차원이다. 이언 매큐언의 「이런 사랑」 1장에서는 끔찍한 사고가 일어나 한 사내가 죽는다. 조 로즈는 다음 장에서 다른 생존자들 틈에서 사고의 여파를 살펴보며 독자들에게 이렇게 고백한다.

클라리사가 내 뒤로 다가와 허리에 팔을 두르고는 등에 얼굴을 파묻었다. 날 놀래킨 건 그녀가 벌써 울고 있다는 사실(내 셔츠가 젖는 걸 느낄 수 있었다.)이었다. 나에게 슬픔이란 건 저 멀리에 있는 것 같았다. 꿈속에 있을 때처럼, 나는 당사자이자 제삼자였다. 나는 행동했고, 동시에 내가 행동하고 있는 걸 지켜봤다. 나는 생각을 했지만, 동시에 그것들이 스크린 위로 떠다니는 걸 지켜봤다. 꿈속에서 그런 것처럼, 나의 감정적 반응은 아예 존재하지 않거나 적합하지 않았다. 클라리사의 눈물은 하나의 구체적인 사실이었을 뿐인데, 나는 내 두 발이 땅바닥에 굳게, 적당한 거리를 두고 버티고 서 있는 것과 내 두 팔이 가슴 앞에 교차되어 포개져 있는 방식이 마음에 들었다. 벌판 건너편을 쳐다보는데 그 위로 생각이 펼쳐졌다. *저 사내는 죽었다.* 나는 어떤 온기, 일종의 자기애가 온몸에 퍼지는 걸 느끼면서 교차된 두 팔로 내 몸을 꽉 껴안았다. 저 사태의 자명한 결과는 *나는 살아 있다는 것*이었다. 어떤 한순간에 누구는 죽고 누구는 산다는 건 무작위적인 사건이었다. 나는 어쩌다 보니 살아 있게 된 것이다.

말할 수 없는 것

그러나 가장 깊은 곳, '말해지지 않은 것' 아래에 밀봉된 '말할 수 없는 것'의 영역에서는 인물의 선택과 행동을 추동하는 잠재의식적인 욕구와 필요가 들끓고 있다.

인물의 진정한 본성은, 그가 삶의 다양한 압력 아래서, 자신의 삶을 규정하는 욕망을 추구하기 위해 어떤 행동을 선택하는 순간 드러난다. 적대적인 압력이 점점 더 커지는 동안 인물이 선택하는 행동은 그의 숨겨져 있는 모습을 드러낸다. 그러다가 그 압력이 최대치에 이르는 순간, 인물은 최종 선택을 통해 가장 원초적이고 더 이상 물러설 수 없는 자아를 드러낸다. 인간이 행동을 선택하게끔 하는 동기로 의도와 본능 중 어느 것이 더 결정적인가 하는 문제에 대해서는 여러 세기 동안 논란이 있었다. 그 답이 뭐가 됐든, 선택은 이 가장 안쪽의 영역에서부터 시작된다.

그렇기 때문에 언어로는 그 인물이 진짜로 어떤 사람인지 표현해낼 수 없다. 오직 어떤 사람 '같은지'만 보여줄 수 있을 뿐이다. 성경에서 가르치듯이 사람은 그의 말이 아니라 행실로 알려진다. 그러나 언어가 곧 행실이라는 사실을 작가가 깨닫는 순간 이 진실은 제대로 된 모양을 갖추게 된다.

말은 인간의 행동을 이끌고 나가는 가장 주된 수단이다. 한 인물이 무언가를 말하는 순간, 그는 사실상 무언가를 하고 있는 것이다. 말을 함으로써 그 인물은 사랑하는 사람을 위로하고 있는 것일 수 있고, 적을 매수하고 있는 것일 수도 있고, 도움을 구걸하는 것일 수도 있으며, 도움을 거절하는 것일 수도 있고, 권위에 복종하는 것일 수도 있고, 권위에 저항하는 것일 수도 있고, 대가를 치르는 것일 수 있고, 특정한 날을 기억하는 것일 수도 있다. 인간이 취할 수 있는 거의 무한대의 행동 중 어떤 것도 될 수 있는 것이다. 대사는 그걸 구성하고 있는 말들이 의미하는 것보다 훨씬 더 많은 걸 표현해낸다. 언어로서 대사는 인물의 외면적 성격을 전달하지만, 또 동시에 행동으로서 그 안에 숨어 있는 진정한 성격을 표현해낸다.

당신이 만들어낸 인물은 매 순간 자신의 욕망을 추구하기 위해 싸운다. 그 인물은 대사를 자신의 행동을 전달하는 수단으로 활용한다. 동시에 그 인물은 아무런 예고도 없이, 언어적 선택을 통해 자신의 내적 삶, 의식과 잠재의식을 전달한다. 그게 문자의 형태가 됐든 연기의 형태가 됐든, 좋은 대사는 독자/관객이 그 말들을 통해 안을 들여다볼 수 있는 투명함을 창조한다. 이야기를 읽거나 보는 이들은 이런 현상으로 인해 독심술사가 된다.

당신이 지면을 통해 표현성 강한 대사를 읽거나 훌륭한 배우가 복잡한 장면을 연기하는 걸 지켜보는 동안, 당신의 육감은 그 인물의 내면으로 침투한다. 당신은 텔레파시 능력자가 되어 그 인물의 내면에서 벌어지고 있는 일들을 그 인물 자신보다 더 잘 알게 되기도 한다. 이야기에 관한 한 잘 훈련된 당신의 초음파 탐지기는 인물의 잠재의식 속에서 일어나고 있는 움직임에서 비롯된 진동을 탐지해서, 그 인물이 자신의 대사에 들어 있는 서브텍스트를 통해 보여주는 행동으로 자신의 정체성을 분명히 밝힐 때까지 추적한다. 그리고 그 지점에 도달할 때 당신은 그 인물의 심오한 다차원성을 발견한다.

만약 어떤 이들이 믿고 있는 것처럼 그 무엇이든 말로 다 표현될 수 있다면, 우리는 이야기를 하는 짓을 그만두고 에세이를 써야 할 것이다. 그러나 우리는 그렇게 하지 않는다. 왜냐하면 우리 존재의 가장 밑바닥, 잠재의식 속에 있는 '말해질 수 없는' 에너지는 실재하는 것이고, 또한 표현되기를 요구하고 있기 때문이다.

대사는 이 세 영역을 모두 통합시킨다. 말해진 언어는 이 세 영역을 모두 관통하고 있기 때문이다. 대사에는 말로 할 수 있는 것(인물묘사)과 말로 드러낼 수 없는 것(진정한 성격), 다시 말해 언어화시킬 수 있는 것과 오직 행동으로만 제시될 수 있는 것을 표현해내는 두 가지 힘이 모두 있다. 그렇기 때문에 대사란 작가가 인물의 내용을 채우는 가장 주된 수단이다.

행동 vs 행위

"보이는 그대로 존재하는 것은 아무것도 없다."는 격언은 인생의 가장 일차적인 이중성을 표현한다. '보이는 것'은 인생의 표면, 즉 우리가 보고 듣는, 인물이 말하고 움직이는 외적 '행위activity'를 말한다. '존재하는 것'은 인생의 실질, 인물이 행위의 표면 밑에서 취하고 있는 '행동action'을 말한다.

표면에서 진행되고 있는 것들, 이를테면 카드를 친다든가 운동을 한다든가 와인을 홀짝인다든가, 그리고 무엇보다, 말하는 것은 단순히 행위들이다. 이런 텍스트 차원에서의 움직임들은 인물이 실제로 행하고 있는 것의 진실을 가리는 역할을 한다. 예를 들어 버스 정거장에서 낯모르는 이와 이야기를 나누는 일과 같은 것은 아무런 목적 없는 행위처럼 보일지도 모르지만, 실은 절대 그렇지 않다. 그렇기 때문에 당신이 다음의 질문에 대답할 때까지는 어떤 대사도 끝난 게 아니다. 내 인물은 자신이 행하고 있는 언어적 '행위'의 서브텍스트를 통해 실제로 어떤 '행동'을 취하고 있는가?

아이스크림을 생각해보자. 단순히 배가 고파서 아이스크림을 먹는 경우란 절대 없다. 다른 모든 경우에서와 마찬가지로, 아이스크림을 먹는다는 '행위'에는 의식적 혹은 잠재의식적인 '행동'이 깔려 있다. 아이스크림을 먹는 사람은 실제로는 무얼 하고 있는 걸까? 그 인물은 무언가 달콤한 것을 먹음으로써 자신의 슬픔을 가라앉히려 하는 것일 수도 있고, 의사의 처방에 반항하는 것일 수도 있고, 다이어트에 성공한 것에 대해 스스로 상을 주는 것일 수도 있다. 슬픔을 잠재우거나 반항하거나 혹은 상을 주는 이런 '행동'들이 아이스크림을 먹는 '행위'를 통해 표현 방법을 찾은 것이다.

말도 마찬가지다. 인물 A와 인물 B가 대화를 나누고 있는데, 그들은 무얼 하고 있는 걸까? 인물 A가 사용하는 말들은 인물 B를 위로하는 것일까, 아니면 놀리는 것일까? 인물 B가 반응할 때 그 대사는 그가 A에게 복종한다는 것일까, 아니면 그를 장악하려는 것일까? A는 관심을 가장하고 있는 걸까, 아니면 사랑에 빠지고 있는 걸까? B는 A를 속이고 있는 걸까, 아니면 그에게 진짜로 고백을 하고 있는 걸까? 질문은 끝도 없이 이어질 수 있다. 인물들 사이에서 진행되고 있는 텍스트 차원에서의 '행위' 뒤에서는 어떤 서브텍스트 차원의 '행동'이 실질적으로 장면을 밀고 나가고 있을까?

그러므로 '행위'란 단순히 '행동'이 표면으로 나타나는 것이며, 인물이 행동을 보여주는 방법을 말한다. 행동은 스토리텔링의 근본적인 토대이고, 모든 행위에는 행동이 담겨 있다.

'드라마drama'란 행동을 뜻하는 고대 그리스어다. 이 말은 '하기' 혹은 '행동하기'를 뜻하는 동사 draō에서 나왔다. 고대 그리스의 관객들은 극의 표면에서 어떤 일이 벌어지고 있든 관계없이, 그 모든 외적 행위들을 추동시키고 있는 건 내적 행동이라는 사실을 알고 있었다. 이 원칙을 한 장면을 쓰는 일에 연장해서 적용하자면, 우리는 심지어 침묵도 그 밑에 행동을 깔고 있음을 실감하게 된다. 말이 요구되는 시점에 말을 하지 않는 것은 행동이다. 그것도 어쩌면 상대방을 노리고 있는 잔인한 행동일 수 있다. 어떤 인물이 말을 할 때는 무언가를 하고 있는 것이다. 누굴 돕고 있든지 해치고 있든지, 구걸하고 있든지 매수하고 있든지, 설득하고 있든지 포기를 종용하고 있든지, 설명하고 있든지 오도하고 있든지, 공격하고 있든지 방어하고 있든지, 칭찬하고 있든지 비난하고 있든지, 불평하고 있든지 고마워하고 있든지, 이런 식으로 끝도 없는 행동의 목록을 나열할 수 있다. 심지어 잠깐의 침묵도 행동과 반응의 비트에서 한 축이 될 수 있다. 어떤 인물이 잠시 침묵할 경우, 그 인물은 그 장면의 바로 전 행동에 반응을 보이는 것이거나 자신의 다음 움직임을 준비하고 있는 것이다.

'대사dialogue'라는 용어는 종종 '독백monologue'과 대비되곤 한다. 마치 대사는 항상 양자 간의 일인 것처럼 다뤄지는 것이다. 그러나 이는 잘못된 이해다. 필자가 1장에서 언급했듯이, 대사란 각각 '~을 통해dia'와 '말하다legein'를 뜻하는 두 개의 그리스어를 합친 말이다. '대사'란 말을 통해 행해지는 행동을 함축하는 단어다. 그렇기 때문에 만약 어떤 인물이 자기 자신에게 말한다면, 그건 그 인물이 자기 자신 안에서 행동을 취한다는 뜻이다. '독백'은 누군가가 다른 누구에게도 말하지 않는다는 뜻을 함축하지만, 실제로 그건 가능하지 않은 일이다. 말해지거나 생각된 모든 말에는 반드시 누군가, 어느 무엇인가, 혹은 자기 자신의 어떤 측면이 수신자로 기능하게 된다.

텍스트 vs 서브텍스트

행위와 행동은 또 다른 한 쌍의 용어와 나란히 놓인다. 그것은 텍스트와 서브텍스트다.

텍스트는 어떤 예술 작품의 표면과 그 예술 형식의 실행 방식을 의미한다. 캔버스에 그려지는 그림, 피아노로 연주하는 코드들, 무용수의 스텝 같은 것들 말이다. 이야기를 다루는 예술 형식에서의 텍스트란 소설의 경우에는 종이 위에 쓰여 있는 단어들이고, 공연예술의 경우에는 인물이 살아가는 외적 양상을 일컫는다. 다시 말해, 독자가 읽고, 관객이 보고 듣는 것들이 텍스트다. 대사 창작에 있어서 텍스트는 인물이 실제로 말하는 '말해진 것'이 된다.

서브텍스트는 표면 밑을 흐르는 의미와 감정 등 이 예술의 내적 실체를 일컫는 말이다. 사람들은 실제 삶에서도 서로에게 말할 때 말의 표면 아래에서 '말'한다. 소리 없는 언어가 의식의 표층 아래를 흐른다. 어떤 이야기의 서브텍스트적 차원에는 인물의 숨겨져 있는 삶, 즉 의식과 잠재의식 차원에서의 생각과 감정, 욕망과 행동—'말해지지 않은 것'과 '말할 수 없는 것'들이 모두 들어 있다.

기술적으로 잘 쓰인 대사는 일종의 투명성을 만든다. 인물이 직접 내뱉은 대사의 텍스트는 다른 인물들에게 자신의 내적인 삶을 감추는 역할을 하면서, 동시에 독자/관객들에게는 그 인물의 표면적인 행위를 뚫고 들어가 내면을 볼 수 있도록 해준다. 능숙한 대사는 통찰의 충격, 인물의 마음을 읽는 듯한 느낌을 전달한다. 그리고 인물이 진실로 생각하고 있는 것, 느끼고 있는 것, 행하고 있는 것을 독자/관객들이 알게 되면서 그 인물 자신보다 더 그의 내면을 제대로 이해한다는 느낌이 들게 한다.

언어 중심의 문화에서 살고 있는 유럽계 혈통의 사람들은 언어가 경험의 한계를 설정한다고 믿는 경향이 있다. 언어가 생각에 어떤 틀을 제공해준다는 데에는 의심의 여지가 없지만, 작가는 다른 표현 양식들—제스처나 표정 같은 유사언어와 더불어 목소리의 음조, 의상, 움직임 같은 것들—이 인물의 내면과 외면의 경험에 다 같이 영향을 끼친다는 점, 그리고 무엇보다 가장 중요하게는, 인물이 언어적 수단의 유무와 관계없이, 자기 자신을 표현하는 방식에 영향을 끼친다는 점을 분명히 이해해야만 한다.

예를 들어 인물 A가 인물 B에게 이런 말을 했다고 하자. "어이, 잘 지냈어? 우와, 살 빠졌네!" 텍스트상에서 A는 B에게 인사와 칭찬을 건네고 있다. 그러나 A와 B가 공유하는 관계의 성격과 역사에 따라, A의 말에 들어 있는 서브텍스트는 B를 응원하는 것에서부터 시작해 유혹하는 것, 놀리는 것, 심지어 모욕하는 것까지도 될 수 있다. 아주 중립적으로 보이는 표현일지라도 그 밑에 들어 있는 서브텍스트적인 행동은 그 말을 듣는 대상만큼이나 다양한 것일 수 있다.

인간의 본성은 끊임없이 외적 행위(텍스트)에 그 밑에 숨어 있는 자아들(서브텍스트)을 결합시켜 넣는다. '말해지지 않은 것'을 '말해진 것'에 직접적으로 연결시키는 이 드물고도 다소 이상한 인간들은 기계적이고, 비현실적이며, 비인간적이고, 단절되어 있으며, 심지어는 비정상으로 보이기까지 한다. 예를 들어 히틀러에게는 서브텍스트라는 게 없다. 「나의 투쟁」은 은유가 아니라 홀로코스트를 위한 시간표였다. 히틀러는 자신의 의도 전부를 텍스트에 적시했는데, 그의 비전이 그대로 믿기에는 너무나 끔찍한 것이었기 때문에, 연합군 쪽 정치가들은 그 안에 존재하지도 않는 서브텍스트에서 뭔가를 찾아내기 위해 1930년대를 다 보내고 말았다.

제4장

표현성 2: 형식

대사의 질과 양은 스토리텔링 과정에서 사용되는 갈등의 차원에 따라 달라진다.

갈등의 다중성

갈등은 다음의 네 가지 중 하나의 차원에서 우리 삶에 지장을 준다. 물리적(시간, 공간 그리고 그것들이 포함된 모든 것), 사회적(기관들과 그 안에 소속된 개인들), 인간적(친구, 가족, 연인 등 친밀한 관계들) 그리고 개인적(의식적이고 잠재의식적인 생각과 감정들)인 차원이 그것들이다. 복잡하게 꼬인 이야기와 다중적인 이야기, 최소한의 대사만 있는 이야기와 엄청나게 대사가 많은 이야기 사이의 다른 점은, 작가가 극화시키기 위해 선택하는 갈등의 겹들에 전적으로 달려 있다.

액션 장르물은 주인공을 거의 전적으로 물리적 갈등에 직면하게 만든다. J. C. 챈더의 영화「올 이즈 로스트」가 그 예다. 그런가 하면 의식의 흐름이라는 소설 기법은 이야기를 오롯이 내적 갈등의 층위로 가라앉혀, 주인공의 머릿속에 밀려드는 꿈과 기억, 후회와 갈망의 조류들로 소용돌이를 일으킨다. 버지니아 울프의「댈러웨이 부인」이 그런 예가 될 수 있겠다.

순수한 객관성을 추구하는 챈더 같은 감독들, 혹은 순수한 주관성을 추구하는 울프 같은 작가들은 자신의 작품을 여러 차원의 갈등 중 단 하나의 차원으로 극단적으로 밀어붙여 복잡하게 만든다. 그 결과 그들은 대사를 전혀, 혹은 거의 사용하지 않고도 설득력 있는 이야기를 만들어낸다. 삶의 단 하나의 층위에 역동성이 고도로 집중된 이야기들은 때로 현기증이 날 정도로 복잡하다. 그러나 내 정의에 따르면 그것은 다중적이지는 않다.

다중적인 이야기는 두 가지, 세 가지, 심지어는 네 가지 차원의 인간적 갈등 모두를 포함한다. 세계를 넓고 깊게 바라보는 작가들은 종종 그들의 이야기를 한 차원에서는 내적 갈등을, 다른 차원에서는 물리적 문제를 포함하도록 묶고, 그 중간 지대에 사회적 갈등과 인간적 갈등을 설정한 후 대화가 벌어질 수 있는 이 두 개의 장에 집중한다.

먼저, '인간적 갈등'은 친구, 가족, 연인들을 휘말리게 한다. 친밀함이란 그것의 속성상 대화에서 시작돼 쌓이고, 바뀌고, 그리고 대화를 통해 끝난다. 인간적 갈등들은 그래서 다중적 의미를 지닌 다층적 대사들이 뒤섞이면서 표현된다.

「브레이킹 배드」시즌 4의 6화에서 월터 화이트와 그의 아내 스카일러가 주고받는 대사를 예로 들어보자. 첫 번째 시즌의 첫 에피소드에서부터 월터 화이트는 신경과민에 불안하고 방어적인 성격의 인물로 묘사된다.

그러나 이 장면의 마지막에 이르면 우리는 그의 진정한 성격의 일단을 엿보게 된다.

INT. 실내. 침실—낮.
남편과 아내 침대에 앉아 있다.

　스카일러

　전에 말했지. 당신이 위험에 처하면, 경찰한테 가는 거야.

　월터

　아니, 경찰 애긴 듣고 싶지 않아.

　스카일러

　가볍게 하는 말 아냐. 그렇게 했을 때 우리 가족한테 무슨 일이 벌어질지 알지만, 그게 우리한테 실질적으로 남은 단 하나의 선택이라면, 그렇게 하든가 아니면 당신이 현관문을 여는 순간 총을 맞든가 하는 수밖에 없다면—

　월터

　—경찰 애긴 듣고 싶지 않아.

　스카일러

　월트, 당신은 나쁜 범죄자가 아냐. 그저 당신이 감당 못 할 일에 엮였을 뿐이지. 그 사람들한테는 그렇게 말하면 돼. 그게 사실이고.

월터

그건 사실이 아냐.

스카일러

사실이 맞아. 학교 선생에, 암에 걸렸고, 돈도 절박해—

월터

(일어나며)

—우린 끝났어.

스카일러

—일에 묶여서 끝낼 수가 없다고, 월트, 당신이 나한테 그렇게 말했잖아. 세상에, 난 무슨 생각을 하고 있었던 거야?

(사이)

월트, 제발, 우리 둘 다 이 모든 걸 어떻게든 말이 되게 해보려는 걸 관둬야 해. 당신이 위험에 처해 있다는 걸 인정해야 해.

월터가 천천히 그녀에게로 돌아선다.

월터

당신 지금 누구한테 말하고 있는 거야? 당신이 보고 있는 게 어떤 사람인 거 같아?

(사이)

당신 내가 일 년에 얼마 버는지 알아? 내가 말해줘도 안 믿을 거야. 내가 지금 갑자기 일을 그만하겠다고 하면 무슨 일이 벌어지는지 알아? 나스닥에 상장될 수 있을 정도로 큰 사업이 뒤집어지는 거야. 사라지는 거야. 내가 없으면 그 사업이 사라진다고.

(사이)

아무래도 당신은 지금 어떤 사람한테 얘기하고 있는 건지 모르고 있어. 내가 힌트를 주지. 스카일러, 난 위험에 처해 있지 않아. 내가 바로 위험 그 자체거든. 현관문 여는 순간 총에 맞는다 그랬지. 당신은 그게 나일 것 같아? 아니, 난 문을 두드리는 사람이야.

월터는 침실에서 나간다. 스카일러는 그 모습을 지켜본다.

월터는 그의 새로운 또 다른 자아, 우리가 하이젠버그라는 이름으로 알고 있는 그의 도플갱어에 대해 묘사하고 있는 중이다. 남편의 말에 충격을 받아 말문이 막힌 스카일러는 그 말이 도대체 무슨 뜻인지 이해하려 애쓸 뿐이다.

'사회적 갈등'은 의료, 교육, 군사, 종교, 행정 등 공공의 목적에 관련된 기관들과, 합법적이든 불법의 것이든 모든 종류의 사회적 기업들을 통해 닥쳐온다. 사람들은 인간적인 관계에서 사회적 관계로 이행해 갈 때 종종 덜 진실해지고, 더 형식적으로 말하는 경향이 있다. 공공적 갈등이 극에 달할 때, 인물들은 갑자기 말을 하기 시작한다.

「하우스 오브 카드」의 한 부분을 예로 생각해보자. 정치 활동을 하는 어떤 인물이 프랭크 언더우드가 내놓은 제안을 거절한다. 그 인물이 퇴장할 때, 프랭크는 카메라를 향해 돌아서서 이렇게 말한다.

재능의 낭비예요. 저자는 권력 대신 돈을 택했어요. 워싱턴에서 거의 모든 사람이 하는 실수죠. 돈이란 건 휴양지에 급조된 맨션 같은 거예요. 십 년이면 무너지기 시작하죠. 반면에 권력은 수백 년을 버티는 오래된 석조 건축물 같은 거예요. 난 이 차이를 보지 못하는 사람을 존중해줄 수 없습니다.

일반화시키자면, 이야기의 갈등이 물리적이고 사회적일수록 대사는 적어진다. 갈등이 인간적이고 개인적일수록 대사는 더 많아진다.

다중적인 이야기를 만들기 위해서는 작가는 대사의 양면적 차원을 반드시 터득해야만 한다. 이야기의 외적 측면은 '말'해지는 반면에, 이야기의 내적 진실은 '생각'되고 '느껴'진다는 것이 바로 그것이다. 어떤 대사가 처음 말해질 때 화자는 그 대사에 다른 인물들이 믿고 그에 근거해서 행동하기를 바라는 표면적 의미를 싣는다. 이 첫 번째 의미는 이야기의 맥락상 논리적으로 보이고, 인물의 목적과 그가 취하는 전술에 대한 느낌을 전달한다. 우리는 한 장면에서 그것이 일으키는 효과를 보면서 본격적인 호기심을 갖게 된다. 대사에 쓰이는 언어 자체가 우리를 즐겁게 할 수도 있다. 비유나 말장난 같은 재치를 갖춘 대사는 특히 무대에서 효과적이다. 그러나 바로 다음 순간, 이처럼 잘 쓰인 말들이 사라지면서 우리는 두 번째의 느낌, 즉 말들 뒤에 숨어 있는 깊은 의미를 느끼게 된다.

개성이 드러나는 인물 특유의 대사는 독자/관객이 가지고 있는 직관과 인식 능력에 힘입어서, 어느 순간 갑자기 그들에게 인물의 숨겨져 있던 자아와 욕망을 파악할 수 있는 영감을 준다. 인물에 걸맞은 대사는 독자/관객이 의식의 차원으로 표면화되어 있는 인물의 생각들을 읽어내는 수준을 넘어서 그 인물의 잠재의식 속에 들어 있는 갈망을 담은 '말해지지 않은' 느낌들까지 느낄 수 있도록 해준다. 이 효과는 너무나 강력해서, 우리가 이 허구적 구성물 속의 인물들에 대해 가지게 되는 통찰력의 깊이와 완전성은, 우리 주변에 실재하는 인물들에 대한 통찰의 수준을 넘어서게 되는 경우가 왕왕 있다.

최고 수준에 도달한 대사는 인물의 공개된 얼굴과 숨겨진 자아 사이에 매달려 있다. 다면체의 크리스털처럼, 인물이 내뱉은 말들은 그 인물의 내면과 외적 삶의 다양한 요소들을 굴절시키고 반사해서 드러낸다. 개인적인 삶과 사회적인 삶은 말을 통해 시작되고 발전해서 끝나는 것이기 때문에 사람 사이의 다중적인 관계와 갈등들은 풍부한 표현을 갖춘 인물 특유의 대사 없이는 충분히 극화될 수 없다.

반면에 서투른 대사는 가짜처럼 들릴 뿐만 아니라, 그 대사를 말하는 인물을 가볍고 피상적인 존재로 만들기도 한다. 빈약한 대사는 잘못된 단어 선택을 비롯한 많은 문제들에서 비롯되는데, 근본적인 이유는 훨씬 더 깊은 데 있다.

대사의 문제는 이야기의 문제다.

스토리텔링과 대사는 거의 함수적 대칭성을 가지고 움직인다. 이야기가 나쁜 경우에는 대사도 나쁘다. 진부한 이야기들이 너무나 많기 때문에 우리는 수없이 많은 영화와 연극, 텔레비전 채널을 통해 귀에 거슬리는 대사들을 들어야 한다. 이건 소설에서도 마찬가지다. 현대 소설들은 대사로 줄곧 이어지면서 빨리 읽히게끔 하지만, 대사로 가득 찬 챕터를 읽고 감동을 받았던 게 도대체 언제였나? 대다수의 대사는 그게 출판물이든 공연이든 기껏해야 봐줄 수 있을 정도고, 보는 즉시 잊히는 수준이다.

우리가 이야기로 이끌리는 이유는 이야기가 우리 주위의 삶을 반영하고 있기 때문만이 아니라, 우리 내면의 삶을 비춰주기도 하기 때문이다. 이야기를 접할 때 얻는 가장 큰 즐거움의 하나는 완전히 몰두하여 그 허구가 제공하는 거울 속을 끝도 없이 응시하는 일이다. 대사는 우리가 다른 사람들에게 어떻게 거짓말을 하는지, 우리 자신은 어떻게 속이는지, 우리가 어떻게 사랑하는지, 어떻게 구걸하는지, 어떻게 싸우는지, 어떻게 세상을 보는지를 보여준다. 대사는 삶의 가장 모진, 혹은 가장 황홀한 순간에 우리가 어떤 말을 할 수 있는지, 혹은 해야 하는지를 가르쳐준다.

무대에서의 대사

무대는 상징의 공간이다. 머나먼 과거에, 최초의 배우가 자신의 부족 앞에 서서 어떤 이야기를 보여주기 시작했을 때부터 관객들은 그 고귀한 공간에서 말해지고 행해지는 것들이 단순한 말과 제스처 이상의 의미가 있음을 본능적으로 이해했다.[1]

무대에서는 예술의 인위성이 그대로 공개된다. 연극이라는 제의에서, 배우들은 실제로 살아 있는 다른 사람들의 면전에서 허구의 인물들을 연기한다. 이들은 이 비현실성이 그 순간에만은 현실인 것처럼 가장하면서 다 같이 같은 공기를 호흡한다. 관객들은 극장의 좌석에 앉는 순간 그 작품의 극작가와 암묵적인 계약서에 서명을 하는 것과 같다. 계약의 내용은 이렇다. 극작가는 무대를 그가 표현해내고자 하는 의미를 지닌 상징적인 상상 속의 세계로 변환시킬 것이고, 관객은 그에 조응하여 자신의 의심을 중단하고 무대 위의 인물들이 '마치' 자기 앞에서 그들의 삶을 '사는 듯'

그 인물들에 반응하기로 한다.

'마치 ~인 듯'이라는 관습에는 한계가 있는가? 그런 것 같지 않다. 한 세기도 전에 다다이즘이 등장한 후로 관객들은 온갖 과격한 것들을 체험해보겠다고 서명을 한 상태다. 관객들은 앙드레 브르통의 「당신이 좋으시다면」(1920) 같은 초현실주의 연극이나 외젠 이오네스코의 「대머리 여가수」(1950) 같은 부조리극, 퍼스와 손하임의 콘셉트 뮤지컬 「컴퍼니」 (1970) 그리고 매년 8월 에든버러 페스티벌 프린지 섹션에서 상연되는 문자 그대로 수백 편에 달하는 아방가르드 연극들을 봐왔다.

'마치 ~인 듯'을 둘러싼 극작가와 관객의 은밀한 합의는 극작가들에게 실제 인간이 한 번도 말해본 적이 없는 높이와 깊이의 숭고함을 지닌 대사를 쓸 수 있는 허가를 내준 것이었다. 그리스 고전시대 드라마의 대가들로부터 시작해서 셰익스피어와 입센, 오닐을 거쳐 제즈 버터워스, 마크 오로위 그리고 리처드 마시 등의 동시대 작가들에 이르기까지, 극작가들은 이미지를 선명하게 떠올리게끔 하는 언어와 시적인 힘으로 대사를 보강시켜 주는 리듬감 있는 문장을 사용해왔다. 그리고 관객들은 듣는다. 왜냐하면 그들이 극장에서 원하는 건 첫째가 듣는 것이고, 보는 건 둘째이기 때문이다.

그에 더해, 무대는 끊임없이 언어를 탐구하고, 또한 재발명하도록 영감을 준다. 셰익스피어는 자기가 원하는 단어를 찾을 수 없자 새로 만들어냈다. Barefaced(뻔뻔스러운), obscene(음란한), eyeball(눈알), lonely(외로운), zany(엉뚱한), gloomy(음울한), gnarled(옹이가 많은), bump(~에 부딪치다), elbow(팔꿈치), amazement(놀라움), torture(고문) 등등 셰익스피어가 만든 단어는 1,700여 개에 이른다.

유진 오닐이 「아이스맨이 오다」에서 자연주의적으로 그려낸 술집에서의 시비 장면이나 T. S. 엘리엇이 「대성당의 살인」에서 사용한 시적이고 우아한 언어에 이르기까지, 연극에서 사용하는 언어들의 다양한 스펙트럼은 이야기를 다루는 다른 매체들에 비할 바가 아니다.

예를 들어 야스미나 레자의 희곡 「대학살의 신」(크리스토퍼 햄튼 번역)에서 응접실 대화 장면을 생각해보자. 두 쌍의 부부가 그날 자기 아이들이 놀이터에서 싸운 이야기를 하면서 저녁나절의 대화를 시작하고 있다. 술을 윤활유 삼아 시작된 점잖은 대화는 그들의 결혼 생활의 더러운 실상을 향해 점점 추락한다. 아래에 예로 든 대사를 보면, 두 아내는 날카로운 '마치 ~인 듯'의 비유를 사용해 각자의 남편들을 우스꽝스럽게 만든다.

마이클

술만 마시면 당신은 불행해지잖아.

베로니카

마이클, 당신 입에서 나오는 모든 말들이 다 날 파괴해. 난 술 안 마셔. 이 거지 같은 럼주 딱 한 모금 마시긴 했지. 당신이 마치 신자들한테 토리노의 수의라도 보여주듯이 야단법석을 떠는 이 술 말이야. 난 술 안 마시고, 그 사실이 너무 후회스러워. 사소하게 기분 잡치는 일이 있을 때마다 술을 마시면서 위안을 얻을 수 있으면 마음이 편할 거 같아.

아네트

내 남편도 기분이 안 좋은 건 마찬가지야. 저이 좀 봐. 슬럼프야. 마치 누가 저이를 길가에 버려두고 떠난 듯이 보이잖아. 저 사람 인생에서 제일 불행한 날인 거 같아.[2]

이제 이 두 아내들의 차분한 조롱과 페데리코 가르시아 로르카의 「피의 결혼」(1933년 작. 페르난다 디아즈 번역)에 나오는 생동감 있는 발언을 비교해 보자. 하녀는 결혼식을 위해 테이블을 준비하면서, 비유에 비유를 더하는 말로 신부에게 다가오는 비극에 대해 경고한다.

하녀

결혼식 날 밤을 위해

휘어지는 달이

검은 잎사귀들을 가르고

그녀의 하얀 창에서

내려다보게 하라.

결혼식 날 밤을 위해

서리가 불타오르고,

시큼한 아몬드가

꿀처럼 달아지게 하라.

오 더할 나위 없이 아름다운 여인이여

당신의 결혼식 밤이 다가오고 있어요.

웨딩드레스를 바짝 그러잡고,

남편의 날개 아래에 숨으세요.

그 사람은 불에 타오르는 가슴을 가진

비둘기예요.

절대로 집을 떠나지 말아요.

벌판은 솟구치는 피의 비명을

기다리고 있어요.

뮤지컬은 대사의 시학을 가사와 아리아로 변환시킴으로써 오래된 전통극장의 '마치 ~인 듯' 관습에 한 겹의 광택을 더 입힌다. 이 변환은 춤이 제스처를 한 차원 끌어올려 정서를 강화시키는 것과 같다. 사실상 이 책에서 논의하고 있는 대사에 대한 모든 원칙과 기법은 뮤지컬에도 그대로 적용된다. 오페라의 레치타티보(말의 리듬과 강세를 모방하거나 강조하는 형식의 노래)에서부터 시작해서 완전히 음악화시킨 현대 뮤지컬의 장면들에 이르기까지, 인물들은 춤을 추고 노래를 부르면서 대사를 음악으로 바꿔낸다. 노래란 단순히 말하자면 인물에 기반한 대사의 또 다른 형태다.

관객들은 자신들이 보고 있는 공연이 내적으로 일관성 있는 설정을 만들어 인물들이 그 안에서 그들의 세계와 그들 자신에 대해 진실해 보이는 태도로 말하고(노래하고) 있는 한, 다시 말해 대사가 인물에게 부합하는 상태를 유지하는 한, '마치 ~인 듯'에 대한 그들의 믿음을 계속 유지한다. 이런 신뢰성이 전제되지 않는다면 이야기는 아무런 의미도 없고 정서적인 감응도 일으키지 못하면서 요란스럽게 움직이기만 하는 구경거리에 불과하게 될 위험성을 항상 안고 있다.

영화에서의 대사

카메라는 허공에서 360도 회전해서 날면서 그 과정에서 보이는 모든 것들, 모든 물체, 모양과 색깔들을 죄다 담을 수 있다. 작가가 무엇을 상상하든지 컴퓨터 그래픽은 그 이상을 구현할 수 있다. 극장용 대형 화면big screen은 이미지를 전경에, 그리고 소리는 후경에 놓기 때문에 영화의 관객들은 본능적으로 눈을 통해 이야기를 흡수하는 반면, 음악, 음향효과,

대사들은 대충 듣게 된다.

실제로 어떤 영화순수주의자들은 무성영화가 이상적인 영화라고 생각한다. 그들의 미학적 관점을 존중한다. 영화에서 감동적인 순간들 중 상당수가 아무 소리가 없는 것도 사실이다. 하지만 나는 최고의 무성영화와 가장 뛰어난 유성영화를 비교했을 때, 말로 하는 대사가 있는 이야기들이 훨씬 더 좋다. 델마와 루이스가 차를 몰고 그랜드캐니언의 절벽에서 뛰어내리는 이미지가 내 기억 속에 선명하게 남아 있는데, 내가 기억하기로 그들은 그렇게 달리는 동안 신나는 목소리로 "계속 가!"라고 외치고 있었다. 이 대사 없이는 그들의 자살 장면의 효과는 반감되었을 것이다.

영화 화면에서의 스토리텔링이 언어보다 이미지를 선호하는 건 명백하지만, 그 둘 사이의 균형 관계는 장르에 따라 달라진다.「올 이즈 로스트」같은 액션 어드벤처 장르의 영화는 대사가 없이 전개되는 반면,「앙드레와의 저녁 식사」와 같은 교육의 플롯을 가지고 있는 영화는 모든 것이 대사를 통해 이뤄진다.

그렇기 때문에 영화와 무대 혹은 지면 사이의 가장 큰 차이는 대사의 양이 아니라 질에 있다. 카메라와 마이크는 인물의 행위와 음성을 엄청나게 확대하고 증폭시키기 때문에 위장된 시선, 가짜 제스처, 가식적인 대사는 최악의 디너파티 자리에서의 낱말 맞히기 게임보다도 더 아마추어처럼 보이고 들리게 된다. 스크린 연기는 자연스럽고, 신뢰가 가고, 즉흥적으로 행하는 것 같은 기술을 요구한다. 이게 가능하려면 스크린 대사가 반드시 아주 자연스럽게 느껴져야만 한다. 치장이 심한 대사를 하도록 요구받으면 가장 뛰어난 배우들조차도 실소를 금치 못할 연기를 보여주게 되고, 관객들은 "사람들은 저렇게 말 안 하는데." 하는 반응을 보이게 된다. 이건 어떤 장르에서든, 사실적인 이야기든 그렇지 않은 이야기든 텔레비전에서든 영화에서든 변함없는 사실이다.

그러나 거기엔 물론 예외가 있다.

하나, 양식화된 리얼리즘

리얼리즘은 모종의 탄력성을 가지고 구부러진다. 이야기의 배경을 낯선 세계로 설정하면 작가는 그 배경이 일상적이었을 때보다 훨씬 더 묘사적인 언어를 사용해 대사를 강화시킬 수 있는 유연성을 허용받지만, 그 말들은 그 이야기의 세계가 허용하는 신뢰성의 범주 안에 머물러야 한다. 낯선 배경을 기반으로 하는 영화나 텔레비전 시리즈(「그랜드 부다페스트 호텔」, 「홈랜드」), 범죄자들의 사회(「펄프픽션」, 「데드우드」), 지역 문화(「비스트」, 「저스티파이드」), 혹은 먼 과거의 이야기들(「스파르타쿠스」, 「바이킹스」)에서의 대사는 그것들이 각 드라마와 영화가 설정하고 있는 한계 안에서 신뢰성만 확보할 수 있다면 일상적 언어로부터 멀리 떨어진 데까지 영역을 넓힐 수 있다.

이런 이색적인 경우에서는 일관성의 유지가 문제가 된다. 작가는 장편 영화나 아니면 심지어 「더 와이어」 같은 텔레비전 시리즈에서도 작품 전체에 걸쳐 이색적이면서 신뢰할 수 있는 스타일을 유지할 수 있어야만 한다. 쉽지 않은 임무다.

둘, 비쿄리얼리즘

비리얼리즘 장르들(사이언스 픽션, 뮤지컬, 애니메이션, 판타지, 호러, 소극笑劇)은 알레고리적인 이야기를 원형적 혹은 상징적 인물들을 통해 연기하는 경향이 있다. 이 장르들에서 관객은 고도로 양식화된 대사들을 받아들이고 즐기기까지 한다. 「매트릭스」, 「300」, 「유령 신부」, 「반지의 제왕」, 「더 캣」, 「왕좌의 게임」 혹은 「글리」를 생각해보라.

셋, 극단적인 인물들

어떤 사람들은 살면서 자기 주위의 사람들보다 더 많이 느끼고, 더 많이 생각하고, 더 많이 말한다. 이런 인물들은 마땅히 상상력이 충만하고 유례없이 독특한 대사를 부여받을 만한 자격이 있다.

당신이 「브레이킹 배드」의 월터 화이트(브라이언 크랜스턴 분), 「캐리비안의 해적」의 잭 스패로우 선장(조니 뎁 분), 「이보다 더 좋을 순 없다」의 멜빈 유달, 「호파」의 지미 호파, 「디파티드」의 프랭크 코스텔로(모두 잭 니콜슨이 연기했다.) 혹은 「소피의 선택」에서의 소피 자비스토프스키, 「헐리웃 스토리」의 수잔 베일, 「철의 여인」의 마거릿 대처(모두 메릴 스트립이 연기했다.) 같은 극단적인 인물들을 그려내고 있다고 가정해보라. 뛰어난 작가들이 이 대단한 인물들에게 이미지가 생동하는 언어를 부여한 덕분에 그 대사들을 어떻게 처리해야 하는지 알고 있는 배우들을 끌어들일 수 있었다.

두 인물에 대해 생각해보자. 「빅 슬립」(1946)에 나오는 필립 말로우(험프리 보가트 분)와 비비안 러틀리지(로렌 바콜 분)가 그들이다. 윌리엄 포크너, 리 브래킷 그리고 줄스 퍼스먼 세 사람이 레이먼드 챈들러의 소설로부터 이 시나리오를 각색했다. 할리우드식 은어로 말하면 이 영화는 '크라이메디 crimedy', 즉 범죄 이야기와 로맨틱 코미디 두 장르를 합친 것이다. 재담과 흉내가 음모와 총격전에 새로운 재미를 더한다. 예를 들자면 어느 한 시퀀스에서 사립탐정인 말로우는 희귀본 서적 수집가인 게이 행세를 하기도 한다.

아래에 예로 든 장면에서 말로우는 고객의 딸인 비비안을 만난다. 두 사람은 경주용 말을 본인들에 대한 은유로, 경마를 섹스에 대한 은유로 사용한다. 두 사람 사이에 오가는 추파를 통해 우리는 이 두 사람이 두뇌 회전이 빠르고, 세상 물정에 밝으며, 자신감이 있고, 남들을 웃길 줄도 알고, 또한 서로에게 매력을 느끼고 있다는 점을 알게 된다.

비비안

말 얘기가 나왔으니 말이지만, 전 직접 타는 걸 좋아해요. 하지만 우선 말이 뛰는 걸 좀 지켜보기를 좋아하는데, 줄곧 앞에서 뛰는 체질인지, 뒤에서 뛰 쳐나오는 걸 좋아하는지, 전체적인 기질이 어떤지, 어떤 이유로 뛰는지를 살펴보는 거죠.

말로우

나는 어떤지 파악했소?

비비안

그런 거 같아요. 그쪽은 막판에 쓸 힘을 아끼기 위해 초반에 통제하는 방식은 좋아하지 않는 거 같아요. 처음부터 치고 나가서 선두 그룹에 서고, 마지막 직선코스에서 잠깐 한숨을 돌린 후에 여유 있게 뛰어 들어오는 거죠.

말로우

초반에 통제당하는 걸 좋아하지 않는 건 그쪽도 마찬가지인 거 같은데요.

비비안

그걸 할 줄 아는 사람은 아직 만나본 적이 없어요. 좋은 제안이라도?

말로우

글쎄요, 그쪽이 필드에 나가 있는 걸 지켜보기 전까지는 확실히 말할 수가 없겠어요. 그쪽이 수준은 좀 있으신 거 같지만… 얼마나 멀리까지 갈 수 있을지는 잘 모르겠네요.

비비안

그야 안장 위에 누가 앉아 있느냐에 달렸죠.

말로우

한 가지 아직 이해가 안 되는 게 있어요.

비비안

날 뛰게 만드는 게 뭔가 하는 거죠?

말로우

맞아요.

비비안

힌트를 좀 드릴게요. 설탕은 도움이 안돼요. 벌써 써봤어요.

영화화를 목적으로 글을 쓸 때에는, 가장 판타지가 강한 장르물이라 할지라도 항상 배우를 위해 쓰도록 해야 한다. 언어에는 한계가 없지만, 배우들에게는 있다. 당신의 작품이 일단 제작에 들어가면 배우는 명확하게 확신을 가지고 당신의 대사들을 연기해야 한다. 그렇기 때문에 '말해진 것'은 '연기 가능한 것들'의 영역을 벗어나지 않아야 한다. 이런 요구는 무대를 위한 대사와 영상을 위한 대사 사이의 주된 차이를 이끌어낸다. 즉흥성이 그것이다.

연극에서는 극작가가 그 작품의 저작권을 소유한다. 배우들은 작가의 허가 없이는 대사에 즉흥적으로 손대거나 다른 것으로 바꿀 수가 없다. 그러나 영화와 텔레비전에서는 작가가 저작권을 제작사에 양도한다. 필요하다고 판단될 경우 감독, 편집자, 배우가 대사를 자르거나 바꾸거나 첨가할 수도 있다. 영화를 위한 글쓰기의 직업적 현실을 말하자면, 당신이 쓰는 대본이 당신이 쓴 그대로 연기될 가능성은 별로 없다. 슬프게도 배우들의 즉흥적 변주가 당신의 작품을 훼손시킬 수도 있다.

서투른 즉흥성은 금세 눈에 띈다. 자연 발생적인 것 특유의 생동감이 빛이 바래면서 배우들이 길을 잃으면, 그들은 종종 상대방의 말꼬리를 따서 말을 반복하게 되고, 그러다 보면 그 장면은 마치 에코 효과를 내는 방처럼 느껴지게 된다.

배우 A

이제 당신이 떠날 시간이 된 거 같아.

배우 B

그러니까 당신은 내가 떠나길 원한다는 거지, 어? 난 당신이 내가 하고 싶은 말 듣기 전까지는 아무 데도 안 가.

배우 A

당신이 하고 싶다는 말은 벌써 다 들었는데, 그중에 말 되는 건 단 하나도 없어.

배우 B

말 되는 거? 말 되는 거? 말 되는 소리를 하라는 거야? 내가 한 말들 중에 말이 안 되는 게 뭐가 있는데?

이런 식의 말다툼이 이어진다.

그러나 아주 드물게는 「택시 드라이버」에서 로버트 드니로가 던지는 "당신 나한테 말하는 거야?"라는 구절처럼, 배우의 즉흥 대사가 대본 전체를 덮어버리는 경우도 있다. 또 다른 예를 들어보자. 「포레스트 검프」에서 포레스트(톰 행크스 분)는 군에 들어가 동료 병사인 버바 블루(미켈티 윌리암슨 분)와 친구가 된다. 두 사람의 훈련소 시절 몽타주에서, 윌리암슨은 대사에 약간의 즉흥적인 변형을 가한다. 아래는 영화화된 결과물을 옮긴 것이다.

버바 블루

어쨌든, 내가 말했지만, 새우는 바다의 과일이야. 바비큐를 할 수도 있고, 삶을 수도 있고, 구울 수도 있고, 버터에 살짝 볶을 수도 있고. 데이즈 식당에서는, 어, 새우 케밥, 새우 크레올, 새우 검보 같은 것도 하지. 파인애플 새우, 레몬 새우, 코코넛 새우, 피망 새우, 동굴 새우, 새우 스튜, 새우 샐러드, 새우와 감자, 새우 버거, 동굴 새우, 이런 것들도 있고. 이게— 대충 이게 다네.

윌리엄슨이 "동굴 새우"를 사용하는 방식에 주목해보라. 그는 앨라배

마주와 켄터키주의 지하 동굴에서 발견되는 이 무채색의 갑각류를, 두 번 반복해서 호명한다. 최고 수준의 즉흥대사조차 이런 식의 실수를 저지를 수 있다.

텔레비전에서의 대사

영화와 텔레비전을 비교해볼 때, 영화에서는(예외는 있지만) 카메라를 거리와 자연 속으로 가지고 나가는 편을 선호한다. 텔레비전에서는(예외가 있지만) 가족, 친구, 연인, 직장 동료에 관한 실내에서 벌어지는 이야기들을 더 좋아한다. 그렇기 때문에 텔레비전에서는 인물들이 얼굴을 맞대고 있는 장면들, 이미지와 대사의 관계에서 균형추가 대사 쪽으로 더 기우는 방향으로 쓰는 경향이 있다. 거기에는 다음과 같은 세 가지 이유가 있다.

첫째, 소형 화면. 풀숏에서는 표정을 읽기가 어렵다. 그래서 카메라가 인물의 얼굴로 가까이 다가가고, 그렇게 될 때 얼굴이 말을 한다.

둘째, 장르. 텔레비전은 가족 코미디, 가족 드라마, 연애 이야기, 친구 이야기 그리고 온갖 종류의 직업인(형사, 범죄자, 변호사, 의사, 심리학자 등등) 이야기들을 선호한다. 이런 시리즈물들은 가정과 직장에서의 인간적인 관계들을 포착해서, 그 관계의 긴밀함이 시작되고 바뀌고 끝나는 과정을 말을 중심 매개로 하여 보여준다.

셋째, 적은 예산 규모. 이미지에 중점을 두면 비용이 늘어나서 영화 예산 규모까지 갈 수 있다. 대사는 무대화시키고 촬영을 하는 데 있어서 상대적으로 저렴한 방식이기 때문에, 저예산을 기반으로 하는 텔레비전은 말을 많이 하는 쪽을 훨씬 더 장려한다.

앞날을 생각해보자면, 지금처럼 벽걸이형 텔레비전의 크기와 그 호감도가 계속 상승한다면 텔레비전용 시리즈의 예산 또한 증가할 것이고, 이는 수신료의 인상으로 이어질 것이다. 그 과정에서 가정용 대형 화면은 영화와 텔레비전을 하나의 거대한 매체—스크린으로 통합시킬 것이다. 다른 한편으로, 사람들은 집 밖에 나가 있는 동안에는 아이패드와 아이폰을 이용해 이야기들을 소비하게 될 것이므로, 대사는 여전히 스토리텔링에서 중요한 위치를 차지할 것이다. 그러나 어떤 경우에든 영화관은 문을 닫게 될 것이다.

소설에서의 대사

소설은 개인적, 인간적, 사회적 그리고 물리적 영역에서 벌어지는 다양한 갈등들을 '언어-그림word-pictures'으로 번역한다. 이 '언어-그림'은 그것이 독자의 상상력 속으로 투사되기 전에 인물의 내면적 삶에 의해 채색되곤 한다. 그래서 소설가는 자신의 가장 선명하고 밀도 높은 언어를 인물 사이에 교환되는 대사의 형태로 만들기보다는 1인칭 혹은 3인칭 내레이션으로 쏟아붓는다. 실제로 소속이 분명치 않은 간접적 대사들은 내레이션화되게 마련이다. 소설가가 직접적인 대사를 극화된 장면에서 사용할 때에는 극도로 자연스러운 언어들만을 대사에 사용하는 경우가 대부분인데, 이는 자기의 목소리를 직접 드러내는 내레이션의 수사적인 효과와 대사의 평이함을 대비시키기 위한 것이다. 스티븐 킹의 「돌로레스 클레이븐」 같은 예외도 있긴 하지만, 많은 소설가들은 큰따옴표 속에 묶은 대사를 단순히 이야기의 페이스를 바꾸는 용도로, 혹은 길게 이어지는 산문을 자르는 용도로 사용한다.

무대나 영상은 대사를 장면을 연기로 보여주기 위한 용도로, 그리고 아주 간혹 독백이나 내레이션 형태로 드러나는 직접적인 언술로 제한해서 활용한다. 이 두 매체 모두 배우들이 서브텍스트와 음색, 제스처, 표정 등을 이용해 등장인물들을 풍성하게 표현해내는 것에 의지한다. 바로 그렇기 때문에 연극이나 영화 그리고 텔레비전에서는 작가의 표현성이 배우의 연기 예술의 가능성을 염두에 두고 구성된다. 하지만 소설은 독자의 상상력 속에서 작동하기에 작가에게 훨씬 더 넓은 대사 스타일의 스펙트럼이 허용된다.

이 스펙트럼의 한쪽 끝에서, 소설은 단어 하나 바꾸지 않고도 무대나 영상으로 바로 옮길 수 있는 전통적인 장면을 만들어낼 수 있다. 이 스펙트럼의 중간쯤 되는 지점에서는, 1인칭 화자의 목소리가 수천 단어로 된 소설이 되어 누구의 방해도 받지 않고 독자에게 직접 말하게 된다. 어떤 작가들은 아예 독자들로부터 돌아서서 자기의 생각을 걸러내 내적 대사들로 만든다. 다면적인 자아의 여러 목소리가 주고받는 비밀스러운 대화를 만들어내는 것이다. 마지막으로 이 스펙트럼의 반대쪽 끝에서, 3인칭 시점으로 서술되는 문장들은 종종 큰따옴표와 인물화된 목소리들을 모두 제거해버리고 자유롭고 간접적인 대사들 안에 인물들의 말을 모두 포함시킨다.

앞서 1장에서 소설에서 사용되는 관점의 세 범주와 그것들이 대사의 질과 양에 어떤 식으로 영향을 미치는가를 살펴보았다. 이제 소설에서 활용되는 대사의 다양한 변용들을 '인물에 기반한 목소리'와 '비인물형 내레이션'의 두 가지 큰 유형으로 모아 이 구분들을 좀 더 깊고 자세히 살펴도록 하자.

비인물형 내레이션

소설의 비인물적 측면은 인물도 아니고 작가의 현실 속 목소리도 아닌 3인칭 내레이터를 통해 이야기를 풀어낸다. 이 내레이터는 작가가 발명해서 제공한 '안내하는 의식' 같은 것으로서, 인물들과 사건들을 묘사하고, 또한 다양한 종류의 논의들에 이런저런 평가를 제공할 수 있는 정도의 다양한 수준의 전지함과 객관성을 갖추고 있다.

비인물형 내레이터는 극화된 장면에서 명시적으로 대사를 제시할 수도 있고, 내레이션화된 간접 대사를 통해 암묵적으로 제시할 수도 있다. 데이비드 민스의 단편 「미망인의 곤경」의 경우를 생각해보자.

두 사람은 허드슨 하우스에서 마주 보고 앉아 대화를 나눴다. 야외에서 주로 살아온 사람답게 거친 피부를 가진 사내는 주로 아이슬란드에 대해 말했는데, 그의 얘기 중에 자연스럽게, 어쩌면 여자가 언젠가 그 지역을 보고 싶어 하게 될지도 모르겠다는 생각이 넌지시 전해졌다. 이글거리는 화산 꼭대기 언저리에서 춤을 추거나 그 안에 스스로를 희생 제물로 내던지는 것 같은 건 아니지만, 그런 기분은 약간 느낄 수 있는 정도.[3]

비인물형 내레이션에서 사용되는 간접 대사는 작가에게 직접 대사가 제공하는 유용성들을 그대로 제공한다. 그런 이야기가 있었고, 그로 인해 어떤 결과가 벌어졌는지를 독자가 알 필요가 있을 때, 간접 대사는 그 설명을 전달하는 통로가 된다. 그것은 또한 인물이 어떻게 말하고 있는가에 관한 건 아니더라도, 무엇에 대해 이야기하고 있는가를 보여주는 차원에서 화자를 인물화시킨다. 그리고 위의 예에서 보이는 것처럼, 간접 대사를 둘러싸고 있는 내레이션은 그것의 서브텍스트도 표현할 수 있다. 데이비드 민스가 "그의 얘기 중에 자연스럽게" 전해지는 무엇으로 서브텍스트를 묘사하는 것에 주목해보라. 그리고 "넌지시 전해졌다"라든지 "약간 느낄 수 있는 정도" 같은 표현을 사용해서 말로 드러낼 수 없는 종류의 감각을 전달하고 있다.

비인물형 내레이션에서 사용되는 간접 대사의 가장 큰 장점 두 가지는 페이스를 빠르게 해준다는 것과 진부함으로부터 보호해준다는 것이다. 저녁 식사 자리에서의 아이슬란드에 대한 이야기가 한 시간을 끌었을 수도 있는 노릇이다. 그런데 민스는 그것을 한 문단으로 요약해서 그런 상황으로부터 우리를 구해줬다. 그리고 그의 인물이 헤밍웨이적인 시선으로 풍경을 묘사할 수 있는 것이 아닌 다음에야, 민스는 풍경에 대한 형용묘사는 아예 빼버리는 것이 낫다는 걸 알고 있었다.

인물이 실리지 않는 3인칭 내레이션의 목소리는 상당히 거리감 있고, 관찰자적이고, 객관적일 수 있다.

예를 들어 조지프 콘래드의 내레이터는 열대 지방의 새벽을 이렇게 묘사한다.

매끄러운 암흑은 마치 어두컴컴한 혼돈으로부터 새로운 우주가 진화해 나오는 것처럼 점점 창백해졌고 일정하지 않은 형상으로 얼룩지기 시작했다. 그러더니, 아무런 세부적인 것도 없이, 여기에 나무 한 그루, 저기에 관목 한 그루, 저 멀리에 검은 띠를 이룬 숲이 있음을 보여주는 정도로 형태들을 규정하면서, 윤곽들이 서서히 드러나기 시작했다. 낮은 빨리 왔다. 강의 안개와 하늘을 무겁게 채우고 있는 증기들에 억눌리고 암울한 모습으로―색깔도 없고 햇볕도 없는 낮. 불완전하고, 실망스럽고, 슬픈.

비인물형 의식이 반대 방향으로 움직여서 긴밀하고, 모방적이고, 주관적인 성격을 띨 때, 그것은 의식의 흐름 기법을 차용하면서 '말해지지 않은 것'과 '말할 수 없는 것'의 영역을 침범하고 인물의 내면의 삶을 비춰 보이는 역할을 한다. 이 기법은 3인칭 내레이터의 냉정함에 인물의 감성적 에너지와 언어 선택을 섞어서 특정한 역할을 주조하고, 인물의 사고 과정을 복제하며, 인물로서의 목소리가 되는 선은 넘지 않으면서도 내적 대사의 느낌을 만든다.

예를 들어 버지니아 울프의 소설 「댈러웨이 부인」의 한 문단을 생각해 보자. 울프의 비인물형 내레이터는 클라리사 댈러웨이의 어휘에서 뽑아 낸 단어들("유쾌한", "몸을 던진다", "무슨 엄청난 일")을 사용해서 기억의 흐름을 따라간다.

얼마나 유쾌한지! 몸을 던지는 기분이란! 그녀는 항상 그런 기분으로, 경첩의 조그만 삐걱 소리가 지금처럼 귀에 들릴 때면 프랑스식 창문을 왈칵 열어젖히고 열린 대기 속으로 몸을 던지곤 했던 터다. 이른 아침의 공기가 어찌나 상쾌하고 어찌나 고요하던지, 지금보다 더 잔잔했던 건 말할 것도 없으며, 파도의 철썩임처럼, 파도의 입맞춤처럼, 서늘하고 날카롭고 그러면서도 (열여덟 살 당시 그녀 나이의 소녀에게는) 엄숙한 가운데, 거기 그렇게 열린 창가에 서 있노라면 금방이라도 무슨 엄청난 일이 일어날 것 같은 느낌이 들고…

의식의 흐름이라고 해서 모두 버지니아 울프의 숨도 쉬지 않는 유동성을 갖고 '흐르는' 건 아니다. 내면화된 문장 중 어떤 것들은 갈팡질팡하거나 빙글빙글 돌거나 펄떡거리기도 한다.(다음에 제시한 켄 키지와 데이비드 민스의 예를 보라.) 그런 이유로 글쓰기의 어떤 유파들은 '의식의 흐름'과 '내적 대사'가 마치 동의어라도 되는 것처럼 번갈아가면서 사용한다. 그러나 이 책의 목적을 위해서 나는 거기에 서로 구분되는 개념을 부여한다. 다음의 질문에 대한 답이 어떻게 나오느냐에 따라 선을 긋는 것이다. 누가 누구에게 말하고 있는가? '의식의 흐름'은 3인칭 비인물형 목소리를 채용해 독자들에게 말한다.(위에서 든 울프의 예처럼) '내적 대사'는 1인칭 혹은 2인칭의 인물 목소리를 채용해 자기 자신에게 말한다.(다음에 나올 나보코프의 예처럼)

인물에 기반한 목소리

인물에 기반한 화법을 구사하는 소설은 인물 특유의 목소리를 화자로 삼는다. 앞에서 규정을 내렸듯이 대사란 그것이 다른 인물들과 대화를 나누는 것이든, 독자를 향해 말하는 것이든, 아니면 인물이 자기 자신에게 말하는 것이든, 인물들이 목적을 가지고 하는 말 모두를 포함한다. 1장에서도 언급한 바 있지만 소설은 독자의 상상 속에서 연기화되는 것이기 때문에 '인물에 기반한' 기법의 범주가 무대나 영상에 비해 훨씬 폭넓게 제공된다. '인물 기반' 화법의 소설은 다음 여섯 가지 방식을 사용한다. 1) 극화된 대사, 2) 1인칭 직접 진술, 3) 간접 대사, 4) 내적 대사, 5) 유사언어, 6) 기법의 혼합(마지막 두 가지 방식에 관해서는 5장을 참고할 것).

1) 극화된 대사

소설에서 극화된 대사가 시극 수준의 밀도에 도달하는 경우는 거의 없다. 그럼에도 불구하고 비유적인 언어들은 작가가 설정한 장르와 인물묘사의 한계 내에서, 그것이 무대와 영상에서 그랬던 것처럼 장면을 풍성하게 할 수 있다. 1인칭 내레이터들은 '내가 말했다'/'그녀가 말했다'/'그가 말했다'로 진행되는, 해설은 없고 완전히 극화되어 있는 장면들을 종종 만들어낸다.

로버트 펜 워렌의 「모두가 왕의 부하들」은 잔혹한 정치가이자 이 소설의 중심 인물인 일명 보스, 윌리 스타크의 보좌 역인 잭 버든의 내레이션으로 진행된다. 스타크는 정치적 맞수인 어윈 판사의 평판에 흠집을 내기 위해 그의 비밀스러운 추문을 찾아내려 하고 있다. 스타크가 인생에 대한 은유로 기저귀부터 관에 이르기까지의 몇십 년을 훑어가는 과정을 살펴보자.

내가 말했듯이, 이 모든 것은 보스가 밤을 뚫고 달리던 검은 색 캐딜락에 앉아, 나한테 이렇게 말하면서 시작되었다. "항상 뭔가가 있어."

그래서 내가 말했다. "어윈 판사는 없을 수도 있어요."

그가 말했다. "인간이란 죄 속에서 잉태되어 부패 속에서 태어나고, 기저귀의 구린내에서 시작해서 수의의 썩는 내로 끝나는 존재야. 항상 뭔가가 있어."[4]

2) 직접 진술

1인칭 내레이션은 무대 위에서 하는 독백과 영상에서 나오는 등장인물의 보이스오버의 사촌형제다. 이 세 가지 경우 모두 한 인물이 이야기를 접하고 있는 사람에게 직접 말한다. 대부분 주인공이 자신의 이야기를 하지만, 이따금 조연급 인물이 화자가 되기도 한다. 직접 진술은 얼마간 감정적일 수도 있고 객관적일 수도 있는데, 이런 특정한 톤은 내레이터의 개성에 따라 결정된다.

여기 루디야드 키플링의 주인공이 바다를 내다보던 일을 추억하면서 그가 경험했던 넓고, 고요하고, 객관적인 즐거움을 독자에게 이야기하는 장면이 있다.

범선이 내 쪽으로 항해해 오던 걸 기억한다. 그 뒤로는 노을이 타오르고 있었다. 배 밑전에서 부서진 물살이 튀어 오르고, 배의 그림자는 로프로 묶인 채 마치 오만한 천사의 볼따구니처럼 옆으로 부풀어 오른 돛을 날카롭게 베고 있었다.

혹은 1인칭 내레이터의 시선은 격한 감정이나 온전치 못한 정신에 의해 수축되거나, 아예 가려질 수도 있다. 켄 키지의 「뻐꾸기 둥지 위로 날아간 새」에서 정신병원의 환자인 '추장' 브롬덴은 이 소설을 이렇게 시작한다.

그자들이 저기 있다. 내 앞에 있는 하얀 옷을 입은 흑인 사내들은 복도에서 뭔가 성적인 행위를 하고 있다가 나한테 걸리기 전에 걸레로 닦아버린다. 이자들은 내가 방에서 나올 때 셋 다 부루퉁해서, 지금 이 시간, 자기들이 있는 장소, 자기들이 치다꺼리해야 하는 사람들, 이 모든 걸 증오하는 표정으로 대걸레질을 하고 있다. 이자들이 이렇게 증오를 드러내고 있을 때는 나도 눈에 띄지 않는 게 좋다. 나는 내 캔버스 천 운동화에 붙어 있는 먼지만큼이나 조용히 벽을 따라 살금살금 움직이는데, 이자들은 내 두려움을 감지할 수 있는 특별한 감지 장비를 가지고 있어서 일제히, 세 놈이 한 번에, 오래된 라디오 뒤에 붙어 있는 진공관처럼 단단하게 빛나는 검은 얼굴의 눈동자를 들어 나를 쳐다본다.[5]

목격되지 않은 성적 행위들과 공포 감지 기술에 대한 브롬덴의 상상은 그가 사용하는 은유(먼지만큼이나 조용히)와 직유(라디오 진공관처럼 단단하게 빛나는 눈동자)의 힘을 빌려 피해망상에 빠진 그의 내면세계를 표현하지만, 동시에 그렇게 병적으로 위축된 사고에도 불구하고 그가 의식적으로 우리, 즉 독자에게 말을 걸고 있다는 인상을 준다.

3) 간접 대사

비인물 3인칭 내레이터가 간접 대사를 사용할 때는 서브텍스트가 텍스트가 되는 경우가 종종 있다. 위에서 예로 든 데이비드 민스의 장면에서 3인칭 내레이터는 독자에게 '말해지지 않은 것'을 말한다. "이글거리는 화산 꼭대기 언저리에서 춤을 추거나 그 안에 스스로를 희생 제물로 내던지는 것 같은 건 아니지만, 그런 기분은 약간 느낄 수 있는 정도."가 그것이다.

인물에 기반한 1인칭 혹은 2인칭 화법의 소설에서 간접 대사를 수행할 경우에는 1인칭 내레이터가 자신의 잠재의식에 접근할 수 없으므로, 서브텍스트는 단지 암시만 될 수 있을 뿐이다. 예를 들어 줄리언 반스의 소설 「예감은 틀리지 않는다」의 한 장면을 보자. 주인공 웹스터는 전 애인을 상대로 모종의 행동을 취하려 하고 있다. 웹스터가 자기 거라고 생각하는 편지 한 통이 있는데, 전 애인이 주지 않으려 해서 변호사를 만나는 것이다.

거널 씨는 침묵을 불편하게 여기지 않는, 조용하고 마른 사람이다. 그의 고객에게는 침묵도 비용이 든다는 면에서는 말하는 것과 마찬가지다.

"웹스터 씨."

"거널 씨."

그렇게 해서 우리는 그 후로 45분 동안 서로에게 경칭을 써가면서 이야기를 나누었는데, 그동안 그는 내가 비용을 지불하는 대가로 전문가의 조언을 내게 들려주었다. 그는 경찰을 찾아가서 최근 들어 모친을 여읜 성인 여성을 도둑질 혐의로 고발하는 건, 그가 보기에는, 바보 같은 짓이라고 말했다. 난 그 말이 마음에 들었다. 조언의 내용이 아니라 그가 말하는 방식이. "바보 같다"라니, "바람직하지 못하다"나 "부적절하다"보다 훨씬 나았다.[6]

독자는 거널의 단어 선택에 대한 칭찬 뒤에서 웹스터가 화를 내고 있다는 사실을 눈치챌 수 있다.

4) 내적 대사

무대와 화면상에서는 '말해지지 않은 것'이 배우의 연기를 통해 생명을 얻고, 그렇게 말없이 서브텍스트 안에 남아 있게 된다. 그러나 소설가는 그가 원하면 서브텍스트를 텍스트로 전환시키고, '말해지지 않은 것'을 곧장 문장의 형태로 바꿔놓을 수 있다. 그렇기 때문에 인물에 기반한 직접 진술과 내적 대사 사이의 가장 큰 차이는 이걸 듣는 사람이 누구냐 하는 것이다. 1인칭의 목소리는 독자를 대상으로 서술하고, 내적 대사의 화자는 자기 자신에게 말한다.

예를 들어 블라디미르 나보코프의 「롤리타」는 주인공 험버트 험버트가 롤리타를 찬양하는 내레이션으로 시작한다.

롤리타, 내 삶의 빛, 내 둔부의 불. 나의 죄악, 나의 영혼. 로-리-타. 혀끝이 세

걸음에 걸쳐 입천장을 두드리면서 내려가, 세 번째에 윗니에 이른다. 로. 리. 타.

험버트는 우리에게 말하고 있지 않다. 그보다는, 우리는 외부에 앉아 그의 마음이 자신의 내면으로 향한 채 기억 속에서 노니는 걸 듣고 있다. 이 자기몰입적인 섹스와 경배의 혼종을 제대로 포착해내기 위해, 나보코프는 험버트의 열정에 대한 은유로 기도를 선택하여 이야기를 시작한 후, 험버트의 혀가 두운으로 'ㅌ' 소리를 내는 것에 초점을 맞추고 있다.

험버트의 이 자위적인 판타지와 데이비드 민스의 단편「두들기는 소리」의 한 문단을 비교해보자. 민스의 주인공은 자신의 뉴욕 아파트의 안락의자에 앉아 위층 입주자가 액자를 걸거나 무언가를 수리하기 위해 내는 소리를 들으면서 독자에게 직접 말한다. 인물에 기반한 그의 목소리는 그의 생각이 현재에서 과거로, 과거에서 다시 현재로 이리 튀고 저리 튀는 과정 속으로 우리를 안내한다.

찌르는 듯 날카로운 금속성의, 너무 크지도 않고 너무 낮지도 않은 소리가, 다시 한번 저 아래로부터 들려오는 여름 오후의 흔한 소음들—5번 애비뉴를 달리는 자동차들 소리에 뒤섞인 하이힐 소리, 택시의 경적 그리고 웅얼웅얼하는 목소리들—을 뚫고 들려온다. 뭔가를 두들기는 이 소리는 대개 오후 늦게, 내가 가장 깊이 몽상에 잠겨서 나의 슬픔의 본성을 내 과거의 행동들과 연결하여 숙고하려—그거 말고 또 뭘 할 수 있겠나!—애쓰고 있는 바로 그때, 왜냐면 그자가 그때를 알고 있기 때문인데, 그에 대한 나의 논리적 정리를 고요히, 아무 말 없이, 내놓으려 하는 바로 그때 들려온다. 나의 정리定理는 이렇다. 사랑이란 공허하고 무의미한 진동으로서 어느 한 영혼에 의해 받아들여지게 되면 영원하리라고 느껴지는 어떤 형태를 형성했다가(우리의 결혼처럼), 가늘어지고 얇아지고 성글어지고 거의 들리지 않게 되고(허드슨 강가에 있던 집에서의 마지막 나날들처럼), 그리고 마침내 공기만 남아 아무것도 움직일 수 없는 상태(상실에서 오는 깊고 집요한 고요)에 도달하게 되는 것이다.

내적 대사는 인물의 마음속을 이리저리 튀어 다니는 자유연상을 닮아 있다. 이미지들 사이의 틈을 보는 순간 우리는 '말할 수 없는 것'을 보게 된다.

요약하자면, 무대와 화면, 지면에서의 대사의 본성과 필요 그리고 표현성은 상당히 다르다. 무대에서의 대사가 가장 장식적이라면, 화면에서의 대사는 가장 간결하고, 지면에서의 대사는 가장 다변적이다.

제5장

표현성 3: 기법

비유적 언어

비유적 수단에는 은유, 직유, 제유, 환유에서부터 두운, 유사음운, 모순어법, 의인화 그리고 그 너머에 이르기까지 많은 것이 포함된다. 실제로 모든 언어적 기법과 전술을 꼽아보면 수백 가지가 된다. 문장의 이런 다양한 전환들은 '말해진 것'을 풍부하게 할 뿐만 아니라, '말해지지 않은 것'과 '말해질 수 없는 것'의 서브텍스트까지 함축적 의미를 실어 보내 공명하게 한다.

예를 들어 테네시 윌리엄스의 희곡「욕망이라는 이름의 전차」6장을 보자. 자포자기에 가까울 정도로 취약한 상태에 있는, 한창때를 지나 정신적으로나 정서적으로나 붕괴 지경에 도달한 몰락한 남부 상류층 여인 블랑쉬 뒤부아가, 죽어가는 어머니와 함께 살고 있는 외롭고 섬세한 노동자 계급의 사내 미치를 만난다. 함께 저녁 시간을 보내고 나서 두 사람은 각자의 매우 다른, 그러나 고통으로 가득 차 있다는 면에서는 같은 삶에 대해 고백한다. 두 사람 사이의 이끌림이 고조되어 이런 순간에 이른다.

미치

(천천히 블랑쉬를 자기 팔 안으로 끌어당기며)

당신한텐 누군가가 있어야 돼요. 나도 누군가가 필요하고. 그게 당신과 내가 될 수 있을까요, 블랑쉬?

그녀는 잠시 그를 멍하게 바라보고는, 낮게 울면서 그의 품 안에서 몸을 웅크린다. 그녀는 울먹이면서 무어라 말하려 하지만 말이 되어 나오지는 않는다. 그는 그녀의 이마와 두 눈에 입을 맞추고, 마침내 입술에 키스한다. 그녀의 숨이 멈췄다가 마음을 놓는 긴 울음과 함께 풀려나온다.

블랑쉬

어떤 때는—정말 하나님이—이렇게 빨리.

이 여섯 단어는 엄청나게 큰 의미와 감정을 압축시켜 담고 있다. "정말 하나님이"라는 구절은 미치를 신과 비교하는 은유가 아니라 하늘에서 떨어진 듯한 구원에 대한 주체할 수 없는 감격을 표현하는 블랑쉬의 과장법이다. 그러나 우리는 이런 '신의 현현'이 그녀에게 처음이 아닐지도 모른다는 의심을 하게 된다.

"어떤 때는"이나 "이렇게 빨리"라는 구절은 블랑쉬가 그 전에도 사내들에 의해 여러 번 구출되어본 경험이 있을 거라는 점을 시사한다. 그러나 그녀를 갑자기 구해줬던 남자들은 그만큼이나 빨리 그녀를 버리고 떠

낯음이 틀림없다. 왜냐하면 그녀는 지금 여기, 여전히 절망적으로 혼자인 채 또 다른 낯선 남자에게 매달리고 있는 형편이기 때문이다. 이 여섯 단어를 통해 관객들은 여기에 적용되고 있는 하나의 패턴을 즉각적으로 눈치챈다. 블랑쉬는 남자들을 만날 때 희생자 역을 연기하면서 남자들 안에 있는 백기사를 자극한다. 그들은 그녀를 구출하지만, 그 후에는 우리가 아직 발견하지 못한 이유로 인해 그녀를 버린다. 미치는 좀 다를까?

단 하나의 인상적인 비유를 통해, 테네시 윌리엄스는 블랑쉬의 인생의 비극적인 반복을 드러내고 동시에 관객들의 마음에 상상하기도 두려운 질문을 일으킨다.

대사의 형태로 만들어진 언어는 한쪽 끝에는 정신적 의미를, 다른 쪽 끝에는 감각적인 경험을 담고 있는 스펙트럼을 제공한다. 예를 들어, 어떤 인물은 한 가수의 목소리를 평하면서 "개차반"이라고 할 수도 있고 "시큼하다"고 할 수도 있다. 둘 다 말이 되긴 하는데, "개차반"은 원래 개가 먹던 음식으로서의 인분을 뜻하는 죽은 은유지만, "시큼하다"는 아직 생명력을 가지고 있다. "시큼하다"는 말을 듣는 순간 관객들의 입술은 움찔거리게 될 것이다. 또한 다음의 대사 중 어떤 것이 가장 내적인 느낌을 휘저을 수 있을까? "그 여자는 모델처럼 걸어."일까, 아니면 "그 여자는 느린 리듬의 멋진 노래처럼 움직여."일까? 대사는 같은 생각을 수도 없이 다양한 방법으로 표현할 수 있지만, 일반적으로 그것이 차용하는 비유가 감각적일수록 그 효과는 더 깊고 기억에 더 잘 남는다.[1]

비유는 한 문장 안에서 작동하지만, 대사는 갈등으로 채워진 말과 말의 진행을 극화시키는 것이기 때문에, 때를 조절하며 서로를 어긋나게 하는 기법들도 중요한 역할을 할 수 있다. 이를테면 빠른 리듬 대 잠깐의 침묵, 끊임없이 이어지는 말 대 툭툭 끊어지는 말, 재담 대 말다툼, 문법적으로 정확한 말 대 그렇지 않은 말, 짧은 단어 대 길고 복잡한 단어, 공손한 말 대 불경스러운 욕지거리 같은 말, 핍진한 말 대 시적인 말, 절제된 표현 대 과도한 표현, 그리고 이 외에도 수도 없이 많은 종류의 스타일과 말장난을 들 수 있다. 대사는 인생이 부를 수 있는 온갖 다양한 노래에 맞춰 춤을 출 수 있다.

나는 작가가 마주하게 되는 끝이 없는 창조적 가능성을 이미 여러 번 강조했고, 앞으로도 그럴 것이다. 이를 반복해서 말하는 이유는 '**형식은 표현을 제한하지 않는다. 오히려 영감을 준다.**'는 사실을 작가들에게 이해시키고 싶기 때문이다. 이 책은 대사의 기반을 이루고 있는 형식들을 탐색하지만, 대사를 쓰기 위해 어떤 공식을 가져야 한다는 식의 제안은 결코 내놓지 않는다. 창조성이란 선택을 하는 일의 문제다.

유사언어

배우들은 그들의 관객을 위해 온갖 형태의 '유사언어paralanguage'를 제공한다. 목소리의 비언어적 뉘앙스를 비롯해 말의 의미 및 느낌을 향상해주는 신체 언어들, 예컨대 표정, 제스처, 자세 그리고 말의 높이, 크기, 리듬, 억양, 강세 등을 포함하는 말 전달상의 각종 수위들, 심지어는 인물이 자신과 다른 인물 사이에 유지하는 간격에 관한 근접학 등이 모두 이에 해당한다. 배우의 유사언어는 몸짓의 대사를 전달한다. 관객의 눈은 이러한 미세 표현을 초당 125회에 걸쳐 읽어낸다.[2] 그러나 지면에서는 이런 유사언어는 비유적 언어를 통해 보강된 묘사를 요구한다.

데이비드 민스의 단편 소설 「열차 사고, 1995년 8월」에서, 네 명의 노숙자가 한밤중에 불 주위에 둘러앉아 있을 때 옷을 반만 걸친 사내가 어둠 속에서 나오는 장면을 예로 들어보자.

그들이 본 건 중년으로 접어드는 사내가 서서히 자기를 드러내는 모습이었다. 절름거리는 그의 발걸음에는 우아함과 격식의 흔적이 약간 남아 있었고, 그가 발을 쳐드는 방식에는 아직도 여전히 비싼 신발을 신고 있는 것 같은 느낌이 묻어났다. 이런 것들은, 어쩌면 그가 그들에게 다가와 입을 열어 부드러운 소리로 인사를 건네지 않았더라면 주의를 끌지 못했을지도 모르겠다. 말을 입 밖에 낼 때 비싼 조개껍질이 열리는 것처럼 움직이던 그의 입…**3**

(데이비드 민스는 단편을 주로 쓰는데, 내 생각엔 그가 장착하고 있는 무기의 종류가 너무나 다양해서 그 모든 걸 다 활용해보기 위해 수백 가지 다른 이야기들을 필요로 하는 것이 아닌가 싶다.)

기법의 혼합

소설의 기법들은 독자적으로, 혹은 다른 것들과 섞여서 사용될 수 있다. 「아메리카의 꿈」의 다음 대화 장면에서, 노먼 메일러는 세 가지 기법을 혼합하여 사용한다. 직접 대사, 1인칭 직접 진술 그리고 유사언어 세 가지를 문자 그대로, 그리고 비유적으로 사용하고 있는 것이다.

"이혼하고 싶어?" 내가 말했다.
"그런 거 같아."

"그냥 그렇게?"

"그냥 그렇게가 아니고, 자기야. 모든 걸 겪은 뒤에, 라서지." 그녀는 예쁘게 하품을 했고, 잠깐 동안 열다섯 살 난 아일랜드 아가씨처럼 보였다. "데어드리가 오늘 떠나는데 당신이 작별인사를 하러 오지 않았을 때―"

"―난 그 애가 떠나는 줄 몰랐어."

"당연히 몰랐겠지. 어떻게 알겠어? 당신이야 그 어린 여자애들 물고 빨고 하느라 바빴는데." 그녀는 바로 그 무렵 나한테 여자가 없었다는 걸 모르고 있었다. "걔들 더 이상 그렇게 어리지 않아." 내 속에서 불이 번지고 있었다. 그 불은 내 뱃속에서 타오르고 있었는데, 내 양쪽 폐는 늙은 잎들처럼 바싹 말라 있었고, 내 심장은 압력이 차곡차곡 쌓여서 곧 폭발할 예정이었다.

"럼주 좀 갖다 줘." 내가 말했다.[4]

하나의 매체에서 다른 매체로 각색할 때 고려해야 할 점 하나를 얼른 지적해보자면 이렇다. 소설을 영상물로 각색할 생각이라면, 소설가들은 그들이 가장 공들인 언어를 극화된 장면 속의 대사가 아니라 내레이터의 목소리에 집중해서 사용한다는 점을 인식해야 한다. 바로 위의 예에서 노먼 메일러가 한 것처럼 말이다.

문학이 영화로의 각색에 저항하는 데는 분명한 이유가 있다. 카메라는 생각을 담아내지 못하기 때문이다. 밀도 높은 소설 속의 내적 대사들은 지면에서 화면으로 바로 옮길 수가 없다. 각색자는 반드시 단순한 각색에 머무르지 않고 문장을 재발명해야 한다. 소설의 스토리텔링 방식을 안팎으로 뒤집어서 다시 상상한 후, 소설적으로 내레이션화된 대사들을 영화의 극화된 대사로 전환시켜야만 한다. 만만한 일이 아니다.

대사 형태 설계

대사를 설계하는 작업은 그 대사의 중심 용어, 다시 말해 그 대사의 의미에 핵심이 되는 단어나 구절을 중심으로 이뤄진다. 작가는 그 중심 용어를 처음이나 마지막, 혹은 중간 지점 어디에나 배치할 수 있다. 그 선택은 서스펜스형, 누적형, 균형형이라는 대사 설계의 세 가지 기본 형태 중 하나로 귀결된다.

서스펜스형 문장

호기심은 지식을 향한 갈증, 즉 수수께끼를 풀고 질문들에 대답하려는 우리의 지적 욕구를 추동한다. 감정이입은 연결에 대한 갈구, 즉 타인들과 우리 자신을 동일시하고 그들의 행복을 빌고자 하는 우리의 정서적 욕구를 작동시킨다. 인생의 이성적 측면과 정서적 측면이 한데 합쳐질 때, 서스펜스라는 현상이 만들어진다. 서스펜스란 단순히 말하자면, 감정이입으로 충전된 호기심을 일컫는다.

서스펜스는 독자/관객이 빠져나갈 수 없는 질문을 던져서 그들이 감정적으로 이야기에 몰두하게끔 한다. 그 질문은 "다음에 어떤 일이 일어날 것인가?" "이것 다음에는 무슨 일이 벌어질 것인가?" "주인공이 어떻게 할 것인가? 어떻게 느낄 것인가?" 하는 것이다. 그리고 거기에는 이야기 전체를 지탱하고 있는 주된 극적 질문Major Dramatic Question, MDQ이 따른다. "그래서 결국 어떻게 될 것인가?" 하는 질문이 그것이다. 이 강력한 질문은 우리의 주의를 너무나 효과적으로 장악하기 때문에 그 안에서 시간은 사라진다. 사건들이 이야기를 절정으로 밀고 올라가는 동안, 서스펜스는 이 MDQ에 대답을 내놓고 이야기를 마무리 짓는 돌이킬 수 없는 최종 전환점에 도달하게 되면서 가장 밀도가 높아지고 최고조에 이른다.

이 호기심과 관심의 조합이 이야기의 전체적인 서스펜스의 진행 곡선을 잡아주는 역할을 하는데, 클로즈업을 위해 가까이 들어갔을 때 우리가 보게 되는 것은, 하나하나를 캐묻는 감정들이 모든 이야기의 구성 요소들에, 그 크기와 관계없이 침투해 있다는 사실이다. 각 장면은 서스펜스로 충만한 전환점을 극화시키고, 장면 안의 각 발언은 첫 줄로부터 마지막 줄에 이르기까지 흥미를 잃지 않도록 잡아주며, 심지어 가장 작은 단위인 한 줄의 대사조차 스스로를 서스펜스의 가장 작은 단위로 구성해낸다. 뛰어난 전개의 이야기는 모든 장면, 모든 발언, 모든 대사에 훼손되지 않은 지적·감정적 개입을 그대로 유지한다. 독자는 어느 한순간도 멈추지 않고, 관객은 어느 한순간도 눈을 돌리지 않는다.

독자의 시선을 지면에, 관객의 귀를 무대와 화면에 붙들어놓는 대사를 구성하는 요체는 **도미문掉尾文, periodic sentence**을 사용하는 것이다. 도미문은 문장의 마지막 단어에 이르러서야 그 문장의 핵심적인 의미를 내놓는 방식을 말한다. 문장의 앞부분에 수식이나 부차적 아이디어들을 먼저 나열하고 의미는 보류해두었다가 마지막에 꺼내놓음으로써, 도미문은 방해받지 않은 상태에서 그 문장에 대한 흥미를 계속 유지시킬 수 있다.

예를 들어보자. "당신이 내가 그렇게 하는 걸 원하지 않았다면, 왜 나한테 _____을(를) 줬어(했어)?" 저 공란에 어떤 단어를 넣으면 구체적인 의미가 발생하게 될까? 눈길? 총? 입맞춤? 끄덕임? 사진? 돈? 보고서? 미소? 이메일? 아이스크림선디? 상상할 수 있는 거의 모든 명사가 이 문장의 의미를 확정 지을 수 있다. 호기심을 불러일으키기 위해서, 도미문식의 문장 설계는 의미가 드러나는 걸 지연시키고, 그렇게 함으로써 독자/

관객이 문장의 첫 단어로부터 마지막 단어까지 궁금증을 가지고 듣도록 강요한다.

다른 말로 하자면, 도미문은 서스펜스형 문장이다.

그 예로 야스미나 레자의 희곡 「아트」(크리스토퍼 햄튼 번역)의 첫 장면을 보자. 각 문장의 핵심 단어나 문구는 필자가 강조했다.

마크, 혼자 무대에 있다.

마크

내 친구 세르게가 **그림**을 하나 샀어요. 캔버스인데 가로가 다섯 자, 세로가 네 자 정도 되죠. **흰색**이에요. 배경이 **흰색**이죠. 눈을 찡그리면 **대각선**으로 난 가느다란 흰 선들이 보일 거예요.

세르게는 내 제일 오래된 **친구** 중 하나예요. 열심히 잘 살아와서 지금 피부과 의사고 **미술 작품**을 아주 좋아하죠.

월요일에 그 **그림**을 보러 갔어요. 세르게가 손에 넣은 건 **토요일**이었는데, 그 친구는 벌써 **여러 달째** 욕심을 내고 있었어요. 이 **흰 선들로 이뤄진 흰색 그림**을요.

세르게의 집.

흰 바탕에 흰 대각선들이 그려진 캔버스가 벽에 기대어 세워져 있다. 세르게가 잔뜩 흥분해서 그 그림을 보고 있다. 마크가 그림을 본다. 세르게는 마크가 그림을 보고 있는 모습을 보고 있다.

긴 침묵. 두 사람 모두에게서 드러나는 온갖 종류의 **말 없는 감정들.**

마크

비싸?

세르게

이십만.

마크

이십만?

세르게

헌팅턴은 내 손목째로 가져가려 들걸, **이십이만**에 말이야.

마크

그게 **누군**데?

세르게

헌팅턴?

마크

한 번도 못 들어봤는데?

세르게

헌팅턴! 헌팅턴 갤러리!

마크

헌팅턴 갤러리에서 가져갈 거라고, 이십**이만에**?

세르게

아니, **갤러리 말고**. 그 사람. 헌팅턴 그 사람. 개인 **소장용으로**.

마크

그럼 왜 헌팅턴이 **사지** 않았대?

세르게

개인 고객한테 파는 게 중요하거든. 미술시장이란 그렇게 **돌아가는** 거야.

마크

그렇군.

세르게

뭐?

마크

...

세르게

너 지금 서 있는 **위치가 틀렸어.** 이쪽 **각도**에서 봐봐. 저 선들이 보여?

마크

저기 **이름이**…?

세르게

화가. **안트리오스.**

마크

유명해?

세르게

엄청. 엄청.

사이.

마크

세르게, 이거 진짜로 **이십만 유로**를 주고 산 거 아니지?

세르게

정말 뭘 모르는군. 그게 제 **가격**이야. **안트리오스** 거잖아.

마크

이거 진짜로 **이십 만 유로**를 주고 산 거 아니지?

세르게

아무래도 네가 **핵심을 이해 못 하는 것** 같아.

마크

정말 이십만 유로를 줬다고, **이 거지 같은 것에?**

세르게, 마치 혼자 있는 것처럼.

세르게

제 친구 마크는 상당히 **지적인** 친구이고, 전 항상 우리의 관계를 **의미 있게** 생각해왔습니다. 이 친구는 항공 공학자라는 **훌륭한 직업**도 가지고 있는데, 소위 **새로운 종류의 지식인, 모더니즘의 적**일 뿐만 아니라, 일종의 불가해한 자부심을 가지고 있는 것처럼 보이죠, 그걸 **파괴하는 데** 말예요…5

이 내레이션화된 대사 형태의 두 독백과 그 사이의 극화된 대사들이 표현하고 있는 마흔다섯 가지 아이디어 중에서, 마흔 개는 서스펜스를 위해 구축되어 있다. 유사언어에 대한 간단한 묘사조차(마크와 세르게의 표정을 통한 비언어적 표현) "말 없는 감정들"이라는 구절이 나올 때까지 지체되어 있다.

서스펜스형 문장은 대사 설계상 가장 극적인 형태일 뿐만 아니라 가장 코믹하기도 하다. 차오르던 긴장을 마지막 핵심 단어로 갑자기 끊어놓는 서스펜스형 문장으로 끝을 내면서 거의 모든 언어적 농담들이 웃음을 유발한다. 레자와 햄튼은 핵심 단어를 맨 마지막까지 아낌으로써 대사의 에너지를 충전시키고 관객의 관심을 붙들어놓으면서 충격을 단 하나의, 마지막에 나오는, 종종 코믹하기도 한 펀치에 집중시킨다.

누적형 문장

누적 기법은 얼마나 오래된 것일까? 아리스토텔레스는 2300년 전에도 이 기법을 옹호한 바 있다. 아리스토텔레스는 「수사학」 3권의 9부에서 촘촘하게 짜인 서스펜스형 도미문과 느슨하고 전후에 구애받지 않는 누적형 문장의 차이를 검토한 바 있다. 이 두 가지 문장 형태는 서로 반면교사의 역할을 한다. 서스펜스 구조는 부차적인 구절들을 앞에 두고 핵심 단어를 마지막에 위치시킨다. **누적형 문장**은 핵심 단어를 앞에 두고 그 핵심을 발전시키거나 변형시키는 부차적 구절들을 그 뒤에 따르게 한다.

인물 B의 대사가 설계된 방식을 생각해보자.

인물 A

잭 기억나?

인물 B

(고개를 끄덕이며)

머리 위로 담배 연기가 성난 광배처럼 떠다니는데, 입술을 데일 정도로 짧은 담배꽁초를 물고 있었어. 스페어타이어하고 씨름을 하고 있더군. 잘 안 된다고 욕을 하면서, 펑크 난 타이어를 고치고 있었어….

(무언가를 상실했다는 느낌을 주면서)
…그게 내가 마지막으로 본 모습이었지.

설계 방식을 뒤집으면 위의 서스펜스 문장은 아래와 같은 누적형 문장으로 바뀐다.

인물 A

잭 기억나?

인물 B
(무언가를 상실했다는 느낌을 주면서)

그래, 마지막으로 봤던 게, 펑크 난 타이어를 고치고 있었는데, 잭이 잘 안 된다고 욕을 하면서 스페어타이어하고 씨름하고 있었어. 입술을 데일 정도로 짧은 담배꽁초를 물고 있는데, 머리 위로 담배 연기가 광배처럼 떠돌더군.

특별한 목적이 없이 흘러가는 누적형 문장은 서스펜스 문장에 비해 덜 극적이긴 하지만, 그렇다고 해서 수박 겉핥기식은 아니다. 잘 직조됐을 때 이 문장은 묘사 대상이 확장되고 있는 국면과 그 세부적인 사항들 하나하나를 모두 커버한다. 이런 점증적인 특성으로 인해 대사에는 대화 특유의 천연스러움이 주어지고 문장들은 자연스럽고 편안한 리듬을 타고 흘러나오게 된다.

서스펜스형 설계에는 여러 가지 장점이 있지만 그에 못지않게 단점도 있다. 첫째, 의미를 드러내는 게 항상 지연되고, 억지로 만들어내는 것처럼 들릴 수도 있다는 위험이 있다. 둘째, 길게 이어지는 서스펜스형 문장은 독자/관객이 문장의 끝에 도달해서 모든 정보를 취합하게 될 때까지 복잡한 아이디어에서 나오는 너무 많은 정보를 기억하도록 강요할 수도 있다. 너무 장황해지면 서스펜스형 문장은 잘못 직조된 누적형 문장의 경우처럼 지루하고 허약해진다.

서스펜스형 설계와 누적형 설계는 스펙트럼의 양극단에 해당한다. 핵심 단어로 대사를 여는 것과 닫는 것 사이에는 수도 없는 다양한 변형이 있을 수 있다.

예를 들어 다음 문장의 병행형 설계는 비슷한 길이, 의미, 형태의 구절들을 연결시켜서 대조와 강조의 효과를 얻을 수 있다.

"내가 그 **교회**에 들어섰을 때, 나는 새 **삶**으로 들어섰다."

균형형 문장

균형형 문장은 양쪽으로 서술되어 있는 부차적인 문구들 사이의 가운데 어딘가에 핵심 단어(들)를 위치시킨다.

잭이 섹스와 도박에 강박적으로 집착하는 것만으로도 충분히 위험한데, 아무래도 **아드레날린 중독**이 틀림없어, 거기다 암벽등반과 스카이다이빙까지 하는 걸 보면.

서스펜스형 문장은 그것이 혼자 쓰였든 다른 문장에 병행해서 쓰였든 대사가 가장 강렬하고 극적으로 설계된 형태다. 그러니 긴장, 강조, 느낌의 확장, 그리고 웃음을 얻으려면 핵심 단어를 뒤로 밀어두라. 반면에 누적형 문장과 균형형 문장은 가장 대화체이고 자유롭게 흘러가도록 설계된 형태다. 그런데 이들 중 한 가지 기법만 계속 사용하다 보면, 글 전체가 마치 벽지처럼 일정한 패턴으로 반복되거나 로봇이 말하는 것처럼 인공적으로 보이게 된다. 그렇기 때문에, 긴장을 조성하고 독자/관객의 개입을 이끌어내면서 동시에 인물들이 그들의 현재에 살고 있으면서 실제로 말을 엮어내고 있는 것처럼 보이도록 하기 위해서는, 대사 안에 이 설계 형태들을 섞어놓을 필요가 있다.

설계 형태들의 혼합

「트루 디텍티브」시즌 1의 3화에서 공동 주인공 러스틴 콜은 자기가 세상을 보는 방식을 길보어 형사와 파파니아 형사에게 들려준다. 이번에도 나는 핵심 단어들을 강조해놓았다. 각각의 핵심 단어들이 문장 안에서 어디에 위치하고 있는지 주목해보기 바란다.(인용문에 나오는 DB라는 말은 사체를 가리키는 형사들끼리의 표현이다.)

러스틴 콜

이게… 내 말이 바로 **이거**예요. 이게 바로 내가 **시간**과 **죽음**과 **허망함**에 대해 말할 때 말하려는 거라고요. 알아요, 그보다 더 광범위하게 통하는 생각이 있죠. **서로가 인정하는 환상**을 유지하기 위해 하나의 사회를 구성하고 있는 우리들 사이에서 주로 통하는 거. 열네 시간 동안 쉬지 않고 DB를 들여다보고 있다 보면 이런 **생각을 하게 되죠. 그렇게** 해본 적 있어요? **눈을** 들여다봐 봐요. 그림 속의 거라도 좋아요, 살아 있는 사람이든 죽은 사람이든 상관없어요, 여전히 **읽어낼** 수 있으니까. 거기서 **보이는** 게 뭔지 알아요? 그들이 그걸 **환영했다는** 거예요… 처음엔 아니었지만, 하지만… 마지막 바로 그 순간에 말예요. 거기엔 아주 분명하게 **안도**가 보여요. 그러니까, 왜냐면, 처음엔 무서웠지만, 이제 처음으로 알게 된 거예요… 그냥 탁 **놔버리는** 게 얼마나 쉬운 건지. 예, 그 사람들은 그걸 본 거예요, 그 마지막 1초도 안 되는 순간에, 본 거예요… 자신이 **어떤 존재였는지.** 마침내 알게 되는 거죠, 그렇게 **악착같이** 붙들고 있을 필요가 없었다는 걸. 자기 평생, 모든 사랑, 모든 증오, 모든 기억, 모든 고통, 이게 다 **똑같은 거**였다고 깨닫게 되는 거예요. 잠긴 방 안에 들어앉아 꾸었던 꿈, 그게 다 같은 꿈이었던 거예요, **한 사람**이 되는 것에 대한 꿈. 그리고 많은 꿈들이 그런 것처럼, 그 마지막에는 **괴물**이 있어요.

러스트가 표현하고 있는 스무 가지가 넘는 생각 중에서, 열두 가지는 서스펜스형 문장을 사용하고 있고, 나머지는 균형형과 병렬형, 그리고 누적형 구조를 차용하고 있다. 그 결과 이 긴 대사는 관객의 흥미를 끄집어내고 고조시키고 해결해주면서도, 동시에 아주 자연스럽게, 거의 망설이면서 말하는 것처럼 보인다. 또한 이 시리즈의 프로듀서이자 작가인 닉 피졸라토가 러스트의 대사를 "인생은 하나의 꿈이다."라는 은유로 뒤덮고 있다는 점에 주목해보자. 음악에서 꾸밈음으로 한 구절의 흐름을 풍성하게 하는 것처럼, 서스펜스형 문장에서 사용되는 비유법은 관객의 마음을 사로잡는 장식품 역할을 할 수 있다.

경제성

　표현적 대사에서 마지막 한 가지, 그러나 가장 중요한 성격을 꼽으라면 그건 경제성, 즉 가능한 한 적은 수의 단어로 최대치를 뽑아내는 것이다. 모든 훌륭한 글쓰기, 특히 대사 쓰기는 윌리엄 스트렁크와 E. B. 화이트의 「글쓰기의 요소」에서 설명하고 있는 '경제성의 원칙'을 따른다. "건강한 글은 간결하다. 그림에 불필요한 선이 없어야 하고, 기계에 불필요한 부속품이 없어야 하는 것과 같은 이유로, 문장에는 불필요한 단어가 없어야 하고, 문단에는 불필요한 문장이 없어야 한다. 이는 작가가 모든 문장을 짧게 써야 한다거나 세부묘사들을 피하고 자신이 다루고 있는 주제들의 외연만을 다뤄야 한다는 말이 아니라, 그가 쓰고 있는 모든 단어들로 하여금 말하게 해야 한다는 뜻이다."**6**

　무조건 비우라는 게 아니라 경제성을 취하라는 말이다.

　이 원칙은 스트렁크와 화이트의 "불필요한 단어들을 제거하라."는 강령이 되었다. 어떤 대사도 그 길이와 관계없이, 독자/관객에게 필요 이상으로 단어 하나라도 더 받아들이도록 요구해서는 안 된다. 상황과 관계없는 말들은 독자/관객을 번거롭게 한다. 제거하라.(소피아 코폴라의 영화 「사랑도 통역이 되나요?」는 이 경제성의 원칙을 완벽하게 구현하고 있다. 18장을 참고하라.)

잠시 멈춤－사이

　대사를 주고받는 과정에서 '사이pause'는 많은 용도가 있다. 전환점 바로 전에 사용되는, 말없이 망설이는 순간은 독자/관객에게 긴장을 불러일으키면서 그 잠깐의 침묵 다음에 벌어질 일에 대해 주의를 집중시키고, 그 사건의 심각성을 강조하는 역할을 한다. 전환점 뒤에 오는 '사이'는 독자/관객이 그 변화의 의미와 여파의 향취를 음미할 시간을 제공한다.

위기 직전의 '사이'는 감정의 운동을 잠시 막아두는 역할을 한다. 잘 쓰인 장면에서는, 호기심과 관심은 중요한 변화의 순간을 향해 흘러 내려간다. 독자/관객은 스스로에게 이런 질문을 던진다. "다음에는 어떤 일이 일어날까? 그 일이 벌어질 때 저 인물은 어떻게 할까? 이 일은 결국 어떻게 될까?" 이런 추진력이 정점에 도달할 때, '사이'는 이것을 잠시 억누르며 힘을 압축시킨다. 극적 전환이 이뤄지는 시점에서, 압축되어 있던 모든 에너지는 그 장면의 절정을 향해 폭발한다.

그러나 이 침묵 또한 너무 자주 사용하면, 마치 말이 그런 것과 마찬가지로 더 이상 환영받지 못하는 처지가 된다. 경제성의 원칙은 다른 것에서와 마찬가지로 여기에도 가차 없이 적용된다. 대사의 어떤 부분을 강조하기 위해 너무 자주 '사이'를 사용하면 강조하고자 했던 부분 중 그 어떤 것도 강조되지 않는다. 마치 '양치기 소년'의 경우처럼, 작가가 이 기법을 너무 자주 사용하면 그 효능은 줄어들 수밖에 없다. 너무 자주 사용하다 보면, 이 기법이 완전히 효력을 발휘해야 하는 장면에 도달했을 때 작가는 이 기법의 날이 많이 무뎌졌다는 걸 발견하게 될 것이다.

'사이'를 적용시킬 지점을 선택하는 데 신중해야 한다. 흐름을 끊지 않은 상태에서 장면의 리듬을 구성하고 나서 어떤 지점에 브레이크를 걸어보면, 그 잠시 멈춤의 순간이 주목을 끈다는 걸 알게 된다. 공짜 휴식이란 없다. '사이' 또한 일해서 버는 것이다.

침묵의 옹호

　간결하고 빠른 대사, 분명하게 드러내기보다는 암시적인 대사는 독자/관객을 기대에 찬 상태로 유지시킨다. 반면에 정보로 가득 채워져 있고 늘어지는 대사, 암시적이라기보다는 분명하게 드러내는 게 더 많은 대사는 흥미를 반감시킨다. 과도하게 설명적인 대사는 흐름을 더디게 하기 때문에 독자는 대충대충 넘어가고, 관객은 듣기를 멈춘다. 그러므로 비극적인 장면이 때로 코믹 릴리프를 필요로 하는 것과 같은 맥락에서, 너무 많은 대사는 침묵을 요구한다.

　이야기마다 장면마다 각기 특성이 있기 때문에 어느 정도 이상이면 과도하다고 규정하는 건 가능하지 않은 일이다. 그 결정은 작가의 취향과 판단에 의해서 이뤄져야만 한다. 그러나 당신이 쓰고 있는 대사가 장면을 압도하고 있다는 느낌이 든다면 기어를 바꿔서 귀 대신 눈을 고려하는 방식으로 써보기 바란다. 언어의 자리에 이미지를 들이밀어 보라는 말이다.

　다음과 같은 질문을 스스로 던져보기 바란다. 지금 쓰고 있는 장면에서, 인물과 이야기를 풀어내는 데 필요한 모든 것들을 단 한 줄의 대사에도 기대지 않고 순수하게 시각적인 묘사를 통해서만 만들어낼 수 있는가? 당신은 다음의 두 가지 방식 중 하나를 택함으로써 이미지의 힘을 이끌어 낼 수 있다.

　첫째, 유사언어다. 제스처와 표정 같은 것은, 엄격하게 말하자면 언어적이지 않다. 그럼에도 불구하고 그것들은 언어가 가지는 온갖 축약된 뜻과 숨은 뜻을 드러낼 수 있다. 그러니 장면을 '예/아니오', '맞아요/아녜요', 혹은 '그쪽 말이 맞는 것 같아요/그건 아닌 거 같은데요' 같은 동의 혹은 비동의의 언어들로 채우는 것보다는 그 순간을 끄덕임, 눈길을 주는 것,

손을 흔드는 것 따위의 행동을 통해 넘어가는 게 더 좋다.

이는 텔레비전과 영화를 위한 글을 쓰고 있을 때 특히 더 옳다. 가능한 모든 순간에 배우들이 창의성을 발휘할 수 있는 공간을 남겨두도록 하라. 카메라는 얼굴을 실제보다 몇 배 더 크게 확대할 수 있기 때문에, 배우의 눈빛과 살갗 너머로 마치 바다의 큰 너울처럼 차오르는 생각과 감정들이 보일 것이다. 침묵은 카메라를 가까이 끌어들인다. 그걸 활용하라.

둘째, 신체적 행동이다. 기회가 있을 때마다 스스로 이 질문을 던져보도록 하라. 언어 외에 어떤 물리적 행위가 내 인물들의 행동과 반응을 구현해내는가? 당신의 상상력이 말보다는 행위를 언어적으로 그려내는 일에 더 집중하도록 만들라.

한 예로, 잉마르 베리만이 바로 이 맥락에서 「침묵」이라고 적절하게 이름 붙인 영화의 한 장면을 생각해보자. 호텔 식당을 배경으로 하는 이 장면에서, 여자는 웨이터가 자기를 유혹하도록 내버려 둔다. 이 장면을 어떻게 쓸 것인가?

웨이터가 여자에게 메뉴판을 보여주면서 그날의 특별메뉴를 설명하도록 할 것인가? 웨이터가 자신이 가장 좋아하는 메뉴를 그 여자에게 추천하도록 할 것인가? 웨이터가 그 여자의 의상을 칭찬하도록 할 것인가? 웨이터가 그 여자가 그 호텔에 묵고 있는지 묻게 할 것인가? 멀리 여행 중인지 묻게 할 것인가? 웨이터가 그 여자가 이 도시를 잘 아는지 묻게 할 것인가? 웨이터가 자기 근무가 한 시간 있으면 끝나는데, 여자에게 시내 관광을 시켜주겠다고 말하게 할 것인가? 대체 어떤 말, 말, 말을?

베리만은 이 장면을 다음과 같은 방식으로 만들었다. 웨이터가 실수인 척 고의로, 그 여자가 앉아 있는 의자 옆 바닥에 냅킨을 떨어뜨린다. 웨이터는 천천히 몸을 굽히고 무릎을 꿇어 그걸 집어 드는 동안, 그 여자의 머리끝부터 둔부, 발끝에 이르기까지 냄새를 맡는다. 여자는 그에 반응해서, 즐거움으로 가득 찬 숨을, 깊이 들이쉰다. 베리만은 거기서 바로 호텔 방으로 넘어가 두 사람이 열정적으로 몸을 비트는 모습을 보여준다. 두 사람이 식당에서 보여준 관능적이고, 시각적이고, 육체적이고, 언어가 생략된 유혹 장면은 여자가 깊이 숨을 들이쉬는 대목에서 전환점을 만들어 낸다.

침묵은 궁극적으로 경제적인 언어다.

DIALOGUE

제2부

결함과 수정

대사의 여섯 가지 임무

효과적인 대사는 다음의 여섯 가지 임무를 동시적으로 수행한다.

1. 각각의 언어적 표현은 내적 행동을 취한다.

2. 행동과 반응으로 이루어지는 각 비트들은 장면을 긴박하게 하고, 장면의 전환점을 향해, 그리고 전환점의 주위에서 이야기를 쌓아 올린다.

3. 대사에 들어 있는 진술과 암시는 해설을 전달한다.

4. 독특한 언어적 스타일은 각 역할에 대한 인물묘사가 된다.

5. 비트들의 점진적인 진행은 독자/관객을 사로잡고, 그들을 내러티브가 몰고 가는 흐름에 실어서 시간이 흐르는 걸 느끼지 못하게 한다.

6. 언어는 독자/관객에게 이야기의 설정이 믿을 만하고 대사가 인물에게 부합한다는 느낌을 준다. 그렇게 함으로써 이야기의 허구적 현실성에 대한 믿음을 유지하도록 해준다.

훌륭한 대사는 이 여섯 가지 목적을 하나로, 한 번에 조화시킨다. 이제 이 흐름을 깨고 불협화음을 만드는 다양한 종류의 실수들을 살펴보도록 하자.

제6장

신뢰성의 결함

신뢰할 수 없는 대사

인물의 육체적 행위에 대해 우리가 설정하는 신뢰성의 기준들은 그들이 하는 말에도 그대로 적용된다. 텔레비전, 무대 혹은 영화를 위해 쓰이는 대사는 배우의 연기가 신뢰성 있는 것이 되도록 해주어야 한다. 장단편 소설에 쓰이는 장면은 독자가 그 안에 들어 있는 인물의 행위를 신뢰하는 방향으로 상상하도록 돕는 역할을 해야만 한다. 당신이 만든 인물이 심리적으로 얼마나 복잡하고 주목할 만한지에 관계없이, 당신이 구성한 이야기가 얼마나 감정적이고 풍부한 의미를 지니고 있는지에 관계없이, 당신이 만든 인물들이 자신들의 성격이나 설정, 장르 등에 정확히 부합하는 태도로 말하지 않는다면, 독자/관객은 금세 신뢰를 잃는다. 설득력 없는 대사는 음 이탈이 연주회를 망치는 것보다 더 빨리 독자/관객의 흥미를 잃게 한다.

공허하고 낯간지러운 대사가 자연스러운 외양을 지닌다고 나아지지는 않는다. 당신이 비행기나 기차, 버스를 타고 여행하는 중에 주변의 승객들이 나누는 대화를 엿듣게 된다면, 멍청한 가십에 가까운 그런 얘기들을 무대나 지면 혹은 화면으로 옮길 수는 없다는 사실을 금세 깨달을 것이다. 현실 속에서 실제로 벌어지는 대화는 농구공을 드리블하는 것처럼 끊임없이 반복된다. 일상적인 대화는 선명함, 여운, 표현성 그리고 무엇보다도 중요하게, 중대한 의미를 가지고 있지 않다. 예를 들어 비즈니스 미팅은 아무런 은유나 직유, 비유, 혹은 최소한의 표현성에 대한 상상도 없이 몇 시간이고 진행된다.

대화와 대사 사이의 가장 중요한 차이는 단어의 수나 선택, 혹은 배열에 있지 않다. 그 차이는 내용에 있다. 대사는 의미를 농축시키지만, 대화는 의미를 희석시킨다. 그렇기 때문에 가장 현실적인 설정이나 장르에서도, 신뢰성 있는 대사는 실재를 모방하지 않는다.

실은 신뢰성은 실재성과 어떠한 관계도 없다. 앨리스가 찾아간 이상한 나라 같은 터무니없는 세계에 사는 인물들은 현실 세계에서 살고 있는 인간이라면 절대로 하지 않을 대사를 내뱉지만, 그것은 그 인물들과 그들이 살고 있는 세계에서는 진실이다.

가장 현실적인 것부터 가장 마법 같은 것에 이르기까지 모든 설정에서, 전쟁 이야기부터 뮤지컬에 이르기까지 모든 장르에서, 단음절의 웅얼거림부터 서정적인 운문에 이르기까지 모든 형태의 화법에서, 대사는 그것을 말하는 인물의 입에서 자연스럽게 나오는 것처럼 들려야 한다. 바로 그 이유로 해서, 우리는 대사를 평가할 때 현실과의 부합 정도를 따지지 않고 허구적 진실성이라는 기준에 비추어 행한다. 어떤 인물이 행하는 단어 및 문장의 선택이 삶에 대해 진실하다는 미명하에 매일매일 무한 반복되는 뻔한 이야기를 흉내 내는 것이어서는 안 된다. 그보다는, 그 단어와 문장들은 그 이야기가 속한 세계와 장르(들)의 맥락 안에서 설명 가능한 것이자 그 안에 자리 잡고 있는 토착어로 다가와야 한다.

독자/관객은 자기가 접하고 있는 이야기의 설정이 아무리 환상 속의 것이라 하더라도, 거기에 나오는 인물들이 무대에서, 지면에서, 화면에서 말하고 있는 것처럼, 동시에 그 인물들이 무대 밖에서, 지면 밖에서, 화면 밖에서 말하고 있다고 믿고 싶어 한다. 기예르모 델 토로의 영화 「판의 미로」의 환상적인 세계나 외젠 이오네스코의 희곡 「왕은 죽어가다」의 부조리한 세계, T. S. 엘리엇의 희곡 「대성당의 살인」의 시적인 세계, 아니면 로버트 그레이브스의 소설 「나는 황제 클라우디우스다」의 오래된 세계에서도 인물의 말은 구체적 사실에 부합할 필요는 없지만, 반드시 신뢰할 만해야 한다.

그런가 하면, 누가 됐든 아무 때나, 아무것에 대해서나 말할 수도 있다. 그러니 우리는 대사의 신뢰성에 대해 어떻게 판단할 수 있을 것인가? 하나의 대사가 그 인물에 대해 진실한지, 그 순간에 대해 진실한지, 아니면 양자 모두에 대해 거짓인지, 우리는 어떻게 알 수 있는가?

미적 판단은 결코 과학이 될 수 없다. 미적 판단은 그것의 본성상 생각에 관련된 동시에 느낌에 대한 것이다. 작가는 훈련된 본능과 지식, 경험 그리고 선천적으로 타고난 취향 등에 근거해 무엇이 옳은지 판단해야 한다. 대사를 듣되 그 언어의 배후에 들어 있는 인과관계와 그 사이에 자리 잡고 있는 조화 혹은 부조화를 느끼고, 그것들을 통해 대사에 대해 판단하는 법을 배워야 한다. 한 인물의 언어적 행동이 그의 동기에 조응할 때, 그의 내적 욕망과 외적 전술이 서로를 보완하는 것으로 보일 때, 대사는 진실성을 확보한다.

당신이 쓰고 있는 작품 안에서 구체적으로 어떻게 올바른 판단력을 확보할 수 있는지는 스스로 발견해야 하는 문제지만, 그 작업을 도와주기 위해 대사의 신뢰성을 훼손시키는 실수들의 짧은 목록을 적어보았다. 공허한 말, 감정 과잉의 말, 너무 아는 척하는 말, 지나치게 통찰력 있는 말 그리고 동기를 대신하는 변명 따위가 그것이다.

공허한 말

어떤 인물이 말을 시작할 때, 독자/관객은 그 말이 나오게끔 한 동기와 그 말의 효과를 설명해줄 만한 이유를 찾아 서브텍스트를 들여다보게 된다. 거기서 적절한 이유를 찾지 못하면, 그 대사와 그 대사가 들어 있는 장면은 가짜인 것으로 여겨진다. 가장 흔한 예를 들어보자. 작가가 무언가를 급히 설명해야 하는 필요를 충족시키기 위해, 한 인물이 다른 인물에게 두 사람 모두가 이미 알고 있는 사실에 대해 말하도록 하는 경우가 딱 그렇다.

감정 과잉의 말

어떤 인물이 그 인물이 실제로 느끼고 있는 것보다 훨씬 더 감정적인 대사를 내뱉고 있는 것처럼 보이면, 독자/관객은 그 이유에 대해 궁금해하면서 그에 대한 설명을 찾기 위해 서브텍스트를 확인하게 된다. 여기서 아무것도 찾아내지 못하면, 독자/관객은 이 과도하게 극적인 인물이 히

스테리를 가지고 있거나, 아니면 작가가 아무것도 없는 데에서 너무 많은 걸 뽑아내려고 지나치게 애쓰고 있다는 인상을 받을 것이다. 어떤 사회적·심리적 차원에서, 감정적인 대사와 그것이 들어 있는 맥락은 서로에 대해 보완적일 필요가 있다.

너무 아는 척하는 말

당신의 인물들이 무얼 알고 있는지 당신은 알아야 한다. 인물들은, 이야기의 설정과 그 안에 있을 법한 인물에 대한 진이 빠질 때까지의 자료 조사, 인간의 행동에 대한 끝없는 관찰, 그리고 가혹한 자기인식을 통해 태어난 작가의 피조물이다. 그러므로 창조자와 피조물 사이에는 굵은 선이 가로놓여 있다. 혹은 그래야만 한다. 그런데 작가가 그 선을 넘어 창조자로서 자신의 지식을 자기가 만든 인물의 의식 속에 주입해 넣으면, 우린 그 속임수를 눈치챈다. 화면 속 혹은 무대 위의 인물이 현재 일어나고 있는 사건에 대해 오직 작가만이 알 수 있을 것 같은 넓이와 깊이를 가지고 말하거나, 소설의 1인칭 주인공이 과거에 대해 이야기하면서 자신의 경험을 넘어선 수준의 사실성과 선명한 통찰력을 가지고 말하면, 다시 한번 독자는 작가가 자신의 인물에게 귓속말로 뭔가를 알려주고 있다고 느끼게 될 것이다.

지나치게 통찰력 있는 말

이와 유사하게, 인물들이 보통 사람들이 자신에 대해 알고 있는 것보다 스스로에 대해 더 잘 알게 되는 경우를 경계해야 한다. 어떤 인물이 자신에 대해 묘사할 때 프로이트와 융 그리고 소크라테스를 합친 것보다 더 깊이 있고 근본적인 통찰력을 가지고 말한다면, 독자와 관객들은 그걸 받아들이기 어려워 몸을 사리게 될 뿐만 아니라 아예 작가에 대한 신뢰를 잃게 된다. 작가들이 인물을 만들면서 설득력이 없을 정도로 과도한 자기 인식을 가지게끔 하는 건 작가 스스로를 향해 덫을 놓는 것과 마찬가지다.

이는 대체로 이런 식으로 이뤄진다. 열심히 일하는 작가들은 인물에 대한 전기와 심리를 다룬 내용으로 노트와 파일들을 채운다. 직접적으로 작품에 쓰이는 것보다 대개 열 배에서 스무 배에 이르는 자료들을 만들게 된다. 그들이 이렇게 하는 건 꼭 필요한 일이다. 상투성을 피하고 자신만의 예측하기 어려운 선택을 뽑아내기 위해서는 충분한 정도를 넘어서는 재료를 확보하고 있어야 하기 때문이다. 이렇게 정보를 축적하고 나면, 자신이 알고 있는 모든 걸 작품 속의 세계에 쏟아붓고 싶다는 욕망은 피하기 어려운 유혹이 될 수 있다. 작가는 자기도 모르는 새에 작가와 인물 사이의 경계선을 넘고, 자신의 피조물을 그동안 자신이 행한 자료 조사의 대변인으로 만든다.

동기를 대신하는 변명

행위를 위한 동기는 정직해야 한다. 인물의 이상행동 혹은 과잉행동에 이유를 제공하기 위해서 작가는 인물의 어린 시절로 돌아가 그 시절에 얻은 트라우마를 삽입하고, 그게 동기가 되는 걸로 간주해버린다. 예를 들어, 성적으로 학대당한 경험은 인물이 보이는 어떤 식의 극단적인 행위 양태에 대해서도 설명을 제공하는 단 하나의 원인으로 지난 수십 년 동안 과다 사용돼왔다. 이런 식의 심리적 속기법에 안주하는 작가들은 변명과 동기 사이의 차이를 이해하지 못한다.

동기(배고픔, 잠, 섹스, 권력, 쉴 곳, 사랑, 자기애 등)란 인물에게 인간의 본성이 드러나도록 추동하고 특정한 행위 양태가 드러나도록 강제하는 요구를 말하는 것이다.[1] 대개 이런 잠재의식적인 추동은 인지되지 않는 채로 남아 있게 되고, 또한 문제를 해결해주기보다는 오히려 가중시키는 역할을 한다. 자신이 하는 행동의 진짜 원인을 대면하고 싶어 하지 않을 때 인간은 변명을 만들어낸다.

지금 당신이 정치드라마에서, 대통령이 내각 구성원들에게 자기가 왜 전쟁에 돌입하기로 결심하게 됐는지 그 이유를 설명하는 핵심 장면을 쓰고 있다고 가정해보자. 역사적으로 살펴보자면, 인간이 전쟁에 돌입한 데에는 두 가지 주요 동기가 있다. 첫째, 외국에 지배력을 행사하려는 욕구다. 패배자로부터 획득한 토지, 노예, 부 따위는 승리자의 힘을 더 강화시킨다. 둘째, 국가 내부에서의 지배력을 강화하려는 욕구다. 지배자가 권력을 잃는 걸 두려워할 때, 그들은 시민사회를 혼란스럽게 하고 권력을 재강화시키기 위해 전쟁을 일으킨다.(조지 오웰은 그의 걸작 「1984」에서 이 두 가지 동기를 극화시켰다.)

이 두 가지 동기는 전쟁의 현실성을 담지하고 있지만, 이런 생각을 하면서 전쟁을 선언하는 지도자는 없다. 설령 그렇다 하더라도 절대로 그렇다고 말하지 않을 것이다. 그렇기 때문에 실제로 그 장면을 쓸 때는 동기는 서브텍스트에 묻어두고, 딱 적당한 수준의 자기기만을 행하는 지도자를 만들어내야 한다. 그러고는 다른 인물들이 믿고 따를 수 있는 변명을 담아내는 대사를 쓰는 것이다.

역사를 통해 봤을 때 전쟁하는 인간들이 만들어낸 변명에는 다음과 같은 것들이 있었다. "하나님을 위해 영혼을 구원한다."(기독교 십자군, 스페인 제국, 오스만 제국), "야만의 어둠 속에 문명의 빛을 비춘다."(대영제국), "운명을 집행한다."(북미 원주민에 대한 인종청소), "인종적 순결성을 확보한다."(홀로코스트), "자본주의적 독재를 공산주의적 평등으로 변화시킨다."(러시아와 중국의 혁명)2

변명을 동기로 가장하는 예로 셰익스피어의 「리처드 3세」를 생각해보자. 이 희곡의 1막 1장에서 글로스터 공작인 꼽추 리처드는 자신의 장애가 보기에 역겨운 것이기 때문에 자신을 "사랑을 하는 사람으로 입증할 수 없다."고 말한다. 그 대신 그는 자신을 "악당으로 입증하겠다."고 하면서 자신이 왕관을 얻는 데 장애물이 될 만한 인물들을 모두 살해한다.

그리고 바로 다음 장면에서, 리처드는 자신이 살해한 정적의 아름다운 미망인인 앤을 만난다. 그녀는 리처드를 미워하고 저주하면서 그를 악마라고 부른다. 그럼에도 불구하고 리처드는 자신의 추함과 죄악을 무릅쓰고 아주 영리한 심리적인 유혹 작전을 전개한다. 그는 앤이 치명적으로 아름답고, 그래서 자기가 그녀를 얻고 싶었기 때문에 그 욕망을 실현시키기 위해 그녀의 남편을 죽여야 했다고 주장한다. 그는 그녀 앞에 무릎을 꿇고 자기 칼을 바치면서, 원한다면 자기를 죽이라고 한다. 그녀는 그 제안을 거부하고, 이 장면이 끝나는 지점에 가면 리처드는 아첨과 자기연민을 섞은 이 전술로 그녀의 마음을 얻게 된다.

이 유혹을 통해 리처드는 자신이 사랑을 하는 데 달인임을 보여준다.

그렇다면 그는 왜 자신이 그렇지 못하다고 말한 걸까? 권력을 향한 자신의 야욕을 숨기기 위해 그런 변명이 필요했기 때문이다.

강한 흥미를 불러일으키면서, 중층적이고, 신뢰가 가는 대사를 쓰기 위해서는 우선 인간의 행동을 불러일으키는 두 가지 동력, 동기와 합리화 사이의 차이에 대해 연구해봐야 한다. 그런 후에 인물이 변명으로 대체해서 잠재의식 차원의 욕망을 감추는 것이, 혹은 최소한 그 인물의 설명하기 어려운 행위들을 합리화하려 하는 것이 그가 하는 말에 깊이를 더해주는지 봐야 한다.

대부분의 경우 문제가 있는 대사는 과도하게 자신만만하거나 과도하게 지적인 작가들의 특징이라기보다는 오히려 그 반대다. 불안해하고, 제대로 배우지 못한 작가들의 문제다. 초조는 무지의 자연적인 부산물이다. 만약 당신이 당신의 인물에 대해 이름 정도 아는 수준을 넘어서지 못한다면, 그 인물이 어떤 반응을 보일지 상상할 수 없다면, 그 인물의 음성을 들을 수 없다면, 혼란스러운 상태에서 쓰고 있다면, 그 결과물은 가짜 대사에 불과할 것이다. 무지의 안개 속에서 빠져나오지 못하는 한 다른 선택의 여지가 없다.

그러므로 어려운 작업을 수행해야 한다. 당신의 인물을 당신이 확보할 수 있는 한 최대의 지식과 상상력으로 에워싸도록 하라. 그 인물을 둘러싸고 있는 사람들, 특히 가장 중요하게, 당신 자신과 비교해서 그 인물의 개성을 테스트해보라. 왜냐면, 결국에 가서는 당신이 그 이야기의 진실에 관한 한 시금석이 되기 때문이다. 당신 자신에게 물어보라. "내가 만약 이 상황 속에 있는 인물이라면, 무어라 말할 것인가?" 그러고는 가장 정직하고 신뢰할 만한 답을 얻기 위해 진실에 가장 민감한 귀를 동원하라.

멜로드라마

'멜로드라마 같다.melodramatic'는 말은 과도함을 지향하는 글쓰기, 예컨대 시끄러운 목소리, 너무 선명한 폭력, 눈물로 얼룩진 감상성, 혹은 포르노그래피 수준에 가까운 섹스 씬 등등을 비난하는 말이다. 반면 셰익스피어의 「오셀로」는 살인을 부르는 질투로 격렬한 드라마를 만들고, 샘 페킨파의 「와일드 번치」는 폭력을 시적 영화로 전환시키고, 스티븐 손하임의 「소야곡」은 깊은 곳에 들어 있는 고통스러운 감정을 들여다보며, 오시마 나기사의 걸작 「감각의 제국」은 노골적인 섹스에 대한 탐닉을 다루지만, 이들 중 어느 것도 멜로드라마가 아니다.

오이디푸스가 자신의 눈알을 뽑아버리기 오래전부터 위대한 이야기꾼들은 인간의 경험의 한계를 탐색해왔다. 21세기의 예술가들도 이 같은 탐색을 계속해서 이어오고 있다. 그들 또한 인간 본성의 깊이와 폭에는 한계가 없다고 느끼고 있기 때문이다. 당신이 당신의 인물이 할 수 있는 행동에 대해 그 무엇을 상상하든, 장담하건대 인간은 상상외의 방법으로 이미 그 일을 한 적이 있다.

그렇기 때문에 멜로드라마의 문제는 과도한 표현에 있는 것이 아니라 동기가 부족하다는 데 있다.

무엇 때문엔가 짜증이 나 있는 게 마치 치명적인 상황인 것처럼 보이게 하려고 가식적인 대사를 주고받는 식으로 장면을 채운다든가, 인물의 좌절을 비극적으로 보이게 하고 싶다는 생각에서 눈물을 폭포처럼 흘리게 한다든가, 인물이 당면하고 있는 절박한 문제를 넘어서는 행동을 강제한다든가 하는 걸 보면, 우리는 이런 작가의 작품을 멜로드라마로 치부하고 무시하게 된다.

그렇기 때문에 멜로드라마적인 대사의 문제는 단어 선택에 있지 않다. 인간은 어떤 일이든 할 수 있는 존재이고, 그렇게 하는 동안 어떤 말이든 할 수 있는 존재다. 당신이 만든 인물이 열정적이고 간절하고 세속적이고, 심지어 폭력적인 방식으로 말을 한다면, 그의 동기를 그가 하고 있는 행위에 맞닿는 수준으로 끌어올려야 한다. 일단 그 인물의 행위와 욕망이 균형을 이루고 나면 거기에서 한 걸음 더 나아가 당신 자신에게 이런 질문을 던져보라. "내 인물은 자신의 행동을 그대로 말할 것인가, 아니면 축소해서 말할 것인가?"

　"그놈 머리를 잘라버려!" 장면의 두 가지 버전을 비교해보자. 「왕좌의 게임」에서 두 명의 왕이 양쪽 다 피를 뒤집어쓰고야 끝날 기나긴 전쟁을 벌인다는 플롯을 발전시키고 있다고 생각해보자. 마침내 절정 장면에 이른다. 승자인 왕은 왕좌에 거만하게 앉아 있고, 패배한 적은 그의 발치에 무릎을 꿇고서 자신에게 떨어질 선고를 기다린다. 신하가 왕에게 묻는다. "어떻게 처리하는 걸 원하십니까, 폐하?" 그러자 왕은 그의 대답을 외친다. "저자의 몸에 들어 있는 모든 뼈를 부수어라! 저자의 피부를 검게 태워서 벗긴 후 저자에게 먹여라! 저자의 머리통에서 눈알을 뽑아내고 목에서 머리를 뽑아버려라."

　혹은 신하가 왕이 원하는 처리 방법을 물을 때, 승리자 왕은 자기 손톱의 매니큐어 상태를 살피면서 나지막하게 속삭인다. "십자가에 못 박아 버려."

　"십자가에 못 박아버려."라는 말 밑에 숨어 있는 서브텍스트 역시 고함을 지르면서 내렸던 명령보다 그리 나을 것도 없는 죽음을 암시한다. 그러나 어떤 대답이 더 큰 개인적 힘을 전달하는가? 끔찍하고 냉혹하고 과하게 표현된 분노인가, 아니면 단순하고 덜 표현된 "십자가에 못 박아버려."인가?

　두 대답 모두 완벽하게 인물에 기반한 대사일 수 있는데, 그럼 그때의 인물들은 어떤 인물들인가? 첫 번째 대답은 자신의 감정을 달래는 데 급급한 약한 왕을 암시한다. 반면에 두 번째 대답은 자신의 감정을 다스리는 데 익숙한 강력한 왕을 떠올리게 한다. 멜로드라마라는 문제에 있어서 동기와 인물은 절대로 분리되지 않는다. 한 인물을 절벽에서 뛰어내리게 할 수 있는 동기가 다른 인물에겐 소파에서 일어나게 하는 것만도 못할 수 있다. 그렇기 때문에 '동기 대 행동'의 균형은 인물의 역할에 따라 다르고, 일단 그걸 느끼고 나서 행동으로 옮기는 인물의 내면에서 다시 맞춰져야 한다.

제7장

언어의 결함

클리셰

클리셰란 우리가 뻔히 예측할 수 있는 방식으로 연기되고, 배우가 첫 번째 단어를 내뱉기도 전에 우리가 먼저 대사를 읊어댈 수 있는, 이미 전부터 너무나 많이 봐온 장면들을 말한다.

반복이라는 이름의 잡초가 그렇듯이 클리셰는 게으른 작가의 척박한 정신 속에서 자라난다. 많은 작가 지망생들은 글쓰기가 쉬운 일이라고 짐작하거나 아니면 그래야 한다고 생각하기 때문에, 오래된 이야기들의 쓰레기더미를 뒤적거리며 그 일을 쉽게 만들어보려고 시도한다. 그러다가 우리가 이미 수백 번을 보고 들은 낡은 구절들이나 수천 번 보고 들은 낡은 장면들을 끄집어내는 것이다.

게으른 작가들한테 독창성이 부족한 건 전혀 이상할 게 없다. 하지만 그 수준은 당연히 넘어서야 할 성실한 전문 작가들 또한 클리셰 속에 안

착하게 되는 건 무슨 까닭인가? 그 이유는 그것이 제구실을 하기 때문이다. 오늘날에는 진부한 표현으로 간주되는 말들도 한때는 상당히 창의적인 선택이었다.

「카사블랑카」(1942)에서 르노 대위의 주옥같고 위엄 있는 발언, "그 뻔한 용의자들 다 잡아와."는 정치적 부패를 다섯 개의 영리한 단어로 축약해놓은 것이었다. 그 후로 "뻔한 용의자들the usual suspects"은 클리셰를 모아놓은 사전에서 가장 뻔한 클리셰 용의자 목록의 상위에 놓이는 구절이 되었다.[1]

인간의 과거 어느 시점에선가 동굴 속에 살던 한 이야기꾼이 슬픔을 표현하기 위해 처음으로 등장인물의 눈에 맺힌 눈물에 대해 묘사하면서, 불가에 모여 있던 모든 이들은 밀려드는 슬픔의 파도를 느꼈을 것이다. 또 언젠가는 왕의 재담꾼이 처음으로 적의 군대가 펼쳐놓은 덫을 거미줄에 비유하면서, 궁 전체가 엄습하는 공포를 경험했을 것이다. 시간이 이 클리셰들의 날을 무뎌지게 하긴 했지만, 이 독창적인 발명품들은 너무나 날카로워서 아직도 진실의 한 조각을 잘라낼 수 있다.

여기 우리 동시대의 대사에 자주 활용되는 클리셰의 예를 몇 가지 모아 봤다.(그 예들이 너무 많아질까 봐 'ba'로 시작되는 것들만으로 한정 지었다.) 뒷자리운전수backseat driver(직접 운전대를 잡고 있지 않으면서 끊임없이 말로 간섭하는 자), 기본으로 돌아가기back to basics(일이 난관에 부딪힐 때 원칙부터 다시 생각하자는 의미), 원점으로 돌아가기back to square one(btb와 비슷한 맥락이지만, 처음부터 다시 시작해야 할 필요가 있을 때), 백지로 돌아가기back to the drawing board(역시 btb와 비슷한 맥락인데 계획을 다시 세워야 할 경우), 일진 사나운 날bad hair day, 요술보따리 bag of tricks, 예상치ball-park figure, 공이 너에게 넘어왔다ball's in your court, 계란으로 바위치기bang your head against a brick wall, 번지수를 잘

못 찾다barking up the wrong tree, 난투극battle royal… 이 리스트는 끝도 없다.

친숙함은 편안함을 낳는다. 어떤 경우 클리셰는 문화적 연속성을 의미하기도 하기 때문에 사람들은 그것을 즐긴다. 과거는 여전히 현재다. 사람들은 과거에 자신이 사랑했던 것들을 현재에도 여전히 사랑한다. 바로 그런 이유로 해서 클리셰는 사람들의 일상적인 대화에 여전히 스며들어 있다. 진부하든 말든 사람들이 클리셰를 사용하는 이유는 그것들로 인해 상황을 금세 이해할 수 있기 때문이다. 클리셰를 드문드문 사용하면 말이 그럴듯하게 들리는 효과를 얻을 수 있다.

그런데 이건 꼭 기억해두자. 각 클리셰는 언젠가는 유효 기간을 다하고 역한 냄새를 풍겨 세상이 구역질하며 고개를 돌리는 날이 결국엔 온다.

신선하고 독창적인 대사를 만들기 위해서는 기준점을 높은 데 두고 뻔한 선택에 빠지지 않도록 해야 한다. 무엇보다 첫 번째 선택에 만족하지 말아야 한다. 일단 써 내려간 후 그걸 변형시켜보고, 이런저런 실험을 해보라. 지나치다 싶을 정도로 가지고 놀아보고, 할 수 있는 만큼 가지고 있는 재능을 쏟아부어 보라. 당신의 인물이 자신의 머릿속에 떠오르는 어떤 특이한 것이라도 떠들어댈 수 있도록 허용해주라. 당신이 떠올릴 수 있는 온갖 분방한 생각들을 가지고 놀다 보면, 당신이 고른 어떤 미치광이 같은 아이디어가 황당하지만 놀랍도록 뛰어난 것이라는 사실을 발견할 수도 있을 것이다.

마지막에 가서 최선의 것을 고르고 나면 나머지는 다 잘라내 버리라. 효과가 약한 부분은 보여줄 필요도 없고, 보고 싶어 하는 사람도 없다. 당신이 방심한 나머지 그런 부분을 그대로 남겨두지 않는 한은 말이다.

인물의 특징이 결여된 언어

인물에 대해 중립적인 언어를 사용하는 건 특수성을 일반성으로 대체하는 것과 같다.

작가가 일상적으로 쓰는 김빠진 언어를 사용할 때, 그건 대개 그 생기 없는 말들로 인해 얻게 되는 일상적인 신빙성을 옹호하기 때문이다. 다시 말하지만, 그 선택이 타당한 것일 수 있다. 왜냐면 주변의 일상적인 이야기에 객관적으로 귀를 기울여보면, 이런 시시껄렁한 이야기와 클리셰가 실제로 대화 속에서 매우 친숙한 반향과 재반향을 일으키곤 하기 때문이다. 예를 들어 사람들은 놀랄 만한 일이 생기면 자연스럽게 "오 마이 갓!" 하고 자신의 하나님을 찾는다. 그러나 대사에서 이런 기성 제품 같은 문구를 사용하면, 배우들은 자신이 맡은 인물 특유의 모습이 드러나는 순간을 만들 기회를 박탈당하게 된다.

그럼 어떻게 할 것인가?

스스로에게 이 질문을 던져보기 바란다. 내가 만든 인물이 깜짝 놀랄 만한 일을 당하여 하나님을 찾게 된다면, 그 인물은 어떻게 자신만의 방식으로 그 말을 할 수 있을 것인가? 만약 그 인물이 앨라배마 출신이라면 "자애로운, 피 흘리신 예수여."라고 하지 않을까? 만약 그 인물이 디트로이트 출신이라면 하늘을 우러러보면서 "하나님 제발 좀 봐주세요."라고 하지 않을까? 만약 그 인물이 뉴욕 출신이라면 하나님 대신에 악마를 부르면서 저주를 퍼붓지 않을까? "그래, 날 지옥으로 한번 보내 봐." 이런 식으로. 어떤 말을 고르든 그 말이 그 인물에게는 진실한 것이어서 다른 인물의 발언으로는 적당하지 않게 보여야 한다.

개성이 드러나는 인물 특유의 언어는 3부에서 깊이 다루기로 하자.

과시적인 언어

제임스 조이스의 「젊은 예술가의 초상」 마지막 부분에 나오는 대화 장면에서, 이 소설의 주인공 스티븐 디덜러스와 그의 친구 린치는 미학에 대해 토론한다. 스티븐은 자기주장을 관철시키기 위해 작가와 그의 완성된 작품 사이의 이상적인 관계를 이런 식으로 묘사한다. "예술가는 창조주 신처럼, 자신의 작품의 안에, 혹은 뒤에, 혹은 너머에, 혹은 그 위에, 보이지 않게, 육체를 벗어난 상태로 정화되어, 무연하게, 자신의 손톱이나 다듬으면서 남아 있는 존재라네."

조이스의 비유는 인물과 사건을 완벽하게 조화시켜 거의 작가가 존재하지 않는 것처럼 보이게 하는 글쓰기 방식을 옹호하고 있다. 이를 대사에 적용해보면, 조이스 식의 이상은 말이 인물의 언어적인 개성에 완벽하게 부합하여 배후에서 조종하는 존재가 흔적도 없이 사라지는 상태를 향한다. 그리고 무엇보다 각 단어가 우리를 스토리텔링의 깊은 곳, 좀 더 깊은 곳으로 이끌고 가 마지막까지 주술에 붙들어놓기를 지향한다.

그러나 과시는 이 주술을 깨는 역할을 한다. 지금 내가 의미하는 과시적인 대사란 문학적 자의식의 과시, 불필요할 정도로 표현적인 말들, 명백하게 인물의 성격을 벗어나 글 자체에 주의를 기울이게 하는 대사를 말한다. 이런 경우의 최악은, 장면 속에서 뛰쳐나와 "오, 나 너무나 멋있는 대사지!"라고 통통거리면서 작가의 승리를 외치는 대사들이다.

자기가 던진 농담에 웃는 스탠드업 코미디언이나 골인 지점에 들어와 춤을 추는 과시병 걸린 운동선수들처럼, 문학에서도 거들먹거리면서 자신의 승리에 환호성을 울리는 이들이 있다. 그러나 대사를 접한 독자/관객이 예술을 위한 예술을 감지하는 바로 그 순간, 그들과 인물 사이를 이어놓은 신뢰의 끈은 끊어진다.

우리가 5장에서 '마치 ~인 듯'을 두고 이야기하면서 논의했던 것처럼 사람들은 책을 펼치거나 관객으로 극장에 가서 앉는 순간 자신의 정신적 기어를 사실 모드에서 허구 모드로 옮겨놓는다. 그들은 이야기라는 의식에 참여하기 위해 상상 속의 인물이 마치 실제 인물인 것처럼 기꺼이 믿어야 하고, 허구적 사건이 마치 지금 실제로 일어나고 있는 사건인 것처럼 반응해야 한다는 것을 알고 있다. 조금은 어린아이의 상태로 들어가는 것과도 같은데, 이야기의 전 과정에 걸쳐 독자/관객과 저자를 하나로 결합시켰던 고대로부터의 계약-신뢰에 바탕하는 유대가 관통하지 않으면, 이 상태는 유지되지 않는다.

이것이 계약의 핵심 내용이다. 이야기의 장르가 얼마나 현실적이든 환상적이든 관계없이 대사가 그걸 말하는 인물에게 진실하다고 독자/관객이 받아들이는 한, 이 유대는 유지된다. 기법이 드러나 보이고 대사가 진실하지 않게 들리기 시작하는 순간, 독자/관객은 이야기에 대한 신뢰를 잃고, 유대는 깨어지며, 장면은 결국 실패한다. 그리고 이 신뢰가 자주 깨어지면 독자/관객은 계약을 파기하고 당신의 작품을 쓰레기통에 던져버린다.

인물묘사의 모든 요소—의상, 제스처, 나이, 성별(혹은 성적 취향), 기분, 표정—중에서 말은 불신에 가장 예민하게 반응하는 요소다. 이상한 문투, 해괴한 단어 선택, 심지어 어울리지 않는 곳에 들어가 있는 '사이' 등은 나쁜 연기에 따라다니는 문제들—가짜 감정, 일천한 정신 그리고 텅 빈 마음—을 그대로 노출시킬 수도 있다. 바로 그렇기 때문에 작가는 모든 대사에 있어서 신뢰성의 유대를 유지해야 한다는 압박에 시달린다.

작가로서 당신은 표현성이 자기과시로 바뀌는 과정을 감지할 만큼 충분히 감식력을 길러야 한다. 그러기 위해서는 우선 당신이 사용하는 매체가 활용하는 언어의 한계를 시험해봐야 한다. 지면에서는 충분히 감동적이라고 여겨지던 대사가 무대에서는 창피할 정도로 연기 불가능한 것일 수도 있다. 진실성과 허위를 분리하는 표식은 작가정신에 의해서 설정되는 것만큼이나 전통에 의해서도 설정되는 것이므로, 우선 당신이 쓰고 있는 이야기의 장르를 정하고, 그 후에는 그 장르의 규칙을 공부하는 것이 필요하다. 마지막으로, 아주 신중한 태도로 다음의 질문을 던져보도록 하자. 내가 만약 이 인물이라면, 이런 상황에서 어떻게 말할까? 번다해지려는 말을 막을 수 있는 유일한 수단은 당신의 타고난 감식력과 학습해온 판단력뿐이다. 그러니 당신이 내면에 간직하고 있는 감각이 당신의 인도자가 되도록 하라. 의심이 생길 때에는 어조를 낮추도록 하라.

건조한 언어

과시적 언어의 반대는 사막처럼 건조하고 라틴어로 가득 찬, 음절수 많은 단어들이 기나긴 문장을 구성하면서 결과적으로 매우 길게 늘어지는 경우다. 아래에 적어놓은 제안들은 이런 건조한 언어를 피하면서 자연스럽고 꾸밈없고 생기 있는 대사를 쓰는 데 도움이 되기 위한 것이다. 그러나 이 제안들은(이 책에 들어 있는 다른 내용과 마찬가지로) 가이드라인일 뿐 정언명령은 아니라는 점을 염두에 두기 바란다. 어떤 작가든 각자 자기의 길을 찾아야 한다.

추상성보다 구체성을

21세기의 인물이 자기 집을 "정주지domicile"라고 하거나 자기 차를 "탈 것vehicle"이라고 부를까? 아마 아닐 것이다. 그러나 다른 한편으로, 그렇게 부르는 사람들도 있을 것이다. 당신이 만들어낸 인물이 격식을 따지는 성격이거나 그런 위치의 인물이어서 꼭 그렇게 말해야 하는 이유가 있다면, 물론 당연히 그 인물에 걸맞은 추상적 언어들을 마련해줘야 할 것이다. 그러나 그런 게 아니라면, 대상과 사건들에 적절한 이름을 부여하면서 현실적인 구체성을 유지하는 게 좋다.

이국적인 것보다 익숙한 것을

당신의 인물은 자기 집을 "홈"이라고 부르거나 아파트를 "아파트먼트"라고 부를까? 그러진 않을 것 같다. 하지만 역시나, 워낙 서양 문화에 대한 동경이 강한 인물이라면 그럴 수도 있겠다. 아니면 미국 사람이거나.

긴 단어보다 짧은 단어를

"그 사람의 조작은 실제 사실을 허위적으로 날조한 것이오." 같은 대사를 쓰고 싶은가? 아마 아닐 것이다. "그 사람은 사실을 부풀려." 아니면 더 단순하게 "그 사람은 거짓말쟁이야."라거나, 심지어는 좀 거칠게 "걘 못 믿어." 같은 게 더 신뢰가 가는 선택이 될 것이다.

그리고 당신이 영어를 쓴다면 언제나 최소한 두 가지 선택지를 가지고 있다. 영어는 옛 독일어의 방언인 앵글로색슨의 언어와 라틴어의 방언인 옛 프랑스어가 합쳐져 자라나온 언어다. 그 결과 현대 영어의 어휘 수는 순식간에 두 배가 되었다. 영어는 거의 모든 것에 대해 최소한 두 개의 단어를 가지고 있다. 백만 개가 넘는 이 단어들 덕에 영어 어휘는 사실상 소진될 가능성이 거의 없는 선택의 폭을 가지고 있다.

이렇게 거대한 영어 어휘 수를 염두에 두고, 나는 이런 원칙을 제안하고 싶다. 라틴어형 접미사들, 특히 '-ation', '-uality', '-icity'처럼 여러 음절이 있는 단어들을 피하라. 대신 힘 있고 선명한 느낌을 주는 한두 음절짜리 단어들, 대개 고대 앵글로색슨어에 뿌리를 두고 있는 단어들을 택하라. 그러나 독일어와 프랑스어 전통 어느 것을 따르든 단어를 선택할 때는 다음 네 가지 요소를 고려하도록 하자.

첫째, 사람이 감정적일수록 그들이 사용하는 단어와 문장은 짧아진다. 이성적일수록 그들이 사용하는 단어와 문장은 길어진다.

둘째, 사람은 활동적이고 단도직입적일수록 그들이 사용하는 단어와 문장은 짧아진다. 수동적이고 생각이 많은 인간일수록 그들이 사용하는 단어와 문장은 길어진다.

셋째, 지적인 사람일수록 복잡한 문장을 사용한다. 덜 지적인 사람일수록 문장은 짧아진다.

넷째, 독서량이 많은 사람일수록 어휘는 풍부하고 단어는 길어진다. 적게 읽은 사람일수록 어휘는 적고 짧은 단어를 사용한다.

위에서 들었던 예로 돌아가 "그 사람의 조작은 실제 사실을 허위적으로 날조한 것이오.His fabrications are falsifications of factuality."라는 대사를 "그 개자식이 거짓말한 거야.The son of a bitch lies."라는 대사와 대조해보자. 다음절의, 두운까지 맞춘, 이 라틴어형의 비난은 왕립고등법원의 딱딱한 격식을 풍자하는 법정 코미디에서 가발을 뒤집어쓴 어리바리한 법정 변호사가 할 법한 대사다. 반면 단음절 단어들로 구성된 후자는 거의 어느 곳의 누구나 화가 나서 할 수 있는 말이다.

갈등이 고조되어 위기감이 치솟으면 사람들은 감정적으로 변하여 역동적이고, 단도직입적이고, 멍청해지면서 단음절의 말들을 내뱉게 된다. 갈등이 최고조에 도달하면 사람들은 나중에 후회할 정말로 멍청한 소리를 종종 하게 된다. 모든 장르, 그리고 다양한 구조적 형태를 갖춘 모든 이야기에서, 갈등으로 채워진 장면들은 이야기를 전달할 뿐만 아니라, 갈등이 진전되는 동안 앞서 말한 네 가지 방식으로 대사를 구성하게 된다.

그런가 하면, 이야기를 과거형 문장으로 구성할 때는 갈등이 거의 없거나 아예 없는 사색적인 문장을 쓰는 경우가 대부분이다. 그러니 다시 한 번, 이 책에 들어 있는 가이드라인들은 일종의 경향성일 뿐이라는 사실을 상기할 필요가 있겠다. 어느 누군가는 어디선가, 어떤 이유에선가, 그동안 정립되어온 심리학적 교리들을 하나하나 뒤집는 행동을 하고 있을 수도 있다. 이는 글쓰기에도 마찬가지다. 글쓰기라는 기능에서 통용되는 모든 원칙은 그것에 대해 창조적으로 모순되는 사항들 또한 동시에 설정한다.

예를 들어 TV 시리즈물 「저스티파이드」에서 주인공의 친구이자 적으로 등장하는 보이드 크라우더를 생각해보자. 이 드라마를 기획하고 쓴 그레이엄 요스트는 모든 배역에 전체적으로 상당히 긴장된 어조의 대사 톤을 설정했다. 그러나 보이드만큼은 이 드라마의 배경인 애팔래치아 산맥 일대의 수 세기에 걸친 역사를 파고 들어가 남부의 백인우월주의자 정치인 스타일의 대사를 만들어냈다. 보이드가 잠자리에 들면서 하는 다음의 대사를 보자.

그럼에도 불구하고, 편안함과 수면을 위해 고적한 장소에서 일시적으로 동면에 들 방법을 찾는 무기력함이 내 안에서 계속 자라나면서 사라지지 않는 게 느껴지는군.

라틴어 계열의 프랑스어와 옛 독일어가 현대 영어로 합쳐지기 전까지 몇 세기에 걸쳐서, 라틴어와 프랑스어는 영국에서 권력층의 언어였다.[2] 정치가든 사업가든 상관없이 공적인 인생을 사는 많은 사람이 대개 그러하듯, 보이드 크라우더는 권력과 명성을 추구하기 위해 자신의 전 생애를 바친다. 그리고 권력을 탐하는 이들이 대개 그러하듯, 보이드는 자신의 다음절 어휘들을 과시하면서 문장을 여는 첫 글자와 마지막의 마침표 사이에 가능한 한 많은 단어를 욱여넣는다. 그에게 아래와 같은 경고는 비웃음거리일 뿐이다.

돌려 말하기보다 단도직입적으로 말하기를

당신 같으면 어떻게 쓰겠는가. "내가 그 자식을 한 대 쳤는데, 갑자기 내가 걔보다는 나를 더 다치게 했다는 생각이 들더라고, 왜냐면 내가 주머니에서 손을 꺼내 있는 힘을 다해 꽉 쥐면서 엄지가 다른 손가락들 안쪽이 아니라 바깥쪽으로 가게 한다고 하긴 했는데, 그렇게 해서 그 자식 얼굴을 있는 힘을 다해 쳤거든, 근데 갑자기 손이 너무 아프면서 다신 주먹을 쥘 수 없는 거야."라고 쓸것인가, 아니면 "그 자식 턱주가리를 날리려다가 내 손이 부러졌어. 아파죽겠네."라고 쓸 것인가.

단어 선택은 일생일대의 갈등 앞에서 발현되는 인물의 독특한 특성들을 반영한다. 그렇기 때문에, 당신의 인물이 과학자, 신학자, 외교관, 교수, 혹은 이런저런 분야의 지식인, 아니면 단순히 그런 척하는 인물일 경우라면, 그 인물은 조용하고 이성적인 환경이 허락되는 동안에는 정교하게 다듬어지고 지적인 말투를 사용할 것이다. 그러나 일반적인 원칙은, 이런 경우에도 보다 직접적이고 선명한 단어로 구성된 젠체하지 않는 문장으로 장면의 흐름을 만들어나가는 것이다.

이 원칙은 지면과 무대에서도 물론 중요하지만 특히 스크린에서 중요하다. 연극 관객은 집중해서 듣는다. 소설의 독자는 처음 읽을 때 제대로 이해하지 못한 문장은 다시 읽을 수 있다. 텔레비전 시청자들은 필요하다면 내용을 다시 돌려보며 대사를 또 들어볼 수도 있다. 그러나 영화 스크린에서는 대사는 한 번 들렸다가 그대로 사라진다. 영화 관객은 눈을 통해서 집중하지 귀에는 그다지 신경을 쓰지 않는다. 그들은 듣는 순간 바로 대사를 이해하지 못하면 서로에게 고개를 돌려 "지금 쟤 뭐라 그랬어?" 하고 묻는다.

어떤 매체가 됐든 대사를 제대로 이해 못 하는 건 짜증스러운 일이다. 독자/관객이 의미를 제대로 파악하지 못한다면 당신이 쓰는 대사가 제아무리 유창하든 무슨 차이를 만들 수 있겠는가? 그러므로 표현적인 도치법일랑은 옆으로 밀어두고, 대사의 구조가 일상적으로 쓰이는 문법적 질서를 그대로 따르도록 하는 게 좋다. 선명한 게 무엇보다 중요하다.

수동적인 문장보다 능동적인 문장을

수동적인 대사는 정적인 상태를 표현하기 위해 be동사의 여러 변형들인 각종 연결동사들을 사용한다.("그 사내는 그다지 똑똑하지 않아.He isn't very smart." 같은 문장을 예로 들 수 있겠다.) 능동적인 대사는 역동적인 변화를 표현하기 위해 동작동사들을 사용한다.("그 사람이 스스로 알아낼 거야.He'll figure it out for himself." 같은 문장이 그 예다.)

사람은 갈등 상황에 돌입하면 정신이 번쩍 들면서 자기 자신과 주변에 대한 시선이 활동적으로 변한다. 그 결과 사용하는 언어도 동작동사들로 채워진다. 반면, 주변 상황이 조용하면 사람은 좀 더 수동적으로 변하면서 인생에 대한 시선 또한 보다 사변적으로 변한다. 그에 따라 언어도 현재의 상태를 설명하는 동사들로 채워지는 경향이 있다. 다시 말하지만, 이런 패턴은 단지 하나의 경향일 뿐 인간의 행위 양식을 규정짓는 규칙은 아니다. 그렇지만 갈등이 폭풍우처럼 불어닥치고 있을 때 현재의 상태를 서술하는 동사를 사용하는 건, 마치 닻을 해저에 내려놓은 채 앞으로 나아가려는 배처럼 사건의 진행을 늦추는 일이 된다.

수동적인 동사가 동명사 구문 안에 숨어 있을 경우에는 찾아내기가 몹시 어렵다. 이런 경우에 상태를 설명하는 동사는 진행형 -ing로 끝나는 동사에 연결되어 있다. "그 여자 바람피우고 있어.She is playing around.", "그 사람들 일 열심히 하고 있어.They are working hard.", "그 사람들 어제 집에 오는 중이었어.They were coming home yesterday." 따위의 문장들이 그렇다. 동명사는 대사에 오직 약간의 에너지만을 더할 뿐이다. 동명사 구문으로 확정 짓기 전에, 능동형 문장을 먼저 시험해보라. "그 여자 바람피워.She plays around.", "그 사람들 일 열심히 해.They work hard.", "그 사람들 어제 집에 왔어.They came home yesterday." 같은 문장들에서 단순하고 직접적인 동사가 그 순간에 더 잘 들어맞지는 않는지 확인해보라.

긴말보다 짧은 말을

젠체하는 사람들은 폼 잡고 싶을 때 단어에 음절을 더하고, 문장에는 단어를 더하고, 문단에는 문장을 더하고, 말 전체에는 문단을 더한다. 그들은 질을 양으로, 간결성을 길이로, 단순성을 복잡함으로 대체한다. 그 결과는, 때때로, 의도하지 않았던 코믹함을 자아낸다.

우디 앨런과 더글러스 맥그래스가 시나리오를 쓴 「브로드웨이를 쏴라」. 거기에 등장하는 브로드웨이의 늙어가는 대스타 헬렌 싱클레어(다이 앤 위스트 분)가 온갖 장식을 더해 내놓는 대사 세 토막을 예로 들어 살펴보도록 하자.

다음은 그녀가 연습에 늦게 도착한 장면이다.

헬렌

내 페디큐어 해주는 사람한테 심장마비가 왔어요. 그 여자가 앞으로 고꾸라지면서 오렌지색 막대기 위로 엎어졌는데 그게 내 발가락에 떨어졌지 뭐야. 반창고를 붙여야 했어요.

그리고 캄캄한 극장 객석을 응시하며 내뱉는 대사다.

헬렌

이 오래된 극장—이 교회—너무나 많은 기억들로 충만하고, 너무나 많은 유령들로 가득 찼어. 미세스 알빙, 바냐 아저씨, 여기에 오필리어가 있네, 저기엔 코델리아… 클리템네스트라… 매 공연마다 탄생과, 그 사이의 막, 죽음….

마지막으로, 젊은 극작가와 센트럴 파크를 걸으며 하는 대사다.

헬렌

모든 건 어떤 설명할 수 없는 형식으로 의미를 가지게 돼 있어. 언어 따위보다 훨씬 더 원시적인 어떤 형식으로.

(그가 무어라 말하려 하자, 헬렌은 손을 들어 그의 입을 막는다.)

쉬… 쉬… 조용히… 조용히… 우리 생각은 그대로 담아놓은 채로 그냥 걷기로 해… 드러내지 말고… 잠자코… 새들한테는 그들의 노래를 하게 하고, 하지만 우리 건, 지금은, 노래되지 않은 채로 남겨놓기로 하고.

우디 앨런처럼 일부러 풍자적으로 사용하려는 게 아니라면, 최소한의, 가능한 가장 진실한 단어들만 가지고 최대한의 것을 표현하려고 노력해야 한다.

모방보다 표현적인 언어를

대사란 인물이 말하는 것처럼 들려야 하지만, 그것의 내용은 일상적인 수준을 넘어서야만 한다. 훌륭한 작가는 실제 세계에 귀를 기울이지만 그가 듣는 걸 그대로 자신의 글에 복사해 집어넣지는 않는다. 다큐멘터리를 공부하면서 사람들이 실제로 어떻게 말하는지를 들어본다면, 또 소위 리얼리티 쇼에 등장하는 훈련되지 않은 배우들이 대사 비슷하게 말하는 걸 들어본다면, 일상적인 말이란 것이 카메라 앞에서 얼마나 어색하고 아마추어처럼 들리는지 금세 알아챌 것이다. 창작된 허구는 말을 훨씬 더 높은 차원으로, 훨씬 더 경제적이고 표현적이고 중층적이고, 이웃과의 수다에 비해 훨씬 더 각 인물에 맞게 특화된 차원으로 이끌어 올린다. 마치 대리석 덩어리가 미켈란젤로의 손길이 닿아 작품이 되는 것처럼, 언어 역시 작가의 손이 닿기 전에는 날것의 재료에 불과하다. 삶을 복사하지 말고 표현하라.

잡다한 것들을 제거하라

내가 의미하는 '잡다한 것들'이란 "아, 어떻게 지내세요?" "어, 난 잘 지내." "애들은요?" "애들도 잘 지내지." "날씨 정말 좋지 않아요?" "그러게. 이제야 좋아졌네. 지난주에는 내내 비만 왔잖아." 따위의 주고받는 말들이다. 사람들이 빈 선반을 잡다한 소품들로 채우듯이 서투른 작가는 김 빠진 장면을 이런 언어적인 장식품들로 채우면서, 이 일상적인 대화들이 쌓여서 현실주의적인 분위기가 만들어지길 기대한다. 하지만 이런 사소한 대화가 인물들을 진실성 있게 해주는 정도는 운동복이 그걸 입은 사람을 운동선수처럼 보이게 하는 수준을 넘어서지 못한다. 그런데 더 고약한 건, 이런 잡다한 대사들은 인물들과 장면을 텅 비게 할 뿐만 아니라 독자/

관객을 잘못된 방향으로 이끈다는 것이다.

대사가 단순한 말 이상의 의미를 지닌다는 것은 춤이 움직임 이상의 것이고, 음악이 소리 이상의 것이고, 그림이 형태 이상의 것이라는 차원과 같다. 하나의 예술 작품은 그걸 구성하는 부분들의 합보다 더 큰 의미를 지니고, 작품을 이루고 있는 각 구성 부분들은 각자 분리된 부분이었을 때에 비해 더 큰 의미를 가진다.

잘못 쓰인 대사는 문자 그대로의 의미만 전달하는 경향이 있다. 그것은 실제로 대사로 말하고 있는 것만 의미하고, 그것으로 끝이다. 반면 잘 쓰인 대사는 그것이 말하고 있는 것 이상을 암시한다. 그것은 모든 텍스트 밑에 서브텍스트를 배치한다. 리얼리즘적인 관습 속에서 교육받은 독자와 관객은 대사 한 줄 한 줄이 그 말들 뒤에 중요한 의미를 감추고 있을 것이라고 짐작하고, 그렇지 않다면 그 대사는 쓰일 필요가 없었을 것이라고 생각한다. 바로 그 이유로, 이야기를 읽는/보는 사람들은 잡다한 말들 뒤에 숨어 있는 의미를 찾으려 하고, 모든 명시적인 문장들 뒤에서 함의를 찾으려 한다. 그걸 찾지 못하면 독자/관객은 혼란과 짜증을 느끼고 관심을 잃는다.

당신이 쓴 대사가 그 표면 밑에 말해지지 않은 생각과 느낌들을 품고 있는 것 같지 않으면, 그렇게 만들 방도를 찾아내든가 잘라내든가 해야 한다.

제8장

내용의 결함

곧이곧대로 쓰기

곧이곧대로 쓰기란 인물의 모든 생각과 가장 깊은 감정까지 그대로 그 인물이 내뱉는 대사에 포함시키는 걸 말한다. 다양한 갈래의 서투른 대사들 중에서 곧이곧대로 쓰기는 가장 흔하고 동시에 가장 치명적인 문제다. 이것은 인물을 골판지 인형처럼 납작하게 만들고, 장면을 멜로드라마와 감상주의에 젖은 사소한 것으로 만든다. 곧이곧대로 쓰기가 가지는 파괴적인 영향을 제대로 이해하기 위해 이 결함을 좀 더 깊이 들여다보기로 하자.

"보이는 그대로 존재하는 것은 아무것도 없다."는 격언은 인생의 이중성을 직시하는 말이다. '보이는 것'이란 삶의 표면, 다시 말해 눈과 귀로 다가서는 것들, 사람들이 겉으로 말하고 행하는 것들을 말한다. '존재하는 것'은 말해진 것과 행해진 것들 아래에서 생각과 감정이 내면에 흐르는 실제 삶을 말한다.

우리가 3장에서 살펴봤듯이 사람의 삶은 말해진 것, 말해지지 않은 것 그리고 말할 수 없는 것에 각각 조응하는 세 가지 차원에서 동시적으로 소통하면서 움직인다. 표면적 차원은 사람이 하루를 살아가기 위해 사적으로 혹은 사교적으로 말하고 행하는 것(텍스트)이고, 이면적 차원은 그가 그렇게 하는 동안 남몰래 생각하고 느끼는 것(의식적인 서브텍스트)이며, 가장 깊숙한 심층적 차원은 그 인물의 내적 에너지를 끌어올리는 원초적인 태도와 잠재의식적인 충동으로 이뤄진 거대한 영역(잠재의식적 서브텍스트)이다.

단언컨대, 인간이 자신이 생각하고 느끼고 있는 바를 완전히 다 드러내서 말하고 행한다는 것은 가능하지 않으며, 거기에는 이런 명백한 이유가 있다. 한 인물이 생각하고 느끼고 있는 바의 상당 부분은 그 인물의 의식 아래로 흐른다. 이 생각과 느낌들은 그 본성상 '말해진 것'의 표면으로 올라올 수 없다. 아무리 우리가 완전히 스스로를 열어놓고 정직해지려고 해도, 아무리 우리가 진실을 담고 있는 서브텍스트를 일상적 행동이라는 텍스트 안에 옮겨 담으려고 해도, 우리가 하는 모든 말과 행위의 배후에는 우리의 잠재의식적 자아가 유령처럼 깃들어 있다. 실제 삶에서 그런 것처럼 이야기에서도 그러하다. 모든 텍스트에는 서브텍스트가 농축되어 있다.

예를 들어 당신이 지금 정신과 의사를 만나 상담을 하는 중이라고 생각해보자. 당신은 다른 사람에게 행했던 가장 끔찍한 일에 대한 깊고 어두운 비밀을 쏟아내고 있다. 눈에는 눈물이 차오르고, 상담용 의자에 길게 누워 자신이 분열되는 고통을 견디면서, 당신은 힘들게 말을 끄집어낸다. 그때 당신의 상담의는 무얼 하고 있는가? 당신의 말을 받아 적고 있다. 그 노트에는 어떤 말들이 적혀 있을까? 당신이 하지 않고 있는 말들, 당신이 할 수 없는 말들이 거기엔 있다.

정신과 의사는 속기사가 아니다. 그는 당신의 진술을 받아 적기 위해 거기 있는 게 아니다. 그는 당신이 내놓는 텍스트를 통해 당신이 말할 수 없는, 당신이 의식적인 사고를 통해 도달할 수 없기에 말할 수 없는 서브텍스트를 들여다보도록 훈련된 사람이다.

곧이곧대로 쓰기는 잠재의식 차원의 말할 수 없는 갈망, 에너지들과 더불어 의식 차원에서의 말해지지 않은 생각과 욕망을 지워버림으로써 서브텍스트를 제거한다. 그 결과 남는 것은 노골적이고, 분명하고, 텅 빈 소리만 나는 말들뿐이다. 방향을 바꿔 말하자면, 곧이곧대로 쓰기는 서브텍스트를 텍스트로 옮겨 적음으로써 인물들로 하여금 자신이 생각하고 느끼는 것을 정확하게, 그리고 완전하게 선언하도록 만든다. 그리고 그 결과, 여태 어떤 인간도 말해본 적이 없는 방법으로 말하게 만든다.

이런 장면을 예로 들어 생각해보자. 매력적인 남녀 한 쌍이 멋진 식당의 한쪽 구석에 마주 보고 앉아 있다. 촛불이 크리스털 잔들과 두 연인의 촉촉한 눈을 비추고 있다. 배경에서는 아름다운 음악이 흐르고, 부드러운 바람에 커튼이 부풀어 오른다. 두 연인은 테이블 위로 손을 뻗어 상대의 손가락 끝을 건드리면서 갈망하는 눈빛으로 서로의 눈을 들여다보다가 동시에 말한다. "사랑해, 사랑해." 그들의 말은 진심이다.

이 장면이 만약 제작된다면, 차에 깔린 동물처럼 비참한 최후를 맞이할 것이다. 이건 두말할 것 없이 연기할 수 없는 장면이다.

'연기할 수 없는 장면'이라고 말할 때 내가 의미하는 바는 이것이다. 배우는 당신이 쓴 걸 말로 옮기고 당신이 지시한 행동을 몸으로 옮기기 위해 고용된 인형이 아니다. 이 예술가들은 당신이 설정한 배역에 생명을 불어넣는 일을 하는데, 그러기 위해 우선 그들은 서브텍스트에 숨겨져 있는 인물의 진정한 욕망을 발견해낸다. 그러고 나서 이 내적 에너지에 불을 붙이고, 그걸 가지고 안에서부터 밖을 향해 형언할 수 없이 복잡한 중층적인 구조를 쌓아 올려 인물의 행동을 구축하며, 그 행동을 제스처와 표정 그리고 말을 통해 표현해낸다. 그러나 저 장면은, 내가 묘사한 그대로의 상태로는 서브텍스트를 결여하고 있기 때문에, 당연히 연기할 수 없는 것이다.

지면, 무대 그리고 화면의 표면은 불투명하지 않다. 이 매체들이 각각 창조해내는 것은 투명성이다. 우리는 이 투명성을 통해 다른 인간이 품고 있는 '말해지지 않은 것'과 '말할 수 없는 것'들을 들여다볼 수 있게 된다. 우리는 텔레비전 시리즈나 영화와 연극을 보거나 소설책의 지면을 넘길 때, 지면의 단어들이나 무대 혹은 화면상의 배우를 보기 위해 눈을 멈추지 않는다. 우리의 눈은 텍스트로부터 서브텍스트로, 인물의 가장 깊은 곳에 있을, 생각과 느낌이 시작되는 곳을 향해 여행한다. 훌륭한 이야기를 접할 때 당신은 누군가의 마음을 읽고 있다는 느낌, 누군가의 감정을 읽고 있다는 인상을 끊임없이 받지 않는가? 종종 '난 저 인물이 진짜로 어떤 생각, 어떤 느낌을 가지고 뭘 하고 있는지 알겠어. 정작 본인은 눈앞에 닥친 문제 때문에 안 보이겠지만 난 저 친구 마음속에서 어떤 일이 벌어지고 있는지 본인보다 더 잘 알겠어.'라고 생각하게 되지 않는가? 작가와 배우 양자의 창조성이 합쳐지면 어떤 이야기에서든 우리가 원하는 걸 줄 수 있다. 삶이라는 담벼락에 붙은 파리가 되어 그 표면 뒤에 있는 진실을 보게 되는 것이 바로 그것이다.

만약 내가 앞서 언급한 촛불식탁 클리셰를 연기해야 하는 배우의 입장이 된다면, 내 머릿속에 제일 먼저 떠오르는 생각은 '어떻게 해야 이 난관에서 내 커리어를 보호할 수 있을까.'가 될 것이다. 나는 수준 이하의 작가가 나를 수준 이하의 배우로 만들도록 내버려 두지 않을 것이다. 내가 그 장면을 연기해야 하는 배우라면 설령 그 이야기와 별 관계 없는 것일지라도, 그 장면 밑에 흐르는 서브텍스트를 설정하고 볼 것이다.

아마도 나는 이런 식으로 접근할 것이다. 이 연인은 왜 저렇게 꼭 영화 속 한 장면 같은 걸 연출하려고 애를 쓰게 됐을까? 도대체 저 촛불이며 부드러운 음악은 왜 필요했을까? 저 사람들은 왜 보통 사람들이 하듯이 파스타나 만들어서 TV 앞에 가 앉지 않는 걸까? 저 사람들은 관계에 무슨 문제를 가지고 있을까?

사실 그렇지 않나? 살면서 촛불이 등장하는 건 어떤 때인가? 아무 문제도 없을 때? 아니다. 모든 게 다 잘 굴러갈 때 우리는 보통 사람들이 그렇게 하듯이 파스타 접시를 들고 TV 앞에 가서 앉는다. 뭔가 문제가 있을 때 촛불이 등장한다.

그러므로 그 상황을 마음속에 새겨놓고, 나는 관객들이 진실을 꿰뚫어 볼 수 있는 어떤 방식으로 그 장면을 연기할 것이다. '그래, 저 사내는 저 여자를 사랑한다고 말하지. 하지만 저걸 봐, 저 사내는 지금 저 여자를 잃을까 봐 안달이 나 있어.' 이 서브텍스트적 행동은 그 장면에서 두 사람 사이의 연애 감정을 되살리려 애쓰는 사내의 시도가 절박해질수록 단단한 실체를 확보한다. 아니면 관객은 이렇게 생각할 수도 있다. '그래, 저 사내는 저 여자를 사랑한다고 말하지. 하지만 봐, 저 사내는 지금 저 여자를 버릴 준비를 하고 있는 거야.' 이 방향으로 암시된 행동은 우리가 계속 이 장면을 지켜보는 동안, 실은 사내가 여자를 떠날 생각인데 그 전에 마지막으로 로맨틱한 저녁 식사를 마련해 부드럽게 여자를 보내려 한다는 걸 알게 되면서 매혹당하게 만든다.

아주 예외적인 경우가 아닌 한, 어떤 장면도 그것이 외형적으로 보이는 모습과 내적 의도가 완전히 일치해서는 안 된다. 대사는 그것의 서브텍스트를 암시할 뿐 설명해서는 안 된다. 위에 언급한 두 가지 변형에서, 서브 텍스트적 동기와 전술은 의식되기는 하지만 말해지지는 않는다. 독자/관객이 인물이 보여주는 표면적 행위들 밑에 들어 있는 말해지지 않은 전술들을 받아들일 때, 그 인물의 내적 행동은 장면에 깊이를 부여하고, 독자/관객은 이에 의해 통찰력을 얻고 풍요로워진다. 이처럼 상존하는 서브텍스트는 리얼리즘의 지도 원리다.

반면 비리얼리즘은 위대한 예외에 해당한다. 비리얼리즘은 그에 해당하는 모든 장르들과 하위장르에서 곧이곧대로 쓰는 대사를 수용한다. 신화와 동화, 사이언스 픽션과 시간여행, 애니메이션, 뮤지컬, 초자연, 부조리극, 액션/어드벤처, 소극, 호러, 우화, 마술적 리얼리즘, 포스트모더니즘, 디젤 펑크 복고적 미래주의 그리고 이와 유사한 것들이 이에 해당한다.

비리얼리즘에서는 인물들은 보다 더 원형에 가깝고, 덜 입체적이 된다. 상상 속이나 왜곡된 세계를 기반으로 설정된 이야기들은 우화적인 사건 설계를 향해 나아간다. 픽사의 「인사이드 아웃」을 예로 들 수 있겠다. 여기서는 대사가 덜 복잡해지고, 보다 설명적이고, 좀 더 곧이곧대로 쓰이게 되면서 서브텍스트는 위축되는 경향을 보인다. 「반지의 제왕」 같은 작품에서 "그곳으로 찾아가는 자는 결코 돌아오지 못한다." 같은 대사 밑에는 숨겨진 의미나 이중적 의미 같은 게 할 수 있는 역할이 없다. 만약 어떤 배우가 그 대사에 아이러니를 심어서 겹을 더하려 한다면 오히려 웃음을 불러일으켜 그 순간을 망치게 될 것이다.

모든 작가는 허구 창작 과정의 어떤 지점에선가 이런 난감한 질문에 대답해야만 한다. 나는 지금 정확히 어떤 종류의 이야기를 하고 있는가? 스토리텔러가 리얼리티에 접근하는 방식에는 다음의 커다란 두 가지 시각이 있다. 모방적인 것과 상징적인 것이 그것이다.

모방적 이야기들은 현실의 삶을 반영하거나 모방해서 리얼리즘의 여러 가지 장르로 펼쳐놓는다. 상징적 이야기들은 현실의 삶을 과장하거나 추상화시키면서 비리얼리즘 계열에 속하는 수많은 장르 중 하나로 들어간다. 둘 중 어느 하나가 더 진실에 충실하다고 말할 수는 없다. 모든 이야기는 실존에 대한 은유이고, 얼마나 더 리얼리즘 혹은 비리얼리즘에 경도되느냐 하는 건 단순히 작가의 선택일 뿐이다. 그리고 이 선택은 작가가 자신의 비전을 표현하는 과정에서 독자/관객을 어떤 식으로든 좀 더 끌어들이기 위한 전략이다.

그렇기는 하더라도, 비리얼리즘과 리얼리즘 사이의 가장 핵심적인 차이는 서브텍스트에 대한 태도다. 비리얼리즘은 서브텍스트를 최소화하거나 삭제하는 경향이 있는 반면에 리얼리즘은 그것 없이는 존재할 수 없다.

왜일까?

비리얼리즘적 장르에서 인물의 미덕, 악함, 사랑, 탐욕, 순수성 따위의 상징적인 본성을 선명하게 부각하고 정화하기 위해서는 잠재의식을 제거하고, 그것을 통해 심리적 복잡성 또한 제거하는 게 필요하기 때문이다.

반면에 리얼리즘의 첫 번째 전제가 인간이 생각하고 느끼는 것의 상당 부분은 본인에게는 의식되지 않는다는 것임을 생각할 때, 그리고 바로 그 이유로 해서, 그가 가지고 있는 생각과 느낌의 전체는 절대로 직접적으로, 축자적으로, 혹은 완전하게 표현될 수 없다. 그래서 모방적 장르들은 배역의 심리를 다층화하고, 복잡하게 만들며, 또 거기에 아이러니를 부여하기 위해 잠재의식에서부터 올라오는 욕망을 의식적인 의지력과 충돌시킨다.

리얼리즘 구축에 요구되는 심리적·사회적 복잡성을 담보하기 위해서는 대사 한 줄 한 줄마다 그 밑에 서브텍스트가 놓여 있어야 한다. 비리얼리즘은 이런 복잡성이 방해가 된다고 보기 때문에 서브텍스트를 꺼린다.

독백에 관한 잘못된 생각

삶에서의 모든 중요한 순간은 행동과 반응의 역학을 중심으로 벌어진다. 물리적인 영역에서는 반응은 뉴턴의 운동 제3법칙에서 규정하는 바와 같이 행동의 힘과 동등하고, 행동의 반대 방향이며, 또한 예측 가능하다. 그러나 인간의 영역에서는 의외성의 규칙이 적용된다. 우리가 중요한 발걸음을 내디딜 때마다 우리의 세계는 거의 항상 우리가 예측했던 것과 다른 반응을 보여준다. 우리의 내부로부터, 혹은 주변으로부터, 우리가 미처 알아채지 못하는 사이에 반응이 닥쳐온다. 우리가 삶의 중요한 순간들에 대해 얼마나 많이 연습을 거듭했든 간에 그 순간들이 마침내 닥쳐올 때에는 우리가 생각하고 기대하고 계획했던 방식으로 오는 경우란 거의 없다. 삶이라는 드라마는 끝이 없는 즉흥 변주와도 같다.

바로 이런 이유로 해서, 한 인물이 혼자 벽을 마주 보고 앉아 있을 때 그의 생각의 흐름은 독백이 아니라, 내적 대사인 것이다. 이 내적 흐름은 종종 현대소설의 중심이 되곤 한다. 소설가들은 우리를 그들이 만들어낸 인물들의 머릿속으로, 즉 무언가를 생각하는 자신과 그것에 대해 의심하고, 박수를 보내고, 비판하고, 논쟁하고, 용서하고, 듣는 식으로 끊임없이 반응하는, 또 다른 자신과의 사이에서 벌어지는 내적 행동의 현장 안으로 데리고 갈 수 있다. 이처럼 목적이 분명한 행동과 반응으로 채워진 내면은 말보다는 생각의 형태를 갖춘 대사에 걸맞는다.

진정한 독백은 누구에게도 아무런 반응도 불러일으키지 않으면서, 인물을 작가의 철학을 대변하는 확성기로 삼아, 누구의 방해도 받지 않는 상태에서 길고, 아무런 행동도 없고, 반응을 기대하기 어려운 문장들을, 특정되지 않은 대상을 향해 쏟아붓는다. 시끄러운 목소리의 형태를 띠든 내면으로부터 나오는 생각의 형태를 띠든, 가치의 변화를 겪지 않으면서 너무 오래 이어지는 말은 생명력이 없고, 인위적이며, 지루한 것이 될 위험성이 항상 있다.

얼마나 길어야 너무 길다고 할 수 있는 걸까? 보편적인 말의 속도는 초당 두 단어와 세 단어 사이다. 이런 속도면 2분에 삼백 단어 정도를 전달할 수 있다. 이 정도면 무대에서든 화면상에서든, 누군가 혹은 무언가의 반응 없이 이어지기에는 상당히 많은 양의 말이다. 소설에서 삼백 단어면 한 페이지 전체를 차지한다. 1인칭의 생각이나 추억이 그에 대립하는 내적 반응에 의해 교차되면서 중단되지 않고 몇 페이지고 이어지면, 이는 결과적으로 독자의 인내심을 시험하는 일이 될 것이다.

반면, 당신이 지금 두 인물로 구성된 장면을 쓰고 있는데, 인물 B가 조용히 앉아 있는 동안 인물 A가 내내 말을 하고 있다고 생각해보자. 이 경우 긴 대사는 자연스럽고 또 필요하다. 그러나 그 장면을 쓸 때, 심지어 인물 A가 인물 B와의 갈등을 미리 준비하고 있었다 하더라도, A가 자신이 마음에 품고 있던 걸 B에게 말하기 시작하는 순간, 그 장면은 A가 예상하고 있던 그대로 움직이지는 않을 것이라는 사실을 기억하라.

이를테면, A는 B가 자기방어에 나설 것이라는 예상을 하면서 B를 비난하는 데 동원할 여러 항목을 기억해놨다고 하자. 그러나 B는 말다툼을 벌이는 대신 그냥 그 자리에 아무 말도 하지 않고 앉아 있다. B가 돌처럼 무표정한 반응을 보이는 순간 A가 준비해놓은 말들은 힘을 잃는다. 이런 예기치 못했던 변화는 A가 자신의 작전에 즉흥적인 변형을 가하게 만든다.

우리가 앞에서 살펴봤듯이, 삶이란 항상 즉흥적인 변주로 가득 차 있으며 항상 행동과 반응으로 이뤄진다.

그래서 소설에서는 B의 수수께끼에 대응하기 위해 A의 비언어적인 반응을 삽입한다. A가 하는 말들에 A의 생김새, 제스처, 침묵, 더듬거리는 문장들 따위를 섞어 넣는다. 한 장면 전체에 걸쳐 이어지는 A의 긴말을, A 자신의 내면에서 그리고 A와 B의 침묵 사이에서 오가는, 행동과 반응의 여러 비트로 쪼개는 것이다.

또 다른 예를 상상해보자. 당신의 인물이 자기 교회의 회중 앞에서 잘 준비된 설교를 읽고 있다고 가정해보자. 설교자는 준비해온 원고를 읽어 내려가는 동안 회중이 관심을 보이는지, 혹은 그렇지 않은지를 확인해보기 위해 이따금 눈을 들어 그들을 쳐다보지 않을까? 그때 설교자가 몇 사람이 지겨워하는 걸 봤다고 하자. 설교자는 어떻게 할까? 이런저런 생각이 머릿속에서 오가면서 목소리를 가다듬어보고, 제스처를 바꿔보고, 아랫배에 힘을 모아보고, 스스로에게 크게 숨을 쉬며 마음을 가라앉히라고 말해보고, 미소를 지어보고 하는 식으로 설교하는 동안 뭔가를 끊임없이 바꿔보려고 하지 않을까? 이때 이 인물의 설교는 독백처럼 보이겠지만, 그 인물의 내부에서는 아주 역동적인 대사가 진행되고 있는 셈이다.

행동과 반응의 원칙을 한 걸음 더 밀고 나아가보자. 당신의 인물이 성격상 말을 길게 하는 사람이라고 생각해보자. 메릴 스트립이 바이올렛 웨스턴을 연기했던 영화 「어거스트-가족의 초상」을 생각해보면 되겠다. 긴 대사는 그녀가 대화를 독점하면서 다른 사람들이 생각하거나 느끼는 바에 대해서는 전혀 반응하지 않는 행동 양식을 더 밀어붙인다. 이런 인물은 다른 인물들을 지겹게 할 수 있지만, 그렇다고 해서 이 인물이 관객마저 지겹게 하도록 내버려 둘 수는 없다. 그렇기 때문에 이 영화의 원작자인 극작가 트레이시 레츠는 실제로는 그렇게 길지 않으면서도 바이올렛이 이야기를 질질 끈다는 인상을 만들어낸다. 영화를 보면서 레츠가 어떤식으로 바이올렛의 대사를 구성하는지, 그리고 어떻게 그 말 중독자의 말에 질려 있는 친척들의 반응을 중심으로 장면을 구축해가는지 그 방법을 주목해보라.

1889년에 극작가 아우구스트 스트린드베리는 「강자」를 썼다. 이 작품은 한 카페를 배경으로 미세스 X가 한 시간 남짓 자기 남편의 내연녀인 미스 Y에게 화를 내는 장면을 극화한 것이다. 대사는 미세스 X가 다 하지만, 실제로 무대에 올랐을 때 주인공처럼 보였던 건 아무 말 없이 있던 미스 Y였다.

일대일 대화

당신이 참고 봐줘야 했던 수천 시간 분량의 나쁜 영화, 텔레비전 드라마 그리고 연극들을 생각해보라. 나는 이들 중 대부분의 경우를 장식하는 얇고 천박한 연기가 배우들의 잘못이라기보다는, 연기 불가능한 대화 장면을 이들에게 내밀고 연기하도록 강요한 작가와 연출가의 잘못이라고 생각한다. **일대일 대화**duelogue란 두 인물이 서로의 얼굴과 얼굴을 마주 대하면서, 두 사람이 직면하고 있는 문제들에 대해 직접적으로, 명쾌하게 그리고 감정적으로 말하는 것이라고 나는 정의한다. 일대일 대화는 단단한 울림을 남긴다. 대사 한 줄 한 줄이 모두 곧이곧대로인 대사이고, 말해지지 않은 것은 전혀 남기지 않기 때문이다.

영화 「글래디에이터」의 한 장면을 예로 들어보자. 코모두스 황제는 그의 라이벌인 막시무스 데시무스 메리디우스를 감옥에 집어넣는다. 그날 밤 막시무스는 자신의 감방에서 기다리고 있는 코모두스의 누나인 루실라를 발견한다.

INT. 실내. 감방—밤

보초병들이 막시무스를 비어 있는 감방에 집어넣고 벽에 매달린 쇠사슬에 묶는다. 그들이 떠나자 루실라가 어둠 속에서 걸어 나온다.

루실라

돈많은 부인들은 가장 용감한 챔피언의 서비스를 받기 위해서 많은 돈을 지불하죠.

막시무스

당신 동생이 암살자를 보내리라는 건 알고 있었소만, 그가 가진 최고의 암살자를 보내리라고는 미처 생각 못 했군.

루실라

막시무스… 그는 몰라요.

막시무스

내 가족은 산 채로 불태워지고 십자가에 매달렸소.

루실라

난 전혀 몰랐어요—

막시무스

(고함을 지른다.)

—나한테 거짓말하지 마시오.

루실라

난 그들을 위해 울었어요.

막시무스

당신 아버지를 위해서 울었던 것처럼 말이오?

(루실라의 목을 움켜쥔다.)

당신 아버지를 위해서 울었던 것처럼?

루실라

그날 이후로 난 두려움의 감옥에 갇혀서 살아왔어요. 내 형제에 대한 두려움 때문에 아버지를 애도하지도 못하면서. 매일 매 순간을 두려움에 떨면서 살았어요. 아들이 왕위 계승자라는 이유로. 오, 난 울었어요.

막시무스

내 아들은… 죄가 없었소.

루실라

내 아들도… 마찬가지예요.

(사이)

내 아들도 당신 앞에서 죽어야만 날 믿겠어요?

막시무스

내가 당신을 믿든 말든 그게 무슨 상관이오?

루실라

신들은 당신을 살려줬어요. 이해 못 하겠어요? 오늘 난 한 사람의 노예가 로마의 황제보다 더 큰 힘을 갖게 되는 걸 지켜봤어요.

막시무스

신들이 나를 살려줬다고? 신들이 내게 자비를 베푸는 건 내가 대중을 즐겁게 해주는 능력을 갖고 있기 때문일 뿐이오.

루실라

그게 힘이에요. 대중은 곧 로마고, 코모두스는 그들을 장악하고 있는 동안에는 모든 것을 장악하고 있죠.

(사이)

내 말을 들어봐요. 내 동생한테는 적들이 있어요. 그들의 대부분은 원로원에 있죠. 하지만 대중이 동생을 따르는 동안에는 누구도 감히 동생에 맞설 생각을 못 했어요. 당신이 나오기 전까지는.

막시무스

그들은 코모두스에게 반대하지만 아무것도 하지 않소.

루실라

로마에 자신의 목숨을 바친 정치가들이 있어요. 그중에도 특별한 사람이 있죠. 내가 자리를 만들면 그 사람을 만나보겠어요?

막시무스

이해가 안 가시오? 난 이 감방 안에서 오늘 밤에 죽을 수도 있고, 내일 저 경기장에서 죽을 수도 있소. 난 노예요. 내가 어떤 차이를 만들 수 있겠소?

루실라

그 사람은 당신이 원하는 걸 원해요.

막시무스

(소리를 지른다.)

그럼 그더러 코모두스를 죽이라고 하시오.

루실라

한때 한 남자를 알았어요, 고귀한 남자, 원칙을 가지고 살았던 그 남자는 내 아버지를 사랑했고, 내 아버지도 그 남자를 사랑했어요. 그 남자는 로마에 성실하게 봉사했어요.

막시무스

그 남자는 죽었소. 당신 동생이 해치웠지.

루실라

내가 당신을 도울 수 있게 해줘요.

막시무스

그래, 당신은 날 도와줄 수 있소. 이제 날 알았다는 사실을 잊어버리고 다시는 여기에 오지 마시오.

(소리쳐 부른다.)

간수! 여기 부인께서 나하고의 볼일을 마치셨다.

루실라, 눈물을 흘리며 떠난다.

아리스토텔레스는 「시학」 4장에서, 극장에 갈 때의 가장 큰 즐거움은 인간 행위의 표면을 뚫고 그 밑에 놓여 있는 인간의 진실을 볼 때의 느낌, 그 배움에 있다고 주장했다. 그러므로 만약 당신이 당신 인물의 말해지지 않은 필요와 감정을 위에 예로 든 장면에서처럼 의식적인 말들로 바꾸기 위해 대사를 사용한다면, 만약 당신이 그 장면이 실제로 말하고자 하는 바를 그대로 옮겨 쓴다면, 당신은 독자/관객의 통찰력을 가로막고 그들이 누려야 할 즐거움을 빼앗는 셈이 된다. 더 고약한 것은, 당신이 삶을 변조시킨다는 것이다.

서로의 삶을 주고받는 동안 우리는 우리의 잠재의식 안에 숨어 있는 고통스럽고 말로 할 수 없는 진실을 가리는 구실과 전술들을 본능적으로 활용하면서 문제를 둘러싸고 빙글빙글 돌 뿐이다. 우리가 우리의 가장 진실한 필요와 욕망에 대해 얼굴을 마주 대고 공개적으로, 그리고 직접적으로 말하는 경우는 매우 드물다. 그 대신에 우리는 다른 사람으로부터 우리가 원하는 걸 얻어내기 위해서는 제삼의 길을 통해 우회적으로 접근한다.

그렇기 때문에 당신은 곧이곧대로 쓰인 대사의 문제를 수정하는 방안을 당면한 갈등 바깥의 어떤 것에서, 즉 일대일 대화를 삼각관계의 대화로 경로를 바꿔주는 제삼의 것 안에서 찾게 된다.

삼각관계의 대화

나는 갈등관계에 있는 두 인물, 그리고 이 두 인물이 그들 간의 다툼을 흘려보내는 통로로서 제삼의 것, 이 셋 사이의 관계를 일컬어 **삼각관계의 대화**trialogue라고 부른다.

네 가지 예를 들어보자.

윌리엄 케네디는 그의 소설 「렉스」에서 갱스터 잭 '렉스' 다이아몬드의 이야기를 한다. 3장에서 잭이 집으로 들어올 때, 그의 아내 앨리스가 그와 마주 선다. 잭이 카나리아 중 한 마리에게 마리온이라는 이름을 붙여준 건 그 새가 잭의 정부인 마리온을 연상시키기 때문이라고, 잭의 수하인 옥시와 포가티가 앨리스에게 말해줬기 때문이다. 여기에 이어지는 장면에서는 두 마리의 카나리아가 이 제삼의 요소로 작용한다. 화자는 잭의 변호사다.

앨리스가 잭에게 "이리로 좀 와 줄래요?" 하고 소리를 질렀을 때는 우리가 미처 집 안에 발을 들여놓기도 전이었다. 앨리스는 앞 포치에 나와 있었고, 옥시와 포가티는 아직 소파에 앉아 있었다. 우리가 거기에 도착했을 때에는 그 둘은 움직이지 않고, 말도 안 하고, 앨리스나 잭, 나 중 어느 누구도 쳐다보지 않고 있었다. 두 사람 모두 길 쪽을 노려보고 있었다.

앨리스는 카나리아 새장을 열고는 잭에게 말했다. "당신 이 중에 어느 걸 마리온이라고 불러요?"

잭은 재빨리 포가티와 옥시를 향해 고개를 돌렸다.

"그 사람들 보지 마요. 그 사람들이 얘기해준 거 아녜요." 앨리스가 말했다. "두 사람이 말하는 걸 들었을 뿐이에요. 머리 위에 검은 점이 있는 이건가요?"

잭은 대답하지 않았고, 움직이지도 않았다. 앨리스는 검은 점이 있는 새를 잡아 손아귀에 쥐었다.

"말해줄 필요 없어요. 이 검은 점이 그 여자 검은 머리를 가리키는 거겠죠. 안 그래요? 안 그래요?"

잭이 아무 말도 하지 않자, 앨리스는 그 새의 목을 비틀어서는 새장 안에 던져 넣었다. "나는 당신을 이만큼이나 사랑해요." 앨리스가 이렇게 말하고는 잭을 지나 거실을 향해 걸어가기 시작했는데, 잭이 그녀를 붙잡아 뒤로 잡아당겼다. 그는 두 번째 새한테 손을 뻗더니 한 손으로 죽을 때까지 꽉 쥐었다. 그러더니 눈에서 피를 흘리면서 부들부들 떨고 있는 그 시체를 앨리스의 젖가슴 사이에 밀어 넣었다. "나도 당신을 사랑해." 그가 말했다.

이렇게 해서 카나리아를 둘러싼 문제는 모두 해결되었다.

빈스 길리건이 시리즈물 「브레이킹 배드」를 방송사에 팔기 위해 홍보할 때 그가 내놓은 한 줄 설명은 "미스터 칩스가 스카페이스가 된다."였다. 이 시리즈의 주인공 월터 화이트는 삶의 모든 차원, 온갖 방향에서 다수의 적대자들에 둘러싸여 다양한 갈등에 직면한다. 마약 카르텔을 만드는 것이 월터의 가장 큰 목표처럼 보이는데도 불구하고, 길리건은 월터가 등장하는 모든 장면에 그의 도플갱어인 하이젠버그의 그림자를 드리워 놓는다. 제일 첫 번째 에피소드에서부터 월터의 욕망과 두려움 그리고 행동과 반응은, 모두 월터를 장악하고 그의 천재성의 궁극적인 승리를 성취하려고 싸우는 하이젠버그의 태도일 따름이다. 하이젠버그는 「브레이킹 배드」의 제삼의 요소다.

살만 루시디의 「한밤의 아이들」은 텔레파시 능력을 가지고 있는 주인공 살렘 시나이를 내세운 우화적인 소설이다. 그러나 이 소설의 갈등을 조절하는 제삼의 요소는 초자연적인 것이 아니다. 그보다는, 루시디는 시나이가 겪는 모든 갈등을 인도와 유럽 사이의 문화적 간극을 통해 흘려보낸다. 보통은 배경의 욕망으로 처리할 것들을 전경에 배치시키고 모든 장면을 동양 대 서양의 미묘한 차이로 칠하면서, 루시디는 이 소설을 제삼의 요소가 전편의 색채를 규정하는 이야기로 만들었다.

많은 독자와 연극 애호가들에게 사무엘 베케트는 20세기를 대표하는 가장 위대한 작가이고, 「고도를 기다리며」는 그의 대표작이다. 이 희곡은 에스트라공과 블라디미르(두 명의 노숙인 부랑자들)와 고도(프랑스의 속어로 신을 뜻하는 명칭) 사이에서 왔다 갔다 하는 거대한 삼각관계의 대화다. 제목이 암시하듯이, 이 두 사내는 "절대로 나타나지 않을 사람"을 기다리고, 희망하고, 그에 대해 논쟁을 벌이고, 맞을 준비를 하면서 연극 전체를 소비한다. 이 기다림은 헛된 것처럼 보이지만 이 두 부랑자들에게, 그들이 말하듯이 "계속할" 이유를 제공한다.

다른 말로 하자면, 베케트의 제삼의 요소인 고도는 지치지 않는 믿음을 상징한다. 이 초월적이고 알 수 없는 어떤 존재를 찾아내기만 하면, 어딘가에서… 저 밖 어딘가에서… 어떤 이유에선가… 우리를 기다리고 있는 이 존재를 찾아내기만 하면, 우리의 삶은 궁극적으로 아름답고 풍성한 의미를 얻게 되리라고 여기는 그런 믿음 말이다.

제9장

설계의 결함

반복

다른 경우라면 활력이 넘칠 언어인데 지면상으로는 전혀 생기가 느껴지지 않는 건 어째서일까? 장면들이 점진적인 진행을 거스르고 장면을 구성하는 대사가 맥없이 처지는 건 무엇 때문일까? 여러 가지 이유를 생각해볼 수 있겠지만, 작가들의 가공할 적인 반복성이야말로 가장 흔히 발견되는 결함이다.

장면의 대사를 오염시키는 반복은 두 가지를 꼽을 수 있다.

먼저 **우연한 되풀이**가 있다. 페이지를 눈으로 훑어 내려갈 때는 "그리 가기까지 그리 오래 걸리지 않는다." 정도의 대사는 이상한 낌새를 채지 못하고 금세 지나쳐버리기 쉽다. 이런 언어적 실수를 피하려면, 원고를 완성할 때마다 매번 대사를 녹음해서 다시 들어봐야 한다. 작가가 대사를 직접 소리 내어 연기해보거나 다른 사람이 연기하는 걸 들어보면 이런 우연한 되풀이가 불쑥 튀어나오게 된다. 그럼 어디를 자르고 고쳐야 하는지 대번에 알 수 있다.

다음으로 **비트의 반복**이다. 말소리의 반복보다 더 위험한 것이 느낌의 반복이다. 비트가 바뀌어도 가치 값이 긍정-긍정-긍정-긍정-긍정, 혹은 부정-부정-부정-부정-부정으로 똑같이 되풀이되는 경우, 느낌의 중복이 일어난다.

느낌의 반복은 표현의 변주들 뒤에 감춰져 있어서 찾아내기가 은근히 어려울 수 있다. 그래서 장면이 무난하게 읽히는데도 말로 설명하기 힘들지만 묘하게 생기가 없는 느낌이 든다.

인물이 장면 안에서 자신의 의도를 추구하는 과정에서 어떤 행동을 취할 때마다, 그 장면의 어디선가 누군가 혹은 무언가가 이 행동에 대해 반응을 보인다. 인물 행위에서 나타나는 이런 행동과 반응의 유형을 가리켜 **비트beat**라 한다. 예를 들어 인물 A가 인물 B에게 자기 말을 들어달라고 애원하는데, 인물 B가 그 말을 거부한다고 해보자. 동명사를 이용해 인물의 행동을 표현해보면, 이 비트는 '애원함/거부함'으로 나타낼 수 있다.(비트의 온전한 정의에 관해서는 12장을 참고하기 바란다.)

비트는 작용과 반작용의 역학으로 인물의 행위를 진전시키면서 장면을 밀고 나가는데, 각각의 비트가 앞의 비트를 뛰어넘으며 차곡차곡 쌓이다가 마침내 해당 장면의 중요한 가치 값이 바뀌는 전환점에 이른다.(장면을 비트별로 쪼갠 분석은 13장에서 18장을 참고하라.) 그런데 똑같은 비트들이 되풀이되면 장면이 진전 없이 단조롭고 지루해지기 시작한다. 반복되는 행위는 말소리의 반복보다 훨씬 더 흔하게 발생하고, 장면에 더 큰 악영향을 미치며, 교묘해서 찾아내기도 쉽지 않다. 다음 구절을 살펴보자.

인물 A

너한테 할 말이 있어.

인물 B

싫어, 혼자 있고 싶어.

인물 A

중요한 일이야, 들어봐.

인물 B

나 좀 그냥 놔둬.

인물 A

무슨 말인지 들어보라니까.

인물 B

닥치고 꺼져.

인물 A는 인물 B에게 자기 말을 들어보라고 세 번 애원하고, 인물 B는 상대의 애원을 세 번 모두 거부하는데 사실상 동어반복이다. '말하겠다, 들어라, 들어라'와 '혼자 있겠다, 놔둬라, 꺼져라'다. 텍스트의 표현을 바꾸면 비트가 달라진다는 생각에 동의어를 사용하거나 행동과 반응의 비트를 엇바꾸는 시도로 이 문제를 해결해보려는 작가들도 있다. 아래처럼 고쳐 쓴 예에서는, 거부가 행동으로 애원이 반응으로 바뀐다.

인물 B

거기 그렇게 서 있으면 성가셔.

인물 A

성가시게 하려는 게 아니야, 얘기 좀 하려는 거지.

인물 B

들을 만큼 들었어.

인물 A

아직 내 얘기 한 마디도 듣지 않았잖아.

인물 B

네 헛소리라면 지긋지긋하니까.

인물 A

정말이야, 헛소리 아니라니까. 사실을 말하는 거지.

이런 식으로 이어진다. 표현을 같게 하든 다르게 하든 '거부함/애원함'이라는 비트는 그대로다. 변화도 없고 진전도 없다.

현실이 그렇지 않느냐며 중복을 옹호하는 작가들도 있다. 틀린 말은 아니다. 실제로 사람들은 같은 일을 되풀이한다. 단조로움은 현실과 비슷하다. 그리고 그만큼 활력이 부족하다. 그러나 이 책에서 말하고자 하는 이야기의 미학은 활력으로 가득 찬 스토리텔링이다. 이야기는 결국 삶의 은

유이지 복제가 아니다. 이른바 '세세하게 이야기를 전달'하는 사실성이란 이야기의 신뢰성을 높이기 위한 스타일 전략일 뿐 창조적 통찰을 대신하지 못한다.

스토리텔링이 저지르지 말아야 할 최악의 잘못이 지루함이다. 지루함은 한계효용체감의 법칙을 심각하게 위배한다. 이 법칙에 의거하면, 한 가지 경험이 자주 되풀이될수록 그 효과는 더 감소한다. 첫 번째 먹는 아이스크림은 아주 맛있지만, 두 번째 아이스크림은 별로 맛이 없고, 세 번째는 속이 메스꺼워진다. 실제로 똑같은 원인이 연거푸 되풀이되면 그 결과는 효력을 잃을 뿐만 아니라 결국에는 역효과를 초래하기도 한다.

중복성의 실행은 3단계의 유형을 따른다. 작가가 어떤 기법을 처음으로 능숙하게 사용할 때는 의도했던 효과를 거둔다. 그런데 그 기법을 곧바로 다시 되풀이하면, 의도했던 효과의 절반도 거두지 못한다. 어리석게도 그 기법을 세 번째 시도했다가는 작가가 원하는 효과를 아예 거두지 못할 뿐더러 판세가 뒤집혀 역효과를 낳는다.

예를 들어 작가가 연속되는 세 장면을 쓰려고 하는데, 세 장면 모두 비극적이라 관객이 각각의 장면에서 모두 눈물을 흘릴 것으로 기대한다고 해보자. 그런 구성의 여파가 어찌 될 것 같은가? 처음 장면을 보며 관객들이 눈물을 흘릴 테고, 두 번째 장면에서는 훌쩍거리다가, 세 번째 장면에 이르면 아마 배꼽을 잡고 웃어댈 것이다. 세 번째 장면이 슬프지 않아서가 아니다. 셋 중 이 장면이 가장 비극적일 수도 있다. 하지만 이미 앞에서 눈물을 뽑아낸 관객들로서는 관객을 세 번 연달아 울리겠다는 작가의 시도가 터무니없고 둔감하게 느껴져 비극을 코미디로 뒤집어버리게 된다. 한계효용체감의 법칙은 (삶과 예술 모두에 해당되며) 스토리텔링의 모든 내용과 형식에 적용된다. 욕망과 갈등, 분위기와 정서, 이미지와 행동, 단어와 표현 모두 이 법칙의 적용을 받는다.

비트의 반복은 초고에서 흔히 발견되는 고질병으로 악명이 높다. 어째서일까? 초고 단계에서는 작가가 모든 행동과 반응의 비트를 한 번의 발언과 응답으로 일거에 해결할 만큼 명료한 인물 특유의 언어를 아직 찾지 못하고 더듬거리고 있기 때문이다. 그래서 작가는 양으로 질을 대체할 수 있으리라 기대하며 똑같은 비트를 말만 바꿔 되풀이한다. 반복이 의미를 강화해주리라는 생각에 속아 넘어가지만, 실제 결과는 정반대로 나타난다. 반복은 의미를 더 하찮아 보이게 만든다.

그렇다면 어떻게 해야 할까?

절대 타협하지 말아야 한다. 좋은 작가는 자신의 지식과 상상을 샅샅이 뒤져서라도 완벽한 선택안을 찾아낸다. 계속해서 즉흥적으로 변주를 해보고, 대사의 짝을 맞춰보며, 상상 속에서 대사를 이리저리 굴려보고, 소리 내서 말하고, 다시 적어 내려가며, 퇴고에 퇴고를 거듭한다.

창밖을 응시하며 몽상에 잠겨 있다고 창의성이 발현되지는 않는다. 미학적인 선택안들은 오로지 지면 위에 옮겨질 때만 살아난다. 아무리 시시한 대사라도 일단 써둬야 한다. 당신의 상상을 스쳐 지나가는 선택안을 남김없이 적어둬야 한다. 당신의 잠자는 천재성이 깨어나 재능을 하사해주는 순간을 마냥 기다리고 앉아 있어서는 안 된다. 완벽한 선택을 내릴 때까지 당신의 머릿속에서 생각을 끄집어내 지면 위의 실재하는 세계로 끊임없이 옮겨놓아야 한다. 그것이 바로 글쓰기다.

그러나 제아무리 숙련된 작가라도 벽에 부닥칠 때가 있게 마련이다. 아무리 노려봐도, 특정한 장면에서 특정한 행동과 반응의 비트에 꼭 맞는 완벽한 선택이 도저히 보이지 않아 막막해질 때가 있다. 그럴 땐 다른 고민의 여지가 없다. 컴퓨터 자판에 머리를 찧고만 있지 말고 결단을 내려야 한다.

숙련된 작가는 이런 상황에서 그동안 써뒀던 불완전한 선택안들을 다시 펼쳐 하나하나 살펴본다. 그리고 이런 질문을 던진다. "이 가능한 선택지들 가운데 과연 어느 것이 최선일까? 불완전한 선택지들이라도 조합을 해보면 어느 하나를 택하는 것보다 혹시 더 낫지 않을까?"

작가의 최종 선택이 이상적인 수준은 아닐지라도 가장 완벽에 근접한 선택이기는 할 것이다. 현재로서는 이 선택을 감수하지만, 작가는 향후 다음 원고에서 이보다 더 나은 해답을 발견하리라는 기대를 놓지 않는다. 그래도 당장은 최소한 중복된 가지는 쳐낸 셈이다.

잘못된 대사 형태

모든 대사 형태가 완벽하게 쓰여 매 순간 그 대사를 말하는 인물에게 맞춘 듯 어울리고 작가가 의도한 의미가 즉시 전달된다면 더할 나위 없을 것이다. 그런데 부비트랩처럼 장면의 진행 경로를 가로막는 잘못된 대사 형태들이 있다. 이런 대사들은 독자와 관객을 혼란에 빠뜨려 그 부분을 다시 읽거나 다시보기를 하거나 아니면 옆에 앉은 사람에게 "방금 저 사람이 뭐라고 말했지?" 하고 물어보게 한다. 대사의 표현이 즉시 전달되지 못하게 하는 주요 원인으로 다음 세 가지를 꼽아볼 수 있다. 의미가 모호할 때, 의미의 타이밍이 어긋날 때, 그리고 신호의 타이밍이 어긋날 때가 그것이다.

의미가 모호한 대사

명사는 사물에 붙이는 이름이고, 동사는 행동에 붙이는 이름이다. 명사와 동사의 진폭은 보편적인 것에서부터 구체적인 것까지, 일반적인 것에서부터 특수한 것까지 두루 걸쳐져 있다. 일반적으로 지시 대상이 특정된 명사와 동사는 의미를 선명하게 하는 반면, 포괄적인 명사와 동사는 수식어구가 달려도 의미가 모호해지는 경향이 있다.

조선소를 공간으로 설정한 장면을 쓴다고 가정해보자. 갑판원이 범선의 마스트 밑판을 수리하느라 끙끙대는 걸 보고 조선공이 어깨너머로 조언을 건넨다. 다음의 두 대사 중 어느 쪽이 즉각적이고 선명하게 의미를 전달하겠는가? "큰 못을 써서 힘껏 해보시오."일까, 아니면 "대갈못을 박으쇼."일까?

당연히 후자다. 앞의 대사는 부자연스러울 정도로 격식을 갖추는 느낌인 데다가 독자/관객이 말의 의미를 두 번 생각하지 않을 수 없게 한다. "못"이라는 말에는 끝이 뾰족한 고정장치 수십 가지가 포함되며, "크다"라는 형용사는 손가락 두어 마디만 넘어가면 모두 해당되는 표현이고, "쓰다"라는 동사는 행위가 불분명하며 "힘껏"이라는 부사는 불필요해 보인다. 그런 탓에 첫 번째 대사는 두세 단계의 생각을 거쳐야 의미가 전달된다.

여기서 유념할 사항은 이것이다. 특정한 대상과 특정한 행동을 지칭하는 대사일수록 선명하고 생생한 이미지로 즉각적인 의미가 더 잘 표현된다. 그러니 굳이 알쏭달쏭 모호함을 전달하려는 의도가 아니라면 수식어구가 주렁주렁 매달린 포괄적인 명사와 동사의 사용은 피하길 바란다.

의미의 타이밍이 어긋난 대사

장면 안에서 대사의 의미가 이해되는 순간, 독자나 관객은 그 대사에 담긴 행동을 받아들이고 이에 대응할 반응을 포착하려고 장면의 다음 순간으로 미리 앞서 나간다. 그런데 의미가 전달되는 타이밍이 어긋나면 이런 행동과 반응의 리듬이 무너진다. 재미의 흐름이 자꾸 끊어지면, 결국 독자는 읽던 책을 던져버릴 것이고, 텔레비전 시청자는 채널을 돌릴 테고, 공연장의 관객은 중간 휴식시간에 나가서 돌아오지 않을 것이다. 그러니 당신의 원고를 세상에 내보내기 전에 반드시 당신이 쓴 대사를 주의 깊게 다시 읽어봐야 한다. 필요하다면 직접 대사를 연기해보고, 의미가 전달되는 정확한 순간이 언제인지 귀를 기울이며 한 줄 한 줄 검토해야 한다.

먼저 타이밍이 너무 늦는 경우가 있다. 대사가 핵심에 도달하지 못하고 그저 지루하게 계속 이어지는 경우, 독자/관객이 보이는 반응은 둘 중 하나다. 인내심을 잃고 핵심을 건너뛰든가, 아니면 핵심에 이르기 한참 전에 미리 의미를 짐작해버리고 대사가 흐지부지 끝나기를 지루하게 기다리게 된다.

반대로 타이밍이 너무 빠른 경우도 있다. 시작부터 의미를 발설해놓고 대사가 계속 길게 늘어지는 경우, 흥미가 급속히 시들해진다. 책을 읽는 독자라면 뒤에 이어지는 말들을 대충 건너뛸 것이고, 관객이라면 뒤의 말들을 흘려들을 것이다.

각각의 대사마다 의미가 전달되는 타이밍을 능숙하게 맞추려면, 앞서 다뤘던 경제성과 설계의 원칙을 따르기 바란다. 첫째, 최소한의 단어로 최대한 많은 것을 말해야 한다. 둘째, 누적형, 균형형, 서스펜스형이라는 문장의 세 가지 기본 설계를 자유자재로 구사할 수 있어야 한다. 그렇게 되면 처음이든 중간이든 끝이든 최적이라 생각되는 타이밍에 의미를 배치할 수 있을 것이다.

신호의 타이밍이 어긋난 대사

하나의 장면은 의미를 주고받는 과정에서 행동과 반응의 자연스러운 리듬이 생겨난다. 장면 안에서 인물들은 방금 말해진 것, 방금 일어난 일을 어느 정도 이해하기 전까지는 불확실한 상태로 대기한다. 그러다가 인물 B가 무슨 말을 하는지 혹은 무슨 행동을 하는지 이해하는 순간 (혹은 이해한다고 생각하는 순간) 인물 A가 여기에 대해 반응한다. 대부분의 반응이 본능적이고 즉흥적이고 즉각적으로 보이지만, 실은 순간적이나마 의미가 파악되지 않으면 이런 반응들은 촉발되지 않는다. 어쩌면 인물 A가 상황을 완전히 오해한 나머지 과민하거나 미온적이거나 혹은 아예 엉뚱한 반응을 보일 수도 있다. 그렇다 하더라도 그의 반응은, 사실 모든 반응이 그렇듯, 먼저 그 반응을 촉발시키는 행동이 선행되어야 한다.

그런 까닭에, 원칙적으로 모든 대사의 마지막에 오는 단어나 구절은 의미를 확정 짓고 다음에 나올 반응에 신호를 보내는 핵심어 역할을 한다. 지면상으로는 핵심어의 타이밍이 어긋나는 것이 비교적 사소한 문제이지만, 연극이나 영화에서는 이로 인해 장면의 리듬이 깨지고 연기가 엉망이 될 수 있다.

인물 A의 대사에서 핵심어가 너무 빨리 배치돼서 인물 B의 반응을 촉발하긴 하는데 인물 A의 대사가 아직 남아 있는 상황이라면, 인물 B를 연기하는 배우는 인물 A를 연기하는 배우가 대사 연기를 마칠 때까지 자기의 반응을 삼키며 기다려야 한다. 이럴 때 신호의 타이밍이 어긋나는 상황이 발생한다.

대사 신호의 기법을 명확하게 이해하기 위해 존 피엘마이어의 희곡 「신의 아그네스」 1막 5장에서 가져온 다음 대목을 분석해보자.

젊은 수녀 아그네스가 수녀원 안에서 출산을 했다. 피에 젖은 아그네스의 침대 옆 휴지통에서 신생아의 사체가 발견됐다. 아그네스는 자신이 처녀의 몸이라고 주장한다. 출산이 있기 몇 주 전 아그네스의 손바닥에 구멍 하나가 생겨났다. 수녀원장은 이런 일련의 사건들을 신의 이적으로 믿고 싶어 한다.

경찰이 아그네스의 신생아 살해를 의심하고 있어, 법원은 정신과 의사인 마사 리빙스턴 박사에게 아그네스의 정신감정을 위임한다. 아그네스의 검사를 마친 뒤, 리빙스턴 박사와 수녀원장이 대화를 나눈다.

다음 인용문을 읽으며 어떻게 각 발언의 끝부분에 핵심어가 배치되어 있는지 주목해보자. 이런 기법은 신호 전달이 선명해서 행동과 반응의 리듬이 적절한 페이스를 유지하게 한다.

수녀원장

보세요, 저도 박사님이 무슨 생각을 하시는지 압니다. 아그네스는 히스테리 상태이고, 순수하고 **단순합니다.**

리빙스턴 박사

단순하진 않아요, **전혀.**

수녀원장

제 눈으로 구멍을 봤습니다. 아그네스의 손바닥에 또렷이 구멍이 뚫려 있었어요. **히스테리로** 그런 게 가능할까요?

리빙스턴 박사

수백 년 동안 벌어져 온 일이에요. 아그네스가 특별한 게 아닙니다. 그저 또한 사람의 **피해자일** 뿐이에요.

수녀원장

예, 하느님의 피해자지요. 그래서 아그네스는 결백합니다. 그의 주인은 **하느님**이십니다.

리빙스턴 박사

그래서 제가 아그네스를 그분에게서 떼어낼 작정입니다. 원장님은 그게 **두려우신 거죠?**

수녀원장

그렇고 **말고요.**

리빙스턴 박사

어쨌든 저는 이것을 아그네스의 마음을 여는 것으로 생각하고 싶습니다. 그래야 **치유가** 시작될 수 있으니까요.

수녀원장

하지만 박사님의 소임은 그게 아니잖아요. 이곳에 오신 이유는 진단을 위해서지, **치유는 아닐 테니까요.**

리빙스턴 박사

제가 여기 온 건 필요하다면 어떤 방식으로든 아그네스를 돕기 위해서입니다. 그게 **의사로서** 제 소임이에요.

수녀원장

법원에서 파견된 사람으로서의 소임은 아니지요. 박사님은 아그네스의 정신 상태를 감정하러 오셨지요. 그것도 **최대한** 이른 시일 내에.

리빙스턴 박사

무조건 서두르는 건 아닙니다. 시간이 얼마나 필요한지는 **제 판단에** 달려 있습니다.

수녀원장

아그네스를 위하신다면 어서 진단을 내리고 아그네스를 **놔주세요.**

리빙스턴 박사

그럼 그다음엔요? 만약 제가 정상이 아니라고 말하면, 아그네스는 보호시설에 보내집니다. 만약 제가 정상이라고 말한다면, **감옥에** 갈 테고요.

이번에는 핵심어가 각 발언의 중간에 놓이도록 내가 대사를 고쳐보겠다. 전반적인 의미가 크게 달라지지 않더라도 어떻게 신호들이 어긋나면서 행동과 반응의 리듬이 마비되고 장면이 휘청거리는지 살펴보자.

수녀원장

보세요, 아그네스는 히스테리 상태이고, 순수하고 **단순합니다.** 저도 박사님이 무슨 생각을 하시는지 압니다.

리빙스턴 박사

전혀요, 단순하지 않아요.

수녀원장

아그네스의 손바닥에 또렷이 구멍이 뚫려 있었어요. **히스테리로** 그런 게 가능할까요? 제 눈으로 구멍을 봤습니다.

리빙스턴 박사

수백 년 동안 벌어져 온 일이에요. 아그네스도 그저 또 한 사람의 피해자일 뿐이에요. 특별한 게 아닙니다.

수녀원장

예, 그의 주인은 **하느님**이시지요. 하느님의 피해자지요. 그래서 아그네스는 결백합니다.

리빙스턴 박사

원장님은 그게 **두려우신가요?** 제가 아그네스를 그분에게서 떼어낼 작정이라는 게?

수녀원장

네, 당연하지요.

리빙스턴 박사

어쨌든 아그네스의 마음 열기가 되어야 **치유가** 시작될 수 있으니까요. 저는 그렇게 생각하고 싶습니다.

수녀원장

박사님이 이곳에 오신 이유는 **치유가** 아니라 진단을 위해서지요. 그것이 박사님의 소임이 아니던가요?

리빙스턴 박사

의사로서 제 소임은, 필요하다면 어떤 방식으로든 아그네스를 돕는 것입니다.

수녀원장

박사님이 여기 오신 건 아그네스의 정신 상태를 **최대한** 이른 시일 내에 감정하기 위해서지요. 법원에서 파견된 사람으로서 말입니다.

리빙스턴 박사

시간이 얼마나 필요한지는 **제 판단에** 달려 있습니다. 무조건 서두르는 건 아니에요.

수녀원장

어서 진단을 내리고 아그네스를 **놔주세요.** 그게 박사님이 아그네스를 위해 하실 수 있는 최선입니다.

리빙스턴 박사

그럼 그다음엔요? 만약 제가 정상이라고 말한다면, 아그네스는 **감옥에** 가게 됩니다. 만약 제가 정상이 아니라고 말하면, 보호시설에 보내질 테고요.

배우들에게 이런 장면이 주어지면 벌어질 상황은 다음 세 가지 중 하나다. 배우들이 서로의 대사를 중간에 자르거나, 동시에 자기 말을 쏟아내거나, 아니면 상대 배우의 대사가 끝나기를 공손하지만 부자연스럽게 기다리며 억지 연기를 하게 된다. 어느 것도 신호의 타이밍이 어긋나서 생기는 문제를 해결해주지 못한다.

일반적으로 누적형 문장으로 끝나는 대사들에서 신호의 타이밍이 어긋나곤 한다. 배우들에게 장면의 대본을 건네기 전에 작가가 먼저 장면 대사들을 연기해서 녹음한 뒤 핵심어들에 집중해서 들어봐야 한다. 그런 다음 모든 대사의 마지막 문장에 각별히 주의를 기울이며 형광펜으로 핵심어들에 표시를 하면서 다시 한번 대사들을 검토하기 바란다. 그런 과정을 거치면 대사의 끝에 자주 오는 문구들을 발견하게 될 텐데, 중요하지 않은 수식어구라면 자르거나 표현을 고쳐서 모든 대사가 신호의 단어로 끝나도록 다듬어야 한다.

잘못된 장면 형태

설계상의 결함은 장면에도 악영향을 미친다. 잘못된 대사 형태가 핵심어의 타이밍을 그르치듯이, 잘못된 장면 형태는 장면 전환점의 타이밍을 그르쳐 전환점이 너무 빠르거나 너무 늦거나 아예 오지 않게 할 수 있다. 형태가 잘 잡힌 장면은 알맞은 순간 알맞은 방식으로 도달하는 전환점을 중심축으로 돌아간다. 물론 어떤 장면의 전환점이 오기에 '알맞은' 순간이란 이야기마다 저마다 달라서 예측이 불가능하다. 그렇지만 전환점의 타이밍이 불발에 그치는지 아닌지는 독자나 관객이 느낌으로 알 수 있다.

예를 들어 '결별하는 연인들'이라는 장면을 구상한다 해보자.

먼저 타이밍이 너무 빠른 경우다.

첫 번째 비트부터 전환점을 향해 장면을 세차게 몰아붙인다. 그런데 그 순간을 기점으로 인물들이 해설을 쏟아내면서 장면이 맥 빠지게 내리막으로 치닫는다.

[1안] 첫 비트에서 두 연인 중 한쪽이 관계를 끝내자고 선언하고 다른 쪽도 수긍한다. 이 즉각적인 전환점의 행동과 반응은 사랑의 가치를 긍정의 값에서 부정의 값으로 바꿔놓는다. 뒤이어 화해의 비트가 나오기는 해야 하는데, 만약 두 사람이 좋은 시절을 추억하고 나쁜 시절을 한탄하며 지난 얘기들을 쏟아놓으면서 장면을 질질 끌면, 독자와 관객은 '당신들은 끝났어. 이제 그만 잊어.'라고 생각하며 이 장면과 두 인물에게 등을 돌릴지 모른다.

다음으로, 타이밍이 너무 늦은 경우다.

대사의 비트들이 반복되면서 수다가 지나치게 길어지다가 결국 관객이 흥미를 잃은 지 한참 지나고 나서야 비로소 전환점에 도달한다.

[2안] 관계의 수명이 다한 연인들이 좋은 시절을 추억하고 나쁜 시절을 한탄하는 모습을 지켜보면서 관객은 전환점에 이르기 한참 전에 벌써 전환점의 도달을 감지한다. 두 인물이 마침내 결별에 동의할 무렵이면 관객은 전혀 놀라는 기색 없이 '나는 10분 전부터 이렇게 될 줄 알았지.'라고 생각하게 된다.

세 번째, 타이밍이 아예 오지 않는 경우다.

[3안] 관계의 권태기에 빠진 두 연인이 함께 좋은 시절을 추억하고 나쁜 시절을 한탄하고 있다. 두 사람은 결별을 하든 다시 결속을 다지든 어느 쪽의 행동도 취하지 않는다. 사랑의 가치 값은 장면이 시작됐을 때처럼 여전히 긍정도 부정도 아닌 미지근한 상태 그대로다. 이 장면에서는 전환점의 역할을 하는 비트가 하나도 없다. 비트들이 갈등 사이를 오락가락할 뿐, 장면 자체는 아무런 형태도 굴곡도 잡히지 않는다. 장면의 핵심 가치가 장면의 처음과 끝에서 정확히 똑같은 값을 유지하고 있기 때문이다. 아무것도 바뀌지 않으니 아무 일도 일어나지 않는다. 비사건의 반복인 장면을 보면서 관객은 '그 모든 말들의 요지가 뭐였지?' 하고 생각하며 의아해할 뿐이다.

대사로 이뤄진 비트들을 구성할 때, 작가는 장면의 형태를 충분히 숙고해야 한다. 전환점을 중심으로 그것에 다가가도록 대사 한 줄 한 줄, 비트 하나하나를 점진적으로 쌓아가야 하며, 완벽한 순간에 그 결정적인 비트가 나오도록 타이밍을 맞춰야 한다. 장면이 얼마나 급격하게 혹은 완만하게 진행될지도 작가가 결정해야 한다. 어느 정도가 너무 빠르고 어느 정도가 너무 늦은 것인지는 작가의 판단에 달려 있다. 모든 장면은 제 나름의 생명이 있다. 작가는 마땅히 이 각각의 생명에게 이상적인 형태를 갖춰주기 위해 신중하게 노력해야 한다.

파편화된 장면

독자/관객이 인물들의 내적 동기와 외적 전술이 일치된다고 느낄 때는 장면들이 생기 있게 흘러간다. 인물들이 아무리 교묘하게 에둘러 혹은 아닌 척 일을 꾸며본들, 그들의 말과 행동은 어찌 됐든 겉으로 드러나지 않은 그들의 욕망과 연결되어 있다. 장면들이 파편화되어 숨이 끊어지는 경우는 그와 정반대의 이유 때문이다. 서브텍스트에서 장면을 추동하는 힘과 텍스트상에서 말해지고 행해지는 것 사이의 연결이 끊어질 때, 다시 말해서 인물들의 내적 의도와 외적 행위 사이의 절연이 감지될 때다. 이럴 때 우리는 그 장면이 거짓이라고 느낀다.

괜찮을 법한 장면이 나사가 빠진 듯 횡설수설하고 대사에 생기가 없거나 가짜처럼 들리는 원인으로 네 가지 정도를 꼽아볼 수 있다. 첫째, 인물의 내적 욕망은 동기가 충분한데 대사가 무미건조해서 장면이 재미없게 느껴진다. 둘째, 인물의 내적 바람은 동기가 미약한데 대사는 과부하가 걸려 장면이 과장되게 느껴진다. 셋째, 내적 동기와 외적 행동이 서로 관련 없어 보이는 탓에 장면이 말이 되지 않고 대사가 앞뒤 없이 제멋대로 튄다. 넷째, 인물들이 각자 지닌 욕망이 나란히 흐르기만 할 뿐 서로 엇갈려 갈등을 빚지 않는다. 갈등이 없으면 장면에는 전환점이 없고 아무런 변화도 일어나지 않는다. 변화가 없으면, 해설로 인해 대사의 부피가 늘고 장면은 밋밋하게 비사건으로 귀결되며, 관객은 운이 좋으면 지루한 정도이고 운이 나쁘면 혼란에 빠지게 된다.

비사건으로 장면을 채우는 작가들은 대개 자신들의 부족한 기량을 과잉된 언어로 감추려는 경향이 있다. 비속어를 많이 쓰는 것도 흔한 방법이다. 미지근한 대사에 욕설을 삽입하면 대사의 극적 온도가 올라가리라고 생각하겠지만, 틀린 생각이다.

비속어 자체가 잘못됐다는 말은 아니다. 제리 사인펠드를 떠올려보면 알 수 있다. 설정에 따라서는 비속어가 필요한 경우들도 있다. 「데드우드」, 「더 와이어」, 「소프라노스」 같은 범죄 시리즈물들은 비속어가 맞춤 양복처럼 인물들에게 잘 어울린다. 실제로 범죄자들 입에서 욕설이 나오지 않으면 우리는 그들이 진지하다는 신호로 받아들인다. 말 없는 조직원이 해결사 역할을 하는 경우처럼 말이다.

잘못된 장면 형태를 바로잡으려면 서브텍스트나 텍스트 둘 중 어느 한 층위에서 출발해보자. 장면의 바깥에서부터 출발해 대사를 고쳐나간 다음 안으로 되짚어가며 대사에 맞는 내적 행동을 만들어낼 수도 있다. 아니면 안에서부터 출발해 인물들의 내면으로 들어가서 그들의 심리와 욕망을 서브텍스트부터 한 겹 한 겹 밖으로 쌓아나가 장면의 행동과 반응, 인물의 말과 행위까지 도달할 수도 있다. 이 과정에는 긴 시간과 고된 작업이 요구된다. 그러나 안에서 밖으로 향하는 작업 방식이 더 힘든 만큼 그 성과는 더 강력하다.

부연의 함정

초보 작가들은 글쓰기의 문제를 말의 문제라고 믿고 싶어 한다. 그래서 글을 다시 쓸 필요가 있다고 느끼면 먼저 잘못된 대사부터 손을 대서 몇 번씩 표현을 바꿔본다. 말을 바꾸면 바꿀수록 점점 표현이 직설적으로 바뀌면서 결국 서브텍스트는 사라지고 장면이 구제 불능으로 따분하고 가짜처럼 느껴진다.

장면들이 제대로 작동하지 않을 때, 말이 결함의 원인인 경우는 별로 없다. 사건과 인물 설계 안으로 깊숙이 들어가야 해결책을 찾을 수 있을 것이다. 대사의 문제는 결국 이야기의 문제이기 때문이다.

지금까지 1부와 2부에서는 대사의 복잡성을 펼쳐보았다. 다음 3부에서는 인물들과 그들의 이야기에 적합한 대사를 그려내고 다듬는 작업을 다뤄볼 것이다.

DIALOGUE

제3부

대사 쓰기

제10장

인물 특유의 대사

두 가지 재능

창의적 글쓰기에 필요한 창의성의 원천은 두 가지다. 이야기의 재능과 문학적 재능. 일상의 존재를 의미 있고 감동적인 사건과 인물로 변환시켜 삶의 은유가 생겨나도록 작품 내부를 설계하는 것, 다시 말해 무슨 일이 누구에게 일어나는지를 엮어내는 것이 이야기의 재능이다. 그리고 일상의 말을 표현력 있는 대사로 변환시켜 말의 은유가 생겨나도록 언어를 설계하는 것, 다시 말해 무슨 말이 누구에게 전달되는지를 엮어내는 게 문학적 재능이다. 이 두 재능이 결합해 장면의 형태를 빚어낸다.

좋은 작가는 이야기의 재능과 문학적 재능을 모두 발휘해 이른바 '빙산의 일각' 같은 기법을 펼친다. 작가는 인물들이 입 밖에 내지 않은 생각과 감정과 욕망과 행위의 방대한 내용을, 이야기를 추동하는 장치로서 눈에 보이지 않게 장면의 서브텍스트 안에 가라앉혀 둔다. 그리고 인물의 행동이라는 가시적인 일각 위에 말의 텍스트를 창조해 이야기를 풀어나간다. 인물들의 목소리가 처음 발화하던 시기로 거슬러 올라가보자.

우리가 이름을 아는 최초의 이야기꾼 호메로스는 「일리아스」와 「오디세이아」에 담긴 25만 단어가 넘는 해설과 대사를 암송했다고 알려져 있다. 그의 서사시가 글로 기록되고 대사가 지면에 옮겨진 것은 기원전 800년 무렵 알파벳이 발명되면서부터다. 두 작품 속에서 호메로스의 인물들은 서로를 논박하고 비판하기도 하고, 과거를 되짚고 미래를 예측하기도 한다. 그런데 둘씩 운을 맞춘 이 눈먼 시인의 시행들이 이미지로 생동하는데도 불구하고, 시에 등장하는 인물들의 발언은 대화라기보다 선언으로 흐르곤 한다. 그로 인해 인물들의 선택과 행동에서는 인물들 각각의 개별성이 표현되지만, 대사에 있어서는 서로 내는 목소리들이 놀랄 만큼 유사하게 들린다.

당시 최초의 무대 퍼포먼스는 코러스가 노래하고 춤을 추며 신과 영웅들의 이야기를 운문으로 들려주던 신성한 제의의 형태였다. 코러스의 대표가 앞으로 나와 다른 이들과 구별되는 인물을 연기하는 배우가 되면서, 종교적 의식이 서서히 연극으로 진화했다. 극작가 아이스킬로스는 무대에 제2의 배우를 세우고, 배우 두 사람이 마주 보고 짧은 대사를 빠르게 주고받는 스티코미시아Stichomythia 기법, 문자 그대로 '행'을 뜻하는 스티코stikho와 '말'을 뜻하는 무토스muthos가 결합된 격행-대사를 창안했다. 아이스킬로스의 「아가멤논」이 보여주듯, 인물들이 단일 행이나 구절을 번갈아 읊는 강렬한 리듬감에 신랄하고 빠른 언어가 결합하면서 엄청난 극적 위력을 불러일으켰다.

그러나 인물의 복잡성이 생겨난 것은 소포클레스가 「오이디푸스 왕」, 「안티고네」, 「엘렉트라」 등의 작품에서 제삼의 배우를 도입하면서부터

다. 소포클레스는 왕, 여왕, 왕자, 전사, 전령과 같은 고대적 원형을 개성, 입체성, 고유한 음성을 지닌 등장인물로 변형시켰다. 인물의 심리가 복잡할수록 인물의 대사가 더 독특해져야 한다는 사실을 이들 최초의 극작가들이 깨달은 이후로, 이야기를 다루는 후세 작가들 역시 이 점을 이해하게 되었다. 인물 설계의 독창성은 최종적으로 인물 특유의 대사로 표현된다는 점 말이다.

예를 들어, TV 시리즈 「트루 디텍티브」에서 매튜 매커너히가 연기하는 형사 러스틴 스펜서 '러스트' 콜과 우디 해럴슨이 연기하는 형사 마틴 에릭 '마티' 하트 사이에 오가는 이 대사를 살펴보자. 루이지애나 시골의 옛날식 종교캠프를 지켜보다 러스트가 마티에게 말한다.

러스트

이 집단의 평균 지능이 얼마나 될 거 같은가?

마티

또 잘난 척하시려고? 이 사람들에 대해 뭘 알고나 하는 소리야?

러스트

관찰을 통한 추론일 뿐이야. 대체로 체중 과다에 재력은 없고, 허무맹랑한 얘기에 열광하는 경향성이 읽히는군. 얼마 있지도 않은 푼돈을 헌금 바구니에 넣고들 있어. 폭탄을 제조할 만한 인물은 없다고 봐도 무방하겠어, 마티.

마티

그러니까 자네 그 빌어먹을 태도가 문제야. 모든 인간이 혼자 방구석에 앉아 살인 매뉴얼이나 만지작대진 않아. 공동체와 공동의 이익을 즐기는 사람들도 있다고.

러스트

허무맹랑한 얘기나 지어내는 게 공동의 이익이라면, 아무한테도 득 될 거 없어.

일종의 삼각관계 대화를 통해 러스트와 마티의 갈등에 집중하는 장면이다. 이 장면에서는 부흥파 신도들이 제삼자가 되며, 단어 선택을 통해 두 가지 방식으로 러스트와 마티의 차이가 두드러진다. 먼저 부흥파 신도에 대한 두 사람의 태도가 서로 배치된다. 러스트는 경멸감을, 마티는 동정심을 느낀다. 러스트는 비판적이고 마티는 관용적이다. 둘째, 러스트의 논리적 지성화와 마티의 정서적 개인화가 대비된다. 러스트는 냉정함을 유지하고 마티는 흥분한다. 그러면서 러스트의 말이 마티에 비해 현저히 느려지고 길어진다.

다음 두 행을 비교해보자.

러스트

관찰을 통한 추론일 뿐이야. 대체로 체중 과다에 재력은 없고, 허무맹랑한 얘기에 열광하는 경향성이 읽히는군.

마티

모든 인간이 혼자 방구석에 앉아 살인 매뉴얼이나 만지작대진 않아.

러스트의 격식 따지는 묵직하고 추상적인 어휘와 "혼자" "방구석" "살인"처럼 짧고 빠르게 이어지는 마티의 구체적 이미지의 대조에 주목하라. 이 시리즈를 만든 닉 피졸라토는 정확한 단어 선택을 통해 정의를 추구하는 외톨이 러스트의 욕구와 친밀함을 추구하는 사교적인 마티의 욕구를 대비시킨다.

그러나 개성 있는 말투를 만드는 것과 잔뜩 멋 부린 언어로 역할을 치장하는 건 다르다. 의식적인 멋 내기는 대본상의 발연기와 같아서 혼자 주목받겠다고 과장된 연기를 펼치는 꼴이 될 수 있다. 튀는 언행이 우리에게 강한 인상을 남긴다면, 진실한 목소리는 우리의 마음을 움직인다. 전자는 제 소리에 이목을 집중시키지만, 후자는 우리에게 삶을 환기시킨다.

요즈음 글쓰기 강의들은 흔히들 언어 안에 흉내 낼 수 없는 존재, 이른바 '목소리'의 개발을 강조한다. 내가 보기에 이런 말은 아무 의미가 없다. 작가의 스타일이랄지 이른바 목소리라고 하는 것은 의식적으로 찾거나 만들어질 수 없다. 목소리는 선택하는 것이 아니다. 결과로 주어질 뿐이다.

독특한 글쓰기 스타일은 창의적 개성이 인간 조건의 깊고 넓은 지식을 수용할 때 비로소 결실을 맺는다. 재능과 콘텐츠가 만나 격렬한 결합을 이뤄낼 때 거기서 고유한 표현 방식이 태어나는 것이다. 목소리는 뛰어난 재능이 땀을 쏟아 얻어지는 자연스럽고 본능적인 결과다.

바꿔 말하면 이렇다. 이야기의 내용, 즉 역할, 의미, 정서, 행동을 탐색하며 등장인물들에 생명력을 불어넣는 고된 작업을 하다 보면, 오로지 당신만이 쓰게 되는 그런 글을 쓸 것이다. 잘 되든 못 되든, 좋든 싫든 그게 당신의 목소리가 된다. 화가가 자기 비전을 찾아 수십 년에 걸쳐 힘들게 화폭을 채워나가듯이 진실한 목소리를 향한 진화 과정에도 시간이 걸린다.

대사를 쓰는 작업에도 똑같은 원리가 적용된다. 독창적인 인물의 내면을 더듬어 표현을 찾는다면, 그의 목소리는 그 사람만의 개성과 경험, 지식, 말투, 억양의 당연한 산물일 것이다. 인물의 언어가 썩 그럴듯하고 자연스러우면서도 개성이 있어서, 장면마다 모든 대사가 그 특정한 순간에 다른 누구도 아닌 그 특정한 인물이 즉흥적으로 고안해낸 말처럼 들리는 것이 가장 이상적이다.

그렇다고 차이를 위한 차이를 옹호하는 건 아니다. 기이한 것과 독창적인 것은 다르다. 둘의 차이를 알아보는 감식력이 필요하다. 진실한 말과 영리한 말을 구별하는 능력은 쉽게 얻어지지 않는다. 타고난 게 아니라면, 여러 해 동안 뻬어난 영화, 연극, TV를 보고 또 보면서 양질의 소설을 읽고 또 읽으며 학습해야 한다. 이야기와 인물에 대한 판단력을 갈고닦다 보면, 한 가지 통찰이 시야에 또렷이 잡힌다. 바로 대사에서 가장 두드러진 측면이 어휘라는 점이다.

극화된 스토리텔링에서 중요한 건 말이 아니라 인생의 몸부림 속에서 말을 사용하는 인물들이다. 그런 까닭에 어법부터 표현, 속도에 이르기까지 인물의 화법을 구성하는 모든 요소가 대사에 필수적이다. 그중에서도 인물의 단어 선택, 인물의 내면에서 숨 쉬는 사물의 이름들만큼 인물의 성격을 효과적으로 전달하거나 노출해주는 건 없다.

어휘와 인물묘사

앞서 말했듯, 명사는 물체를 부르는 이름이고 동사는 행동을 부르는 이름이다. 인물의 어휘는 그가 아는 것, 보는 것, 느끼는 것에 이름을 붙인다. 인물의 단어 선택이 중요한 이유는 인물이 하는 말의 외관이 그의 내면으로 통하는 출입구가 돼야 하기 때문이다. 수동적이고 불분명하고 포괄적인 어구는 인물을 평면적으로 만들고 관객을 둔감하게 하는 반면, 능동적이고 구체적이고 감각적인 언어는 통찰을 불러일으켜 인물을 다차원적이고 입체적으로 직조해낸다.

관객을 인물의 내면으로 안내하도록 말의 표면을 멋지게 창조하려면, 작가의 작업 방식은 역방향으로 움직여야 한다. 인물의 내부에서 출발해 바깥으로, 내용에서 효과적인 형식을 찾아가는 방향으로 작업하는 것이다.

먼저 감각적·시각적 능력을 동원해 내용(인물의 내면에서 인물이 보는 것, 느끼는 것, 말해지지 않은 것, 말할 수 없는 것)을 상상하고, 그런 다음 독자 혹은 관객의 귓속에 그의 말을 효과적으로 흘려 넣어줄 형식으로 정교하게 그의 대사(말해지는 것)를 만들어야 한다. 인물의 내면에 자리한 이미지를 말이라는 외적 수단으로 전환하는 것이 작업의 핵심이다.

창조적 한계의 원칙

까다로운 기법을 쓸수록 솜씨는 더 탁월해진다.

제약, 규율, 한계는 놀라운 창조적 성취에 영감을 제공한다. 반면에 제한받지 않은 자유는 대개 무질서하게 뻗어나가다 끝나고 만다. 당신의 재능에 별로 제동을 걸지 않는 무규율의 쉬운 경로를 택한다면, 틀에 박힌 평범으로 얼룩진 결과를 얻게 된다. 그러나 반대로 대가의 능수능란한 솜씨를 요구하는 힘든 기법을 택해 갈고닦는다면, 당신의 재능에 근육이 붙으면서 상상력이 파열점까지 팽팽하게 죄어지다 마침내 위력적으로 폭발하는 순간이 온다.

창조적 한계가 부과한 엄청난 난관이 있기에 베토벤 교향곡이 휘파람을 초월하며, 제임스 휘슬러의 그림을 일개 낙서와 비교할 수 없고, 볼쇼이가 고교무도회와 다른 것이다.

미학적 장애물로 스스로를 포위해 탁월한 창의성을 끌어내는 전략은 언어와 이미지의 싸움을 붙이는 데서 시작된다. 언어는 의식적 사고의 수단이고, 이미지는 잠재의식적 사고의 수단이다. 그러니 머리에 가장 먼저 스치는 평범한 문구를 받아 적는 게 상상력의 깊은 귀퉁이에서 발견한 명료한 3차원적 이미지로 인물을 표현하는 것보다 훨씬 쉽다. 그렇게 떠오르는 대로 대충 써 내려가다 보면, 인물들이 내뱉는 소리가 죄 똑같이 들리고 손톱으로 칠판 긁는 소리처럼 귀에 거슬린다. 신경을 긁는 그들의 목소리는 짐짓 인생을 가장한 사기극을 구제 불능의 거짓 대사로 채워 넣는다. 인물과 장면에서 이탈하고, 감정과 진실이 누락된 대사들이다.

대사를 쓰는 일은 품이 든다. 몇 마디 단어로 누군가를 떠올리기는("내 사촌 주디"처럼) 간단하다. 이에 비해, 먼저 그 사람의 옅푸른 눈동자며 웃을 때 마치 아시아인의 눈처럼 가느스름해지는 눈매까지 초롱초롱한 이미지를 떠올려보고, 그 생생한 사진을 머리에 붙든 채 당신이 아는 어휘를 샅샅이 뒤져 당신이 생각하는 '주디'의 모습을 독자의 머릿속에서 형형하게 구현할 완벽한 단어를 찾기란 쉽지 않다. 관객의 외적 눈과 귀, 혹은 독자의 내적 눈과 귀를 충족할 생생한 글쓰기는 맹렬한 집중을 요구한다.

언어에 바탕을 둔 예술로서 글쓰기의 효력은 말을 해독하는 대뇌피질을 겨냥한다. 순수 이미지로 이야기를 전달하는 건 글쓰기의 심리언어적 속성에 배치된다. 그래서 더더욱 문학과 무대와 영상의 대가들은 바로 그 과업에 일생을 바친다. 정녕 불가능에 가까운 그 어려운 기법을 스스로 선택해 매진하는 것이다. 이야기의 전달에 통찰과 독창성을 불어넣어 탁월성의 경지에 이르겠다는 각오로, 헌신적인 작가는 깊은 심상으로 생동하는 언어를 발굴하기 위해 무의식의 뒷길을 파헤치는 오랜 강제노역의 사슬에 제 몸을 묶는다.

감각적 대사에는 화자의 내적 삶이 주는 울림이 있다. 이미지가 풍성하고 생생하고 구체적인 언어는 인물의 감춰진 무의식적 사고와 감정의 서브텍스트로 독자와 관객을 안내한다. 그래서 그런 인물들이 욕망을 추구하는 과정에서 언어적 행동을 취할 때, 그 내면이 투명하게 들여다보여 우리가 그들을 깊이 알 수 있게 된다. 그런데 인물들이 사업보고서 읊듯 일반적이고 무미건조한 격식체의 긴 어휘들을 읊어댄다면, 이런 언어로 인해 인물이 취하는 행동의 입체감이 사라지고 장면에 담긴 인물의 내적 차원은 축소된다. 인물이 불투명해질수록 그를 지켜보는 우리는 흥미를 잃는다. 그러니 아무리 이야기 속에서 실제로 지루한 인물일지라도 그 대사는 따분함을 생생하게 전달해 그의 무기력한 마음을 표현해야 한다.

말투와 인물묘사

인물 특유의 말투는 문장의 두 축, 주어와 술어 모두에 좌우된다. 주어(문장의 주체가 되는 사람 혹은 사물)와 술어(주어에 관해 말해주는 무엇)가 결합해 한 줄의 대사가 만들어지고, 이 대사를 통해 인물묘사에 있어 주요한 두 차원, 즉 지식과 개성이 표현될 수 있다. 대사 안에는 주로 지식을 전달하는 측면과 개성을 전달하는 측면이 각각 존재한다.

대사를 통해 인물을 묘사하는 방법은 여러 가지가 있지만, 인물의 지식은 주로 사물의 이름인 명사와 동사로 표현되고, 인물의 개성은 주로 이 명사와 동사를 채색하는 수식어로 표현된다.

먼저 **지식**의 표현을 살펴보자. 예를 들어 인물이 '큰 못' 따위의 모호한 어구를 사용하는 사람이라면, 그의 목공 지식이 제한적이라는 점을 짐작할 수 있다. 포괄적 명사는 인물의 무지를 나타내준다. 반대로 '생크' '클라우트' '발돌' '대못' '연결기' 등등의 구체적인 이름으로 사물을 칭하는 사람이라면, 그 분야에 대해 훨씬 지식이 풍부한 인물이라고 짐작할 수 있다.

동사에도 같은 원리가 적용된다. 조동사 외에 핵심 동사는 포괄적인 것부터 특정한 것까지 폭이 넓다. 누군가에 대해 '천천히 방을 걸어갔다.'고 기억하는 인물은 기억이 썩 예리한 사람이라고 느껴지지 않는다. 포괄적 동사 역시 인물의 무지를 암시한다. 반면 어떤 이에 대해 '어슬렁거렸다' '미끄러지듯 걸었다' '사뿐사뿐 걸었다' '비치적거렸다' '서성거렸다' '활보했다' '지척지척 걸었다' 등등의 더 분명한 대사를 구사한다면, 그의 동사 선택으로 미루어 다른 사람에 대한 생생한 기억과 통찰력을 짐작할 수 있다. 사물과 행동의 구체적인 이름은 우수한 두뇌 작용을 보여준다.

다음으로 **개성**의 표현을 살펴보자. 인물의 신념과 태도와 개별성처럼, 인물이 인생 경험을 거치며 얻게 되는 독특한 부산물들은 주로 문장의 수식어를 통해 표현된다.

수식어에는 첫째, 형용사가 있다. 두 인물이 불꽃 쇼를 구경하면서, 한쪽은 불꽃 쇼가 "크다"고 말하고, 다른 쪽은 "압도적이다"라고 말한다. 여기에서 두 사람의 개성은 판이해진다.

둘째, 부사가 있다. 두 인물이 지나가는 오토바이를 쳐다본다. 한 사람은 오토바이가 "맹렬하게" 지나갔다고 말하고, 다른 사람은 "빨리" 달렸다고 말한다. 역시 전혀 다른 두 개성이 드러난다.

셋째, 동사의 방향성이다. 문장의 핵심 동사는 능동에서 수동까지 동작의 스펙트럼이 넓다. 능동태 문장에서는 행동의 수행자가 주어이고 행동의 수령자가 목적어다. 수동태 문장에서는 이 관계가 뒤집혀 행동의 수령자가 주어가 된다. 따라서 "가족들이 결혼식을 계획했다."는 식의 능동문을 주로 쓰는 사람과 "결혼식은 가족들에 의해 계획됐다."는 식의 수동태로 주로 사건을 기억하는 사람은 자연히 서로 대비된다. 인생사가 어떻게 굴러가는지에 관해 서로 전혀 다른 느낌과 기질을 드러낸다.

넷째, 조동사를 생각해볼 수 있다. 영어에서 조동사(할 수 있다, 할지도 모른다, 해야 한다, 하게 될 것이다, 될 것이다 등)는 핵심 동사에 붙어 능력, 가능성, 의무, 허락 등등 양태의 의미를 추가한다. 조동사구는 다음과 같은 사항들을 전달해준다.

1. 자신과 자신을 둘러싼 세계에 대한 인물의 지각
2. 자신의 사회적 입지와 관계의 상호작용에 대한 인물의 감정
3. 과거, 현재, 미래를 바라보는 인물의 관점
4. 무엇이 가능한가, 무엇이 허용되는가, 무엇이 필요한가에 대한 인물의 태도

"가족들이 결혼식을 계획할 수도 있겠지."라고 말하는 사람과 "모든 결혼식은 가족들에 의해 계획되는 게 마땅해."라고 고집하는 사람은 필시 전혀 다른 개성의 소유자들일 것이다.

'인물 특유의 대사'라는 원칙

명사와 동사는 인물의 지적 삶과 지식의 범주를 표현하고, 수식어구(형용사, 부사, 능동태와 수동태, 조동사)는 인물의 정서적 삶과 개성을 표현한다.

따라서 인물의 개성이 어떻게 스스로를 드러내 보이는지 파악하려면 이런 질문을 던져봐야 한다. "이 인물은 인생을 어떻게 바라보는가? 수동적인가 능동적인가? 이 인물은 문장의 주어에 어떤 수식어를 붙이며 술어는 어떻게 수식하는가?" 자판을 두드리기 전에 끊임없이 질문해보라. "어떤 단어, 어떤 문구, 어떤 이미지가 이 인물의 대사를 오롯이 그의 것으로 만들어주는가? 이 인물의 정신세계, 인생 경험, 교육 중에서 무엇이 그의 앎의 내용을 표현해주며, 그 사람 특유의 버릇과 개성을 표현해주는가?"

문화와 인물묘사

이런 질문의 답을 찾으려면 다음 사항을 고려해야 한다. 잠을 자든 깨어 있든 인물이 살아 있는 시간을 통틀어 그의 의식적·무의식적 정신은 방대한 양의 문화를 흡수한다는 것. 그런데 언어, 가족, 사회, 예술, 스포츠, 종교 등등의 결합체로서 인물이 흡수하는 문화의 총량은 저마다 달라진다.

당신의 인물은 한 해 두 해 인생의 사건들을 겪으며 무수히 다양한 방식으로 상처를 받고, 보상을 받고, 영향을 받았을 것이다. 날 때부터 부여받은 인물의 기질과 신체적 형질(매력적/평범함, 건강함/병약함, 공격적/수줍음, 높은 지능/낮은 지능 등등)이 이런 무수한 관습과 접촉을 만나 뒤섞인 결과, 유전자와 인생 경험이 버무려진 독특한 배합이 생겨난다. 그리하여 모든 인물은 다른 누구와도 같지 않으며 자신의 단일한 목소리를 갖게 된다.

뒤에 소개할 네 가지 사례연구에서, 작가가 인물의 정신세계에 개입하는 순간 그 안에서 무엇을 발견하는지 주목해보자. 다름 아닌 대중문화다. 「줄리어스 시저」에서 셰익스피어는 고전주의 시대에 가장 유명하고 가장 거대했을 청동상 '로도스의 거상'을 언급한다. 세계를 두루 여행한 브루투스와 카시우스가 항해 중 필시 이 청동상을 지나치며 경외심을 품었으리라는 의미가 담겨 있다. 엘모어 레너드는 소설 「표적」에서 워터게이트 시절 히트 영화 「코드네임 콘돌」의 이미지를 가져와 엮어 넣는다. 필시 소설 속 인물들도 감수성 예민한 10대 시절 이 영화를 봤으리라는 짐작이 깔려 있다. 시트콤 「30 록」은 군데군데 상류층의 집착을 보여주는 장치로 요트와 합병 같은 요소를 등장시킨다. 한편 영화 「사이드웨이」에서는 고급 와인이 더 이상 부자들의 전유물이 아니며, 학교 선생들이 소믈리에 못지않은 전문가들이라는 사실이 제법 비중 있게 다뤄진다.

이 작품들을 쓴 작가들은 장면 하나를 쓸 때마다 인물의 내면으로 들어간다. 그 인물이 살아오면서 이제껏 봐온 것이 무엇인지 알아내기 위해서 말이다. 그의 인물이 당면한 삶과 예술 작품이나 요리의 유사성을 끌어내는 사이, 작가는 장면을 풍성하게 해줄 문화적 아이콘을 발견한다. 이번에도 역시 제삼의 요소를 이용해 삼각관계의 대화가 형성되고 있다.

한번 생각해보자. 실제로 사람들은 어떻게 말로 자신을 표현할까? 자신이 생각하는 바, 느끼는 바를 어떻게 설명하고, 말해져야 하는 것을 어떻게 말하며, 더 중요하게는 행해야 하는 것을 어떻게 행할까? 답을 하자면, 사람들은 자기가 아는 모든 것을 여기저기서 끌어 모아 사용한다. 그렇다면 사람들이 알고 있는 것 중에 무엇을 가장 먼저 꼽을 수 있을까? 그건 바로 문화다. 대중적이든 소수 취향이든, 정규교육에서 습득한 것이든 길모퉁이에서 주워들은 것이든 관계없이 여하튼 문화야말로 우리가 가진 지식의 주된 원천이다. 여기에 우리는 자연, 도시 경관, 일터 풍경, 종교 의식을 접하면서 인물의 경험에 새겨진 온갖 이미지들을 보탠다. 그리고 꿈, 미래에 대한 환상, 이 모든 익숙한 것들을 한데 엮는 낮과 밤의 사색의 이미지들을 더한다. 이런 경험의 총합으로 만들어진 이미지의 보물 상자야말로 당신이 쓰려는 작품 속 인물들의 입에 독특한 대사를 불어넣어 줄 것이다.

다음에 소개하는 네 가지 사례연구들을 통해 이 원리들을 살펴보자.

희곡 「줄리어스 시저」

설정이 이렇다 해보자. 원로 A는 권세와 인기를 누리는 인물이다. 시기 어린 원로 B는 존경받는 원로 C를 원로 A에 맞서는 대항 세력에 포섭하고자 한다. 하여 원로 B가 원로 C를 한쪽으로 불러 설득을 시도한다.

원로 B

원로 A의 인기와 권세가 너무 막강해서 그에 비하면 우리는 참 보잘것없소.

원로 B는 뻔한 사실을 소극적이고 불명확한 언어로 진술한다. 이보다 더 설득력 없고 상상력이 빈곤하며 흥미가 떨어지는 대사도 없을 것이다. 이런 식의 비교로 원로 C의 신경을 건드릴지언정, 원로 B의 말에는 생동감을 줄 이미지도 없고 깊이를 더할 서브텍스트도 없다. 시시한 불평에 불과해 원로 C로서는 대수롭지 않게 지나쳐버리기 쉬울 것이다.

역사상 가장 위대한 대사의 장인은 그 순간을 어떻게 전달하는가. 「줄리어스 시저」 1막 2장을 살펴보자.

카시우스

(브루투스에게)

이보게, 저자는 좁은 세상에 거상처럼 떡하니 버티고 서 있는데, 우리처럼 하찮은 인간은 저자의 거대한 가랑이 밑을 서성대며 그저 어디 치욕스러운 무덤 자리라도 찾을 수 없을까 힐끔대고 있지 않은가.

셰익스피어의 카시우스는 상황을 극도로 과장해서 말하는데, 감언으로 타인의 머릿속에 접근하고자 하는 사람들의 행태로서 당연한 노릇이다. 그런 이들은 갖은 수사법을 동원해 왜곡, 과장, 조작을 서슴지 않는다.

'로도스의 거상'은 고대 7대 불가사의 중 하나였다. 높이 30미터가 넘는 태양신 헬리오스의 청동상이 로도스항에 양발을 벌리고 서 있고, 그다리 밑을 지나 배들이 항구를 드나들었다. 카시우스는 시저를 한 발은 스페인에, 다른 발은 시리아에 딛고 서서 지중해 전역을 두 다리 사이에 거느린 어마어마한 상상의 거상에 비유한다.

그런데 셰익스피어가 카시우스의 입에 담아준 "좁은 세상"이라는 문구가 주의를 끈다. 본능적으로 가장 쉽게 머리에 떠오르는 문구는 "드넓은 세상"이었을 텐데, 어째서 "좁은 세상"이라 했을까?

그 까닭은 추측건대 셰익스피어가 인물에 기반을 두고 글을 썼기 때문이다. 셰익스피어는 카시우스의 머릿속으로 슬그머니 자신의 상상력을 밀어 넣어 카시우스의 주관적 관점에 자신을 세워볼 수 있었을 것이다.

카시우스가 세상을 보는 식대로 세상을 보고, 그 시선에 걸맞게 선명한 이미지가 떠오르는 대사로 "좁은 세상"이라는 문구를 쓰게 된 것이다.

로마의 원로로서 카시우스와 브루투스는 제국의 지도를 탁자 위에 펼쳐 놓았으리라. 매주 로마제국 방방곡곡에서 보내는 전략상의 보고들이 그들 앞에 당도한다. 세계의 폭이 어느 정도인지, 로마의 것이라 칭해지는 모든 것들의 너비를 두 사람은 정확히 파악하고 있다. 물정 모르는 자들이 보기에는 세계가 넓을지 모르나, 이 세련된 정치인들에게는 세상이 비좁다. 어찌나 가느다란 땅덩이인지, 단 한 사람 야심 찬 시저 혼자서 장악하고 통치하지 않던가.

인물들에게 몰입하는 한편으로, 셰익스피어는 분명 인물들의 어린 시절을 상상하고 조사까지 해뒀을 것이다. 이 작품 특유의 대사를 창작하는 데 필요한 영감을 얻은 곳이 바로 인물들의 교육인 까닭이다.

로마 귀족정하에서 학생들은 엄격한 웅변 훈련을 거쳐, 연설과 설득과 수사의 기예에 능숙한 미래의 정치인으로 양성되었다. 당시 대중연설의 지도 지침은, "생각은 현자답게, 연설은 평민답게"였다. 다시 말해, 거리에 어울리는 평이하고 짧은 단어로 연설하라는 것이다.

카시우스의 문장에 담긴 스물여덟 단어 가운데 길고 어려운 단어가 별로 없다는 점을 떠올려보기 바란다.

노련한 웅변가들은 짤막한 단어들을 엮어 격식 없이 소박하고 진솔하게 평이한 효과를 연출하는 동시에 자신의 기발한 말주변을 과시하기 마련이다. 셰익스피어는 이 점을 익히 알고 있었다. 짧은 단어들을 자연스럽고 듣기 좋은 리듬으로 전달하는 데도 기술이 필요하다. 카시우스는 아주 머리가 좋은 인물이다. 실제로 이 희곡의 등장인물들은 하나같이 단순한 단어들을 요령 있게 다룬다. 작품 전체에 걸친 대사 스타일이 거의 짧

은 단어들 일색이고, 서른 개 이상의 짧은 단어들을 한 줄로 꿰는 셰익스피어식 구절들도 눈에 띈다.[1]

더구나 귀족 원로로서 카시우스와 브루투스는 귀족 가문의 유산에 대한 자부심이 대단하다. "하찮은" 인간으로 보인다든지 "치욕스러운" 무덤 자리를 찾아 "힐끔대고" 있다는 생각은 고결한 브루투스에게 혐오감을 불러일으킨다. 이런 신랄한 이미지를 내세워 카시우스는 브루투스로 하여금 시저를 암살하도록 부추긴다.

영어 조동사의 측면에서 대사를 살펴보면, 카시우스는 과감하고 냉정한 사고로 임무에 임하는 인물인 까닭에 '버티고 서다' '서성대다' '힐끔대다'처럼 직접적인 동작동사를 사용한다. 수식어로 술어를 변경하지 않는다. 만일 그랬다면 이런 대사가 됐을지 모른다.

카시우스

내 보기에는 마치 위대한 시저가 일종의 거대한 조각상처럼 이 좁은 세계에 버티고 선 것일 수도 있겠구나. 그러니 우리처럼 가련한 인간들은 그의 거대한 다리 밑으로 걸음도 조심하며 다녀야 할 테고, 혹여 운이 정말 좋으면 언젠가는 더럽고 치욕스러운 무덤 자리나마 찾아질까 싶어 곁눈질로 힐끔대기라도 해야지 않은가 싶네.

내가 고쳐 쓴 대로라면 여기서 카시우스는 나약하고 초조한 인물이 된다. 가능한 것과 불가능한 것, 허용된 것과 허용되지 않은 것, 확실한 것과 확실하지 않은 것 같은 생각에 사로잡힌 나머지 그의 동사들은 "할 수 있겠지" "그렇게 할 테지" "해야지 않은가" 그리고 그 밖의 조심스러운 보조 어구들로 둘러싸여 있다.

마지막으로 대단히 중요하게 고려할 점은 카시우스를 둘러싼 배후의 욕망, 그리고 그의 행위에 틀을 지우는 신사적 제약들이다. 그는 브루투스가 개인 성향이 매우 강하고 과묵하지만 예리한 사람임을 알고 있다. 두 사람 모두 교양인은 상대에게 자기 마음을 드러내지 않는 게 당연시되는 엘리트 사회에서 성장했다. 그러니 인물에 기반한 글을 쓰기 위해 셰익스피어는 필시 그의 인물이 결코 하지 않을 말이 무엇인지 알아내는 데 생각과 감정을 기울였을 것이다. 예컨대 고상한 카시우스가 대놓고 이렇게 말할 리는 없다.

카시우스

권력을 손에 쥐고 흔드는 그 시저가 나는 역겹네. 자네도 그놈을 싫어하는 걸 알아. 그러니 그 폭군 앞에 무릎 꿇고 구걸하듯 아첨하는 신세가 되기 전에 그 개자식을 죽여버리세.

힙합 노랫말을 제외하면, 21세기는 시의 함량이 낮은 시대인 듯하다. 셰익스피어 풍의 약강 오보격 운율은 무리하게 느껴질 수도 있다. 그래도 여전히 우리는 우리가 창조하는 장면들이 강렬하게 펼쳐지기를 바란다. 극 중 인물들의 정서적 삶에 필적하는, 그리하여 독자/관객을 감동시키는 강렬함을 가지길 바란다. 이 목표를 이루기 위해, 우리는 셰익스피어에게서 영감을 받아 대사에 풍성한 이미지를 입힌다. 우선 인물의 주관적 관점에서 장면을 시각화하고, 그런 다음 인물의 본성과 경험 내부에서 언어를 길어 올려 인물 특유의 대사를 창조해내는 것이다.

소설 「표적」

　설정은 이렇다. 탈옥 과정에서 한 범죄자가 여성 연방요원을 강제로 그녀의 차 트렁크에 태우고 자기도 따라 들어간다. 범죄자의 동료가 운전대를 잡고 차를 몬다. 깜깜한 트렁크 안에 몸이 포개져 움쭉달싹 못하는 사이, 범죄자와 요원은 거부할 수 없게 서로에게 이끌린다. 도주가 끝난 뒤에도 둘은 서로를 잊지 못한다. 결국 요원이 그의 위치를 추적해 한 호텔로 찾아간다. 서로 대립하는 역할임에도 불구하고, 서로를 원하는 열정에 이끌린 두 사람은 그곳에서 휴전을 선언하고 함께 로맨틱한 밤을 보낸다.

INT. 럭셔리한 호텔 방—밤
잘생긴 범죄자와 아리따운 연방요원이 서로를 갈망하듯 응시하고, 두 사람의 촉촉이 젖은 눈동자가 촛불에 반짝거린다.

　연방요원

　혼란스럽고 겁이 나요.

　범죄자

　나도 마찬가진데, 침착하려고 애쓰고 있어요.

　연방요원

　나도요, 그런데 당신이 덮칠까 봐 불안해요.

범죄자

절대 그럴 일 없어요. 내가 바라는 건 로맨틱한 밤을 함께 보내는 것뿐이니까.

연방요원

다행이에요. 나도 당신이 겉으론 거칠어 보이지만 속으로는 정말 다정한 사람일 것 같긴 해요. 그래도 여전히 의심은 남아요. 혹시 내 도움으로 법망을 피하려고 나를 유혹하는 건지도 모르잖아요.

범죄자

아니요. 물론 당신은 여전히 연방요원이고, 나는 여전히 은행강도고, 당신에게는 주어진 임무가 있다는 건 나도 알지만. 그런데도 당신이 너무 아름다워서 우리가 처음 만난 순간의 느낌이 떨쳐지지 않아요.

두 사람은 한숨을 내쉬고 서글프게 샴페인을 홀짝인다.

　사람들이 정확히 생각하고 느끼는 그대로를 남김없이 말하는 마비된 언어로 이 장면을 한번 써봤다. 결과는? 어떤 배우가 와도 살려내기 힘든 납작한 잔해뿐이다. 인물의 내면을 그대로 말로 옮기는 노골적인 대사는 배우를 나무토막으로 만들어놓는다.

　엘모어 레너드는 현대 소설에서 가장 대사를 잘 쓰는 작가 중 한 명이다. 과연 레너드는 경찰과 범죄자의 밀회를 어떻게 제시하는지, 위에 내가 쓴 장면과 대조해서 읽어보자.

　「표적」의 20장. 은행강도 탈주범 잭 폴리가 연방 보안관 캐런 시스코를 디트로이트 강변이 내려다보이는 호텔 스위트룸으로 초대한다. 두 사람은 술을 마시며 탈옥 장면과 보안관의 차 트렁크에서 있었던 둘의 위험하면서도 에로틱했던 접촉을 회상한다.

"당신이 얼마나 말이 많았는지 기억해요?" 여자가 물었다.

"긴장했으니까요." 남자가 말하며 먼저 여자의 담배에, 그리고 자기 담배에 불을 붙였다.

"맞아요, 하지만 전혀 내색하지 않더군요. 아주 침착한 사내였죠. 그러더니 트렁크에 탔을 땐… 내 옷을 찢기라도 할 줄 알았어요."

"그런 생각은 해본 적도 없어요. 뭐, 나중엔 좀 달랐지만. 페이 더너웨이 얘기하던 거 기억나요? 내가 그 영화 「코드네임 콘돌」 좋아한다니까 당신도 그 대사가 좋다고 했던가? 둘이 같이 잔 다음 날, 남자가 여자의 도움이 필요할 거라 말하니까 여자가…."

"내가 당신을 거절한 적 있던가요?"

"그때 잠깐 그런 생각이 들었죠, 당신이 말하는 게 꼭 나를 꼬시는 것 같다고."

"나도 모르게 그랬을지도 몰라요… 둘이 침대로 가기 전에 여자가 남자더러 거칠어진다고 나무라지요. 남자가 '뭐라고? 내가 덮치기라도 했나?' 하니까 여자가 그러잖아요. '밤은 아직 젊어요.' 나도, 어머, 이 여자 뭐 하는 거야, 남자를 자극하는 건가, 싶었죠."

"당신이 계속 내 몸 만지던데, 허벅지 더듬으면서."

"맞아요, 그래도 기분 나쁘진 않았지."

"나를 주주라고 부르고."

"사탕봉지예요, 안에 달콤한 게 잔뜩 든."

겉으로는 단순해 보이지만 복잡한 이 장면에서 레너드의 대사는 함축된 두 겹의 이미지 층위에 여러 겹의 텍스트적 이미지를 층층이 쌓아 올린다. 처음 두 개 층위는 이미 작품 앞부분에서 깔아놓은 것이다.

층위 1. 설정의 이미지: 오랫동안 꿈꿔온 캐런과의 재회를 위해 잭은 고요히 눈 내리는 밤 도시의 전경이 펼쳐지는 호화로운 호텔 스위트룸을 잡는다. 불빛이 은은하고 음악은 감미롭다. 두 사람은 고급 위스키 광고판의 세련된 커플처럼 자세를 잡고 있다. 레너드가 이런 화려한 클리셰 설정을 즐기는 까닭은 이를 통해 반복해서 아이러니와 역회전을 시도할 수 있기 때문이다.

층위 2. 익숙한 상황 이미지: 두 사람의 로맨스는 '불법'이다. 잭은 도주 중인 흉악범이고, 캐런은 경찰이다. 이런 상황은 이전에도 이미 여러 번 다뤄졌다. 「토마스 크라운 어페어」(1968)에서 맥퀸과 더너웨이, 「다크 패시지」에서 보가트와 바콜, 「샤레이드」에서 그랜트와 헵번이 그렇다. 그냥 클리셰가 아니라 영화적 클리셰라 하겠다.

레너드의 대사는 여기서 나아가 더 많은 단면들을 추가한다.

층위 3. '현실'로부터의 도피: 잭과 캐런은 본인들이 등장하는 영화의 장면 위에 또 다른 영화 「코드네임 콘돌」의 장면을 중첩시킨다. 두 사람이 각자 이 영화에서 좋아하는 대목에 대해 수다를 떠는 건 그들이 사실상 영화 같은 상황 안에 처해 있다는 점을 충분히 인지하고 있기 때문이다. 그 덕분에 소설을 읽는 독자의 머릿속에서 로버트 레드포드, 페이 더너웨이라는 유명 배우의 얼굴과 잭과 캐런이라는 소설 속 얼굴이 뒤섞이면서, 에피소드 전체에 할리우드영화의 광택이 덧입혀진다.

층위 4. 기억: 두 연인은 자동차 트렁크 안에서 겪은 두 사람의 친밀한 모험을 재연한다. 이 장면은 작품 도입부의 탈옥 장면을 읽으며 독자의 머릿속을 스쳐 갔던 미니영화로 다시 독자를 데려간다.

이렇듯 독자의 머릿속에는 네 겹의 이미지가 중첩된다. 호텔 설정, 경찰과 범죄자라는 상황, 할리우드 버전, 그리고 둘의 첫 만남에 대한 윤색된 회상. 그러나 여기까지는 표면에 불과하다.

이 표면 아래에서 레너드는 입 밖에 내지 않은 인물의 욕구와 꿈이라는 인물의 내면을 창조한다.

레너드가 활용하는 제삼의 요소는 두 가지다. 하나는 영화 「코드네임 콘돌」이고, 다른 하나는 둘의 첫 모험에 얽힌 기억이다. 이 두 요소가 주거니 받거니 하는 가운데 서로 맞물린 삼각관계의 대화가 형성된다. 2부에서 설명했듯이, 제삼의 요소를 통해 장면을 풀어나가면 곧이곧대로 대사를 쓰는 실수를 피해갈 수 있다.

층위 5. 서브텍스트: 대사의 이면에서 우리는 경찰과 범죄자 역할을 밀쳐두고 잠시 현실에서 벗어나고 싶은, 그리하여 이 로맨스의 충동에 빠져들고픈 잭과 캐런의 욕망을 감지한다. 두 사람의 성적 환상이 금기된 결합이라는 현실 인식과 충돌하리라는 걸 쉽게 상상할 수 있다. 이것이 거꾸로 그들의 육체적 욕망을 위험하고 치명적인 것으로 만들어, 오히려 더 에로틱한 효과를 불러일으킨다. 과연 이 두 사람 중 누구라도 자신들의 이런 감정에 이름을 붙일 수 있을까? 못할 것이다. 감정에 이름을 붙이면서 동시에 감정을 유지할 수 있는 사람은 아무도 없다. 감정에 이름을 붙이는 건 곧 감정을 질식시키는 노릇이다.

두 사람이 처한 현재는 면도날처럼 첨예하다. 그래서 레너드는 두 사람으로 하여금 처음 만난 순간을 회상하며 현재를 외면하게 한다. 그런데 그 과정에서 두 사람이 과거에 대해 하는 말 하나하나가 바로 지금 그들의 감정 상태의 서브텍스트를 드러내준다.

두 사람은 가슴 쿵쾅대던 탈옥의 순간과 태연함을 가장하던 자신들의 행동에 대해 키득거리지만, 그 순간에도 캐런은 자기가 지금 말솜씨 번드르르한 강간범과 한 소파에 앉아 있다는 걸 알고 있고, 잭은 언제고 문을 부수고 들어올 경찰 특수기동대가 문밖에 대기 중임을 알고 있다. 자동차 트렁크에서 둘이 느낀 도발적인 긴장감에 대해 대수롭지 않게 농을 주고받고 있지만, 지금도 이 순간의 열기로 호텔 방은 이미 뜨겁게 달아올라 있다. 특히 중요한 건 두 사람이 「코드네임 콘돌」의 재치 있는 인용 뒤에 이 모두를 감추고 있다는 점이다.

이 말해지지 않은 것의 다섯 번째 층위에서 레너드는 캐런과 잭을 결합시킨다. 비록 법을 사이에 두고 서로 대립하는 처지지만 속으로는 옛날 영화에 빠진 못 말리는 한 쌍의 공상가들임을 우리는 깨닫는다.

층위 6. 꿈: 이렇게 서브텍스트를 간파하면 잭과 캐런의 애석한 몽상을 상상하기도 어렵지 않다. 잭은 캐런이 페이 더너웨이가 되어 자신이 분한 로버트 레드포드를 어떻게든 구해주기를 바라면서도, 실제로 그런 일은 절대 일어나지 않으리라는 걸 안다. 캐런 역시 자신이 페이 더너웨이가 되어 그 시나리오를 연기하는 모습을 상상해본다. 그런 바람을 품고는 있지만 잭이 그렇듯 그녀도 이것이 불가능한 공상에 불과하다는 걸 안다.

레너드는 분명 대사를 사랑하는 작가였을 것이다. 아니고서야 그토록 능수능란하게 대사를 쓰지 못했을 것이다. 그러니 그의 인물들 역시 대사를 사랑하는 것이 눈에 보인다. 「코드네임 콘돌」을 기억할 때 두 사람은 배우들의 표정이나 동작을 떠올리지 않는다. 말 그대로 대사를 인용한다. 레너드가 그 영화를 관람할 때 필시 그의 귓전에 울렸을 대사들이다.

이 장면에 대한 깊은 통찰을 통해 독자가 얻는 보상은 과연 무엇일까?

엄청난 서스펜스다. 두 사람이 과연 사랑을 나눌까? 여자는 경찰 신분임을 망각하고 남자를 도망치게 해줄까? 여자가 남자를 체포할까? 여자가 남자에게 총을 겨눠야 할까? 남자는 어쩔 수 없이 여자를 죽이게 될까? 언뜻 보기에 금지된 두 연인 사이의 무심한 수다가 이 모든 질문과 그 이상의 이야기를 표현하고 있다.

시트콤 「30 록」

시즌 5 1화, '파비우스 전략'

이 30분 길이의 코미디 시리즈는 뉴욕 록펠러센터에 있는 NBC 방송국 사무실과 스튜디오를 무대로 펼쳐진다.

존 프랜시스 '잭' 도너히(알렉 볼드윈 분)는 GE사의 '이스트코스트 텔레비전 앤 마이크로웨이브오븐 프로그래밍' 부사장이다. 리즈 레몬(티나 페이 분)은 황금시간대 버라이어티쇼의 프로듀서 겸 메인 작가이고, 에이버리(엘리자베스 뱅크스 분)는 잭의 약혼자다.

아래 장면은 잭의 화법을 보여주는 몇 가지 본보기다. 잭의 독특한 인물묘사를 전달하는 부분과 그의 진정한 성격을 암시하는 대목을 굵은 글씨로 강조해보았다.

여름 휴가지에서 돌아온 첫날 아침, 잭이 리즈에게 전화를 건다.

잭

레몬, 우리 막 돌아왔네. 폴 앨런의 요트에서 에이버리와 최고로 근사한 휴가를 보냈어. **희열을 만끽했지. 에이버리보다 더 완벽한 여자는 없을 거야. 겉은 젊은 보 데렉인데 속에는 배리 골드워터가 들어 있다니까.** (사이) 그래도 현실로 돌아와야지. **정중한 시중과 프라이버시의 보호**를 받으며 해변에서 보내던 달콤한 시간도 끝이로군.

(참고로, 폴 앨런은 마이크로소프트사 공동창업자다.)

그날 오후 리즈를 비롯한 쇼 담당 프로듀서들과 회의를 하는 자리에서 잭은 방송의 부진으로 인해 중차대한 합병이 위협받게 될까 우려한다.

잭

케이블타운 친구들이 합병에 구미를 잃지 않게 하려면, 우리가 **수익성 있는 섹시한 회사**로 보여야 하는데, 거의 **목표치에 근접**했네. 해리포터 테마파크가 영국 예찬론자들과 소아성애자들 모두에게 대히트거든. 영화 파트에서는 제임스 캐머런 영화를 준비 중이니까 좋든 싫든 전 세계가 볼 테고. 잡티 하나 없는 유니버설 미디어의 얼굴에 유독 NBC만 질긴 **좁쌀 여드름**으로 남아 있단 말이야.

퇴근 무렵, 리즈가 애정관계에 문제가 있다고 털어놓자 잭은 이렇게 충고한다.

잭

마냥 휴가만 즐길 수는 없어. 때가 되면 **당연히 같은 집으로 돌아가 빨랫감을 내놓고 함께 생활을** 해야지. 그러다 둘 중 하나가 "인테리어를 다시 해야겠다."고 말하면, 한쪽은 이러겠지. "제발, 에이버리, 난 **현 상태대로** 잘 쓰고 있어."

리즈

저런, 인테리어를 다시 하고 싶대요? 살림 합친 지 얼마 안 됐잖아요.

잭

에이버리는 **의견이 분명한** 사람이야. 그녀의 **그런 점이 나도 좋고.** 불행한 건 그녀가 2층 복도를 '**허스크**'라는 **줄무늬 마감으로** 다시 칠하고 싶어 하는데, 나는 기존의 적갈색 '**엘크 텅**' 그대로를 더 **선호한다는** 거지.

리즈

그럼 싫다고 말해요. 집주인이니까.

잭

이래서 자네가 한 번도 성인다운 관계를 맺지 못했다는 거야. **만약 내가 싫**다고 하면, 그 **경우** 장차 뭔가 다른 일에 대해 **좋다는 답변을 요구받게 될 거고,** 그건 아마 더 큰 게 걸린 사안일 가능성이 높지.

리즈

그럼 좋다고 말하든가요.

잭

만약 내가 항복하면, 그 경우 나는 더 이상 내 집에서 일 순위를 지키지 못하게 돼. 순식간에 그녀가 골라주는 **청바지를 입고 소설을 읽게** 되겠지.

리즈

글쎄, 어쨌든, 주어진 선택은 좋다와 싫다 둘 뿐이잖아요.

잭

대개의 남자들한테는 당연히 그렇지. 그러나 제삼의 옵션이 있어. 이름하여 **파비우스 전략…** 로마의 장군 퀸투스 파비우스 막시무스에게서 이름을 따왔지. 이 장군은 도망을 쳤어, 레몬. 전투에 참여하지 않고 후퇴에 **후퇴를 거듭해, 마침내 피로해진 적이 결국 실수할 때까지.** 군사적인 전략으로는 질색이지만, 나의 모든 대인관계에 있어서는 기초가 되는 전략이지.

잘생긴 얼굴, 고급 맞춤양복, 150달러짜리 헤어스타일도 잭이 어떤 사람인지 암시해주기는 한다. 하지만 이런 신체적 외양을 넘어서 작가들은 구체적 용어를 동원해 그의 인물묘사를 못 박는다. "희열을 만끽" "잡티 하나 없는" "보 데렉" "수익성 있고 섹시한 회사" "프라이버시의 보호" "현 상태" "허스크" "엘크 텅" "선호한다" "질색"처럼 말이다. "더 이상 못 지키다" "좋든 싫든" "할 수 없게 된다" "해야 한다" "만약/그 경우" 등의 보조적 구문은 타인들에 대한 잭의 통제감을 시사해준다. 인용된 대사들의 단어 및 어구 선택이 방증하는 것은 여러 가지다. 대중문화에 대한 해박한 지식, 높은 교육 수준, 상류층과의 동일시, 자본가 정신, 통제적인 경영 스타일, 그리고 무엇보다 거만하고 자기중심적인 우월의식까지. 이 모든 특징이 결합해 잭이 세상에 내보이는 외적 자아의 모습, 즉 그의 인물묘사가 아로새겨진다.

그런데 한편으로 어휘와 구문은 인물의 '차원'을 조명하는 역할도 한다. '차원'이란 인물의 본성을 떠받치고 있는 모순을 말한다. 이런 심리적

받침대는 두 가지 형태로 제시된다. 첫째, 인물묘사와 진정한 성격이 대립되는 모순을 통해서다. 즉 인물의 외적 특징과 내적 진실 간의 갈등, 가시적인 행위로 드러나는 외적 인격과 가면 너머에 감추고 있는 사람됨 사이의 갈등을 통해서다. 둘째, 자아와 자아가 대립되는 모순을 통해서다. 이런 차원들은 인물의 진정한 성격 내부에서 서로 다투는 알력들에 선이 맞닿아 있다. 주로 의식적 자아의 욕망이 정반대되는 잠재의식적 자아의 충동과 반목하는 경우가 많다.[2]

잭의 화법에서 드러나는 차원은 일곱 가지 정도다.

1. 사회적으로는 세련됐지만(폴 앨런의 요트/정중한 시중) 개인적으로는 은근히 원초적이다.(내 집의 일 순위/좁쌀 여드름)

2. 비양심적이면서(영화 파트에서는 제임스 캐머런 영화를 준비 중이니까 좋든 싫든 전 세계가 볼 테고) 죄책감을 느낀다.(좋다는 답변을 요구받게 될 것이다.)

3. 경제 정책에 관해서는 보수적인 입장이지만(배리 골드워터) 위험은 감수한다.(해리포터 테마파크가 영국예찬론자들과 소아성애자들에게 대히트다.)

4. 교육 수준이 높지만(로마 장군 퀸투스 파비우스 막시무스) 자기기만에 빠져 있다.(나의 모든 대인관계에 있어서 기초)

5. 지적 허영이 있지만 해박하다.(줄무늬 마감)

6. 사생활의 운용에는 우회 전술을 차용하지만(후퇴를 거듭해서 마침내 피로해진 적이 결국 실수를 할 때까지) 자신의 연애관계를 이상화한다.(더 완벽한 여자는 없을 거다.)

7. 현실주의자이지만(마냥 휴가만 즐길 수는 없다.) 몽상가다.(함께 생활을 해야지.)

연출자들은 허공을 응시하며 이상화된 미래를 상상하는 잭의 모습을 끊임없이 클로즈업으로 잡아 보여준다.

이렇게 잭 도너히는 다차원적인 인물이지만 드라마틱한 인물은 아니다. 오히려 맹목적 집착에 쫓기는 내심 코믹한 인물이다.

드라마틱한 인물과 코믹한 인물 모두 욕망의 대상을 추구한다는 점에 있어서는 똑같다. 둘의 핵심적인 차이는 자각이다. 드라마틱한 인물은 욕망을 추구하는 과정에서 한발 물러서 이런 분투 끝에 자신이 죽을지도 모른다고 깨달을 만한 지각이 있다. 코믹한 인물은 그렇지 않다. 그의 핵심 욕망은 그의 눈을 멀게 한다. 코믹한 인물은 자기 망상에 사로잡혀 생각이 욕망에 고착되고 자신도 모르게 정신없이 욕망을 뒤쫓는다. 이런 평생의 광기가 매 순간 그의 선택에 대해 통제까지는 아니더라도 영향을 행사한다.[3]

잭 도너히는 현재보다 1920년대에 더 어울리는 귀족적 생활방식에 무분별한 집착을 보인다. "정중한 시중과 프라이버시의 보호를 받으며 해변에서 보내던 달콤한 시간"이라니, 마치 에드워드 8세와 결혼하기(1937년의 일이다.) 전 월리스 심슨의 일기 한 자락처럼 들리는 소리다. 요트에서 보내는 휴가는 F. 스콧 피츠제럴드의 소설 속 장면들을 연상시킨다. 잭의 천생연분인 에이버리 역시 명문 사립 초트스쿨과 예일을 졸업한 상류층의 일원이다. 프린스턴 졸업생답게 잭은 청바지 차림을 경멸하고 읽을거리로는 논픽션만 고집한다.

잭은 조건절을 활용해 문법적으로 균형 잡힌 문장들을 구사한다. 그의 대사는 상류층 칵테일파티에서 턱시도를 입고 일 얘기를 하는 사업가의 입에서 나올 법한 말들이다. 실제로 잭은 야회복으로 턱시도를 즐겨 입는다. 시즌 1에서 리즈가 그에게 왜 사무실에서 턱시도를 입고 있느냐 물으니 잭이 이렇게 대답한다.

"여섯 시가 지났으니 당연하지. 난 농부가 아닐세."

인물의 옷차림이 그렇듯 어휘와 구문 역시 안팎으로 인물의 차림새를 담당한다.

영화 「사이드웨이」

렉스 피켓은 소설도 쓰고 시나리오도 쓰는 작가다. 소설로는 첫 작품 「사이드웨이」와 두 번째 작품 「라 프리시마」 등이 있고, 2000년 아카데미 단편상 수상작에 시나리오 작가로 참여하기도 했다.

시나리오 작가 짐 테일러와 알렉산더 페인은 '쥬라기 공원' 시리즈 중 가장 각본이 좋은 「쥬라기 공원 3」에 참여한 바 있다. 뿐만 아니라 「시티즌 루스」, 「일렉션」, 「어바웃 슈미트」, 「사이드웨이」에서도 두 사람의 협업이 큰 성공을 거뒀다. 그 이후로 페인은 「디센던트」(2011), 「네브라스카」(2013)에서 각본과 연출을 맡았다.

「사이드웨이」는 피켓의 소설을 공동각색하고 페인이 연출한 작품으로, 아카데미 각색상을 비롯해 세계 유수의 영화제 수상작에 이름을 올렸다.

이들이 선택하는 소재가 말해주듯, 두 작가는 인생의 패자들이 어떻게든 싸움에서 이겨보려고 아등바등하는, 부질없어서 코믹해지는 몸부림에 관심이 많다.

「사이드웨이」는 장르상 교육의 플롯이다. 대단히 까다로운 장르지만 간단히 네 가지 관습으로 규정해볼 수 있다.

1. 이야기 도입부에서 주인공은 삶에 대해 부정적인 사고방식을 보인다. 자기 자신에게도, 자기를 둘러싼 세계에서도 아무런 의미를 찾지 못한다.

2. 주인공의 비관적인 관점에서 삶을 긍정하는 낙관적인 입장으로 이야기의 진행 곡선이 그려진다.

3. '가르치는 역할'의 인물이 등장해 주인공의 태도에 근본적인 변화를 이끄는 조력자가 된다.

4. 이야기에서 가장 큰 갈등의 원인은 주인공의 믿음, 정서, 습관, 태도로부터, 다시 말해 자기 파괴적 본성과 맞서는 주인공의 내적 갈등으로부터 기인한다.

교육의 플롯은 소설에 적합한 장르다. 소설은 작가가 인물의 가장 내밀한 생각과 감정에 직접 침투할 수 있게 해주기 때문이다. 예컨대 피켓의 1인칭 소설에서는 주인공이 자신의 은밀한 두려움과 의심을 직접 독자의 귀에 소곤거린다. 하지만 이런 문학적 형식을 영상으로 전달하기란 지극히 어렵다. 소설에서 작가가 공공연히 글로 쓰는 내용을 영상물은 뛰어난 대사를 통해 인물 내면에 넌지시 담아내야 한다.

이 영화의 주인공 마일스는 땅딸막한 이혼남에 실패한 소설가로 중학교에서 영어를 가르치고 있다. 시나리오상에서 대놓고 그를 알코올 중독자라고 비난하는 대목은 없지만, 와인 감정가라는 허울(소설 속 마일스의 표현을 빌자면) 아래 알코올 의존 사실을 숨기고 있을 뿐 중독인 건 틀림없어 보인다. 영화에서는 「사이드웨이」라는 제목이 따로 설명되지는 않는데, 소설에서 '사이드웨이'는 술에 취한 상태의 속어로 쓰인다. '사이드웨이로 빠진다.'는 말은 곧 인사불성으로 취한다는 뜻이다.

이 영화에서 '가르치는 역할'을 맡은 인물은 아름답고 지적인 마야다. 마야 역시 이혼 경험이 있는 와인 애호가다. 영화 중반쯤 마일스와 마야,

그리고 마일스의 친구 잭과 마야의 친구 스테파니, 이렇게 네 명이 함께 저녁을 보내다가 결국 스테파니의 집으로 모두 몰려간다. 잭과 스테파니가 침실로 사라지고, 마일스와 마야는 거실에 앉아 스테파니의 훌륭한 와인 컬렉션에서 와인을 한 병 꺼내 홀짝인다. 두 사람의 수다는 둘의 첫 만남에서(마야가 웨이트리스로 일하는 식당에 마일스가 손님으로 들어왔다.) 출발해 마일스의 관심사(그의 소설)로 넘어갔다가 다시 마야의 관심사(농업과학 석사전공)로 이어지고, 끝으로 와인에 대한 공통된 애정사로 귀결된다.

마야

왜 그렇게 삐노에 집착해요? 항상 그것만 주문하던데.

마일스가 생각에 잠긴 듯한 미소를 짓는다. 답을 찾듯 와인잔을 들여다보다가 천천히 얘기를 시작한다.

마일스

글쎄요. 삐노는 키우기 힘든 품종이에요. 알다시피. 껍질이 얇고 까탈스럽죠. 까베르네처럼 생존에 강하지 못해서… 어디서나 잘 자라고 방치를 견디는 타입이 아닌 거죠. 삐노에게 만족스러운 환경은 특정 국소 지역에 한정돼 있고, 맹목적인 애정을 쏟아부어야 해요. 인내와 성실로 보살피는 재배자들만이 그런 애정을 제공할 수 있고, 섬세하고 가슴 시리게 아름다운 최상의 삐노를 만나게 되겠지요. 제 발로 오지 않아요. 인간이 도달해야 해요. 토양과 태양의 적절한 조합이 필요하고… 완벽한 표현에 이를 때까지 애지중지 달래야 하지요. 그러면, 그때야 비로소, 지구상에서 가장 황홀하고 근사하고 잊히지 않는 삐노의 풍미가 살아나요.

마야는 이 대답이 대단히 솔직하고 감동적이라고 생각하는 눈치다.

마일스

(계속 이어서)

사실 까베르네도 강렬하고 고양된 맛을 풍기지만, 어째서인지 나한테는 좀 지루한 느낌이에요. 비교를 하자면요. 당신은요? 왜 그렇게 와인이 좋아요?

마야

아마 처음 와인에 빠지게 된 건 전남편 때문일 거예요. 남편 와인셀러가 꽤 뽐낼 만한 규모였거든요. 그런데 알고 보니 내가 미각이 아주 예리한 사람이더라구요. 마시면 마실수록 맛에 대해 떠오르는 생각들이 기분 좋았어요.

마일스

그래요? 어떤 생각인데요?

마야

와인의 생애를 음미해보기 시작했어요, 와인도 살아 숨 쉬는 존재로구나, 나와 삶을 더 가까이 이어주는구나 하고. 포도가 자라던 그해에 무슨 일이 벌어졌을지 생각해보곤 해요. 그해 여름 얼마나 태양이 뜨거웠을까, 날씨는 어땠을까 생각하면 즐겁지요. 포도를 재배하고 수확한 사람들을 모두 떠올려 봐요. 오래된 와인이면 그 사람들 중 얼마나 많은 이들이 세상을 떠났을까. 나는 와인이 계속 진화하는 게 좋아요. 와인 병을 딸 때마다 맛이 달라지는데 다른 날 다른 순간 땄다면 또 달랐겠지요. 와인 한 병이 인생 자체 같아요. 자라고 진화하고 복합적인 존재가 되어가요. 그러다 절정에 이르죠, 마치 예순한 번째 생일을 맞은 인간처럼, 그때부터 서서히 멈출 수 없는 내리막이 시작돼요. 그러면서 기가 막힌 맛을 내잖아요.

이번에는 마일스가 마야에게 정신없이 빠져들 차례다. 마야의 표정은 때가 무르익었음을 말해주는데 마일스의 몸은 여전히 얼어붙어 있다. 신호를 한 번 더 줘야 할 눈치다. 마야가 대담하게 신호를 보낸다. 팔을 뻗어 마일스의 손에 자기 손을 얹는다.

마일스

하지만 삐노 외에도 좋아하는 와인들이 많아요. 최근엔 한참 리슬링에 빠졌어요. 리슬링 좋아해요?

마야가 모나리자의 미소를 입가에 머금고 고개를 끄덕인다.

마일스
(손으로 가리키며)
화장실이 저긴가요?

마야

네.

마일스가 자리에서 일어나 걸어간다. 마야는 한숨을 내쉬며 손가방에서 담배를 꺼낸다.

앞서 예로 든 「표적」의 장면처럼 이 장면도 유혹이 오가는 대목이다. 그런데 이 경우 두 사람 모두 지극히 예민한 인물들이다. 마야는 사려 깊은 모성적인 인물이고 마일스는 감상적이고 존재감 없는 인물이다. 뒤에 소개할 「사랑도 통역이 되나요?」의 장면처럼 여기서도 인물들이 번갈아 서로에게 자기를 드러낸다. 그러나 개인적인 실패담을 고백하지는 않는다. 오히려 마일스와 마야 모두 폼 나게 보이고 싶은 자기 자랑이 행동의 저변에 깔려 있다. 상대방에게 자기의 장점을 피력하려고 각자 애를 쓰는 중이다.

마일스의 긴 대사 아래 깔린 서브텍스트에서 마일스는 마야를 자기에게 다가오도록 청하고, 마야의 답변에 깔린 서브텍스트에서 마야는 멋지게 그 초대에 응한다. 그를 향한 자신의 욕망에 의혹이 없도록 마야는 그의 손을 만지고 예의 모나리자를 닮은 유혹의 미소까지 지어 보인다. 그런데도 마일스는 꽁무니를 빼고 화장실로 달아나서 마야에게 좌절감을 안긴다.

여기서도 역시 어떻게 삼각관계의 대화를 중심으로 장면이 설계되어 있는지 주목해보자. 와인이 서브텍스트가 꿈틀대는 제삼자의 역할을 맡고 있다.

마일스

나는 제대로 알기 쉽지 않은 남자예요. 껍질이 얇고 까탈스럽죠. 강인하지도 않고, 끄떡없이 생존하는 타입도 아니에요. 아늑하고 안전한 울타리와 나를 애지중지해주는 여자가 필요해요. 하지만 인내와 성실로 보살펴주면, 내 아름다운 자질이 발현될 거예요. 내 발로 갈 수는 없어요. 당신이 와줘야 해요. 무슨 말인지 알겠어요? 적절한 애정으로 달래주면, 살면서 만나게 될 어떤 남자보다 더 황홀하고 근사한 남자로 변신할걸요.

마야

나는 삶에 열정적인 여자예요. 철이 바뀌고 날이 바뀌고 시간이 바뀌어도 나는 소중한 매 순간을 음미하며 시간의 황금빛으로 피어나요. 내 전성기는 지금이에요. 실수로부터 배울 만큼 성숙했고 성장하고 변화할 만큼 젊어요. 그래서 하루하루 지날수록 나는 더 복합적이고 더 놀라운 존재가 되겠지요. 그렇게 절정에 이르면, 정말이지 당신과 함께 있는 이 순간이 내 절정일 텐데, 아주 굉장히 좋은 맛이 날걸요. 제발 안아줘요.

이런 감정을 느끼거나 막연하게 이런 생각을 품는 사람은 있을지 모르지만, 이토록 괴롭고 당혹스러운 말을 입 밖에 내는 사람은 아마 없을 것이다. 각자의 생각과 열망을 털어놓는 수다에 이런 대담한 언어를 직접 대입했다가는 대화가 터무니없이 진부해져 버린다. 훌륭한 배우들도 이런 대사는 목에 걸려 차마 뱉기 힘들 것이다.

그런데 테일러와 페인은 시나리오의 인물들이 정확히 이런 행동을 취해주길 원한다. 상대 눈에 최대한 멋지게 보이기를, 상대의 애정을 획득하기 위해 솔깃한 허풍과 호언장담도 서슴지 않기를 바란다. 문제는 이런 행동의 교환을 어떻게 대사로 담아내느냐다. 인물들이 대화를 나누게 해야 한다.

일반적으로 대화는 어떻게 이뤄질까? 사람들은 자신이 아는 바를 제삼의 요소로 이용한다. 그렇다면 이 인물들이 알고 있는 건 뭘까? 마일스와 마야는 두 가지 주제, 즉 와인과 자신들에 관해서는 전문가들이다. 와인에 대해서는 방대한 실용적 지식을 보유하고 있고, 자신들에 대해서는 낭만화되고 이상화된 지식을 보유하고 있다. 그래서 두 사람은 와인과 와인 재배의 본질적 속성을 자신들의 본성에 대한 은유로 활용해서 상대방의 찬탄을 얻어내려고 각자 머리를 굴린다.

앞서 언급했듯, 여기서 핵심은 인물들의 어휘다. 인물 특유의 대사는 인물이 입 밖에 내지 않은 욕망과 이런 욕망을 충족하기 위해 취하는 행동에서 비롯된다. 저변에 깔린 인물의 생각과 감정을 분명한 단어로 옮겨 전달하는 대사가 곧 행동이 된다. 특정 행동을 취하는 특정 순간에 특정 인물의 입에서 나올 법한 바로 그 단어 말이다.

페인과 테일러는 피켓의 소설을 토대로 자신들의 지식과 통찰을 더 추가해서, 마일스와 마야에게 각각 그들 특유의 목소리와 어휘를 부여했다. 상대를 유혹하려고 마일스와 마야는 와인의 언어로 자신들을 설명한다. 마일스의 조동사적 표현과 섬세한 형용어구들은 명사와 동사를 이용해 대담하게 이름을 붙이는 마야의 말투와 대비된다.

페인과 테일러는 인물의 말을 듣는 귀가 아주 밝은 작가들이다.

DIALOGUE

제12장

이야기, 장면, 대사

이야기의 결함 탓에 깜짝 놀랄 만큼 훌륭한 대사가 낭비되는 사례들을 이따금 경험한다. 대사도 엉망, 전개도 엉망인 이야기를 간신히 참아낸 경험은 누구나 있지만, 훌륭한 이야기를 엉터리 대사가 망쳐놓는 경우는 좀처럼 드물다. 이유는 단순하다. 훌륭한 스토리텔링은 훌륭한 대사를 불러오기 때문이다.

형편없는 대사는 이야기 내부의 세균감염을 경고하는 잦은 고열 같은 증상이다. 그런데 글을 쓰느라 씨름 중인 작가들은 종종 증상을 질환으로 오해하고 강박적으로 대사를 수정해 장면을 대충 봉합하려 든다. 일단 대사가 괜찮으면 이야기도 자연히 치유되리라는 생각에서다. 그러나 거듭된 고쳐 쓰기로 살갗이 벗겨진 대사를 더 긁어댄다고 인물과 사건의 질환이 치료될 리 없다.

분명히 말하지만, 작가는 자기가 무슨 이야기를 하는지 알고 있어야 비로소 작중 인물들의 입에서 무슨 말이 나올지 알게 된다. 이야기의 구성 요소들을 어떤 순서로 고안하고 어떻게 조합할지는 오롯이 작가에게 달려 있다. 과정이 얼마나 뒤죽박죽이든 간에 궁극적으로 이야기의 형식(사건과 배역 설계)과 내용(문화적·역사적·심리적 본질)에 관해 작가가 수집한 지식은 신의 경지에 도달해야 한다. 그래야 이야기 전달을 기초부터 뒷받침하고 내면에서 나오는 대사를 쓸 수 있다. 대사는 마지막 단계다. 겹겹이 쌓인 서브텍스트 위에 텍스트를 얹고 그 위에 뿌리는 설탕 장식인 셈이다.

그러니 대사 설계를 자세히 살펴보기 전에 이야기 설계의 기본 구성 요소들을 먼저 재검토해보자.

도발적 사건

이야기가 시작될 때 주인공의 삶의 균형은 비교적 안정된 상태다. 누구나 그렇듯 어느 정도 기복은 있다. 그럼에도 불구하고 주인공은 자기 실존에 대해 적당한 주권을 행사한다. 그러다가 그 균형을 급격하게 뒤흔드는 어떤 일이 발생한다. 이 일이 일명 **도발적 사건**이다.

도발한다는 건 시동을 건다는 뜻이고, '사건'은 '벌어지는 일'이다. 이 최초의 중대한 사건이 주인공의 삶을 정상에서 어긋난 상태로 몰아넣으며 이야기에 시동을 건다. 도발적 사건은 주인공의 결정으로(이를테면 회사를 그만두고 창업을 하겠다는 결정) 일어날 수도 있고, 우연의 일치로(이를테면 번개가 가게에 내리쳐 가게 문을 닫게 되는 상황) 일어날 수도 있다. 주인공의 삶을 강력하게 긍정으로(이를테면 기가 막힌 신제품을 고안한다든지) 이동시킬 수도 있고, 부정으로(경쟁 업체가 주인공의 아이디어를 훔쳐 간다든지) 이동시킬 수도 있다. 또 도발적 사건은 거대한 사회적 사건일 수도 있고(주인공이 속한 기업이 부도가 난다.)

조용한 내적 사건일 수도 있다.(주인공이 현재 하는 일이 지긋지긋하다는 자기의 속마음을 깨닫게 된다.)**1**

이야기의 가치

도발적 사건의 영향으로 현재 인물의 삶에 걸려 있는 가치의 값이 달라진다. **이야기의 가치**는 삶/죽음, 용기/비겁, 진실/거짓, 의미/무의미, 성숙/미성숙, 희망/절망, 정의/불의 등등처럼 긍정/부정의 이항관계다. 여러 개의 다양한 가치들이 혼합돼 한 이야기 안에 포함되기도 하지만 이야기의 내용은 대체할 수 없는 한 가지 핵심 가치를 기반으로 삼는다.

핵심 가치는 이야기의 본질적인 성격을 규정하기 때문에 다른 것으로 대체할 수 없다. 핵심 가치가 바뀌면 장르가 바뀐다. 예를 들어 작가가 인물들의 삶에서 사랑/증오를 빼고 대신 도덕/부도덕을 넣기로 작정하면, 이런 핵심 가치의 전환을 따라 이야기의 장르 역시 러브스토리에서 회복의 플롯으로 바뀔 것이다.

장면 안에 여러 가치들이 매우 복잡하게 뒤얽힐 수 있는데, 최소한 한 장면에 인물의 삶에 있어 중요한 이야기적 가치가 적어도 한 가지씩은 포함된다. 장면의 가치는 이야기의 핵심 가치에 부응하거나 연관되어야 한다. 이 가치 값의 변화를 극화하는 것이 장면이다. 장면이 시작될 때의 가치는 100퍼센트 긍정이나 100퍼센트 부정의 값, 혹은 양자가 혼합된 값을 가질 수 있다. 갈등이 발생하고 중요한 사실이 드러나는 과정을 거치면서 처음의 가치 값이 바뀐다. 거꾸로 뒤집힐 수도 있고(긍정에서 부정으로, 혹은 부정에서 긍정으로), 강도가 높아지거나(긍정에서 이중 긍정, 부정에서 이중 부정으로) 강도가 약해질 수도(100퍼센트 긍정에서 약한 긍정으로, 100퍼센트 부정에서 약한 부정으로) 있다. 하나 혹은 그 이상의 가치 값이 바뀌는 정확한 순간이 곧 장면의 전환점이다. 따라서 한 장면 안에서 중요한 가치의 값이 달라지는 순간에 이야기적 사건이 발생한다.[2]

욕망의 다중성

사람은 누구나 자기 실존에 대해 합당한 주권을 행사하길 원한다. 도발적 사건은 삶의 균형을 깨뜨림으로써 균형을 회복하려는 자연스러운 인간의 욕망을 불러일으킨다. 그러므로 본질적으로 모든 이야기는 혼돈에서 질서로, 불균형에서 균형으로 삶을 움직이려는 인간의 투쟁을 극화한 것이다.

인물이 행동하는 건 행동을 요구하는 필요가 있어서지만, 욕망의 미로 안에는 삶의 복잡다단함이 소용돌이친다. 궁극적으로 스토리텔링이라는 예술은 여러 갈래의 욕망을 사건의 한 흐름으로 융화하고 조직한다. 처음부터 끝까지 이야기의 점진적 진행은 장면들을 통해 이뤄지며, 이야기꾼은 특정 장면에서 표현하고 싶은 특정한 욕망만을 선별한다. 이 과정을 이해하기 위해 욕망을 구성하는 요소들이 무엇이며 이 요소들이 어떻게 스토리텔링을 몰고 가는지 살펴보자.

욕망에는 다음의 다섯 가지 차원이 있다.

1. 욕망의 대상
2. 상위 의도

3. 동기 부여

4. 장면 의도

5. 배후 욕망

1. 욕망의 대상

도발적 사건의 결과로 주인공은 욕망의 대상, 다시 말해 삶의 안정을 되찾기 위해 반드시 손에 넣어야 한다고 느끼는 무엇을 마음에 품게 된다. 이 대상은 비자금처럼 물질적인 것일 수도 있고, 불의에 대한 복수처럼 일종의 상황일 수도 있고, 삶의 신조가 되는 신념처럼 관념적일 수도 있다. 예를 들면 이렇다. 직장에서 겪은 굴욕(도발적 사건)이 주인공의 평판에 큰 흠집을 내면서 삶의 균형이 급격히 깨지게 된 주인공이 균형을 회복하기 위해 직장에서 승리를 거둘(욕망의 대상) 방안을 모색한다.

2. 상위 의도

상위 의도는 욕망의 대상을 추구하도록 인물에게 동기를 부여한다. 주인공의 의식적 욕망을 가장 내밀한 욕구로 치환해 설명하는 것이다. 예컨대, 위의 예시에서 욕망의 대상(직장에서의 승리)을 상위 의도로 고쳐 말하면, '공개적인 승리를 통해 내면의 평정 회복하기' 정도가 되겠다.

욕망의 대상이 객관적인 반면 상위 의도는 주관적이다. 욕망의 대상은 '주인공이 원하는 바'이고, 상위 의도는 '주인공을 추동하는 정서적 갈망'이기 때문이다. 전자는 작가로 하여금 이야기 끝에 기다리는 위기의 장면을 명확히 파악하게 도와준다. 주인공이 자신의 욕망의 대상을 획득할지

획득에 실패할지가 그때 판가름 난다. 후자는 작가로 하여금 주인공의 감정, 즉 이야기 전개를 끌고 가는 인물의 내적 욕구에 접속하도록 도와준다.

모든 이야기에서 주인공의 상위 의도는 어느 정도 포괄적이지만(예컨대, 복수를 통해 정의를 구현한다든지, 친밀한 애정에서 행복을 찾는다든지, 삶의 의미를 찾는다든지 등등), 욕망의 대상은 정확해야 이야기에 독창성이 부여된다.(예컨대, 악당의 죽음이나 이상적인 짝 찾기, 자살하지 않을 이유 등등) 욕망의 대상이 무엇이든 주인공이 그것을 원하는 이유는 자신의 상위 의도, 즉 삶의 균형에 대한 깊은 갈망을 충족해야 하기 때문이다.

3. 동기 부여

욕망의 대상이나 상위 의도를 동기 부여와 혼동하지 말자. 앞의 두 가지는 '무엇'을 묻는 질문에 대한 대답이다. 인물이 의식적으로 원하는 것이 무엇인가? 인물이 무의식적으로 필요로 하는 게 무엇인가? 반면 동기 부여는 '왜'를 묻는 질문에 대답한다. 인물이 무언가가 필요하다고 느낀다면 왜 그런 것일까? 왜 그 특정한 욕망의 대상을 원하는 것일까? 원하는 것을 손에 넣으면 이 성공으로 과연 그의 욕구가 실제로 충족될까?

동기 부여는 인물의 어린 시절까지 깊숙이 뿌리가 닿아 있고, 그런 까닭에 비논리적일 때가 많다. 인물의 욕구와 필요를 작가가 얼마만큼 이해할지는 작가의 결정이다. 테네시 윌리엄스처럼 동기 부여에 집착하는 작가들도 있고, 셰익스피어처럼 개의치 않는 작가들도 있다. 어느 쪽이든, 장면과 대사를 쓸 때는 인물의 의식적·무의식적 욕망에 대한 이해가 반드시 필요하다.[3]

4. 장면 의도

궁극적인 삶의 목표를 이루기 위해 인물이 벌이는 시시각각의 투쟁에 형태를 부여하는 게 장면이다. 그래서 **장면 의도**는 상위 의도라는 장기적 노력의 한 단계로서 인물이 지금 당장 원하는 바가 무엇인지를 가리킨다. 장면마다 인물이 취하는 행동과 이에 대한 반응을 통해 인물은 욕망의 대상에 한 걸음 다가가거나 반대로 더 멀어지게 된다.

만약 작가가 인물의 장면 의도를 그대로 들어준다면, 장면은 거기서 끝난다. 예를 들어, 경찰 심문 장면을 생각해보자. 심문받는 인물 A는 인물 B가 심문을 그만해주길 바란다. A의 장면 의도는 심문을 중지하는 것이다. 여기서 인물 B가 심문을 포기하고 밖으로 나가버리면, 이 장면은 끝이 난다. 반대로 B는 A가 비밀을 폭로하길 바란다. B의 관점에서는 비밀을 밝히는 게 장면 의도다. A가 자백을 하면, 이 경우에도 장면은 끝이 난다. 인물에게 당장 다급한 의식적 욕망, 바로 지금 인물이 원하는 것이 장면 의도다.[4]

5. 배후 욕망

인물이 품은 **배후 욕망**에 따라 그가 선택할 수 있는 행동의 범위가 제한된다. 우리는 저마다 살면서 마주치는 모든 사람, 모든 대상과 우리 자신이 어떤 관계를 맺고 있는 상태인지 끊임없이 의식하며 살아간다. 도로 주행 시 주위가 안전한지, 식당에서 웨이터가 어느 자리로 우리를 안내하는지, 직장 동료들 사이에서 내 서열이 어디쯤인지 등은 몇 가지 공개적인 사례에 불과하다. 친구, 가족, 연인과의 사적인 관계에 대한 인식은 더 예민하다. 뿐만 아니라 내밀한 자아, 우리의 육체적·정신적·정서적 윤리적 건강 상태에도 주파수를 맞춰야 한다. 여기서 끝이 아니다. 흐르는 시간 속에 각자가 처한 위치, 과거의 경험, 칼날 같은 현재, 미래에 대한 소망까지 의식한다. 이렇게 복잡하게 꼬이고 엮인 관계들이 우리의 배후 욕망을 만들어낸다.

관계가 욕망이 되는 방식은 이렇다. 일단 관계가 생성되면, 이 관계들이 우리 존재의 토대를 형성한다. 즉 우리 삶에 정체성과 안정성을 부여하는 체계가 만들어진다. 이 관계들이 우리의 안녕을 좌우한다. 우리는 부정적 가치의 관계를 없애려고 애쓰는 동시에 긍정적 관계를 향상하거나 유지하려고 애쓴다. 적어도 어떤 관계든 우리가 적절히 통제할 수 있는 수준을 벗어나지 않기를 바란다.

그렇기 때문에 배후 욕망은 인물이 처한 삶의 현재 상태를 공고히 할 뿐만 아니라 인물의 행위를 조절하는 역할도 한다. 모든 장면마다 각각의 인물들을 뒤따르는 규제의 망이 여기서 생겨난다. 안정에 대한 확고한 욕망이 인물의 행동을 제한하고 억누르는 것이다. 원하는 것을 얻기 위해 인물이 무엇을 말하고 무엇을 말하지 않을지도 이 욕망의 영향을 받는다.

이론적으로는, 인물의 인생에 긍정적인 관계가 많이 쌓일수록, 인물의 행위는 더 절제되고 '교양 있는' 수준에 머무른다. 마찬가지로 그 역도 성립한다. 아무것도 잃을 것이 없는 인물은 저지르지 못할 짓이 없다.

사회적 관행상 생각하는 바를 그대로 발언해도 되는 문화가 있고, 역시 관행상 무언의 관례에 따라 생각을 속에 묻어둬야 하는 문화가 있다. 인류의 엄청난 문화적 다양성 안에는, 텍스트가 거의 없고 온통 서브텍스트인 문화에서부터 서브텍스트가 거의 없고 온통 텍스트인 문화까지 양극단을 아우르는 스펙트럼이 존재한다. 사회과학에서는 이런 양극단을 가리켜 고맥락 문화와 저맥락 문화로 지칭한다.[5] 문학에서는 이런 문화적 차이로 텍스트와 서브텍스트의 비율이 결정된다.

고맥락 문화는 전통과 역사에 대한 의식이 강하다. 세월이 흐르면서 변화가 아주 서서히 진행되기 때문에 세대 간 구성원들이 보유하는 경험과 믿음에 공통분모가 많다. 고맥락 문화는 관계 중심의 집산주의적 사회로 직관적이고 사색적인 경향이 강하다. 긴밀하게 조직된 공동체 내부의 대인관계에 높은 가치를 부여한다.(아메리칸 원주민 문화를 예로 들 수 있다.)

이런 내집단 안에서는 많은 것들을 굳이 말로 전달하지 않아도 된다. 구성원들이 공통된 문화와 경험으로 쉽게 추론을 끌어낼 수 있기 때문이다. 그런 내집단 중 하나가 이탈리아 마피아다. 「대부」에서 "아버지가 그쪽에 거절할 수 없는 제안을 하셨지."라는 마이클 콜레오네의 대사 한 줄이 마피아 내부의 강요와 갈취에 관한 일화를 분명하게 전달해준다. 뒤이어 마이클이 사건에 구체적인 설명을 덧붙인 건 내집단에 속하지 않은 케이 애덤스를 위해서였다.

중동이나 아시아 문화 같은 고맥락 문화는 민족적·사회적 다양성이 높지 않다. 이들 문화는 공동체의 가치를 개인보다 우위에 놓는다. 이런 문화에서는 내집단 구성원들이 상황을 설명할 때 말보다는 공통의 배경에 의존한다. 그래서 고맥락 문화의 대사를 쓸 때는 극도의 경제성과 정확한 단어 선택이 요구된다. 이런 설정하에서는 미묘한 두어 마디로도 복잡한 메시지를 함축적으로 표현할 수 있기 때문이다.

반대로 북아메리카 같은 저맥락 문화에 속한 인물들은 인종과 종교와 계급과 국적 등 출신 배경이 다양한 사람들에게 둘러싸여 살아가기 때문에 무엇을 설명할 때 훨씬 더 장황해지는 경향이 있다. 동일한 일반 문화 안에서도 이런 차이들이 나타난다. 예를 들어, 미국인의 두 가지 전형, 루이지애나 사람(고맥락 문화)과 뉴욕 사람(저맥락 문화)을 비교해보자. 전자는 암묵적인 몇 마디와 긴 침묵으로 말하는 반면, 후자는 솔직하게 구구절절 말을 쏟아낸다.

게다가 저맥락 문화에서는 공통의 경험이 끊임없이 급변하기 때문에 세대와 세대 사이의 의사소통에 간극이 벌어진다. 미국 같은 이민자 사회는 부모 자식 간의 의사소통 문제가 엄청나게 심각해서, 길고 소란스러운 언쟁으로 이어지곤 한다. 서브텍스트가 얄팍할수록 인물들의 말은 더 노골적으로 장황해지기 마련이다.

적대 세력

욕망의 대상을 추구하는 과정에서 인물은 의식적 혹은 본능적으로 행동을 설계하는데, 이런 설계의 기저에는 주위 세계로부터 자기에게 유용한 반응, 다시 말해 삶의 균형에 한 걸음 다가가게 해줄 반응을 이끌어내리라는 기대가 깔려 있다. 그런데 인물의 행동은 주위의 협조를 얻기는커녕 오히려 자기의 노력을 좌절시키는 적대적인 힘들을 불러오게 된다. 인물의 예상과 같지 않고 때로는 모순될 정도로 인물을 둘러싼 세계가 더욱 강력하게 전혀 다른 반응을 보인다. 예상치 못한 기대의 배반을 겪으며 인물은 욕망의 대상에서 더 멀어지거나 좀 더 가까워지겠지만, 긍정적인 전환이든 부정적인 전환이든 인물이 상상한 대로 전환이 일어나지는 않을 것이다.

적대 세력이라는 표현이 반드시 인물의 적수나 악당을 지칭하지는 않는다. 장르에 따라서는 악당이 상주하기도 하는데, 터미네이터처럼 적소에 배치된 악당 중의 악당은 매력적인 적대자의 역할을 해낸다. 그러나 여기서 적대 세력이라 함은 일반적으로 갈등의 네 가지 층위에서 인물과 대립하는 세력을 뜻한다.

먼저 **물리적 갈등**은 시공간과 우주 만물의 어마어마한 물리력을 뜻한다. 일을 완료할 시간이 부족할 때, 너무 멀어 무엇을 가지러 갈 수 없을 때, 토네이도부터 바이러스에 이르는 대자연의 혼란이 닥칠 때 등이다. 판타지 장르에서는 이런 자연의 물리력에 무한한 상상과 가능성을 지닌 초자연적인 마법의 힘을 추가하기도 한다.

둘째로, **사회적 갈등**은 강력한 기관들과 그것을 운영하는 인간들의 세력이다. 정부와 통치체제, 종교, 군대, 기업, 학교, 병원, 심지어 자선단체도 여기 해당한다. 모든 기관은 권력 피라미드의 형태로 스스로를 조직한다. 어떻게 그것을 손에 넣느냐 혹은 잃느냐, 아니면 권력 피라미드를 어떻게 오르내리느냐가 관건이다.

셋째로, **인간적 갈등**은 친구, 가족, 연인 등 친밀한 관계에서 발생한다. 바람피우는 것부터 이혼, 돈에 얽힌 사소한 말다툼까지 문제는 다양하다.

넷째는, **내적 갈등**이다. 인물의 몸과 마음과 감정 내에서 모순된 힘들이 충돌한다. 자신의 기억을 믿을 수 없을 때, 몸이 말을 듣지 않을 때, 감정이 상식을 압도할 때 어떻게 대처할 것인가?

이야기의 역학이 진행되면서 이런 여러 층위의 세력이 강해지고 또렷해져야 이야기의 폭과 깊이가 더해진다. 이런 다툼이 심각해질수록 삶의 균형을 회복하려는 주인공의 노력도 점점 고조되고, 주인공은 자신의 신체적·정신적·정서적 능력은 물론 자신의 내부를 밑바닥까지 파고들어 의지력을 끌어올리는 것으로 대응한다.[6]

행동의 골격

이야기에서 **행동의 골격**은 욕망의 대상을 부단히 추구하는 주인공의 발자국을 따라간다. 상위 의도를 동력 삼아 이야기 안의 적대 세력들과 힘겨루기를 하는 주인공의 끈질긴 추구 과정이, 도발적 사건에서부터 이야기의 점진적 전개를 거쳐 최종 위기와 절정에 이르는 주인공의 결정과 선택, 그리고 마지막 해결의 순간까지 이야기 전체를 끌고 간다.

장면에서 그때그때 주인공이(혹은 다른 인물이) 하는 말이나 행위는 단순히 일종의 행위 전술이다. 표면에서 무슨 일이 벌어지든, 어떤 외적 활동으로 관객의 눈과 귀를 사로잡든 간에, 모든 장면의 저변에는 주인공의 원대하고 확고한 행동의 골격이 깔려 있다.

대개 인생이 꼬이는 가장 흔한 원인은 타인들에게서 비롯되는 까닭에, 행동의 골격을 따라가며 가장 흔히 벌어지는 활동은 역시 '말'이다. 이야기의 진행에 다섯 가지 주요 단계(도발적 사건, 점진적 얽힘, 위기, 절정, 결말)가 있듯이, 대화에도 다섯 단계가 있다. 욕망, 적대감, 행동의 선택, 행동과 반응, 표현이다.

이 다섯 단계 가운데, '표현'은 인물의 행동을 그를 둘러싼 세계 안에 전달하는 활동이다. 말로 전달할 때가 가장 많지만, 주먹을 불끈 쥐거나 키스를 하거나 접시를 던지거나 간교한 웃음을 보이는 등등의 비언어적 활동으로 대사를 보완하거나 대신할 수도 있다.

이런 이야기를 상상해보자. 당신은 작가의 길에 진입하려고 한참 애를 쓰는 초심자다. 세상과 단절된 비밀 장소에 숨어 불안하게 살아가자니 자신이 불완전한 존재로 느껴진다. 당신은 완전함과 균형을 가져다줄 창의적 성공을 꿈꾼다. 뛰어난 소설이나 희곡, 혹은 시나리오일 수도 있다.(욕망의 대상) 예술적 성공을 거둬야 한다는 당신의 필요가(상위 의도) 당신의 창작 생활을 이끌어간다.(행동의 골격)

당신은 자리에 앉아(장면) 대사 한 페이지를 쓰는 것으로 당신의 욕망을 추구하고자 한다.(행동의 선택) 이 작업을 통해 작중 인물들과 장차 일어날 이야기적 사건들에 대한 통찰을 발견하게 되리라는 희망을 품고 있다.(장면 의도) 그러나 시작도 하기 전에 적대적인 힘들이 당신의 노력을 막아서리라는 걸 당신도 알고 있다. 어머니가 전화를 하고, 아기가 잠에서 깰 것이며, 실패에 대한 공포가 뱃속을 비틀고, 포기하고픈 유혹이 귓가에 살랑거릴 것이다.(적대의 원인들) 이런 세력들에도 불구하고 당신은 책상을 떠나지 않고 버티는 쪽을 택한다.(행동의 선택) 그렇게 해서 같은 구절을 쓰고 고치기를 몇 번씩 되풀이한다.(행동) 그러나 번번이 대사가 떠듬떠듬 삐걱대고 더 형편없어질 뿐이다.(적대 세력) 당신은 "빌어먹을… 이런 젠장….” 따위의 욕설을 줄줄이 뱉어낸다.(표현) 난데없이 새로운 각도의 접근이 불쑥 머리에 떠오른다.(반응) 당신은 자판을 두드려 장면을 강력하게 바꿔 놓을 대사를 쏟아낸다.(행동) 의자에 등을 기대며, "우와, 어떻게 이런 걸 생각했지?” 하고 중얼거린다.(표현)

지극히 사소해 보이는 움직임도, 고민스럽게 커피를 한 모금 들이키는 지극히 단순한 동작 하나까지도 모든 즉각적인 욕망과 행동은 당신이 꿈꾸는 욕망과 문학적 성공의 추구에 어떻게든 결부되어 있다. 매 순간 당신의 삶은 욕망에서 적대감으로, 다시 행동의 선택, 행동과 반응, 표현으로 이어지는 행동의 골격을 따라 움직인다.

당신이 그러하듯 당신이 창조하는 인물들도 그러하다. 당신 삶이 그러하듯 당신이 창조하는 이야기도 그러하다.[7]

이야기의 진전

행동의 골격을 따라 진행되는 장면들은 단순히 이야기적 가치의 긍정과 부정 사이를 역동적으로 오가는 데서 그치지 않고, 갈등의 진행을 따라 큰 곡선을 그리며 나아간다. 욕망의 대상을 향해 다가가려고 분투하는 인물 앞에 적대 세력이 쌓이면서 인물의 삶은 점점 더 큰 위험에 처하게 된다. 그럴수록 인물에게는 더 강한 능력이 요구되고, 점점 더 큰 위험을 감수하는 결정을 내리기 위해 갈수록 강한 의지력이 필요해진다.

결국 주인공이 선택 가능한 행동이 바닥나고 단 하나만 남는 순간이 온다. 인생에서 가장 강력하고 집중적인 갈등에 직면한 주인공은 자기 삶의 균형을 회복하려는 마지막 시도로 최후의 행동을 선택하지 않을 수 없다. 위기 순간의 결정을 내리고 절정에 이르는 행동을 택해 실행에 옮긴다. 절정이 지나가면 주인공이 원하는 것을 얻거나 실패하거나 둘 중 하나다. 거기서 이야기는 끝이다. 마지막 결말 장면은 미진한 부분을 마무리하고 독자/관객이 생각과 감정을 추스르는 차원에서 필요할 수도 있다.[8]

전환점

이상적으로 모든 장면에는 한 번씩 전환점이 찾아온다. 해당 장면의 중요한 가치가 긍정에서 부정, 혹은 부정에서 긍정으로 역동적으로 전환되는 순간을 결정하는 게 전환점이다. 이 변화를 통해 인물은 앞 장면의 전환점보다 자신의 욕망의 대상에서 더 멀어지거나(부정적) 혹은 더 가까워진다.(긍정적) 전환점은 주인공의 욕망이 최종적으로 충족되거나 혹은 좌절되는 이야기의 절정을 향해 행동의 골격을 따라 이야기를 진전시킨다.

　전환점이 만들어지는 방식은 둘 중 하나다. 행동을 통해서, 혹은 사실의 드러냄을 통해서. 즉각적이고 직접적인 행동, 혹은 이제껏 알려지지 않은 사실이나 비밀의 발견 또는 폭로가 사건의 방향을 바꿔놓는다. 대사는 인물의 행동("영원히 떠나겠어.")과 정보("나는 돈을 보고 당신과 결혼했어.")를 모두 표현할 수 있으므로, 둘 중 하나 혹은 동시에 둘 다를 통해 장면의 가치 값을 전환시킬 수 있다. 장면 안에 전환점이 없고 가치 값에 아무런 변화가 없다면, 그 장면은 해설만 가득한 비사건에 불과하다. 사건 없는 장면들이 연달아 이어지면 이야기는 결국 지루함의 늪에 빠진다.[9]

장면의 진전

　'진전'은 앞엣것을 뛰어넘는 행동이나 사건이 계속 이어지는 것을 뜻한다. 다음 장면이 앞 장면의 전환점을 뛰어넘는 새로운 전환점을 만들어내면서 이야기의 줄거리는 차츰 진전된다. 사건의 시퀀스가 바뀔 때마다 변화가 일어나고, 이 변화는 좋은 쪽으로든 나쁜 쪽으로든 인물의 삶에 미치는 충격에 있어서 앞 시퀀스의 변화를 뛰어넘는다. 중대한 충격을 전달하는 역할은 각 장의 절정이 담당한다.

　장면이 만들어내는 변화가 이야기 전체로 놓고 보면 중요할 수도 있고 별로 중요하지 않을 수도 있다. 그러나 이 변화의 중요도와 무관하게, 하나의 장면은 행위의 비트들이 쌓이면서 장면 나름의 내적 진전을 이뤄낸다. 행동과 반응으로 구성된 비트 하나하나가 차곡차곡 앞엣것을 뛰어넘으며 장면의 전환점을 향해 나아간다.[10]

비트

뉴턴의 운동 제3법칙이 적용되는 물체와 마찬가지로 모든 언어적 행동에는 반응이 따라온다. 비트는 이야기에 등장하는 누구 혹은 무엇의 행동과 반응이 담긴 장면 설계의 기본 단위다. 행동하는 인물과 반응하는 인물이 일반적으로 다르지만, 행동하는 인물의 내면에서 반응이 일어나는 경우도 없지 않다.

인물 A가 인물 B를 모욕한다고 가정해보자. 여기서 나올 수 있는 반응은 여러 가지다. 인물 B 역시 모욕으로 응수할 수도 있고, 인물 A에게 냉소를 보낼 수도 있다. 아니면 인물 A가 자신의 행동에 반응하며 사과할 수도 있다. 혹은 인물 A가 자신이 뱉은 말을 속으로 후회하면서 겉으론 아무 말도 하지 않을 수도 있다. 영어를 못 하는 인물 B가 말을 못 알아듣고 웃음으로 모욕을 받아들일지도 모른다. 이렇게 매 순간 벌어지는 행동과 반응의 교환이 모여 장면을 구성한다. 이상적으로는 모든 비트가 앞의 비트를 넘어서며 다음 비트로 이어진다. 한 장면 안에서 계속 다음 비트가 앞 비트를 뛰어넘으면서 대사에서도 진전이 일어나고 장면의 전환점을 향해 비트의 대열이 구성된다.[11]

비트를 나타내는 최선의 방법은 동사를 명사형으로 바꿔 행동에 이름을 붙이는 것이다. 위에 예로 든 장면에서 네 가지 비트를 찾아 이렇게 표시해볼 수 있다. 모욕함/조소함, 모욕함/사과함, 모욕함/후회함, 모욕함/받아들임. 대사의 수면 아래서 주고받는 행동에 이름을 붙여 보는 게 곧 이곧대로 글을 쓰지 않도록 도와주는 가장 좋은 방법이다.

행위의 다섯 단계

원하는 바를 얻기 위해 인물이 자기의 말을 이용할 때는, 대화라는 두서없는 행위가 대사라는 집중된 행동으로 바뀐다. 모든 행위가 그렇듯 언어적 행동은 욕망-적대-선택-행동-표현에 이르는 다섯 단계를 거친다. 사람들은 종종 행동과 반응을 한순간에 내보인다. 하여 1단계부터 5단계까지가 순식간에 지나가면서, 모든 단계가 뭉뚱그려진 것처럼 보이기도 한다. 그러나 글쓰기는 실제 삶과 다르다. 아무리 무의식적으로 순식간에 벌어지는 일이라 해도 위의 다섯 단계를 건너뛰지 않는다. 인물 행위의 흐름이 최대한 명확히 보이도록 이 다섯 단계를 느린 동작으로 자세히 살펴보자.

1. 욕망: 삶에 균형이 깨지는 순간(도발적 사건), 이에 대한 반응으로 인물은 자기 삶의 균형을 회복하기 위해(욕망의 대상) 무엇을 성취해야 하는지 머리에 떠올린다.(혹은 최소한 감지한다.) 욕망의 대상에 도달하려는 중대한 목적이(상위 의도) 그의 적극적인 추구에(행동의 골격) 동기를 부여한다. 이야기의 골격을 따라 움직이는 과정에서 인물은 욕망의 대상을 향해 전진하기 위해 특정한 순간마다(장면) 즉각적인 욕구(장면 의도)를 충족해야 한다. 장면 의도로서 전면에 내세운 욕망과 아래에서 끌어당기는 상위 의도가 인물의 모든 선택과 행동에 영향을 미친다. 그러나 인물이 할 수 없는 일, 하지 않을 일을 결정하는 배후 욕망이 있는 탓에 인물의 선택은 제한을 받는다.

2. 적대감: 행동에 나서기 전에 먼저 인물은 자기 앞을 가로막은 당면한

적대 세력의 존재를 감지 혹은 인식해야 한다. 그의 상황 파악이 얼마나 의식적/무의식적인지, 현실적/착오적인지는 인물의 심리와 그가 처한 상황의 성격, 그리고 작가가 하고자 하는 이야기에 달려 있다.

3. 행동의 선택: 다음으로 인물은 자신의 장면 의도에 다가가는 데 도움이 될 만한 주위의 반응을 이끌어내려고 특정한 행동을 선택한다. 역시 이 선택이 얼마나 계획적인지 혹은 즉각적인지는 인물의 성격과 상황에 따라 달라질 수 있다.

4. 행동: 행동을 실행에 옮기기 위해 인물은 신체활동이나 언어활동 혹은 두 가지 모두를 선택할 수 있다. 행동의 원천은 욕망이고 대사의 원천은 행동이다.

5. 표현: 인물이 행동을 실행하는 데 말이 필요한 경우, 작가는 대사를 작성한다.

한 장면을 완성하기 위해 작가는 이런 행위의 사슬에서 각각의 연결고리들을 분리해 따로 고려해야 한다.(이런 '고려'가 의식적 혹은 무의식적으로 이뤄지는 정도는 작가마다 모두 다르다. 오스카 와일드는 작가란 모름지기 쉼표 하나를 써넣느라 오전을 보내고 다시 그 쉼표를 빼느라 오후를 모두 보낸다고 말한 바 있다. 하지만 그건 그 사람 얘기다. 쉼표 따위 그저 거추장스럽다고 생각하는 작가들도 있다.) 마지막에 작가는 각각의 연결고리들을 하나로 맞춰 배우가 연기하기에 혹은 독자가 읽기에 단숨에 행위가 일어나도록 만든다. 완벽한 대사 하나를 쓰느라 긴 시간이 걸려도 감수해야 한다.

다섯 번째 단계에서 인물이 과연 어떤 말을 할지 정확히 알아내자면, 다음 물음에 대한 대답을 찾아보자. 인물이 원하는 게 무엇인가? 그것을 얻지 못하게 가로막는 게 무엇인가? 원하는 것을 이루기 위해 인물이 선택하는 행위는 무엇인가?

장면을 살아 숨 쉬게 하는 건 말하는 행위 자체가 아니라 말을 통해 인물이 취하는 행동이다. 그러니 대사를 쓰기에 앞서 작가는 욕망-적대-선택-행동-표현의 흐름을 따라가는 길잡이가 되어줄 질문과 대답을 먼저 구해야 한다. 그렇게 쓴 대사가 장면의 구성과 전환에 보탬이 된다.

일곱 가지 사례연구 소개

인물 행위의 다섯 단계가 잘 어우러져 만들어진 점진적인 서브텍스트는 최종적으로 대사를 통해 표현된다. 이 과정을 보여주는 본보기로 다섯 가지 극 중 장면을 검토하고자 한다. TV 드라마에서 두 장면, 그리고 희곡과 소설과 시나리오에서 각각 한 장면씩 가져왔다. 덧붙여 내레이션화된 소설 속 대사 두 가지도 살펴볼 것이다. 각 작가가 차용하는 갈등의 균형과 유형과 강도는 확연히 다르다. 갈등의 완성도가 행동의 완성도를 결정하고, 행동의 완성도가 대사의 완성도를 결정한다. 그 결과, 인물들의 행위, 비트의 역동성, 그리고 무엇보다 각 장면 내 대사의 조율이 일곱 가지 방식으로 확연히 다르게 펼쳐지는데, 이 내용을 다음 여섯 장에 걸쳐 다룰 것이다.

균형적 갈등: TV 드라마 「소프라노스」의 '두 명의 토니' 에피소드에서,

연출가 데이비드 체이스와 각본가 테렌스 윈터는 등장인물들을 대등한 두 인물 간의 격한 설전의 장에 자유로이 풀어놓는다.

코믹한 갈등: TV 시트콤 「프레이저」의 '작가, 또 작가' 에피소드에서, 작가 돈 시걸과 제리 퍼지지언은 균형적 갈등을 터무니없을 정도로 극한까지 과장한다.

비대칭적 갈등: 희곡 「태양 속의 건포도」에서 극작가 로레인 헨즈베리는 공격적인 언어 행동을 보이는 인물과 침묵으로 저항하는 인물을 대비시킨다.

간접적 갈등: F. 스콧 피츠제럴드의 소설 「위대한 개츠비」에서는 등장인물들이 적대감을 은밀히 감춘 말로 서로를 조종한다.

반사적 갈등: 17장에서는 소설 두 편에서 내레이션화된 대사가 어떻게 달리 사용되는지 비교한다. 아르투어 슈니츨러는 소설 「엘제 양」에서 내레이션을 활용해 주인공의 자아와 자아가 맞서는 내면의 갈등을 그려낸다. 이와 달리 소설 「순수 박물관」에서 오르한 파묵의 주인공은 자기 내면의 전쟁을 독자에게 직접 고백한다.

암묵적 갈등: 영화 「사랑도 통역이 되나요?」에서 소피아 코폴라는 자아 대 자아의 팽팽한 내적 긴장 한가운데 인물들을 매달아놓고, 과거의 갈등을 배경으로 이 긴장을 펼쳐 보인다.

이 책의 뒷부분에서 제시할 효과적인 장면 분석법은 이렇다. 장면을 각각의 구성 요소로 세분하고, 각 요소의 서브텍스트적 행동을 추출해 명사형으로 이름을 붙여 행동을 정리한 다음, 이런 행동이 어떻게 대사로 표현되는지 찾아낸다. 첫 번째 할 일은 먼저 장면을 비트별로 잘게 쪼개는 것이다.

지난 수십 년 동안 작가들은 '비트'라는 용어를 세 가지 의미로 발전시켜 왔다. 시나리오의 윤곽을 잡는 단계에서 일부 창작자들은 이야기의 핵심적인 전환점을 지칭하는 말로 '비트'를 사용하기도 한다. 예컨대, '이야기의 첫 번째 비트에서 두 사람이 만나고, 두 번째 비트에서 사랑에 빠진다.' 하는 식이다. 극작가들과 시나리오 작가들은 짧은 멈춤 표시로 대사단 중간에 (비트)라고 적어 넣기도 한다. 그러나 장면의 내적 차원들이 어떻게 장면 안에 대사를 불어넣는지 탐색하려는 목적에서, 나는 본래의 의미로, 즉 행동과 반응의 기본 단위로서 '비트'를 사용한다. 비트는 어떤 행동과 함께 시작되고 그 행동에 대응하는 반응으로 끝이 난다.

장면에서 활력이나 진실성이 느껴지지 않을 때, 대사의 언어가 원인인 경우는 별로 없다. 오히려 서브텍스트가 결함의 온상일 때가 많다. 그렇기 때문에 서브텍스트의 행동과 반응들 중에서 어느 형태가 잘못되어 이런 결함을 야기하는지 알아내기 위해, 장면을 비트별로 쪼개는 것이다. 효과적인 분석은 장면의 비트들을 다시 설계하고 그것을 토대로 대사를 다시 쓰도록 방향을 안내한다.

행동과 반응의 한 가지 유형이 여러 번 되풀이돼도, 어디까지나 비트 하나를 구성할 뿐이다. 비트들이 바뀌지 않는 한 장면은 전진할 수 없고, 인물들의 행동 전술이 바뀌지 않는 한 비트도 바뀔 수 없다. 실제로 반복적인 비트야말로 장면에 문제가 발생했음을 일찌감치 알려주는 경고음이다. 인물들이 본질적으로 같은 행동을 이행하기 위해 같은 전술을 되풀이해 사용하면서, 번번이 대사의 어구들만 달라지는 경우가 그렇다. 이렇게 중복된 비트들이 장면의 장황함 뒤에 감춰져 있는데, 이 결함을 밝혀내려면 비트별로 쪼개는 통찰력 있는 분석이 종종 필요하다.

사례 분석으로 넘어가기 전에 짚어둘 사항이 있다. 당신에게 글 쓰는 방법을 가르쳐줄 사람은 아무도 없다. 내가 할 수 있는 건 그저 장면의 형태와 기능을 규정하고, 장면의 구성 요소들을 펼쳐서 그들의 내적 작용을 설명하는 것뿐이다. 장면 설계의 원리들이 창의성을 조명하긴 하나 그 자체로 창의적인 과정은 아니다. 이후 여섯 장에서 다루는 내용은 이미 완성된 작품에 대한 논리적 사후 분석이다. 작가들의 창작 과정을 속속들이 알고 있거나 실제 작가의 집필 경험을 따라가며 하는 분석이 아니다.

하지만 이 점은 확실하다. 글쓰기는 일직선으로 곧게 흘러가지 않는다. 창의성은 지그재그로 나아가길 좋아한다. 시행과 착오, 의기양양과 의기소침, 이리저리 방향을 틀어가며 퇴고에 퇴고를 거듭한다. 이야기와 장면 설계에 대한 지식이 아이디어를 자극하고 퇴고의 방향을 제시해 작품을 더 단단하게 해주기는 하지만, 정확히 어떻게 자신의 재능과 식견을 활용해 처음의 영감에서 최종 원고까지 도달하느냐는 작가 개인의 창의적 과정을 통해 스스로 발견해야 할 작가의 몫이다.

제13장
균형적 갈등

「소프라노스」

「소프라노스」는 1999년 1월부터 2007년 6월까지 HBO에서 방영된 TV 시리즈다. 총 86개 에피소드에 걸쳐 뉴저지의 마피아 두목 토니 소프라노의 이야기를 들려주며, 배우 제임스 갠돌피니가 토니 역할을 연기했다. 시리즈의 연출가 데이비드 체이스는 이 복잡하고 다차원적인 인물을 창조하며 한 가지의 핵심적인 모순을 중심에 두었다. 한편으로는 포악한 폭력과 살인을 서슴지 않는 인물로서의 토니와, 다른 한편으로는 악몽에 가위눌리고 원인 모를 갑작스러운 공황 발작에 시달리는 인물로서의 토니다.

공황 발작으로 목숨을 잃을지 모른다는 생각에 토니는 정신과 의사 제니퍼 멜피 박사(로레인 브라코 분)를 찾아간다. 이후 네 시즌에 걸쳐 두 사람의 정신과 상담은 윤리적 딜레마와 성적 긴장감과 토니의 불같은 성미가 폭발하는 사건 등을 겪으며 진행되다가 끝내 토니가 상담을 그만두기에 이른다.

시즌 5의 첫 에피소드에서 토니는 자기가 멜피 박사를 깊이 사랑하고 있다는 확신을 얻고 구애에 나선다. 이전에도 종종 추근대긴 했지만 이번에는 나름대로 최선의 구애 작전을 펴 보이겠다며 박사에게 두 번이나 데이트를 신청한다. 두 번 다 거절당하지만 그는 포기하지 않고 급기야 진료실에서 박사를 대면한다.

두 사람의 대립을 분석하며 나는 장면의 네 가지 기본 방식을 고려할 것이다. 첫째, 행위의 다섯 단계(욕망-적대-선택-행동-표현)가 어떻게 장면 안에서 인물들의 동기와 전술로 바뀌는가. 둘째, 행동과 반응의 비트가 어떻게 장면 안에서 진전을 만들어가는가. 셋째, 장면 안에서 중요한 가치 값의 변화가 어떤 곡선을 그리는가. 넷째, 이런 겹겹의 토대가 어떻게 장면 안에서 인물 특유의 대사를 불러오는가.

안에서 밖으로 이어지는 이런 분석을 통해, 인물의 대사가 선행하는 모든 것의 최종 결과임을, 말이라는 표면적인 현상 아래에는 겹겹의 인생이 깔려 있음을 다시금 확인하게 될 것이다. 장면의 내면이 강할수록 대사는 더 큰 힘을 발휘한다.

먼저 토니에게 이런 질문을 한다 해보자. 그가 원하는 게 무엇이며(욕망) 그가 원하는 것을 얻지 못하도록 가로막는 것은 무엇인지(적대) 묻는다면, 그는 제니퍼 멜피의 사랑을 원하는데 멜피는 또 한 사람의 토니, 즉 착한 토니를 보지 못해서 그를 거부하고 있다고 대답할 것이다. 토니의 장면 의도는 멜피 박사를 유혹하는 것이고, 그의 전술은(행동) 그가 착한 남자임을 증명하는 것이다.

멜피 박사에게 역시 같은 질문을 던진다면, 아마 그는 토니가 감정적 문제를 극복하도록 도와주고 싶은데(욕망) 일로 얽힌 관계를 사사로운 관계로 몰고 가는 토니의 충동 때문에 불가능하다고(적대) 답할 것이다. 멜피 박사의 장면 의도는 토니의 개선을 돕는 것이고, 그의 전술은(행동) 토니로 하여금 진실을 마주하게 하는 것이다.

하지만 토니의 로맨틱한 제스처 너머를 들여다보면, 그의 삶을 지배하는 가치가 권력임을 짐작할 수 있다. 로미오 가면 뒤에는 그의 잠재의식적 욕정이 감춰져 있다. 이것은 섹스가 아니라 소유를 향한 욕정이다. 토니는 자신에게 권력을 행사한 유일한 사람인 멜피 박사를 자기가 지배해야 직성이 풀린다.

그러나 멜피 박사는 진실과 도덕성의 이중 펀치로 무장하고 있다. 박사는 토니의 미성숙한 반사회적 본성의 진실을 알고 있다. 박사의 꼿꼿한 도덕 기준과 용기 앞에서(적대) 토니는 소심하게 움츠러든다. 그래서 다시 주도권을 쥐고 싶어 안달이 난 그의 어두운 자아는 그녀를 침대로 끌어들여 일생일대의 황홀감을 안겨주라며 은밀히 재촉한다. 그렇게만 되면 박사의 도덕적 껍질이 깨지고, 박사가 자기에게 반해 얌전히 품에 안기리라고 그는 생각한다. 따라서 토니의 잠재의식적 욕망은(상위 의도) 멜피 박사를 굴복시키는 것이다.

멜피 박사는 토니에게 치료적 도움을 주고 싶다고 말한다. 물론 의식적 차원에서 박사의 말은 진심이다. 그러나 박사의 신중한 전문가적 성격을 더 깊이 들여다보면, 조심성이나 객관성과는 정반대로, 위험성이 큰 모험가의 면모가 감지된다.

말하자면 이렇다. 대학 시절 얼마든지 다른 진로를 택할 수 있었을 텐데도, 멜피는 군이 임상심리학을 선택했다. 임상심리학자의 하루를 한번 상상해보자.

임상심리학자로서 삶이 파탄 난 영혼의 어두운 심연을 파고들자면 필시 엄청난 정신적 기력과 정서적 용기가 필요할 것이다. 신경증과 정신병을 앓는 사람들의 괴롭고 비참하고 가슴 아픈 고백을 매일 몇 시간씩 공감하며 듣는 일과가 치료사에게 어떻게 부정적인 영향을 미칠지 생각해보라. 위험이 득실대는 정글 같은 타인의 머릿속을 탐험하는 일이 흥미진진하고 심지어 신나는 일이라고 마음 깊숙이 생각하지 않고서야 그런 직업에 몸을 던질 사람은 아마 없을 것이다.

멜피 박사의 핵심적 차원은 위험 회피적인 그의 인물묘사와 위험에 이끌리는 진정한 성격을 대비시킨다. 박사의 모순적 속성을 표현하기 위해 작가들은 시리즈 내내 박사로 하여금 토니 소프라노와 역동적인 관계를 드나들도록 몰아간다.

토니 소프라노를 환자로 받아들인 직후 멜피 박사는 그가 살인도 서슴지 않는 마피아 두목임을 알게 된다. 처음에는 관계를 끝내는 것 외에 다른 선택의 여지가 없다고 생각하지만, 차츰 혐오감을 극복하고 치료를 계속한다. 박사가 토니의 부모에 관해 캐물으면 종종 그가 화를 참지 못하고 치료가 중단되곤 한다. 하지만 시간이 지나 그의 화가 가라앉으면 박사는 언젠가 그의 폭력의 화살이 자신을 향할지 모른다는 사실을 알면서도 번번이 토니를 다시 받아준다.

시즌 1 막바지에 토니는 치료 도중 자신이 갱단의 비밀을 박사에게 누설했을까 봐 그의 라이벌들이 박사를 없애려 한다고 박사에게 말한다. 멜피가 몸을 숨긴 동안 토니는 암살자들을 추적해 살해한다. 위험이 제거되자 멜피는 토니의 치료를 재개한다.

심리치료의 중단과 재개를 반복하는 멜피 박사의 패턴을 보면 의문이 든다. 무슨 이유로 정신과 의사가 자기 목숨을 위태롭게 해가며 충동적인 반사회적 범죄자를 치료하고 있을까? 이런 대답이 가능할 것이다.

의식적으로는 안전한 의사와 환자의 관계를 우려하는 태도가 박사의 진짜 욕망을 감추고 있으며, 잠재의식적으로 박사가 실제로 원하는 것은 안전과 정반대되는 것이다. 박사는 위험을, 그것도 생사가 달린 위험을 갈망한다. 일촉즉발의 위험 상황에서만 느낄 수 있는 심장이 요동치는 흥분이야말로 박사가 추구하는 상위 의도인 셈이다.

장면이 진행되면서 변화 곡선을 그리는 가치는 세 가지다. 의사와 환자의 관계에서 함께/따로, 토니의 머릿속에서 자기기만/자기인식, 멜피 박사의 삶에서 위험/안전. 장면이 시작될 때, 이 가치들은 각각 두 인물이 함께 말을 나누는 사이고(긍정), 토니는 자신의 도덕적 정체성을 깨닫지 못하며(부정), 멜피 박사는 위험한 환자와 대면하면서 생사의 위기에 처하는 (부정) 상황이다.

다음 장면은 개성 강한 두 인물이 대등하게 맞서는 균형적 갈등을 13개의 비트에 걸쳐 보여준다. 처음부터 열두 번째 비트까지는 토니가 행동을 하고 멜피 박사가 이에 반응하지만, 마지막 비트는 이 패턴을 역전시켜 토니를 밖으로 내보낸다.

아래 굵은 글씨는 방송된 장면을 글로 옮긴 내용이다. 먼저 굵은 글씨만 이어 읽고 내 분석은 건너뛰기 바란다. 읽으면서 머릿속으로 대사를 플레이해보라. 더 좋은 방법은 배우들처럼 대사를 소리 내서 읽으며, 처음에는 토니의 관점에서 나중에는 멜피 박사의 관점에서 이런 갈등을 겪는 심정이 어떤 것인지 느껴보는 것이다.

장면이 어떤 진행 곡선을 그리는지 감이 잡히면, 그때 비트와 서브텍스트와 행동의 형성에 관한 내 분석에 비추어 다시 읽어보라.

INT. 멜피 박사의 진료실-초저녁

그룹 치료 환자들이 줄지어 나가고, 토니가 길 잃은 소년처럼 들어온다.

비트 #1

멜피 박사가 고개를 들어 토니를 발견하고 깜짝 놀란다.

> 멜피
>
> **앤서니.**

토니가 당황하며 눈을 내리깔자, 멜피 박사가 그에게 성큼성큼 걸어온다.

> 멜피
>
> **안녕하세요.**

> 토니
>
> (수줍게 미소 지으며)
>
> **안녕하쇼.**

- 행동: 토니가 매력을 발산한다.
- 반응: 멜피는 골칫거리를 맞이할 준비를 한다.
- 서브텍스트: 그날 토니는 멜피에게 두 번 데이트 신청을 하지만, 두 번 다 거절당했다. 토니는 자기가 불리한 입장임을 감지하고 진료실에 들어서면서부터 멜피의 동정심을 기대하며 세심하고 수줍은 척 행동한다.

겉으로 쾌활하게 인사를 건네지만 멜피는 속으로 그가 또다시 돌아온 이유가 뭘까 궁리하며 제삼의 대결을 맞이할 준비를 한다.

비트 #2

토니

(봉투를 내밀며)

친구 건데 그 친구는 쓰지를 못해서. 그래서 말인데, 우리가 쓰면 어떨까 해요.

(설명하며)

티켓이에요⋯ 버뮤다⋯

(작게 춤동작을 해 보이며)

⋯엘보 비치 호텔에 묵는.

멜피

(눈이 휘둥그레지며)

근사한 데이트 초대도 거절한 사람인데, 내가 당신이랑 여행을 가겠어요?

- 행동: 토니가 멜피에게 같이 자자고 제안한다.
- 반응: 멜피는 그에게 어리석다고 말한다.
- 서브텍스트: 티켓은 토니가 직접 샀다. 그 사실을 속였을 뿐만 아니라 더 나쁜 건 멜피를 매춘부처럼 취급하는 기저에 깔린 그의 행동이다. 저녁 식사 데이트 비용이 대략 200달러 정도라면, 5성급 엘보 비치 호텔의 주말숙박권은 수천 달러에 달한다. 토니는 그의 이전 제안이 너무 싸

구려라 거절당했다는 생각에 판돈을 올리고 있다.

토니의 무례와 착각에 멜피는 기분이 상하지만, 그의 폭력적인 성향을 알기에 직접적인 대립을 피하고 수사적인 질문으로 그에게 받은 모욕을 갚아준다. 수사적 질문은 질문을 던지되 대답을 듣기 위해서가 아니라 질문에 이미 답을 상정하고 있는 오래된 언어 전략이다. 멜피의 대사를 곧이곧대로 고쳐 써보면 이럴 것이다. "버뮤다에 데려가면 자기랑 같이 잘 줄 아나 보지? 멍청하기는."

비트 #3

토니

그게, 그 친구는 갈 수가 없어서, 그래서 나를 준 건데, 어쩐다, 그냥 버려요?

멜피 박사는 말없이 서 있다.

- 행동: 토니가 자신의 결백을 주장한다.
- 반응: 멜피는 충돌을 피한다.
- 서브텍스트: 토니는 자기가 음흉한 꿍꿍이가 있어서가 아니라 그저 실용적인 제안을 하는 척하며 멜피의 비난을 흘려넘기려 한다. 친구의 호의를 거절하지 못한 결백한 희생자라는 것이다.

멜피 박사는 토니가 성관계의 뇌물로 티켓을 샀다는 사실을 알고 있지만, 그의 거짓말을 들춰내기보다는 침묵을 무기로 삼는다. 상황만 적절하다면, 침묵을 고수하는 편이 어떤 말보다도 더 강력한 힘을 발휘할 수 있다.

토니

(계속해서)

이봐요, 의사 선생. 내 딴엔 잘해보려고 하는 건데. 선생은 나를 거의 스토커 취급이네.

멜피

앤서니, 잘 들어요. 나는 당신이랑 데이트 안 합니다, 알겠어요? 당신이 매력이 없어서도 아니고 데이트가 재미없을 것 같아서도 아니에요. 그냥 나는 그렇게 안 하기로 했어요. 그러니까 당신도 내 결정을 존중해주면 좋겠어요. 나한테 맞는 게 뭔지는 내가 가장 잘 안다는 점을 좀 이해해주세요. 알겠지요?

한참 말이 끊긴다.

• 행동: 토니가 불쌍한 척한다.
• 반응: 멜피는 그를 나무란다.
• 서브텍스트: 토니는 멜피가 자기를 비하한다고 비난하며 자기가 피해자인 척 죄책감을 덮어씌우는 전략을 추가한다. 모두 멜피의 동정심을 사려는 의도다.

멜피는 오히려 '문제는 당신이 아니라 나'라는 전략으로 처음에는 잘못을 자기 탓으로 돌리는 듯 보인다. 시작은 교묘했지만 결국 토니의 내면에 문제가 있어서 자기에게 맞는 상대가 아니라는 뜻을 넌지시 전달한다.

토니는 멜피를 꼬셔보려는 마음에 찾아왔지만, 자신의 성격적 결함을 건드리는 말을 듣는 순간 잠재의식적 욕구에 다시 휘둘린다. 시리즈 내내 토니를 쥐고 흔든 것이 바로 그 욕구다. 그는 자기 삶의 핵심에 놓인 질문, '나의 어디가 잘못됐을까?' 하는 질문의 답을 간절히 찾고 있다. 이 질문에 대답해줄 수 있는 사람은 그를 치료하는 정신과 의사 한 사람뿐이다.

비트 #5

토니

정신적인 윤리, 뭐 이런 게 다는 아니잖아요?

멜피

나는 당신에게 선택권을 남겨주고 싶어요. 원하면 언제든 다시 와서 치료를 이어갈 수 있도록요.

- 행동: 토니가 빠져나갈 길을 모색한다.
- 반응: 멜피가 그에게 빠져나갈 길을 제공한다.
- 서브텍스트: 그러나 토니의 의식은 자기 자신의 진실을 대면하려 하지 않는다. 만약 멜피가 "그래요, 의료 윤리의 문제예요."라고 말했더라면, 아마 토니도 마음이 편해졌을 테고 장면은 거기서 끝났을 것이다. 그렇게 하는 대신 멜피는 치료를 통해 자기인식에 이르는 괴롭고 힘든 작업을 제안한다.

토니

내 말을 못 알아듣는군. 나는 당신을 원한다고!

멜피

듣기 좋은 말이네요.

토니

듣기 좋은 말 따위 나는 관심 없는데.

멜피

알고 있어요.

- 행동: 토니가 솔직하게 털어놓는다.
- 반응: 멜피는 시간을 번다.
- 서브텍스트: 토니는 심각한 질문을 회피하고 거칠게 들이댄다. 앞뒤 재지 않고 오로지 섹스만 제안하면 멜피의 관심과 흥분을 끌지 않을까 기대하지만, 당연히 뜻대로 되지 않는다. 멜피는 무응답으로 대응하며 자신이 어디까지 진실해져도 좋을지 가늠하기 위해 시간을 벌고 있다.

토니

그럼, 뭐요? 뭐가 문젠데?

(잠시 말을 끊고 언성을 낮춰서)

그냥… 내가 좀 알아듣게 해줘요, 어?

멜피

있잖아요, 앤서니, 상담하면서 나는 한 번도 당신이라는 사람이나 당신의 행동을 판단한 적 없어요. 그건 임상의의 역할이 아니에요.

토니

그래요, 무슨 말인지 알아들었어요. 계속해요.

멜피

사적인 관계에서는 내가 잠자코 듣고만 있지는 못할 것 같아요.

- 행동: 토니가 화를 자초한다.
- 반응: 멜피는 선을 넘는다.
- 서브텍스트: 토니는 진실을 말해달라 애원하지만, 멜피 박사는 진실이 그에게 얼마나 사나운 결과를 가져올지 알기 때문에 대답을 피한다. 그래도 그가 고집을 꺾지 않아, 결국 여섯 비트 동안 회피를 거듭한 끝에 멜피는 직업적 관계와 사적인 관계의 선을 넘는다. 그럼으로써 자신을 심각한 위험에 빠뜨린다.

토니

뭐를요?

멜피

당신과 나는 가치가… 너무 달라요.

- 행동: 토니가 멜피를 궁지로 몰아간다.
- 반응: 멜피는 그를 폄하한다.
- 서브텍스트: 그가 답변을 강요하자 멜피는 다시 한번 그의 은밀한 약점을 알고 있다고 암시하며 그를 모욕한다.

서브텍스트를 읽는 능력은 토니도 뒤지지 않는다. 둘 사이를 나누는 가치가 "너무 다르다."는 말을 듣고, 그는 "내 가치가 당신 가치보다 월등하지만 그걸로 싸우진 말자."는 말의 온건한 표현임을 이해한다.

"가치"라는 단어에 토니는 움찔하고 그 말에 암시된 내용에 화가 나지만, 용케 화를 터뜨리지 않고 참는다.

토니

내 가치가 맘에 안 들어요?

멜피

솔직하게 말할까요?

토니

그래요.

조용히 긴장이 흐른다.

멜피

안 들어요.

- 행동: 토니가 멜피에게 자신과 맞서보라고 부추긴다.
- 반응: 멜피는 그의 가치를 부정한다.
- 서브텍스트: 사람의 값어치를 따질 때 우리는 그가 믿는 가치와 그 가치가 유발하는 행동을 평가한다. 토니가 믿는 개인적 가치를 거부함으로써 멜피는 한 사람으로서 그의 가치를 거부한 셈이다.

토니가 멜피 앞을 막아설 때도 멜피는 피하지 않는다. 대신 그를 무시하는 말을 또박또박 전하는데, 이 갑작스러운 기세에 오히려 토니가 겁박하는 어조를 누그러뜨린다.

토니

그렇군.

(잠시 말을 끊었다가)

어떤 게요?

멜피

(슬쩍 시계를 보며)

늦었네요.

- 행동: 토니가 부드럽게 묻는다.
- 반응: 멜피가 그에게 마지막으로 빠져나갈 길을 제시한다.
- 서브텍스트: 자기가 불리하다는 생각에 최악의 상황으로 치닫게 될까 봐 토니는 말투를 누그러뜨린다. 솔직하게 자기 생각을 말하면 토니가 상처를 받고 어쩌면 격분할 수도 있다는 걸 알고 있는 멜피는 그에게 굳이 알지 않아도 될 핑곗거리를 제시한다.

토니

아니, 아니, 아니. 그러지 말고. 괜찮아요. 괜찮다고.

멜피

그러니까… 당신은 진실하지가 않아요. 여성을 존중하지도 않고, 사람들을 정말로 존중하지 않아요.

- 행동: 토니가 최악의 상황을 자초한다.
- 반응: 멜피가 일부러 펀치를 비켜 날린다.
- 서브텍스트: '나의 어디가 잘못됐을까?'에 대한 대답이 그의 자아의식을 크게 손상시키리라는 것을 토니도 어느 정도는 인식하고 있다. 그러나 상처를 받더라도 끝까지 밀고 나간다.

멜피가 쓰라린 사실로 토니를 공격할 때 오히려 공격의 강도를 순화하는 언어를 사용하는 점에 주목하자. 거짓말쟁이, 폭력범 등등 더 심한 표현을 쓸 수도 있었을 것이다. 대신 멜피는 냉정한 자제심을 발휘해, "진실하지 않다." "정말로 존중하지 않는다." 정도의 표현에 머문다.

토니

내가 사람을 안 좋아한다고요?

멜피

어쩌면 좋아할 수도 있겠지요. 당신은 힘에 의존하거나 힘으로 협박해서 남들에게 당신이 원하는 걸 받아내요.

- 행동: 토니가 스스로를 의심한다.
- 반응: 멜피가 첫 포탄을 발사한다.
- 서브텍스트: 토니는 가족, 친지, 연인에 대한 자기의 사랑을 한순간도 의심해본 적 없다. 그런데 자신의 근본적인 폭군의 속성을 멜피가 보여주는 순간 반박할 길이 없었다. 대신 그는 부정하고 싶은 마음을 질문으로 표현한다. 멜피 못지않게 자기 자신에게 묻는 질문인 듯하다.

멜피가 한 줄 한 줄 사실을 나열할 때마다 토니의 자아존중감이 무너져 내린다. 창피와 무력감을 맛본 토니가 폭력을 행사할 가능성이 있다는 사실을 멜피는 익히 알고 있다. 결정적인 진실을 남김없이 말하고 거기서 야기될 폭력을 택하느냐 아니면 침묵을 지키고 안전을 택하느냐의 딜레마가 멜피 앞에 놓인다. 그녀가 행동을 선택함으로써 용감하게 마지막 비트에 진입한다.

멜피

(말을 이어서)

나는 그렇게 살 수 없을 거예요. 내 입으로 폭력을 증언한다거나—

토니

제기랄…

토니가 방을 뛰쳐나가 문을 쾅 닫고 로비에서 고함을 친다.

토니

…저런 쌍년.

- 행동: 멜피가 두 번째 포탄을 발사한다.
- 반응: 토니가 말로 멜피를 죽인다.
- 서브텍스트: 비트 #12에서 멜피는 토니의 도덕성에 의문을 제기하고, 비트 #13에서는 갱단으로 사는 삶을 통째로, 아울러 그의 주위 사람들까지 모두 폄하한다.

토니로서는 멜피를 죽이고도 남을 만한 모욕이다. 전에도 그런 이유로 다른 사람들을 죽인 전력이 있다. 하지만 죽이는 대신 그가 뛰쳐나간 이유는 이 장면의 시작 부분에서 찾을 수 있다. 토니가 멜피의 진료실에 들어설 때, 그룹 치료에 참여한 열 명 남짓한 사람들이 줄을 지어 그를 스쳐 지나갔다. 사람들 사이에 서 있는 토니를 멜피가 발견하고 그의 이름을 불렀다. 그러니 목격자들이 있는 셈이었다. 만일 그가 지금 멜피를 폭행하면 그들이 현장에 있던 그를 알아보고 이름까지 댈 수 있다. 그런 실수를 할 만큼 풋내기가 아니라서, 대신 자기가 아는 가장 치명적인 욕설로 멜피를 공격한 것이다.

한 가지 예리한 아이러니가 이 마지막 비트의 방향을 틀어놓는다. 멜피는 토니에게 폭력을 목격하며 살 수 없다고 말하지만, 잠재의식 속에서는 오히려 폭력과 얼굴을 맞대는 순간 아드레날린이 분출되는 상황을 즐기고 있는 게 아닌가 의심스럽다.

마지막 하나를 제외하고 모든 비트가 토니의 행동으로 시작되지만, 정작 장면을 절정에 이르도록 끌고 가는 건 멜피의 소극적인 공격이다. 처음에는 토니의 성적 접근을 모면하고, 비트 #4에서는 이유를 알아내려는 그의 욕망을 자극하다가, 마지막에는 토니로 하여금 그가 두려워하는 자기발견에 이르도록 유도한다. 이런 모든 것을 감안할 때, 두 사람 중 더 개성이 강한 인물은 멜피 박사다. 시작부터 끝까지 그가 갈등을 통제한다.

서브텍스트의 진전

아래 열거한 서브텍스트의 행동들을 차례로 읽으면서 어떻게 이런 행동들이 장면을 진전시켜 가는지 살펴보자. 비트 #1부터 #4까지 네 비트에 걸쳐 갈등이 축적되다가 비트 #5에서 잠깐 주춤하고, 그 뒤로 비트 #13의 절정까지 갈등이 점차 진행된다. 두 번째로는 이런 진전을 거치며 장면 내의 세 가지 가치가 어떤 변화의 곡선을 그리는지 살펴보자. 첫째, 의사와 환자 관계에서 우정/증오라는 가치는 긍정에서 부정으로 선회한다. 둘째, 토니의 속 편한 자기기만이(긍정적 아이러니) 괴로운 자기인식으로

(부정적 아이러니) 바뀐다. 셋째, 멜피 박사의 위험/생존은 부정에서 긍정으로 돌아선다.

비트 #1: 매력을 발산함 / 골칫거리를 맞을 준비함

비트 #2: 같이 자자고 제안함 / 어리석다고 말함

비트 #3: 결백을 주장함 / 충돌을 피함

비트 #4: 불쌍한 척함 / 그를 탓함

비트 #5: 빠져나갈 길을 모색함 / 빠져나갈 길을 제공함

비트 #6: 솔직하게 털어놓음 / 시간을 벎

비트 #7: 화를 자초함 / 선을 넘음

비트 #8: 궁지로 몰아감 / 그를 폄하함

비트 #9: 자기와 맞서라고 부추김 / 그의 가치를 부정함

비트 #10: 부드럽게 물음 / 그에게 마지막으로 빠져나갈 길을 제시함

비트 #11: 최악의 상황을 자초함 / 일부러 펀치를 비켜 날림

비트 #12: 스스로를 의심함 / 첫 포탄을 발포함

비트 #13: 두 번째 포탄을 발포함 / 말로 멜피를 죽임

내적 행동이 어떻게 외적 대사로 드러나는지 보기 위해, 내용과 길이와 페이스라는 세 지점에서 두 인물의 대사를 비교해보자.

먼저 내용을 보면, 처음 장면이 시작될 때 토니는 실존적 위기를 겪으며 사랑받지 못하는 공허감을 느끼는 상태다. 위험성이 큰 삶을 지속하는 이유라고 생각했던 것들이 더 이상 타당한 이유가 되지 못한다. 그런 상태에서 사람들은 자연히 두 가지 커다란 질문을 던진다. 하나는 '나는 누구인가?'이고, 다른 하나는 '그래 봐야 무슨 소용인가?'다.

토니의 대사 절반이 질문이라는 점을 주목하자. 질문 외에 나머지는 거짓말이거나 애원이다. 자기 자신에 대한 통찰을 간절히 원하는데 그것을 멜피 박사가 제공해주리라는 기대감이 그의 모든 대사에 깔려 있다. 토니가 유일하게 대답을 간청하지 않는 건 마지막 대사뿐인데, 어쩌면 이 대사야말로 그가 가장 나약하고 가장 절박하게 도움을 요청하는 소리일지 모른다.

장면이 시작될 때 멜피 박사는 지식의 확신이 넘치는 한창 잘나가는 전문가로 등장한다. 상담치료 기술을 발휘해 자신이 원하는 대로 환자들의 어두운 마음을 밝히는 능력을 발휘한다. 박사의 대사에는 토니의 질문에 때로는 얼버무리듯 천천히 조금씩 대답을 흘리는 진술이 담겨 있다.

다음으로 대사의 길이를 살펴보자. 7장에서 말했듯이, 사람들은 감정에 대한 통제력을 잃으면 말, 어구, 문장이 짧아지는 경향을 보인다. 거꾸로 통제력을 발휘할 때는 말, 어구 문장이 길어지곤 한다.

토니는 짧은 단어들을 사용하며 가장 긴 문장이라도 열 단어 내외다. 멜피는 여러 음절의 긴 용어들을 종종 사용하고, 토니의 두 배가 넘는 긴 문장을 구사한다. 멜피의 문장에는 명사와 동사와 목적어가 들어 있는 반면, 토니는 한두 단어에 의미가 축약된 어구를 쓰곤 한다.

마지막으로 대사의 페이스를 비교해보자. 운동경기에서는 경기의 페이스를 통제하는 선수가 승리할 확률이 높다. 인생도 그런 경우가 많다. 토니의 스타카토 리듬과 멜피의 느릿느릿한 어조는 대조적인 두 사람의 감정 상태를 반영한다. 잔뜩 흥분한 토니의 어구와 멜피의 길고 느릿한 문장을 비교해보라. 장면 초반부의 비트에서는 토니가 불도저처럼 밀어붙이지만 결국에는 멜피의 강력한 도덕성이 장면의 페이스를 통제한다. 서두르지 않고 느긋한 멜피에 비해 토니는 매 순간 비틀비틀 휘청거리며 힘에서 밀린다.

앞서 9장에서 반복성이 훌륭한 글쓰기의 적이라고 언급한 바 있다. 일반적으로는 이 말이 옳지만, 언제나 그렇듯 그 반대가 유효한 경우도 있다. 해변에 밀려오는 파도처럼 작가들은 반복을 이용해 토니의 분노와 좌절감이 밀물처럼 차오르는 과정을 표현한다. 예를 들어, 토니는 "괜찮다." 는 말을 너덧 번씩 되풀이하는데, 마지막 두 번은 멜피를 해치지 않겠다는 약속이 담겨 있다. 실제로 절정에서 그가 내뱉는 욕설을 보면 상황이 허락하면 멜피를 해치고도 남을 인물임을 알 수 있다.

아직 보지 않았다면 이 장면을 영상으로 보면서 대사의 내용, 길이, 페이스의 대조가 어떻게 배우들의 연기를 전달하는지 분석해보기를 권한다.

실생활에서 감정은 사람의 배에서 치밀어 전신으로 퍼져나가는 듯하다. 연기를 가르칠 때 학생들에게 머리가 아니라 오장육부로 생각하라고 지도하는 것이 이런 까닭이다. 서툰 배우는 머리에서 내려보낸 명령에 따라 몸뚱이를 움직이는 인형 노릇을 자처하지만, 뛰어난 배우는 자기가 연기하는 인물에 투항해 뱃속에서부터 갈등이 일어나게 한다.

본능적인 연기를 끌어내리면 배우에게 직감적으로 말의 의미가 와 닿도록, 그리하여 즉각적이고 생생하고 자연스러운 대사에 생각과 감정이 녹아들도록 쓰인 텍스트와 서브텍스트가 필요하다. 제임스 갠돌피니가 최고의 본능적인 연기를 펼쳐 유수한 연기상들을 휩쓸 수 있었던 것도 「소프라노스」에 당대 최고의 대본이 있었기에 가능했다.

제14장
코믹한 갈등

이야기 전반에 걸친 일차적 욕망을(상위 의도) 추구하는 과정에서 장면마다 따로 부차적인 욕망을(장면 의도) 추구한다는 건 모든 인물에게 공통적이다. 그런데 이제껏 나온 모든 이야기들을 비극에서 소극에 이르는 스펙트럼을 따라 배치해보면, 욕망을 추구하는 과정에서 드라마틱한 인물과 코믹한 인물이 취하는 대사 스타일이 확연히 다르다는 사실을 확인할 수 있다.

이유는 간단하다. 두 인물 유형의 사고방식이 근본적으로 다르기 때문이다. 똑같이 생각하지 않으니 똑같이 말하지도 않는다. 그러므로 대비되는 두 인물의 대사를 쓰려면 두 가지 명확히 다른 기법이 필요하다.

드라마틱한 인물은 어느 정도 의식을 갖고 삶이 요구하는 바를 추구한다. 싸움에서 한 걸음 물러나 '와, 이러다 내가 죽을 수도 있겠다.'고 생각할 만한 정신적인 융통성이 있다는 말이다. 이런 깨달음 때문에 추구하던 것을 꼭 멈추지는 않더라도, 여기에 딸려 오는 아이러니와 위험성은 인식하게 된다. 예컨대 토니 소프라노가 아무리 격분한 상태라도 남들 보는 데서 살인을 저지르지 않을 정도의 정신은 있는 것처럼.

코믹한 인물을 코믹하게 만드는 건 정신의 경직성이다. 코믹한 인물은 당장 눈앞의 욕망 너머로 아무런 선택지도 보이지 않는 사람처럼, 모든 것을 빨아들이는 욕망을 추구한다. 아래 분석할 장면을 예로 들면, 분별력 있는 전문가들이어야 할 두 정신과 의사가 동기간 경쟁에 사로잡혀 유아 살해라는 퇴행적인 모습에까지 이르게 된다.

수백 년 전에는 코믹한 인물의 편집증을 그의 '유머' 즉 체내에 흐르는 물질로 이해했다. 1612년 극작가 벤 존슨은 자신의 희극 「속편 각인각색」에 부치는 서시에서 중세 생리학의 이론을 인용한다. 이 이론이 주장하는 바에 따르면, 모든 사람의 몸은 혈액, 가래, 노란 담즙, 검은 담즙이라는 네 가지 유머(체액)가 독특한 균형을 이루고 있으며, 사람마다 제각기 다른 체액의 배합이 그 사람의 특정 기질을 결정한다고 한다.(내가 보기에는 성적 체액도 상당히 영향력이 있는데, 옛사람들이 어째서 이것을 빠뜨렸는지 모르겠다.)

존슨은 이 이론에서 코믹한 인물에 대한 은유를 포착했다. 그가 정의하기를, 유머가 생기는 것은,

…어떤 특이한 한 성질이 사람을 지배하여,

그에게서 모든 성정과 기백과 능력을 이끌어내며

하나로 수렴되어 한 방향으로 흐르게 될 때다.[1]

나는 코미디 강의에서 존슨이 말한 "특이한 한 성질"을 일컬어 맹목적인 집착이라 부른다. 11장에서 말한 대로, 코믹한 인물의 내부에서는 욕망이 점점 강렬해져 강박의 지경에까지 이른다. 이런 집착이 인물을 꼼짝

없이 붙들고 있어 인물은 거기서 벗어날 수가 없다. 그의 정체성의 모든 단면들이 이 집착에 매여 있는 탓에, 그것 없이는 인물이 더 이상 코믹하지 않다. 게다가 이런 강박은 인물의 눈을 멀게 한다. 정신없이 이 강박을 쫓으면서도 정작 자기 자신의 광기를 보지 못한다. 우리가 보기에는 신경증에 걸린 미치광이인데, 본인이 보기에는 자기의 집착이 지극히 정상적이다.

예를 들어, 11편에 달하는 「핑크 팬더」 시리즈의 주인공 클루조 형사(피터 셀러스 외 몇몇)를 생각해보자. 클루조 형사는 자신의 무능을 보지도 듣지도 생각하지도 못하면서 완벽에 집착한다. 강박적으로 깨어 있는 그의 일분일초를 오로지 세계 최고의 형사가 되는 일에 쏟아붓는다.

우디 앨런의 영화 「애니 홀」의 주인공 앨비 싱어라든지, 래리 데이비드의 시트콤 「커브 유어 엔수지애즘」의 래리 데이비드처럼 자신의 강박을 끊임없이 해부하고, 신경증적 증세를 공포증에 가깝게 경계하는 코믹한 주인공들도 없지는 않다. 그러나 그들 역시 그런 중독적인 자기분석이 그 자체로 맹목적인 집착이라는 사실을 깨닫지 못한다. 그들의 자가 정신분석이 진지하고 집요할수록 두 인물은 점점 히스테릭해지며 관객의 웃음을 유발한다.

코믹한 주인공의 맹목적인 집착은 대개 그 점만 빼면 대체로 정상적인 특징들 속에 섞여 있다. 덕분에 역시 개연성과 차원성과 독특함을 가진 인물로 그려진다. 그렇지만 코미디 장르는 인물의 차원성에 일정한 한계를 부여하는 것도 사실이다. 농담에는 객관성이 필요하기 때문이다. 웃음은 어울리지 않는 두 가지 아이디어가 갑자기 머릿속에서 충돌하는 순간 터져 나온다. 두 아이디어의 부조리가 즉각 인식되지 않으면 개그가 어수선하게 흩어져버린다. 따라서 독자/관객의 머릿속이 공감으로 흐트러지지 않고 고도의 집중을 유지해야 한다.

11장에서 「30 록」을 분석하며 나는 인물의 본성에 내재된 일관된 모순을 '차원'으로 규정한 바 있다. 인물묘사의 외적 기질과 진정한 성격의 내적 특징 사이의 모순일 수도 있고(예컨대 「표적」에서 잭 폴리의 로맨틱한 매력과 은행 강도로서의 윤리의식 사이의 모순), 자아의 내면 깊숙이 자리한 모순일 수도 있다.(맥베스의 피로 물든 왕권에 대한 야망과, 왕위를 차지하기 위해 자신이 행한 행동을 두고 죄책감에 시달리는 그의 양심 사이의 모순)

심오한 자기모순은 (앞서 멜피 박사와 토니 소프라노에게서 본 것처럼) 독자/관객에게 동료 인간에 대한 공감적 동일시를 이끌어내고, 그 인물의 안녕에 대한 연민과 걱정을 느끼게 한다. 감정이 환영받는 드라마와 달리, 코미디에서는 감정이입과 연민이 웃음을 질식시킨다.

이런 까닭에 코믹한 주인공은 거의 예외 없이 드라마틱한 주인공에 비해 다차원적이지 않다. 갈등에 시달리는 내면 자아의 잠재의식적 층위랄 것도 사실상 없다. 대신 코미디에서는 외형과 실제의 차이, 다시 말해 인물이 스스로 생각하는 본인의 모습과 우리가 실제로 아는 바보 같은 진면목의 차이에서 차원이 만들어진다.

괴짜, 공주병 환자, 덩치만 큰 운동선수, 쇼핑 중독인 부잣집 딸, 겉멋만 부리는 멋쟁이, 허풍쟁이, 잔소리꾼, 샌님 등등 코미디의 단역들은 저마다 맹목적으로 좇는 집착이 놀랍도록 분명하다. 편집증이 그들의 유일한 특징이기 때문이다. 이런 무차원적 배역에 맞는 대사를 신선하고 새롭게 쓰려고 들면 머리가 터질지도 모른다. 사실 많은 코미디 작품들이 이런 대사에 실패한다. 조연들이 말을 해도 그들의 맹목적인 집착 탓에 진부한 말과 상투적인 반응으로 귀결되기 일쑤다.

「프레이저」

피터 케이시, 데이비드 리, 데이비드 앙겔은 시트콤 「치어스」의 스핀오프 「프레이저」를 떼어와 강박증을 앓는 독특한 배역들로 가득 찬 코미디를 만들었다. 이 시리즈는 1992년부터 2004년까지 NBC에서 방영되는 동안 37차례의 에미상 수상을 기록하기도 했다. 라디오 토크쇼를 진행하는 정신과 의사 프레이저 크레인(켈시 그래머 분)과 남동생 나일스(데이비드 하이드 피어스 분), 그리고 그들 주변 사람들의 이야기다.

프레이저와 나일스는 여러 가지 맹목적인 집착들을 공통적으로 가지고 있다. 이 집착들이 줄거리를 구성하는 상위 의도로서, 11시즌 264개 에피소드에 걸쳐 시리즈 전체를 관통한다. 프레이저와 나일스 두 사람 모두 당혹스러운 상황을 극도로 두려워하고, 지적·사회적·문화적 지위를 갈망한다. 이 모든 것이 그들의 속물적 허세를 부풀린다. 그리고 자존심 센 코믹한 인물들이 대개 그렇듯 두 사람 역시 섹스에 집착한다.

첫 시즌 '작가, 또 작가' 에피소드에서 프레이저와 나일스는 동기간의 경쟁 심리에 대한 책을 쓰기로 출판사와 계약을 한다. 형제지간이면서 동시에 정신과 의사로서 동료 사이인 자기들이야말로 이 책을 쓰기에 적임자라고 생각한다. 불행히도 형제는 계약서의 마감시한 전날까지 질질 미루다 글을 쓰지 못한다.

다급한 마음에 형제는 호텔 방을 잡고 앉아 천신만고 끝에 간신히 주제문 한 줄을 작성한다. 그런데 그때 "우리가 작가로 실패하면 사람들이 뭐라고 할까?" 하는 당혹감에 대한 공포가 두 사람을 엄습한다. 이 공포가 그들을 마비시켜 글쓰기를 가로막는다. 결국 두 사람은 남은 시간 동안 한 줄도 더 쓰지 못한 채 밤새 먹고 마시며 미니바를 거덜 낸다.

처음 네 비트는 굴욕/자존심의 가치를 중심축으로 돌지만, 이 두려움은 이내 시리즈를 관통하는 또 다른 큰 강박으로 이어진다. 상호 질투와 끊임없는 힘겨루기, 즉 동기간의 경쟁이다. 두 사람이 쓰려고 몸부림치고 있는 책의 주제이기도 하다. 화면상으로 3분 14초 길이의 장면에서 프레이저와 나일스, 이 똑같이 불균형한 두 인물의 직접적인 갈등에 불이 붙는다.

앞 장과 마찬가지로 두 가지 각도에서 이 장면을 분석할 것이다. 먼저 밖에서 안을 보는 각도로, 장면의 진전과 가치 값의 변화를 구성하는 행동과 반응의 비트들을 살펴볼 것이다. 그리고 다시 안에서 밖으로 방향을 뒤집어 욕망-적대-선택-행동으로 이어지는 행위의 단계를 따라가면서 프레이저와 나일스의 의도와 전략이 어떻게 코믹한 대사로 풍부하게 전달되는지 살펴볼 것이다.

이번에도 굵은 글씨가 장면의 기술이다. 끊지 않고 처음부터 끝까지 읽은 다음 내 분석에 비추어 다시 검토하기 바란다.

INT. 호텔 방-이른 아침
나일스가 컴퓨터 앞에 앉아 꾸벅꾸벅 졸고, 프레이저가 커튼을 열어젖힌다.

비트 #1

프레이저
(바깥 하늘을 내다보며)
오, 하느님! 날이 밝았네! 금요일이 됐어!
(동생을 돌아보며)

나일스, 우리 그냥 인정하는 게 어때? 우린 같이 일 못 한다. 책을 쓰는 건 불가능해.

나일스

안 되겠지, 그런 태도로는, 못 쓰지.

- 행동: 프레이저가 나일스에게 실패를 인정하라고 종용한다.
- 반응: 나일스는 실패를 프레이저 탓으로 돌린다.
- 서브텍스트: 나일스와 프레이저는 똑같은 장면 의도에서 출발한다. 책임 소재를 확실히 하고픈 욕망이다. 책임을 나눠지려는 프레이저의 태도는 칭찬할 만하지만, 나일스는 자존심을 지키려고 잘못을 고스란히 형에게 떠넘긴다.

두 사람은 즉각 적대 모드로 돌입해, 다음 네 비트에 걸쳐 인신공격을 기본 전략으로 삼는다. 처음에는 비난을 가장한 모욕의 수위가 점점 높아지다가 비트 #6에 이르면 본색을 드러낸다.

- 기법: 코미디 창작에는 과장의 기교가 필요하다. 도를 넘는 왜곡 자체로도 웃음이 유발되지만, 왜곡의 일차적인 역할은 인물과 독자/관객 사이에 충분한 거리를 확보해 사회적으로 통용되는 정상의 범주에 비추어 우리가 인물의 행위를 판단하고 우스꽝스러운 부조화를 발견하게 하는 것이다.

프레이저의 첫 대사에 주목해보자. 그냥 단순히 "아침이다."라고 말할 수 있었겠지만 그러지 않고 하느님을 입에 올린다. 코믹한 대사는 과장된 표현을 먹고 자란다.(물론 억제된 표현도 일종의 과장이기는 하지만.)

비트 #2

프레이저

그만 좀 해라. 제발. 마지막 곡이 끝나고 막은 내려갔어. 그냥 집으로 가자.

나일스

그래, 형이야 그렇게 쉽게 포기하는 게 당연하겠지. 어차피 형의 꿈도 아니 잖아. 아쉬울 게 뭐겠어, 유명한 라디오 진행자께서.

- 행동: 프레이저가 나일스에게 멍청하다고 말한다.
- 반응: 나일스가 프레이저를 속물이라 부른다.
- 서브텍스트: 프레이저는 나일스에게 자명한 것을 깨닫지 못한다고 지적한다. 이런 사람들을 이름하여, '멍청이'라 한다. 나일스는 나일스대 로 프레이저가 거만하게 젠체하며 자기보다 못한 이들을 깔본다고 비난 한다. 이런 사람들을 이름하여, '속물'이라 한다. 상호 비난이 살짝 문학적 어조를 얹어 서로에게 굴욕감을 안긴다.

나일스와 프레이저는 문화적 욕구가 강한 인물들이다. 그래서 프레이 저가 상황의 종료를 공연에 비유해 선언하는 것을 볼 수 있다.

비트 #3

프레이저

이렇게 골을 내는 이유가 그거였어, 응? 내가 유명해서 샘이 나냐?

골내는 게 아니고, 샘이 나서도 아니야. 그저 지긋지긋해서 그래! 언제나 내가 두 번째라는 사실이 지긋지긋하다고. 알지, 내가 엄마처럼 정신과 의사가 되고 싶어 한 건 형보다 훨씬 먼저였어. 그런데 형이 더 나이가 많으니까 먼저 된 거라고. 결혼도 형이 첫 번째로 하고, 아빠가 그토록 원하던 손주도 첫 번째로 안겨줬지. 내가 뭐든 하려고 할 쯤엔 이미 씹다 만 고기가 돼 있어.

- 행동: 프레이저가 나일스를 심통 난 아이라고 말한다.
- 반응: 나일스는 프레이저가 서튼 주제에 항상 인기를 가로챈다고 말한다.
- 서브텍스트: 프레이저의 비난은 정확하다. 고의로 인생의 주목을 독차지한다고 형을 비난하는 나일스의 태도는 사춘기의 심통과 다를 게 없다. 그나마 자존심을 지키려고 나일스는 우연의 일치와 악의를 한데 뒤섞는다. 엄청난 과장이다.
- 기법: "씹다 만 고기"라는 어구에 주목하라. 그 난데없는 표현이 영리한 웃음을 유발하지만, 장면의 다른 부분들과 잘 맞아떨어지는 비유라는 점이 더 중요하다. 세상 어디든 엄마들은 아기들이 삼킬 수 있도록 고기를 미리 씹어준다. 이 장면은 전체로서 벤저민 버튼에 대한 정교한 은유의 역할을 한다. 형제가 유아기로 퇴행하다가 급기야 절정에서 프레이저는 나일스를 죽이려다 실패한 유아살해를 다시 재연하기에 이른다.

프레이저

우리가 바꿀 수 없는 걸 두고 징징거리고 있구나.

나일스

설사 바꿀 수 있다고 해도 형은 바꾸지 않을걸. 만족하니까.

• 행동: 프레이저가 나일스를 피학적이라 말한다.
• 반응: 나일스가 프레이저를 가학적이라 말한다.
• 서브텍스트: 프레이저는 나일스가 이유 없이 징징댄다고 비난한다. 불필요한 고통에 몰두하는 사람들을 가리켜 '피학적'이라 한다. 거꾸로 나일스는 프레이저가 자기의 불행을 즐긴다고 비난한다. 남이 고통받는 걸 보며 즐거워하는 사람들을 가리켜 '가학적'이라 한다. 정신과 의사들인 두 형제가 서로의 비밀스러운 급소를 공격하고 있다.
• 기법: 농담은 설정과 보상 두 부분으로 설계된다. 설정은 에너지를 불러일으키고, 보상은 에너지를 웃음으로 폭발시킨다. 코믹한 에너지의 원천은 주로 방어적 감정, 공격적 감정, 섹스, 이 세 가지다. 그래서 코믹한 서브텍스트를 깊숙이 들여다보면 겁이 나거나 화가 나거나 흥분되는 쪽으로 상황이 펼쳐질 수 있다. 하지만 또 설정이 강력할수록 웃음이 더 커지기도 한다.

내 암울한 해석에 동의하지 않을 수도 있겠지만, 절정에 이르렀을 때 다시 돌이켜보고 과연 들어맞는지 아닌지 질문해보기 바란다.

비트 #5

프레이저

이제 그만 좀 내려놔라, 나일스.

나일스

난 그럴 수 없어. 매일매일 곱씹게 된다고. 내가 정신의학회 이사진의 일원이고, 내 연구가 학계에서 인정을 받고, 내 환자 중에 공직에 선출된 사람이 네 명이나 되는데도, 버스 옆면에 실리는 건 뚱뚱한 형의 얼굴이잖아.

- 행동: 프레이저가 나일스에게 울보라 말한다.
- 반응: 나일스는 프레이저에게 우쭐댄다 말한다.
- 기법: 비트 #5에서 어떻게 작가들이 농담을 만들어내는지 주목하라. 고귀한 것을 하찮게 만드는 방식을 사용한다.

나일스는 부당함에 대한 분노를 설정에 불어넣고 있다. 그런데 "정신의학회"며 "학계"며 "공직" 등 권위 있는 기관들의 이름을 열거하면서 에너지를 눌러 담는다. 그러다 "버스 옆면에 실리는 뚱뚱한 형의 얼굴"이라는 결정적 한 방으로 시시함을 폭발시킨다.

- 서브텍스트: 대중교통 수단에 초상이 실린 것에 프레이저는 실제로 자부심을 느낀다. 나일스는 이 점을 대번에 간파함으로써 마지막에는 자신이 굴욕감을 맛본다. 굴욕/자존심의 가치가 경로대로 이동을 하는 한편, 동기간 경쟁에 더 깊이 뿌리내린 또 다른 가치, 즉 승/패의 가치가 대두된다.

비트 #6

프레이저

(분개하며)

내 얼굴은 뚱뚱하지 않아.

나일스

뭔 소리야, 대체 언제까지 월동용 도토리를 물고 다닐 건지 물어보고 싶구만.

- 행동: 프레이저가 자기 얼굴을 옹호한다.
- 반응: 나일스는 형의 얼굴을 지적한다.
- 서브텍스트: 비트 #6에 이를 즈음에는 그들의 서브텍스트가 텍스트의 수면 위로 충분히 모습을 드러낸 상태라, 이어지는 비트들은 훨씬 더 직설적일 것이다.

비트 #7

프레이저

난 적어도 꼬챙이 같지는 않지.

나일스

누구더러 꼬챙이라는 거야, 뚱뚱이 주제에?

프레이저

너 말야, 꼬챙이!

나일스

뚱뚱이 얼굴아!

프레이저

꼬챙이!

나일스

뚱뚱이!

프레이저

꼬챙이!

나일스

뚱뚱이!

- 행동: 프레이저가 나일스에게 못났다 말한다.
- 반응: 나일스가 프레이저에게 못났다 말한다.
- 기법: "꼬챙이"라는 독특한 어휘 선택이 프레이저라는 인물을 완벽하게 묘사해준다. 그럼에도 불구하고 이 말싸움의 패자는 프레이저다. 꼬챙이 나일스보다 뚱뚱한 얼굴 프레이저가 더 사실에 가까워서다. 궁지에 몰린 프레이저가 말에서 몸으로 싸움을 고조시킨다.

프레이저

취소해!

나일스

너나 해!

- 행동: 프레이저가 주먹을 쥔다.
- 반응: 나일스가 주먹을 쥔다.
- 서브텍스트: '주먹을 쥔다.'고 함은 싸울 마음의 준비, 감정의 준비를 한다는 뜻이다.

비트 #9

프레이저

취소하게 해주지.

나일스

말만 하지 말고 해보시지.

- 행동: 프레이저가 어디를 한 대 칠까 결정한다.
- 반응: 나일스가 프레이저에게 어디 쳐보라고 부추긴다.
- 서브텍스트: 짧은 비트 동안, 형제는 싸움을 어디까지 가져갈지 결정

을 내린다. 프레이저는 가볍게 싸우는 쪽을 택한다.

프레이저

그래, 그렇다면…

(동생의 가슴 털을 잡아 뜯으며)

요 맛 좀 봐라.

나일스가 아파서 움찔한다.

- 행동: 프레이저가 나일스를 공격한다.
- 반응: 나일스가 반격을 준비한다.
- 서브텍스트: 비명을 지르며 움찔하는 행동 밑으로 나일스는 전면전을 선택한다.
- 기법: 온갖 위협적인 엄포를 늘어놓고 나서 가슴 털을 뽑는 건 코믹한 절제를 아주 훌륭하게 보여준다. 해/해주지/해보시지 식의 반복을 통해 어떻게 배우들이 스타카토처럼 리듬의 속도를 키워가는지 주목하라.

비트 #11

프레이저가 방을 나가려고 돌아서는데, 나일스가 달려들어 프레이저의 등에 올라타고 난폭한 헤드록으로 몸싸움을 한다.

프레이저

(소리를 지르며)

아악! 아야! 나일스, 그만해! 우린 정신과 의사지 권투 선수가 아냐!

- 행동: 나일스가 프레이저를 공격한다.
- 반응: 프레이저가 나일스를 속인다.
- 서브텍스트: 프레이저는 "우린 의사지 싸움꾼이 아니야." 정도의 더 단순한 언어를 쓸 수도 있을 텐데 그러지 않는다. 대신 허영심으로 나일스를 속여 넘기려고, 명망 있는 의료 전공을 들먹이며 굳이 "복서boxer" 대신 라틴형 "권투 선수pugilist"라는 명칭을 사용한다. 이 속임수가 통한다.

비트 #12

나일스가 프레이저를 풀어준다.

프레이저

그런 말에 속다니 믿을 수가 없구나.

프레이저가 몸을 휙 돌려 격렬한 헤드록으로 나일스를 꼼짝 못 하게 한다.

- 행동: 나일스가 프레이저에게 항복한다.
- 반응: 프레이저가 나일스를 공격한다.
- 서브텍스트: 어린애들로 퇴보하면서 프레이저가 보여준 술책으로 판단하건대, 서로 이런 속임수를 쓴 것이 한두 번이 아님을 알 수 있다.

비트 #13

프레이저가 나일스를 침대에 내동댕이치고 위에 올라타 그의 목을 움켜잡고 조르기 시작한다.

나일스

오, 세상에, 맙소사, 떠오르는 장면이 있어. 형이 내 유아용 침대에 기어올라와서 내 위로 뛰어내렸지.

- 행동: 프레이저가 치명타를 노린다.
- 반응: 나일스가 겁에 질려 움츠러든다.
- 서브텍스트: 난투를 벌이다 프레이저의 내면에서 사납고 원시적인 본능이 깨어난다.

겁에 질린 나일스에게 유아기의 기억이 떠올라 형이 실제로 자기를 죽이려 했던 그날의 기억이 되살아난다.

비트 #14

프레이저

(동생의 목을 조르며 포효하듯)

네가 내 엄마를 훔쳐 갔어!

자신의 살의 등등한 행동에 충격을 받은 프레이저가 침대에서 내려와 황급히 밖으로 뛰쳐나간다.

- 행동: 프레이저가 동생의 목을 조른다.
- 반응: 프레이저가 범죄 현장에서 도망친다.
- 서브텍스트: 이 지극히 과장된 비트가 폭소를 유발하는 이유는 원시적 충동에서 에너지를 끌어오기 때문이다. 카인과 아벨 이야기는 서양 문화의 기본 원형이다. 믿고 싶지 않지만 동기간 경쟁이 폭력으로 이어지는 사례가 생각보다 많다. 아이 키우는 사람들에게 물어보라. 드라마였다면 이 마지막 비트가 비극으로 끝났을 것이다. 그러나 코미디는 웃음 안에 파국을 밀어 넣는다. "네가 내 엄마를 훔쳐 갔어!"라는 켈시 그래머의 광기 실린 외침이 이 비트를 유쾌한 과장으로 끌어올린다.

서브텍스트의 진전

이 장면은 옆으로 변화의 곡선을 그리기보다는 밑으로 내려가는 나선형 진행을 보인다. 아래 열거한 서브텍스트의 행동들을 살펴 이런 진행의 흐름을 파악해보자.

비트 #1: 나일스에게 실패를 인정하라고 종용함 / 실패를 프레이저 탓으로 돌림

비트 #2: 나일스에게 바보라고 말함 / 프레이저를 속물이라 부름

비트 #3: 나일스를 심통 난 아이라고 말함 / 프레이저가 서툰 주제에 항상 인기를 가로챈다고 말함

비트 #4: 나일스를 피학적이라 말함 / 프레이저를 가학적이라 말함

비트 #5: 나일스에게 울보라 말함 / 프레이저에게 우쭐댄다 말함

비트 #6: 자기 얼굴을 옹호함 / 형의 얼굴을 지적함

비트 #7: 나일스에게 못났다 말함 / 프레이저에게 못났다 말함

비트 #8: 주먹을 쥠 / 주먹을 쥠

비트 #9: 어디를 한 대 칠까 결정함 / 프레이저에게 어디 쳐보라고 부추김

비트 #10: 나일스를 공격함 / 반격을 준비함

비트 #11: 프레이저를 공격함 / 나일스를 속임

비트 #12: 프레이저에게 항복함 / 나일스를 공격함

비트 #13: 치명타를 노림 / 겁에 질려 움츠러듦

비트 #14: 동생의 목을 조름 / 범죄 현장에서 도망침

두 형제는 처음 인신공격에서 시작해서, 한 단계 내려와 서로의 신체적 결함을 비웃다가, 감정적인 비난을 퍼붓고, 마지막에는 거의 목숨을 위협하는 폭력으로 바닥을 친다. 열네 개의 비트에 걸쳐 배꼽 빠지게 웃기는 형제간의 난투극이 벌어진다.

코미디 대사 기법

잔혹함이 유발하는 웃음은 옛날 옛적부터 내려오는 관습이다. 이야기의 기예가 생겨나기 시작한 초기부터 예술가들은 고통에 대한 관객의 지각을 통제함으로써 드라마와 코미디 사이에 선명한 경계를 유지해왔다. 진정한 드라마에서는 모든 사람이 상처를 입고, 진정한 코미디에서는 누구도 진짜로 상처 입지 않는다.

코믹한 인물들도 몸을 비틀고, 비명을 지르고 나가떨어지며, 머리를 잡아 뜯기도 한다. 그러나 그런 행동에 실린 무모하기 짝이 없는 기백 덕분에 독자와 관객은 느긋하게 웃으며 실제로는 전혀 아프지 않다고 안심한

다. 확실하게 코믹한 스타일이 아니면, 독자와 관객은 당연히 인물의 고통을 안타깝게 느낄 것이다. 코미디 작가에게 감정이입은 죽음을 의미한다. 연민은 웃음을 망친다. 그러니 코미디 기법은 혹시 모를 고통 앞에서도 독자와 관객이 공감하지 않는 냉정하고 비판적인 태도를 유지하도록 해야 한다.

감정적 거리 유지와 웃음 유발을 위해 설계된 네 가지 기법을 아래 소개한다.

1. 명확성: 웃음을 망치는 건 감정이입만이 아니다. 모호함, 당혹감, 온갖 형태의 혼란 역시 웃음을 망친다. 웃음이 끊어지지 않게 하려면, 서브텍스트에서부터 시작해서 모든 게 명확해야 한다. 인물이 뭔가 못된 꿍꿍이를 하면, 정확히 어떤 못된 짓인지는 관객이나 독자가 모르더라도 그의 속셈이 못된 짓이라는 점에는 의심의 여지가 없어야 한다.

언어도 마찬가지다. 흐릿하고 장황한 대사가 쌓이면 웃음이 질식된다. 코미디를 쓰고 싶은 작가는 5장, 6장, 7장으로 돌아가 스타일의 원칙을 재검토하기 바란다. 코미디 작법에 조목조목 확실하게 적용된다. 특히 경제성과 명확성의 기본 원칙에 집중해야 한다. 최대한 명확한 단어를 최대한 적게 사용할 때 항상 최고의 농담이 나온다.

2. 과장: 코믹한 대사는 원인과 결과의 간극에서 피어난다. 가장 흔히 쓰이는 과장의 기법은 두 가지다. 사소한 원인을 중대한 과장으로 부풀리거나(예컨대 "네가 내 엄마를 훔쳐 갔어."처럼), 아니면 중대한 원인을 사소한 절제로 축소하는 것이다.(예컨대 "해리포터 테마파크가 영국예찬론자들과 소아성애자들에게 대히트거든."처럼) 변증법, 불합리한 추론, 엉터리 단어 사용, 인물 흉내, 가식,

풍자 등을 거쳐 끄트머리에 횡설수설과 헛소리까지, 코믹한 과장의 형태
는 여러 가지다.

   3. 타이밍: 앞서 말했듯, 농담은 설정과 보상(펀치)의 두 부분으로 설계
된다. 설정은 독자/관객에게 공격적, 방어적, 성적 감정을 불러일으키고,
펀치는 그 에너지를 웃음으로 폭발시킨다. 따라서 설정의 정서적 흥분이
최고조에 이르는 순간에 딱 맞춰서 펀치가 나와야 한다. 너무 이르면 웃
음이 약해지고, 너무 늦으면 앓는 소리만 돌아온다. 뿐만 아니라 웃음을
억누를 만한 것이 펀치 뒤에 이어져도 안 된다.
   「30 록」에서 가져온 두 가지 예를 살펴보자.
   "에이버리보다 더 완벽한 여자는 없을 거야. 겉은 젊은 보 데렉인데 속
에는 배리 골드워터가 들어 있다니까." 에이버리(엘리자베스 뱅크스 분)와 보
데렉이 성적 에너지를 높이고(설정), 섹스의 정반대 급부인 60년대 우익
정치인 '배리 골드워터'가 그 에너지를 폭발시킨다.(펀치)
   "만약 내가 항복하면, 그 경우 나는 더 이상 내 집에서 일 순위를 지키
지 못하게 돼. 순식간에 그녀가 골라주는 청바지를 입고 소설을 읽게 되
겠지." 여기서는 남성 우위의 공격적인 에너지가(설정) 잭의 관점에서 보
기에 여성적인 행동인 '소설 읽기'로 인해 약화된다.(펀치)
   두 농담 모두 결정적인 내용을 문장의 뒷부분에 놓고 있다. 펀치 단어
로 개그를 마무리하며 그 뒤에 아무것도 붙이지 않는다. 다음 비트가 관
객의 주의를 끌기 전까지 관객이 웃을 여유를 주려는 것이다. 옛 소극장
시절 널리 알려진 격언이 있다. 네 웃음을 밟고 서지 말라.
   「프레이저」의 장면에서도 그렇다. "유명한 라디오 진행자" "씹다 만 고
기" "버스 옆면" "뚱뚱한 얼굴" "꼬챙이" "권투 선수" "우리 엄마" 등 펀

치가 되는 어구가 문장의 뒷부분에 놓인다.

펀치 단어가 문장 끝부분에서 떨어져 있는 문장은 비트 #6 나일스의 대사 정도다. "대체 언제까지 월동용 도토리를 물고 다닐 건지 물어보고 싶구만." 여기서 펀치 단어는 "도토리"다. 이 문장을, "무슨 소리야, 겨울도 오는데 정말 궁금해, 도대체 언제까지 그놈의 도토리를 쟁여둘지." 정도로 바꿨으면 과연 더 큰 웃음이 유발됐을까. 그건 배우의 대사 전달을 보기 전까지는 확인이 어려운 일이다.

4. **부조화:** 농담을 완성하려면 설정과 펀치의 관계에서 서로 맞지 않는 두 가지가 갑자기 충돌할 때 생기는 부조화의 불꽃이 일어야 한다. 「프레이저」에서는 교양 있는 두 성인과 암울한 유년기의 두 자아 사이에 근본적인 부조화가 존재한다. 스스로의 집착을 직시할 수 있어야 마땅한 정신과 의사들이 직시하지 않으니, 집착을 통제하기는 더더욱 불가능하다. 통제는커녕 두 사람은 거꾸로 이 집착이 날뛰도록 풀어놓는다. 욕망을 실현하기 위해 두 사람이 취하는 조치들이 오히려 절대 욕망을 실현하지 못하도록 가로막는 걸림돌이 된다. 그 결과 두 사람은 도저히 함께 쓰지 못하는 책의 신세가 된다.

제15장
비대칭적 갈등

「태양 속의 건포도」

로레인 헨즈베리의 이 희곡은 1959년 3월 11일 뉴욕에서 초연되었다. 시드니 포이티어, 클로디아 맥닐, 루비 디, 루이스 고셋 주니어가 출연했고, 브로드웨이에서 공연된 최초의 흑인 여성 작가의 작품으로 뉴욕 드라마비평가상을 수상했다. 그리고 두 해 뒤 헨즈베리가 직접 시나리오로 각색했다.

작품은 1950년대 시카고 사우스사이드의 비좁은 아파트에 사는 흑인 가족의 이야기를 들려준다. 영거 가족은 최근 집안의 가장으로서 과로로 사망한 아버지 월터의 장례를 치렀다. 월터는 아내 레나에게 1만 달러의 사망 보험금을 남기고 떠났다. 레나는 보험금의 3분의 1로 이사할 집을 계약하고, 3분의 1은 딸 베니의 의과대학 학비에 보태고, 남은 3분의 1을 아들 월터 리에게 주려고 마음먹는다.

월터 리는 친구 둘과 함께 주류상을 개업하려고 계획 중인데, 현금이 부족하다. 장면을 이끌어가는 월터의 장면 의도는 이렇다. 아내 루스를 설득해 1만 달러를 고스란히 자기 손에 넣도록 도움을 받으려는 것이다. 루스는 남편이 열려는 사업을 신뢰하지 않는다. 게다가 주류상은 고사하고 무슨 이유를 대더라도 레나가 보험금 전액을 아들에게 줄 리 없다는 것도 잘 알고 있다. 월터의 계획을 회피하려는 루스의 장면 의도가 월터의 의도와 정면으로 배치된다.

남편과 아내가 서로의 의식적 욕망을 가로막으면서(적대 세력) 장면에 비대칭적 갈등이 형성된다. 월터가 행동을 강제하고 그에게 전환점이 일어난다. 루스는 갈등을 피하려고 최선을 다한다.

표면상의 갈등은 이렇지만, 장면을 더 깊이 들여다보자. 이 인물들이 진정으로 원하는 게 무엇일까? 월터 리는 자가용 운전기사다. 장래성이 전혀 없는 직업이다. 그의 생각에, 주류상을 하면 돈도 벌고 돈과 함께 자부심과 자립, 아울러 아내와 아들 트레비스의 존경까지 따라올 것 같다. 월터 리가 바라는 건 자존심을 세우는 것이다.(상위 의도)

그런데 월터 리가 모르는 사실이 있다. 아내가 둘째를 임신해서 임신 2개월에 접어든 것. 가난한 형편 때문에 루스는 몰래 낙태를 생각하고 있다. 남편처럼 루스도 부유한 백인 밑에서 가사도우미로 일한다. 루스는 자기 소유의 집과 일정한 수입이 있는 안정된 삶을 꿈꾼다. 루스에게 간절히 필요한 건 안정을 찾는 것이다.(상위 의도)

이번에도 장면을 굵은 글씨로 표기하고, 비트별로 사이사이에 내 분석을 넣었다. 먼저 헨즈베리의 희곡대로 굵은 글씨체 부분을 읽어 내려가자. 인물들의 언어가 어떻게 들리는지 머릿속으로 떠올려보거나 더 좋은 방법으로 직접 소리 내어 읽어보기를 권한다. 간결하고 효과적인 어휘,

그리고 골자만 남기고 문법이 생략된 문장에 주목하기 바란다. 특히 헨즈베리의 언어에 담긴 운율, 어구의 리듬이 어떻게 인물들의 감정의 리듬과 조응하는지 살펴보라. 장면이 어떻게 펼쳐지는지 감이 잡히면 그때 내 분석에 비추어 다시 읽어보기 바란다.

1막 1장

영거 일가의 아파트 주방. 루스가 아침 식사를 준비하는 사이 남편 월터 리가 들어온다.

　장면 하나하나를 각각 작은 도발적 사건이 촉발시킨 미니드라마로 생각해보는 것도 도움이 된다. 여기서는 월터가 주류상을 개업할 계획을 언급하면서 집안의 아침에 균형을 깨뜨린다. 월터는 루스가 이 사업 계획을 비웃는다는 사실을 알고 있다. 그러니 아내가 시큰둥하게 아침을 준비하는 사이 그가 미소로 장면을 시작한다.

> ### 비트 #1

월터

아침에 화장실에서 무슨 생각이 났는지 알아?

루스

(지긋지긋하다는 표정으로 남편을 돌아보고 다시 고개를 돌려 하던 일을 한다.)

아니.

- 행동: 월터가 루스에게 대화를 청한다.
- 반응: 루스가 그의 요청을 거절한다.

장면이 전개되면서 반복되는 비트가 하나도 없다는 사실에 주목하라.

비트 #2

월터

번번이 참 사람 기분 좋게 대하시네!

루스

기분 좋을 게 있어야 말이지!

- 행동: 월터가 루스더러 흥을 깬다고 말한다.
- 반응: 루스가 사는 게 비참하다고 말한다.

비트 #3

월터

화장실에서 무슨 생각이 났는지 알고 싶지 않아?

루스

당신이 무슨 생각하는지 내가 모를까 봐.

- 행동: 월터가 루스에게 들어보라고 고집한다.

- 반응: 루스가 그의 생각을 묵살한다.

수년간 근근이 생계를 꾸리면서 부부가 서로에게 상처 주는 일에 통달했음을 헨즈베리는 단 세 비트 만에 빠르게 보여준다.

비트 #4

월터

(아내 말을 무시하며)

간밤에 윌리 해리스랑 얘기한 게 있거든.

루스

(말이 끝나기가 무섭게)

윌리 해리스는 아무짝에도 쓸모없는 떠버리야.

- 행동: 월터가 아내 말을 무시한다.
- 반응: 루스가 남편을 조롱한다.

비트 #5

월터

나랑 말하는 사람은 죄다 쓸모없는 떠버리지, 어? 아무짝에도 쓸모없는 떠버리가 어떤 인간인지 당신이 알기나 해? 찰리 애킨스도 '쓸모없는 떠버리'였지, 안 그래? 나더러 같이 세탁소 하자고 했을 때 말이야. 근데 지금 어때, 걔는 1년에 만 불씩 벌고 있잖아. 1년에 만 불씩! 그래도 걔더러 떠버리라고 할래!

루스

(씁쓸하게)

오, 월터 리… (식탁에 앉아 포갠 팔 위로 머리를 묻는다.)

- 행동: 월터가 아내를 비난한다.
- 반응: 루스가 죄책감을 숨긴다.

헨즈베리의 솜씨에 주목하라. 장차 주어질 보상을 어떻게 설정하는지 보여주는 훌륭한 본보기다. 루스가 임신을 했고 낙태를 고려 중이라는 사실을 이 시점에는 관객도 다른 인물도 전혀 모른다. 장면이 펼쳐지며 관객은 처음에 아마 월터의 불평이 어느 정도 사실이고, 루스의 비관주의가 남편의 발목을 잡고 있다는 인상을 받을 것이다. 그러나 그건 곧 있을 보상에 대비한 헨즈베리의 교묘한 설정이다. 루스의 임신 사실이 밝혀지면, 관객은 그녀가 신경질적이고 퉁명스러운 진짜 이유를 문득 깨달을 것이다. 예상치 못했지만 소급해보면 논리적인 통찰이 밀려들 것이고, 그 깊은 통찰을 바탕으로 루스의 성격과 이 장면과 거기에 담긴 서브텍스트가 파악될 것이다.

그러니 루스를 연기하는 배우는 비밀을 발설하지 않은 채, 비밀을 품은 두려움과 괴로움을 표현해야 한다. 비밀을 발설하면, 1막의 절정에서 이 장면의 설정에 보상이 주어질 때 관객의 발견이 방해를 받기 때문이다.

예를 들어, 헨즈베리는 루스에게 식탁에 앉아 팔에 고개를 묻는 동작을 시킨다. 떼쓰는 월터에 대한 불만의 행위로 보이지만, 실은 입덧을 참느라 그런 것일 수도 있다. 배우가 속으로 이런 상황을 염두에 두며 연기할 수는 있겠지만, 가슴을 움켜쥐는 등 관객에게 귀띔이 될 법한 행동은 하지 않을 것이다.

비트 #6

월터

(루스 옆에 가서 서서)

당신은 지긋지긋하지, 어? 다 지긋지긋하겠지. 나도, 애도, 우리 사는 꼴도, 이 낡아빠진 집구석도, 다. 아니야?

(루스는 고개를 들지도, 대답하지도 않는다.)

너무 지긋지긋해서 항상 끙끙 앓는 소리지, 그러면서 뭐든 도와줄 마음은 없을 거야, 어? 그냥 내 편을 들어줄 수는 없겠지, 안 그래?

루스

월터, 제발 나 좀 그냥 놔둬.

월터

남자는 여자가 뒤에서 받쳐줘야 되는데….

루스

월터….

- 행동: 월터가 루스더러 이기적이라 말한다.
- 반응: 루스가 포기한다.

루스는 포기하고 그냥 듣는다. 적어도 듣는 시늉은 하고 있다. 끈질긴 월터와 맞붙느니 그 편이 더 쉽다. 월터는 이것을 자기 말이 좀 통하는 신호로 받아들여, 태도를 바꿔 구슬리기 시작한다.

비트 #7

월터

엄마가 당신 말은 들을 거야. 엄마가 나나 베니보다 당신 말을 더 잘 듣는 거 당신도 알잖아. 당신을 더 존중해. 당신은 그냥 엄마랑 같이 앉아서 아침에 커피 한잔하면서 자연스럽게 이런저런 얘기하듯 하면 돼.

(그가 루스 옆에 앉아 어떤 태도와 말투가 나을지 직접 시연해 보인다.)

이렇게 커피 한 모금 마시고 편하게 말을 꺼내는 거야, 월터 리가 요즘 관심을 보이는 사업이며 가게며 당신도 생각해보고 있다, 그러고는 커피를 좀 더 마시는 거지. 이게 당신한테 별로 중요한 일은 아닌 것처럼. 그러면 두고 봐, 엄마가 열심히 듣고 있다가 당신한테 이것저것 물을 거야. 그럼 나중에 내가 집에 와서 자세하게 얘기하면 되지. 쉽게 거저 돈 벌려는 거 아니야, 여보. 잘 따져본 거야, 나랑 윌리랑 보보랑.

루스

(눈살을 찌푸리며)

보보?

- 행동: 월터가 루스를 꾄다.
- 반응: 루스가 수상한 낌새를 챈다.

그가 시연해 보인 커피 수다 장면이 실은 여성을 조롱하는 행동이란 걸 월터는 깨닫지 못한다. 사실 관객들도 알아차리지 못했을 것이고, 어쩌면 재미있게 받아들였을지도 모른다. 그도 그럴 것이 1959년 당시에는 무심한 성차별이 다반사여서 딱히 분간이 쉽지 않았다. 그러나 헨즈베리는 달랐다. 이것도 헨즈베리의 탁월한 설정 가운데 하나다. 작가는 월터의 성차별주의를 여기에 심어둠으로써 장면 막바지에 월터가 모든 흑인 여성이 흑인 남성을 배신한다고 비난할 때 그 설정의 열매를 거둔다.

비트 #8

월터

응. 있잖아, 우리가 하려는 이 주류상에 칠만 오천 불 정도 드는데, 가게 자리에 초기 투자가 대충 삼만 불쯤 들 거야. 그럼 한 명당 만 불이야. 물론 한 이백 불 정도 내야지, 그 촌뜨기들이 면허 내 줄 때까지 한없이 기다리지 않으려면—

루스

뇌물을 준다고?

- 행동: 월터가 사업가 행세를 한다.
- 반응: 루스가 재앙을 예견한다.

월터

(짜증스럽게 인상을 찌푸리며)

그렇게 말하지 마. 이것 보라고, 여자들이 세상을 얼마나 모르는지 드러나잖아. 여보, 이 세상은 값을 지불하지 않으면 아무것도 해주지 않아!

루스

월터, 나 좀 그냥 놔둬!

- 행동: 월터가 세속적인 생각을 드러낸다.
- 반응: 루스가 그의 어리석은 생각을 거부한다.

루스는 도덕심이 깊은 여성이다. 1950년대에 낙태는 중죄였다. 낙태에 대한 고민으로 루스는 초조해하고 있다. 그 얘기를 꺼내고픈 마음이 간절할 텐데, 헨즈베리는 영리하게 이 사실을 서브텍스트에 묻어둔다.

비트 #10

루스

(고개를 들고 남편을 뚫어지게 노려보다가 조용히 말한다.)

아침 먹어요, 식기 전에.

월터

(자세를 세워 루스에게서 떨어지며 시선을 돌린다.)

그게 다야. 당신이 그렇지. 남자가 마누라한테, 나도 꿈이 있어, 이러는데 마누라 하는 말은, 아침 먹어요.

(서글프게, 하지만 힘을 실어서)

남자가, 나도 이 세상을 좀 쥐고 흔들어야겠어, 여보! 그러는데, 마누라는 아침 먹고 출근이나 해요, 그러네.

(더 격앙된 어조로)

남자가, 내 인생을 바꾸지 않으면 숨 막혀 죽겠어, 여보! 그러는데 마누라 한다는 말이—

(비통에 차서 주먹으로 허벅지를 내리치며)

—아침밥 식는다네!

- 행동: 루스가 남편을 달랜다.
- 반응: 월터가 루스더러 신의를 저버린다고 비난한다.

비트 #11

루스

(부드럽게)

월터, 그건 우리 돈이 아니야.

월터가 입을 꾹 다물고 루스를 외면한다.

- 행동: 루스가 도덕의 망치를 휘두른다.
- 반응: 월터가 패배를 삭인다.

• 첫 번째 전환점: 이 장면을 진행하는 움직임은 하나가 아니라 둘이다. 첫 번째 움직임은 월터가 루스를 설득해 어머니의 돈을 얻어내도록 도움을 받을 수 있으리라 기대를 품으며 긍정으로 출발한다. 월터는 루스에게 죄책감을 씌우는 주장을 펼친다. 예전에 사업으로 성공할 기회를 루스가 망쳐놨으니 이번에는 빚 갚는 심정으로 그를 도와야 한다고 말이다. 게다가 아내로서 마땅히 남편의 사업 계획을 지원해줄 도덕적인 의무가 있다고 강조한다. 정작 월터 본인은 자진해서 뇌물을 바치겠다는 의사를 밝히며 자신의 '도덕적' 입지를 약화한다. 마침내 루스가 자신들은 그 돈에 소유권이 없다는 사실을 지적하며 그의 주장을 격파한다. 돌아가신 아버지가 평생 피땀 흘려 번 돈이다. 자식들이 아니라 어머니 레나의 돈이다. 어머니를 꾀어 그 돈을 가져오는 건 부도덕한 일이다. 비트 #11에서 월터의 장면 의도를 산산조각내는 부정적 전환점이 만들어진다. 그 진실을 반박할 수 없다는 사실을 깨닫고 월터는 잠시 침묵하지만, 자신을 추스르며 새로운 방향의 공격을 모색한다. 그의 새로운 장면 의도는 저항하기 힘든 패배감에서 탈출하는 것이다.

비트 #12

월터

(루스의 말을 전혀 듣지 않고 쳐다보지도 않는다.)

아침에 거울을 보면서 이런 생각을 했어. 내 나이 서른다섯이고, 결혼한 지 십일 년인데, 하나 있는 아들은 제 방도 하나 없고—

(아주 작은 소리로)

—아들에게 해줄 거라곤 돈 많은 백인들 얘기뿐이라니….

루스

아침 먹어요, 월터.

월터

빌어먹을 아침은… 빌어먹을 아침 따위!

루스

그럼 출근하든지.

- 행동: 월터가 동정심을 구걸한다.
- 반응: 루스가 그의 애원을 묵살한다.

비트 #13

월터

(아내를 올려 보며)

이 보라고, 내가 내 얘기를 좀 하려는데—

(고개를 절레절레 흔들며)

—당신은 고작 한다는 말이 아침 먹고 출근해, 라니.

루스

(지친 듯)

여보, 당신 하는 소리는 늘 똑같잖아. 낮이고 밤이고 날마다 당신 말을 듣는데, 당신 하는 소리는 늘 똑같아.

(어쩔 수 없다는 듯)

그러니까 당신은 아놀드 씨네 운전수가 아니라 그 사람으로 살고 싶은 거고. 나는 버킹검 궁전에 살고 싶겠네.

- 행동: 월터가 루스에게 자기에 대한 애정이 없다고 비난한다.
- 반응: 루스가 월터에게 공상 속에 산다고 비난한다.

비트 #14

월터

그게 바로 요즘 흑인 여자들의 문제야… 남편을 추켜세울 줄 몰라. 좀 중요한 사람처럼 느끼게, 뭔가 좀 해낼 수 있는 사람으로 느끼게 해줘야 하는데.

루스

(건조하지만 상처 주는 어조로)

제대로 일하는 흑인 남자들도 있어.

- 행동: 월터가 자기의 실패를 루스 탓으로 돌린다.
- 반응: 루스가 실패의 책임을 월터에게 돌린다.
- 두 번째 전환점: 자기 연민과 죄책감 덧씌우기가 묵살당하고 나니, 월터가 다른 논리를 시도한다. 모든 흑인 여성은 모든 흑인 남자를 패배자로 만든다. 루스도 흑인이다. 따라서 월터가 실패한 것은 루스 책임이다. 그러나 다시 루스가 사실과 사실이 함축하는 바를 내밀며 그의 주장을 박살 낸다. 흑인 남자 중에도 성공한 사람들이 있다. 자기 인생의 실패

는 월터 자신의 책임이다. 루스의 말이 옳다. 월터도 그걸 안다. 루스의 씁쓸한 진실이 장면을 이중의 부정으로 전환시킨다.

비트 #15

월터

흑인 여자 덕택은 아니지.

루스

참, 나도 흑인 여자인데, 난들 어쩌겠어.

- 행동: 월터가 궁색한 변명에 매달린다.
- 반응: 루스가 월터의 자기기만을 비웃는다.

비트 #16

월터

(웅얼거리며)

우리들 남자 집단이 속 좁은 여자들 종족에 매여가지고.

루스가 아무 말 없이 눈길을 돌린다.

- 행동: 월터가 상처받은 자존심을 달랜다.
- 반응: 루스가 원래의 걱정으로 후퇴한다.

헨즈베리의 시퀀스를 살펴보면서 어떻게 점진적인 진행을 설계했는지 확인해보자. 작가는 작은 도발적 사건에서 출발한다. 월터의 쾌활한 대화 요청에 루스는 적대적인 한 마디 "아니."로 응수한다. 비트 #1에서 #6까지 헨즈베리는 부정에 이르도록 비트를 차곡차곡 쌓아간다. 행동과 반응의 교환이 매번 앞선 비트를 넘어선다. 루스와 월터는 고통 위에 고통을, 모욕 위에 모욕을 얹으며 애정과 희망을 점점 더 큰 위험에 빠뜨린다.

비트 #1: 루스에게 대화를 청함 / 그의 요청을 거절함

비트 #2: 루스더러 흥을 깬다고 말함 / 사는 게 비참하다고 말함

비트 #3: 루스에게 들어보라고 고집함 / 그의 생각을 묵살함

비트 #4: 아내 말을 무시함 / 남편을 조롱함

비트 #5: 아내를 비난함 / 죄책감을 숨김

비트 #6: 루스더러 이기적이라 말함 / 포기함

루스가 잠시 항복하고 남편이 하려는 말에 귀를 기울인다.

비트 #7에서 월터가 "커피 수다"를 시연하면서, 장면의 어조가 더 밝고 즐거워진다. 긍정을 향해 분위기가 고조되고, 관객은 어쩌면 루스가 월터의 편에 설지 모른다는 느낌을 받기 시작한다. 그러나 월터가 보보의 이름을 언급함과 동시에 루스가 의심스러운 반응을 보이고, 장면은 다시 더 깊은 부정 쪽으로 돌아서 비트 #11의 전환점까지 이어진다.

비트 #7: 루스를 꾐 / 수상한 낌새를 챔

비트 #8: 사업가 행세를 함 / 재앙을 예견함

비트 #9: 세속적인 생각을 드러냄 / 남편의 어리석은 생각을 거부함

비트 #10: 남편을 달램 / 루스더러 신의를 저버린다고 비난함

비트 #11: 도덕의 망치를 휘두름 / 패배를 삭임

비트 #11에서 월터의 장면 의도가 절정에 이른다. 월터는 어머니에게 돈을 받아내도록 루스가 절대 도와주지 않으리란 걸 깨닫는다. 이번에도 그의 실패였다. 이 충격이 잠시 그를 침묵시킨다. 장면이 한숨을 돌리는 사이 월터가 다시 분을 그러모아 장면의 두 번째 움직임을 개시한다.

먼저 그는 상처 난 자존심에 어떻게든 처치를 해야 한다. 그래서 비트 #12에서 루스의 이해를 호소해보지만, 비트 #13과 #14에서는 다시 자기의 실패를 루스와 모든 흑인 여성 탓으로 돌리며 공격한다. 마침내 루스가 진실의 힘으로 그를 꼼짝 못 하게 한다.

비트 #12: 동정심을 구걸함 / 월터의 애원을 묵살함

비트 #13: 루스에게 자기에 대한 애정이 없다고 비난함 / 월터에게 공상 속에 산다고 비난함

비트 #14: 자기의 실패를 루스 탓으로 돌림 / 실패의 책임을 월터에게 돌림

루스가 월터로 하여금 자신의 비참한 삶에 대한 책임을 직시하게 하면서 비트 #14에서 두 번째 움직임과 장면의 절정에 이른다.

비트 #15: 궁색한 변명에 매달림 / 월터의 자기기만을 비웃음

비트 #16: 상처받은 자존심을 달램 / 원래의 걱정으로 후퇴함

마지막 두 비트는 긴장이 완화되는 화해의 움직임을 보인다. 월터는 자

기연민으로 후퇴하고 루스는 남들에게 말 못 한 임신 걱정으로 후퇴한다.

부부의 행동과 반응을 동명사형으로 이름 붙여 나열해보면, 장면의 비대칭적 갈등이 한눈에 들어온다.

- 월터의 행동: 청함, 고집함, 탓함, 꾐, 드러냄, 비난함
- 루스의 반응: 묵살함, 숨김, 포기함, 달램, 무시함, 후퇴함

대사의 견본을 뽑아보면 이런 행동의 실행에 사용된 단어 선택과 구문이 잘 드러난다.

- 월터의 공격적 비난:

그래도 걔더러 떠버리라고 할래!

뭐든 도와줄 마음은 없을 거야, 어?

남자는 여자가 뒤에서 받쳐줘야 되는데.

숨 막혀 죽겠어, 여보!

- 루스의 수동적 반응:

오, 월터 리…

나 좀 그냥 놔둬.

그건 우리 돈이 아니야.

난들 어쩌겠어.

장면의 중요한 가치들은 긍정에서 부정으로 곡선을 그린다. 희망에서 절망으로, 안정에서 위험으로, 성공에서 실패로, 자기 존중에서 자기 증

오로. 장면의 도입부에서 월터는 성공과 아울러 자기 존중을 획득하리라는 희망을 품는다. 루스 역시 안정을 바라는 희망에 매달린다. 그러나 장면의 비트들이 점차 고조되면서 루스는 안정된 미래로부터 점점 멀어지고, 월터는 경제적 성공이라는 눈앞의 목표로부터 점점 멀어질 뿐 아니라 자존에 대한 일생의 욕망으로부터 더 훌쩍 멀어진다. 게다가 다툼의 저변에 서로를 사랑하는 마음이 감지되던 부부 관계조차 장면의 절정에서 위기를 맞는다. 장면은 심각한 부정으로 끝을 맺는다. 월터의 희망이 절망으로 바뀌고 루스의 안정이 위험으로 바뀐다.

헨즈베리의 천재성을 제대로 음미하려면, 작가가 가치를 전환해서 장면의 진행 곡선을 그려가는 당면한 임무를 수행하면서, 어떻게 제2의 움직임을 이용해 월터의 장기적인 성격의 굴곡을 설정하는지 주의 깊게 살펴보기 바란다.

성격의 굴곡은 좋은 쪽으로든 나쁜 쪽으로든 인물의 본성에서 일어나는 극심한 변화를 말한다. 인물의 도덕적·심리적·정서적 본성은 낙관주의/비관주의, 성숙/미성숙, 범죄성/회복 등등의 가치로 표현된다. 「대부 2」에서 마이클이 그렇듯 인물의 내적 본성이 긍정에서(온정적) 부정으로(잔인함) 변화의 곡선을 그릴 수도 있고, 「사랑의 블랙홀」에서 필이 그렇듯 부정에서(이기적) 긍정으로(다정함) 변화할 수도 있다.

따라서 작가가 이야기 초반에 인물을 가치의 긍정에 둘지 부정에 둘지 명확히 설정해둬야 관객이 변화의 굴곡을 이해하고 감지할 수 있다. 월터는 이 작품에서 유일하게 도덕적 변화를 겪는 인물이다. 그래서 헨즈베리는 비트 #12에서 #16까지를 교묘히 이용해 월터의 본성과 변화에 대한 필요를 설정해둔다.

이 다섯 비트의 점진적 대사를 통해 헨즈베리는 자존감과 가족의 존경을 갈망하는 월터의 절박한 욕망을 표현하고, 둘 중 어느 것도 갖지 못한 월터의 상황을 극화한다. 1막에서 월터의 상위 의도를 부정으로(상처 난 자존심) 전환한 다음, 작가는 2막의 절정에서 월터를 더 깊숙한 자기 비하와 가족 혐오의 지옥으로 끌고 내려간다. 월터의 성격이 자기 증오에서 자존으로 바뀌는 변화의 곡선이야말로, 인종 편견에 관한 관습적 사회드라마들을 뛰어넘는 작품으로 이 드라마의 품격을 높인다.

이제 이 훌륭한 장면을 가져다가 한번 망쳐보자. 동일한 대사의 비트들이 어떻게 점진적 진행을 방해할 수 있는지 예를 들어 설명해보겠다.

작가가 장면의 시작부터 전환점을 제시한다고 가정해보자. 월터가 자기가 지금 무슨 생각을 하는지 알고 싶으냐고 루스에게 묻고, 루스가 답하길, "이미 알지. 당신 아버지 생명 보험금. 월터, 그건 우리 돈이 아니야! 당신 어머니 돈이지. 더 이상 생각 말아요. 그리고 한 가지 더, 당신 불행하다고 징징대는 소리, 당신 인생 실패했다고 나를 탓하는 소리, 나도 정말 지긋지긋해. 월터, 당신이 저지른 실수는 모두 당신 책임이야."

여기에 대한 반응으로 월터는 계속해서 루스의 지원이 부족하다, 주류상 사업은 잘될 거다, 어머니를 설득하기도 쉬울 거다, 자기는 지금 생활이 싫다, 이 모든 게 전형적인 흑인 여자들과 다를 바 없는 루스의 태도 탓이다 등등의 주장을 펼 수 있다. 돈, 사업 계획, 월터의 생활, 아내에 대한 감정 등에 관한 필수적인 해설이 드러날 것이다. 관객은 필요한 정보를 알게 되지만, 월터의 주장이 무의미하게 느껴져 지루함으로 몸을 비틀게 된다. "아니."라는 루스의 말은 액면 그대로 진심이다. 그러니 긴장도 없고 서스펜스도 없이 장면은 자멸하고 해설의 잔해만 남는다.

이 장면을 다르게 망쳐볼 수도 있다. 전환점을 너무 늦게 제시하면 반복된 비트들로 장면이 늘어진다. 월터가 세탁소 사업에서 벌어들였을 돈을 구구절절 설명한다든지, 윌리와 보보가 얼마나 비범한 사업가들인지 칭송을 늘어놓을 수도 있다. 혹은 주류 사업을 미화하면서 장차 큰돈을 벌어 가족에게 사줄 모피며 보석이며 새집을 세세히 묘사할 수도 있다.

그러다가 루스가 그건 어머니 돈이지 그의 것이 아니라는 사실을 못 박으면, 그때부터 월터가 흑인 남자의 부담으로 살아온 흑인 여자의 백년사를 읊기 시작해, 루스가 그만두게 할 때까지 멈추지 않을 수도 있다. 끊임없이 사실이 연달아 주입되면서 역시 관객은 흥미를 잃는다. 마침내 전환점이 제시될 때는 이미 해설이 관객을 지치게 한 뒤라 그 효력이 절반에도 미치지 못할 것이다. 헨즈베리도 반복을 사용하기는 한다. 그러나 월터의 "아침밥" 대사(비트 #10)처럼 둥둥둥 세 번의 북소리로 배우를 감정의 정점에 이르게 하려는 것일 뿐 더 이상은 아니다.

이보다 더 못한 경우, 작가가 아예 전환점 없이 장면을 쓸 수도 있다. 장장 세 쪽에 걸쳐 사업 계획, 어머니의 돈, 삐걱대는 결혼 생활, 흑인 남자와 흑인 여자의 운명 등등에 관한 아침 식탁 대화를 쏟아낼 수도 있을 것이다. 그러나 헨즈베리는 그러지 않는다. 비트가 차곡차곡 쌓여 두 번의 전환점에 이르고, 이 전환점이 다시 드라마 전체의 설정으로 깔리는, 점진적인 진행과 감정의 움직임과 드러남이 있는 장면을 만들어낸다.

지금 살펴본 장면처럼 이론상으로는 모든 장면이 보상과 설정으로 작동한다. 한 장면 안에서 인물 간의 대립이 일어나면서 무엇인가 달라진다. 그러니 지금 말해지는 것은 과거 사건에 대한 보상이다. 대사를 통해 이런 보상이 반향을 일으키다 보면, 지금 말해지는 것이 다시 또 이후 장면들의 효과에 대한 설정이 된다.

「소프라노스」와 「프레이저」가 그러했듯, 헨즈베리의 능숙한 솜씨로 탄생한 월터 리라는 인물이 있었기에, 배우 시드니 포이티어가 토니상, 골든 글로브, 영국영화텔레비전예술상 등 각종 연기상 후보에 오를 수 있었다.

앞서 세 장의 극화된 장면들에서는 고통스러운 전환점을 중심으로 배우들의 격앙된 감정이 선명한 화음을 빚어내고 있다. 이번에는 담담한 어조로 묵묵히 행동을 전달하는 소설 속 장면을 살펴보자.

제16장
간접적 갈등

「위대한 개츠비」

F. 스콧 피츠제럴드는 소설의 1장에서 독자에게 이야기의 화자, 닉 캐러웨이를 소개한다. 닉은 월스트리트에서 일하기 위해 뉴욕으로 건너왔다. 롱아일랜드 웨스트에그에 집을 구했는데, 이웃이 제이 개츠비다. 개츠비는 주류 밀매업으로 재산을 모은 젊은 백만장자다. 웨스트에그도 부유한 동네지만, 상류층이 모여 사는 건너편 이스트에그보다는 화려함이 한참 뒤진다. 닉의 친척인 아름다운 데이지가 부자 남편 톰 뷰캐넌과 함께 이스트에그의 대저택에 살고 있다. 톰은 아이비리그 운동선수 출신으로 건장한 체격을 과시한다. 저녁 초대를 받고 뷰캐넌 저택에 간 닉은 그곳에서 골프 스타이자 역시 상류층 일원인 조던 베이커 양을 만난다.

이 작품은 닉의 관점에서 서술한 1인칭 소설이다. 여기서는 소설 한 장의 일부를 떼어와 여덟 비트로 분해해보았다. 장면의 시작은 저녁 식사

전에 네 사람이 음료를 마시는 모습이다. 베이커 양이 닉에게 돌아앉으며 말한다.

"웨스트에그에 산다고요." 그녀가 멸시하는 투로 말했다. "나도 거기 아는 사람 있는데."

"전 없어요, 한 사람도."

"개츠비는 아실 텐데."

"개츠비?" 데이지가 따지듯 물었다. "개츠비 누구?"

개츠비가 내 옆집에 산다고 미처 말하기 전에, 저녁 식사를 알리는 전갈이 왔다. 톰 뷰캐넌이 그 단단한 팔을 내 팔 아래 힘껏 밀어 넣으며 마치 체커판의 말을 옮기듯 나를 몰고 방에서 나왔다.

느릿느릿 낭창하게 두 손을 살짝 엉덩이에 걸친 두 젊은 여성이 우리에 앞서 석양을 향해 활짝 열린 장밋빛 포치로 걸어 나가는데, 바람이 잦아든 식탁 위에 촛불 네 개가 깜박이고 있었다.

"초는 뭐하러?" 데이지가 불평하듯 눈살을 찌푸렸다. 그녀가 손가락으로 휙 촛불을 잡아 껐다.

비트 #4

"두 주 있으면 일 년 중 낮이 가장 긴 날이에요." 우리를 바라보는 그녀의 얼굴이 환히 빛났다. "일 년 중 낮이 가장 긴 날, 항상 기다려지지 않아요? 나는 항상 그날을 기다리는데 놓치고 말아요.

비트 #5

"뭔가 계획이 필요해." 이런 말과 함께 베이커 양이 하품을 하며 마치 침대에 들어가듯 식탁에 앉았다.

"좋아요." 데이지가 말했다. "뭘 하기로 할까?" 그녀가 막막한 표정으로 나를 쳐다보았다.

"남들은 어떤 계획을 세우나요?"

미처 내가 대답을 하기도 전에, 휘둥그레진 데이지의 두 눈이 자신의 새끼손가락에 고정되었다.

"이것 좀 봐!" 그녀가 투덜댔다. "다쳤네."

우리 모두 쳐다보았다. 손가락 마디에는 멍이 들어 있었다.

비트 #6

"톰, 당신이 그랬어요." 데이지가 비난하듯 말했다. "일부러 그런 건 아니겠지만, 당신이 한 건 한 거예요."

"이게 바로 야수 같은 남자와 결혼한 대가겠죠. 우락부락 거대한 허우대의 표본."

"그 '우락부락'이란 말 참 싫군." 톰이 짜증스럽게 투덜거렸다. "아무리 농담이라도."

"우락부락하지." 데이지도 물러서지 않았다.

여기서 장면이 끝난다.

분석을 시작하기 전에 '시점'에 관해 짚어둘 몇 가지가 있다.

먼저, 시점을 정의해보자. 시점은 이야기 속 세계라는 포괄적 공간에서 우리가 장면을 목격할 수 있도록 작가나 감독이 우리를 앉혀두는 자리다. 여기서 포괄적 공간이라 함은 대상의 좌우로 360도의 수평각과 상하로 360도의 수직각이 둘러싼 공간을 말한다.

공연장에서는 우리가 구매한 좌석의 고정된 시점에서 무대 위의 삶을 바라보게 된다. 인물들의 행동과 반응 일거수일투족이 공연 내내 우리 앞에 펼쳐진다. 우리의 시선은 언제든 인물과 인물 사이를 비교적 자유로이 오가지만, 그 정도가 우리에게 유일하게 주어진 시점의 선택권이며, 그 선택은 배우의 음성과 동작 그리고 감독의 무대 연출에 따라 크게 좌우된다.

텔레비전과 영화에서는, 카메라가 보는 것이 곧 우리가 보는 것이다. 이야기의 포괄적 공간 안에서 움직이는 카메라가 우리의 시점을 조절하되 엄격하게 제한하진 않는다. 그도 그럴 것이 설정숏을 비롯해 그룹숏, 투숏, 클로즈업 등등을 수집하는 사이 우리의 인식은 화면 안은 물론 화면 밖의 삶에까지 뻗어나간다. 그렇게 해서 실제로 우리 눈앞에 보이지 않는 행동과 반응도 종종 상상하게 된다.

소설은 작가에게 대단히 폭넓은 시점 선택의 자유를 제공한다. 동시에 독자에게는 가장 통제가 심한 이야기 매체이기도 하다. 다른 매체들처럼 소설 역시 물리적 세계 안의 어느 위치에서든 장면을 바라볼 수 있지만, 여기에 인물의 정신세계 안의 주관적 관점이 추가된다. 일단 작가가 인칭(1인칭이나 3인칭 혹은 특이한 경우 2인칭)을 선택하면, 스포트라이트를 비추듯 작가의 시선이 그 각도에서 움직인다. 우리의 지각이 작가의 손바닥 위에 놓이는 셈이다.

우리가 소설 속 문장을 따라가는 사이 작가는 자신이 원하는 곳으로 우리를 데려간다. 작품 세계 안의 특정한 장소, 시간, 사회 집단을 통과할 수도 있고, 어느 인물의 깊은 사유 속으로 들어가 인물의 합리화와 자기기만과 꿈을 목격할 수도 있다. 혹은 더 깊숙이 인물의 잠재의식을 파고들어 인물의 원초적인 욕구, 공포스러운 악몽, 사라진 기억을 마주칠지도 모른다.

능숙하게 완성된 시점이 발휘하는 위력은 막강하다. 우리가 일부러 잠시 멈춰 이야기에서 빠져나와 상상력을 발동하지 않으면, 어느새 이야기 속으로 빨려 들어가 이야기꾼이 보여주고 싶은 것만 보고, 들려주고 싶은 것만 듣게 된다.

아래에서 나는 갑자기 촛불을 꺼버린 데이지에게 톰 뷰캐넌이 보이는 반응을 분석할 텐데, 피츠제럴드가 최종 원고를 쓰기 전 이 장면을 상상했을 법한 방식대로 나도 상상력을 발휘해보려 한다. 모든 훌륭한 작가들이 그렇듯 피츠제럴드도 장면의 총체성이 잡힐 때까지 분명 더하고 자르고 순서를 바꾸고 표현을 다듬으며 퇴고에 퇴고를 거듭했을 것이다. 그리고 결국에는 닉의 시점으로 소설을 재조정하리란 걸 알았더라도, 아마 장면을 고치는 과정에서는 인물 한 사람 한 사람의 관점에서 상상해봤을 것이다.

이제 장면 안으로 들어가보자. 당신이 촛불이 은은한 낭만적인 저녁 식사를 준비했는데, 배우자가 아무 말 없이 눈길도 주지 않고 불쑥 촛불을 꺼버린다고 가정해보자. 과연 당신은 기분이 어떨까? 어떤 반응을 보일까? 필시 톰은 기분이 상했을 것이다. 피츠제럴드의 미니드라마를 충실히 분석하자면, 그가 글로 쓰기 전에 먼저 마음속에 그려본 대로 장면을 재창조해보는 작업이 필요하다. 여기서는 피츠제럴드가 암시만 하고 묘사하지 않기로 한 반응까지 포함하려 한다.

도발적 사건

장면이 시작될 때 데이지와 톰의 삶은 만족스럽게 균형이 잡힌 듯 보인다. 결혼/이혼의 가치가 긍정의 값에 놓여 있다. 그러나 속으로 데이지는 결혼 생활이 몹시 따분하다. 그녀의 내면에서 흥미로움/따분함이 갖는 값은 최저점을 찍는다.

비트 #1

- 행동: 조던이 개츠비가 웨스트에그에 산다고 밝힌다.
- 반응: 데이지가 놀란 마음을 감춘다.

비트 #1은 이 소설의 도발적 사건의 방아쇠를 당긴다. 제이 개츠비가 인근으로 이사 온 사실을 데이지가 발견한다. 게다가 조던과 닉은 개츠비를 알고 있다. 이 사실이 드러나면서 즉각 데이지의 삶에 균형을 깨뜨린다. 결혼/이혼의 긍정 값이 부정 쪽으로 서서히 기울기 시작하고, 개츠비를 향한 데이지의 설렘이 다시 수면 위로 떠오른다.

데이지는 10대 후반 즈음 제이 개츠비와 열렬히 사랑에 빠졌다. 개츠비가 1차 세계대전에 참전하면서 이 부잣집 소녀와 가난한 소년의 연애는 끝이 났다. 사회적 야망이 큰 데이지는 개츠비와 헤어지고 얼마 지나지 않아 돈 많은 톰 뷰캐넌과 결혼했다. 최근 몇 년 사이 개츠비는 충격적일 만큼 큰돈을 벌고 유명인사가 됐다. 데이지도 분명 그의 성공담을 읽거나 들었을 것이다. 강 건너에 그가 넓은 땅을 사들였다는 소식도 벌써 알고 있을지 모른다. 실제로 좁은 강물 건너 데이지가 사는 집의 불 밝힌 창문을 볼 수 있다는 것이 개츠비가 그 집을 구매한 이유였다.

"개츠비 누구?"라고 물을 때 이미 데이지는 그 사람이 제이 개츠비라는 걸 잘 알고 있다. 옛 애인이 사실상 이웃이 되고, 자기 친구도 그를 알고, 자기의 친척은 바로 그의 옆집에 산다는 걸 알았으니 깜짝 놀라는 게 당연하지만, 질문을 이용해 영리하게 이런 본심을 감춘다.

개츠비가 가까이에, 그것도 틀림없이 자기 때문에 웨스트에그를 골라 이사했다는 생각에 데이지의 삶은 균형이 흔들리고, 그를 만나고 싶은 욕망이 고개를 든다. 다시 그와 사랑을 시작할까? 바람을 피울까? 남편과 헤어질까? 과연 데이지가 어디까지 갈 작정인지는 아무도 모른다. 출렁이듯 변덕스러운 성격 탓에 데이지는 앞날의 계획을 결정짓지 못한다. 그러나 이 점만큼은 확실하다. 데이지의 상위 의도는 최소한 제이 개츠비를 만나는 것이다. 개츠비가 그녀의 욕망의 대상이 된다.

이로 인해 두 가지 핵심 가치가 움직이기 시작한다. 결혼/이혼 그리고 지루함/열정. 안정된 결혼 생활과 개츠비를 향한 열정이 대립한다. 후자를 얻자면 전자가 위태로워진다.

데이지에게 주어진 선택은 이렇다. 결혼의 평화를 유지할 것인가 아니면 전쟁을 일으킬 것인가? 장면 첫 부분에서 데이지의 결혼은 긍정의 값이고(저녁 식사 전에는 다정한 부부다.) 데이지의 열정은 부정의 값이다.(개츠비가 멀리 있다.)

단지 개츠비와의 만남을 넘어서 데이지가 그에게 정확히 무엇을 기대하는지는 피츠제럴드의 의도대로 서브텍스트에 감춰져 있다. 그러나 데이지의 선택에 주목하라. 그녀는 결혼이 깨질 각오를 하고 남편과 전쟁을 시작한다.

비트 #2

- 행동: 저녁 식사가 차려진 식탁으로 모두 걸어간다.
- 반응: 데이지가 톰에게 창피를 주려고 계획한다.

데이지는 그냥 전화기를 들고 개츠비에게 전화를 걸지 못한다. 그게 데이지의 문제다. 자존심과 허영심이 그런 행동을 허락하지 않는다. 더군다나 자신이 악명 높은 개츠비를 따라다닌다는 사실을, 만약 남편이나 자신이 속한 완고하고 오만한 상류사회에서 알게 되는 날에는 추문으로 추락할 노릇이다.

즉석에서, 본능적으로, 데이지는 닉과 조던 앞에서 쇼를 하기로 마음먹는다. 그러면 둘 중 누구라도 뷰캐넌 부부의 결혼 생활이 불안하다는 메시지를 개츠비에게 전달할 테니까. 데이지가 장면의 지휘권을 쥐고 장면을 전환점으로 몰고 간다. 공개적으로 남편에게 창피를 주는 것이 그녀의 장면 의도가 된다. 톰의 장면 의도는 자연히 짐작이 되듯, 공개적인 치욕을 피하는 것이다. 상반되는 두 욕망이 장면의 적대 관계를 형성한다.

집안 일손들을 시켜 촛불이 놓인 저녁 식탁을 차리게 한 사람은 톰 뷰캐넌이다. 데이지를 위해 시킨 일일 수도 있고, 어쩌면 닉과 조던에게 낭만적인 분위기를 조성해주려는 의도였을지도 모른다. 하기는 나중에 두 사람이 한여름의 연애에 빠지기는 한다.

비트 #3

- 행동: 데이지가 남편의 낭만적인 시도를 망친다.
- 반응: 톰이 짜증을 숨긴다.

톰의 의도가 무엇이었든 간에 일행이 저녁 식탁 앞에 모였을 때 데이지가 "눈살을 찌푸리며" 촛불에 대해 불평하고는 손가락으로 휙 촛불을 잡아끈다. 톰은 데이지의 행동으로 상한 감정을 숨기며 아무 말도 하지 않는 반응을 보인다. 데이지의 따분함이 흥미로움으로 바뀌면서 결혼의 긍정 값이 한층 더 하락한다.

비트 #4

- 행동: 데이지가 화제의 말머리를 연다.
- 반응: 데이지가 화제를 다시 자신에게 돌린다.

이 비트에서 데이지는 하지에 관해 대화를 시작하지만 그녀의 이상한 질문에 누군가 대답을 하기도 전에 자신이 먼저 자기 행동에 반응하고,

다시 자기 얘기를 거론하며 화제를 돌린다. 결혼/이혼, 흥미로움/따분함의 가치 값은 아무 영향을 받지 않고 비트 #3의 상태 그대로 유지된다.

비트 #5

- 행동: 조던과 데이지가 다른 사람들에게 들리도록 소리 내어 생각을 말한다.
- 반응: 데이지가 자기 손가락에 사람들의 주의를 끈다.

여름철이 시작됐으니 뭔가 계획을 세우자는 제안으로 조던이 다음 비트를 시작한다. 데이지는 단순히 조던의 행동을 이어받아 질문을 두 번 되풀이하는데, 남편이 아니라 닉에게 질문을 던진다. 그런데 닉이 뭐라 대답하기 전에 이내 자기 새끼손가락으로 화제를 갈아치운다. 결혼/이혼, 흥미로움/따분함의 가치 값은 움직이지 않고 멈춰 있다.

비트 #6

- 행동: 데이지가 자기를 다치게 한 톰을 비난한다.
- 반응: 톰이 침묵으로 반응을 감춘다.

데이지는 위기의 딜레마에 직면한다. 남편을 모욕함으로써(부정적) 개츠비에게 메시지를 보내거나(긍정적), 아니면 결혼을 보호하는 대신(긍정적) 개츠비의 관심을 얻지 못하거나(부정적) 둘 중 하나다. 데이지는 손가락을 멍들게 한 남편을 비난하는 쪽을 택한다. 이번에도 피츠제럴드는 아무런 가시적 반응이나 저항의 말도 톰에게 허용하지 않는다. 결혼/이혼의 가치 값이 점점 암울하게 변하고, 흥미로움/따분함의 값은 밝은 빛을 낸다.

- 행동: 데이지가 공개적으로 남편을 모욕한다.
- 반응: 톰이 데이지에게 다시는 자기를 모욕하지 말라 명령한다.

이번에는 데이지가 냉정하게 비꼬듯 남편을 모욕하면서, 남편이 싫어하는 "우락부락하다"는 말을 일부러 강조한다. 마침내 톰이 반발한다.

이들이 교양 있는 상류층 인물들임을 유념하기 바란다. 톰의 반응에 '명령한다'는 동사를 붙인 이유는 그게 바로 서브텍스트에서 그가 보이는 행동이기 때문이다. "젠장할, 데이지, 그놈의 '우락부락'이란 말 다시는 쓰지 마!" 톰은 예의를 아는 인물이라 이렇게까지 말하지는 않는다. 그러나 "그 말 참 싫군."이라는 표현 아래에 간접적 명령이 깔려 있다.

데이지의 모욕이 결혼/이혼의 가치를 부정의 값으로 급격히 떨어뜨리는 한편 서브텍스트에서는 개츠비를 향한 설렘이 데이지의 따분함을 물리친다.

비트 #8

- 행동: 데이지가 두 번째로 남편을 공격한다.
- 반응: 톰이 침묵으로 후퇴한다.

데이지가 남편의 명령을 거역하며 남편이 싫어하는 말을 강조해 되풀이함으로써 장면을 절정으로 고조시킨다. 이에 대한 반응으로 톰은 다시금 입을 다문다.

여섯 비트 만에 데이지가 결혼의 세력 다툼에서 승리해 톰에게 창피를 준다. 톰의 패배와 데이지의 승리로 끝난 이 부부싸움을 두 명의 관객, 관찰력과 감수성이 뛰어난 닉과 소문내기 좋아하는 조던 베이커가 그냥 지나칠 리 없다. 데이지는 이 점을 잘 알고 있다. 이제 그는 두 사람이 개츠비에게 이 소식을 전해주리라 기대한다. 남편을 곤란하게 하고 그럼으로써 자신이 원하는 효과를 얻어낸 것이다.

데이지가 톰보다 개츠비를 선택하면서 데이지의 결혼은 실질적으로 끝이 나고 미래에 대한 흥분이 최고조에 달한다.

대사 vs 묘사

앞서 언급했듯 소설가들은 (물론 예외도 있지만) 극화된 대사를 꾸밈없이 경제적이고 단순하게 유지하는 경향을 보인다. 앞에서 분석한 장면의 입말도 태반이 짧은 단어들이다. 장면 안에서 아무도 입말에 비유나 직유를 쓰지 않는다.

반면 피츠제럴드는 비유적인 언어로 묘사를 풍성하게 한다. 예컨대, "톰 뷰캐넌이… 마치 체커판의 말을 옮기듯 나를 몰고 방에서 나왔다." 라든지 "베이커 양이… 마치 침대에 들어가듯 식탁에 앉았다."처럼. 그가 긴 단어를 쓰는 경우는 대개 어조를 묘사하는 부사들과(멸시하는 투로, 비난하듯, 짜증스럽게) 행동을 묘사하는 부사들이다.(낭창하게, 느릿느릿, 환히 빛내며)

이 장면의 힘은 서브텍스트에 흐르는 데이지의 행동에서 나오는데, 1인칭 시점의 제한을 받는 닉은 이 행동들을 파악할 수 없다. 대신 피츠제럴드는 독자가 데이지의 순수함이라는 베일 너머를 꿰뚫어 볼 수 있도록, "개츠비 누구?"라고 데이지가 "따지듯 물었다."는 대목처럼 중간중간 힌트를 흘려놓는다.

전환점 / 장면의 절정

여덟 비트 만에 뷰캐넌 부부의 결혼이 긍정에서 부정으로 바뀌면서 장면은 역동적인 변화의 곡선을 그린다. 첫 비트에서는 두 사람의 결혼 생활이 충실하고 제법 괜찮아 보인다. 마지막 비트에 이르면 데이지가 개츠비에게 돌아갈 방책을 꾀하면서, 데이지의 행동을 통해 증오와 무시로 가득한 결혼 생활이 드러난다. 동시에 결혼에 대한 부정적 행동 하나하나가 개츠비를 통해 삶에 모험이 시작되기를 갈망하는 데이지의 욕망에는 긍정적인 비트로 작용한다. 데이지의 전략이 주효한다. 데이지는 싸움에서 남편을 누르고, 개츠비에게 전달할 메시지를 닉과 조던에게 제공한다.

여덟 비트의 점진적 진행은 이런 형태로 이뤄진다.

비트 #1: 밝힘 / 감춤

비트 #2: 걸어감 / 계획함

비트 #3: 망침 / 숨김

비트 #4: 화제 말머리를 엶 / 화제를 자기 자신에게 돌림

비트 #5: 소리 내어 생각을 말함 / 자기에게 사람들의 주의를 끎

비트 #6: 비난함 / 감춤

비트 #7: 모욕함 / 명령함

비트 #8: 공격함 / 후퇴함

각각의 비트가 앞의 비트를 뛰어넘으며 진행되다가 데이지가 남편 명령을 거역하고 남편에게 창피를 주는 전환점에 도달한다. 단, 비트 #4와 비트 #5는 예외적으로 데이지의 장면 의도를 겨냥하고 있지 않다. 그래서

대사의 점진적 진행에 구멍을 내는 듯 보이지만, 실상은 그렇지 않다. 피츠제럴드가 작품 전체 이야기의 골격과 관련된 더 커다란 목적을 위해 이 비트들을 사용하기 때문이다.

비트 #4와 비트 #5의 패턴에 주목해보자. 데이지가 질문을 던져 일행들에게 일반적인 화제로 말머리를 연다. 그런데 누군가 대답도 하기 전에 곧바로 일행의 관심을 다시 자신에게 끌어온다. 피츠제럴드가 작품 전체에 걸쳐 데이지의 대화에서 반복하는 패턴이다. 때로는 재미있게, 때로는 동정심을 유발하며, 때로는 비밀스럽게 데이지는 끊임없이 모든 대화의 방향이 다시 자신을 향하도록 대화를 이끈다. 바꿔 말하면, 피츠제럴드는 우리가 데이지를 아주 아름답고 매력적인 나르시시스트로 이해하기를 바란다.

데이지가 이 장면을 만들어낸 진짜 이유가 무엇일까? 어째서 그녀는 남편을 거역하고 사회적 관습을 어기고서 직접 개츠비를 찾아가지 못할까? 어째서 조던과 닉을 통해 의미가 가려진 메시지를 보내야 할까? 나르시시스트들은 남들이 아니라 자기 자신에게 주의를 집중하기 때문이다. 데이지에게 중요한 건 개츠비가 자기를 찾아내는 것이다. 자기가 먼저 개츠비를 찾아가는 게 아니라 개츠비 쪽에서 자기를 찾아와야 한다. 이 두 비트와 다른 곳의 여러 비트들을 이용해 피츠제럴드는 이 작품을 끌고 가는 경쟁적인 두 가지 골격을 표현한다. 하나는 데이지에 대한 개츠비의 집착이며, 다른 하나는 데이지에 대한 데이지 자신의 집착이다.

제17장

반사적 갈등

자아란 무엇인가

이 책의 1장에서 나는 인물이 누군가에게 하는 모든 말을 대사로 정의한 바 있다. 말의 통행은 세 가지 길을 따라 흐른다. 다른 사람에게 하는 말, 독자나 관객에게 하는 말, 그리고 자기 자신에게 하는 말이다. 여기서는 뒤의 두 가지 길, 즉 직접 독자에게 거는 말과 자아와 자아 간의 내적 대사에 집중하려 한다. 무대와 영상은 이 두 방식의 사용이 제한적이지만, 소설가들에게는 이 방식들이 1인칭 소설의 재료가 된다.

인물이 독자에게 직접 말을 걸 때는 주로 과거의 사건과 그 사건이 인물에게 미친 영향이 화제가 되곤 한다.(『순수 박물관』처럼) 한편 인물이 자기 자신에게 말을 걸 때는 인물의 내적 대사가 내면의 역동적 사건을 현재에 재현해 보인다. 그러면서 자아와 자아의 대립을 극화함으로써 '말할 수 없는 것'의 심연에 심리적 뉘앙스가 실리게 된다.(『엘제 양』처럼) 여기서도 말하기와 보여주기의 차이가 드러난다.

전자는 자기인식이 완벽하지 못한 한 인물이 우리에게 과거 자신의 내적 갈등이 무엇이었고, 그 결과가 어떠했는지 설명을 한다. 반면 후자는 인물이 우리 앞에서 자신의 심층 심리를 행동으로 옮겨, 말로 묘사하기 힘든 복잡한 내면을 자기도 모르는 사이에 극화한다. 말하기와 보여주기가 각각 요구하는 대사의 기법은 물론 전혀 다르다.

인물의 생각을 엿듣는 신과 같은 권능이 우리에게 허용되는 건 아주 오래된 문학적 관습이다. 엿듣는 내내 우리는 인물이 우리에게 말하고 있지 않다는 사실을 잘 알고 있다. 그렇다면 인물은 누구를 상대로 말을 하고 있을까? 대사, 혹은 대화는 당연히 화자와 청자, 양측 간의 교환이다. 우리 외에 누가 인물의 말을 듣고 있을까? 만약 인물이 자기 안에 있는 또 다른 자아에게 말하고 있다면, 인물의 정신이 이중적이어야 한다. 이중이거나 다중이라면, 과연 인물의 정신이 어떻게 여러 개의 자아로 나뉘는 것일까? 정확히 몇 개의 자아가 있을까? 이 자아들의 정체는 뭘까? 어떻게 서로 연결되어 있을까?

스토리텔링에서 이런 질문들은 새로울 것도 특별할 것도 없다. 2500년 전 붓다가 제자들에게 가르치기를, 그런 모든 의구심은 자아가 존재한다는 그릇된 전제에서 흘러나오는 것인데, 자아는 실재하지 않으니 마음에 담지 말라 했다. '나'라는 의식은, 설명할 수 없고 계속 변화하는 육체와 감각의 힘의 허상적 부작용이라고 붓다는 믿었다.

비슷한 시기 소크라테스는 정반대의 주장을 폈다. 그는 제자들에게 가르치기를, 자아는 엄연히 존재할 뿐 아니라 자신이 누구인지 알기 위해 전력을 기울이지 않고서는 의미 있는 교양인의 삶을 누리지 못한다고 했다. 이후 수 세기 동안 개인 내면에서 벌어지는 의사소통의 성격을 둘러싼 논쟁은 이 철학적 양극단 사이를 오락가락하며 미해결 상태로 남아 있다.

과학은 과학대로 입장을 취해왔다.[1] 현대 과학은 소크라테스가 그랬듯 인간 의식의 숨겨진 본성을 알아내려고 노력하는 한편, 붓다가 그랬듯 직관이 본질을 호도한다고 생각해왔다. 의식의 중심이 우리 눈 뒤에 위치한다는 것을 육감으로 알고는 있으나, 몇 가지 상이한 정신작용들이 여러 뇌 부위의 중재를 거쳐 합작으로 이런 허상을 만들어낸다고 뇌스캔 연구자들은 보고한다. 모든 것을 감독하는 단일하고 중심적인 신체적 자아는 존재하지 않는다. '나'는 정녕 의도치 않은 부작용이다. 이른바 의식이라는 '난문제'에 관해 요즘의 신경과학은 소크라테스보다 붓다의 주장에 더 호의적이지만, 역시 명확한 결론은 내리지 않는다.[2]

과학은 의식을 신체에 묶어두지 못하고 철학은 의식을 형이상학에 묶어두지 못하지만, 예술가는 어디에서 자아를 발견할 수 있는지 정확히 알고 있다. 예술이 휘파람을 불면 통통 튀어오르는 강아지처럼 자아가 뛰어온다. 이야기꾼이 보기에 자아는 주관적 영역의 늘 같은 자리에 둥지를 틀고 예전이나 지금이나 거기서 머물고 자란다.

망상이든 아니든 자아의식은 우리 인류의 본질이다. 과학의 말대로 자아가 뇌의 어느 특정 부위에 한정되지 않고 여러 요인들의 합성에서 생겨난다 한들, 달라지는 게 뭘까? 여전히 내 합성물이니 나는 좋다. 철학의 말대로 믿을 수 없는 자아가 하루가 다르게 바뀌고 달라져서 도저히 확실히 알기 어렵다 한들, 그건 또 뭐가 다를까? 내 자아의 변화이고, 나는 바라건대 내 자아가 더 나은 사람으로 진화하는 과정을 지켜보는 것이 즐겁다.

내면의 삶을 표현하려고 분투하는 소설가로서는 철학의 연역적 논리와 과학의 귀납적 논리가 미학적 성찰을 무디게 한다. 둘 중 어느 것도 안에서 밖으로 발휘되는 주관성의 힘을 끌어올리지 못한다. 호메로스 이래 모든 훌륭한 이야기 예술이 불러일으킨, 의미로 가득한 자아의 정서적 경험을 창출하지도 못한다. 이야기는 '난문제'에 답하지 않는다. 그것을 극화할 뿐이다.

　내적 대사 쓰기에 접근하는 가장 좋은 방법은 간단하다. 인물의 머릿속을 일종의 무대로 취급하는 것이다. 자아라 불리는 여러 배역들이 그 세계의 주민이다. 이야기가 공연되는 마음의 무대로서 마치 도시 경관이나 풍경 혹은 전장처럼 정신세계를 펼쳐보라. 그런 다음 당신이 직접 그 세계로 이주해서 주인공의 의식 한복판에 거처를 마련하라. 그리고 이 관점에서 "이 특별한 인간이 된다는 건 과연 어떤 것일까?" 하는 질문에 대한 대답을 극화하는 내적 대사를 써보라.

　이 장의 서두를 연 질문으로 돌아가보자. 인물이 자신에게 말을 걸 때, 독자 외에 누가 그의 말을 듣고 있을까? 인물은 누구를 상대로 말을 하고 있을까? 상대는 바로 침묵하는 자아다. 인물이 자신에게 하는 말을 들으면서 우리는 인물 자신의 또 다른 면, 말 없는 면이 듣고 있다는 걸 본능적으로 안다. 본능적으로 알기 때문에 그것에 관해 생각하지 않는다. 우리 자신이 각자의 침묵하는 자아에게 쉴 새 없이 말을 건다는 걸 생각하지 않아도 알기 때문에, 굳이 생각할 필요가 없다.

　모든 사람의 머릿속에는 따로 분리된 존재의 고요한 알맹이가 가만히 앉아, 보고 듣고 평가하고 기억을 저장하고 있다고 나는 생각한다. 명상을 해보면 이 자아의 존재를 제대로 실감하게 된다. 말하자면 당신의 뒤편에 둥실 떠올라 당신의 명상하는 행위는 물론 당신의 일거수일투족을 지켜보고 있다고 할까. 당신의 명상이 이 자아를 향하려 하면, 어느새 한 바퀴 돌아 다시 당신 뒤편에 가 있을 것이다. 당신 안에 있는 또 다른 당신과 마주 볼 수는 없지만, 당신의 침묵하는 자아가 그 자리에서 당신이 하는 모든 말에 귀를 기울이며 깨어 있다는 것을 당신은 늘 알고 있다.

소설의 내적 대사는 말하는 자아와 침묵하는 자아 사이를 순환하면서 반사적 사고를 일으킨다.

반사적 갈등

자연과학에서 반사란, 원인과 결과 간의 양방향 혹은 순환적 관계를 가리킨다. 행동이 반응을 촉발하고 이 반응이 행동에 영향을 주는 속도가 너무 빠르면, 두 작용이 동시에 일어나는 것처럼 보인다.(아원자 수준에서는 원인과 결과가 사실상 동시에 발생한다고 주장하는 양자물리학 이론도 있다.) 그렇게 되면 행동과 반응이 맞물리며 나선형으로 회전한다. 원인이 결과가 되고 결과가 원인이 되며, 두 가지가 명확히 따로 구분되지 않는다.

사회과학에서 반사란, 개인 간 혹은 집단, 기관, 사회 안의 일종의 상호의존을 나타낸다. 반사적 회전운동이 시작되면, 행동과 반응을 원인이나 결과 어느 하나로 규정하기가 불가능하다. 두 가지가 서로에게 내적 영향력을 행사하면서, 굳이 결정이나 생각을 요구하지 않고 동시에 발생하는 것처럼 보인다.

이야기 예술에서 **반사적 갈등**이란, 내재된 딜레마를 해결하려는 인물의 노력이 부메랑이 되어 자신에게 돌아오면서 인물의 내면에서 벌어지기 시작하는 다툼을 말한다. 자신이 봉착한 난관을 자기 내부로 받아들임으로써 위기에 대처하려던 노력이 오히려 결과를 악화시키는 원인이 된다. 원인이 결과가 되고 결과가 원인이 되는 소용돌이가 갈수록 깊어지면서, 자기모순은 점점 더 복잡한 적대의 원천을 낳고, 급기야 갈등 자체가 도저히 갈등을 풀 수 없는 근거가 된다.

반사적 갈등이 대사로 옮겨지는 건 불안한 인물이 자기 자신에게 말을 걸기 시작하는 순간이다. 1장에서 언급한 대로, 인간 정신은 본래의 특성상 제 안으로 한 걸음 물러나 자기 자신을 마치 하나의 대상처럼 관찰할 수 있다. 일시적으로 한 사람이 둘로 쪼개져, 자신의 핵심 자아와 자신의 다른 측면 사이에 종종 비판적인 관계가 형성된다. 자신의 과거의 자아, 볼품없는 자아, 더 나은 자아, 미래의 자아 등 여러 이미지들을 투영할 수도 있고, 자신의 양심, 잠재의식, 무엇보다 침묵하고 듣는 자아의 존재를 감지할 수도 있다.

때로 이 관계가 전혀 갈등을 빚지 않기도 하는데, 이를테면 변명과 자기기만으로 스스로를 위안하거나 타인에게 책임을 전가할 때가 그렇다. 그러나 대개는 우리의 내적 자아들이 서로 편을 갈라 상대를 공격하는 경우가 많다. 선택을 내리고, 옳은 일을 하고, 남을 위해 희생하고, 불안한 자아를 다스리는 상황에서 우리 내면의 상반된 모순들이 격렬하게 맞붙는 것이다.[3]

반사적 갈등은 현재 시제로 직접 재현되기도 하고, 과거 시제로 간접적으로 언급되기도 한다. 무대와 영상에서는 인물이 전자를 독백으로 연기하고, 후자를 다른 인물에게 말하는 대사나 혹은 직접 관객에게 하는 진술로 연기할 수 있다. 소설에서는 주인공이 자신의 다른 자아에게 말을 걸어 내적 갈등을 현재 시제로 재현할 수도 있고(「엘제 양」처럼), 독자에게 말을 걸어 반사적 갈등의 예전 일화들을 과거 시제로 묘사할 수도 있다.(「순수 박물관」처럼)

「엘제 양」

오스트리아 출신의 소설가이자 극작가인 아르투어 슈니츨러는 1901년 단편 「구스틀 소위」를 필두로 작품 활동 전반에 걸쳐 의식의 흐름 기법을 실험했다. 1924년에 발표한 중편소설 「엘제 양」에서는 철저히 1인칭의 내면 독백으로 글을 구성해 동명의 주인공의 불안한 생각을 엿듣도록 독자들을 불러들인다.

• 설정

빈 사교계에 처음 등장하는 아름다운 19세 소녀 엘제는 친척과 함께 이탈리아의 휴양지에서 휴가를 보내던 중 어머니의 편지를 받는다. 편지에서 어머니는 변호사인 아버지가 고객의 계좌에서 거액을 횡령하다 발각됐으며, 이틀 안에 돈을 갚지 못하면 감옥에 가거나 자살할 처지라고 전한다.

엘제의 어머니는 딸에게 휴양지 리조트에 머물고 있는 부유한 미술상 도르스다이 씨로부터 돈을 빌려 아버지를 구해달라고 애원한다. 엘제는 숨 막히는 수치심을 억누르고 이 나이 지긋한 남자에게 도움을 청한다. 남자는 다음 날 아침 돈을 송금해 아버지의 빚을 갚아주겠다면서, 단 그날 밤 엘제가 그에게 성적인 대가를 지불해야 한다는 조건을 내건다.

아버지의 횡령, 어머니의 계략, 도르스다이의 제안이라는 세 가지 사건이 이야기의 도발적 사건을 촉발하여, 급격하게 부정적으로 엘제의 삶에 균형을 깨뜨린다. 엘제의 머릿속에 두 가지 모순된 욕망이 밀려든다. 부모를 구하고 자신을 희생하고픈 욕망과 자신을 구하고 부모를 희생시키고픈 욕망이 대립한다. 어느 쪽을 택하든 엄청난 대가를 치러야 한다. '자신을 구한다.'는 말은 비유적인 표현이 아니라 있는 그대로의 의미다. 엘제의 정체성은 그의 도덕성과 결부돼 있다. 가족을 구하면 엘제의 도덕성을 잃게 되고, 도덕성을 잃으면 엘제의 정체성도 잃는다.

양립 불가능한 선과 차악(遮惡)의 딜레마에 빠진 상황에서 엘제가 취할 수 있는 행동은 자기 내면의 자아들 사이로 걸어 들어가는 것뿐이다. 그래서 그날 오후와 저녁 시간 내내 엘제는 혼자 리조트를 배회한다. 그의 머릿속은 반사적 혼란에 휩싸인다. 처음에는 체념하고 가족을 구하고 수치심을 견디자고 스스로에게 말하지만, 이내 차라리 도르스다이를 거절하고 불명예의 대가를 가족이 치르게 두는 쪽을 택하자고 자신에게 반기를 든다. 어느 순간에는 도르스다이에게 항복하면 부유한 남자의 애인으로 호화로운 생활이 열리리라 상상하며 애써 기운을 북돋우지만, 다음 순간에는 자신의 도덕적 자아를 지키고 명예롭게 가난을 받아들이라는 양심의 종용을 받는다.

이렇듯 도덕적 딜레마는 주인공의 정신세계를 무대로 펼쳐지면서 반사적 갈등의 소용돌이를 그리곤 한다. 도르스다이를 만나러 갈 순간이 다가오자 엘제는 자신에게 이렇게 말한다.

얼마나 큰 호텔인지. 무시무시하게 불을 밝힌 마법의 성 같아. 모든 게 거대하다. 저 산들도 그렇고. 너무 거대해서 겁이 날 정도야. 전에는 이토록 시커멓지 않았는데. 아직 달이 뜨기 전이구나. 공연 시간에 딱 맞춰 달이 뜨면, 풀밭에서 대공연이 펼쳐질 테고, 도르스다이 씨가 자기 계집종에게 벌거벗고 춤을 추게 시키겠지. 대체 도르스다이 씨가 나한테 뭐길래? 엘제 양, 이제 와서 뭘 그렇게 법석인 거야? 사교계에 나가 이 사람 저 사람 낯선 사내들의 애인이 돼 보기로 작정했으면서. 그런데 도르스다이 씨가 요구하는 이까짓 일에 주춤하다니? 진주 목걸이, 아름다운 의상, 바닷가 빌라를 위해 너 자신을 팔 준비가 되어 있었잖아? 그런데 네 아버지의 목숨이 그만한 가치도 없는 거야?

반사적 대사

이 구절의 내적 대사 안에 열네 가지 생각이 스쳐 날아다닌다. 앞의 일곱 문장에서("얼마나 큰 호텔인지"부터 "아직 뜨기 전이구나"까지) 엘제의 상상력은 거대하고 무시무시해서 비현실적이기까지 한 주위 세상에 그녀의 공포와 무력감을 투영한다. "마법"이라는 단어가 그녀의 아이 같은 상태를 드러낸다.

그러고는 일곱 번째 문장에서 "아직"이라는 단어를 포착하면서 그녀의 정신이 달빛 아래 벌거벗고 춤을 추는 미래 자아의 이미지로 자유연상을 이어간다. "대체 도르스다이 씨가 나한테 뭐길래?"라는 수사 의문문을 던지며 엘제는 무심한 척 "종"이라는 말의 함의를 애써 무시한다.

그러다 갑자기 날카로운 비판의 목소리로 무장한 또 다른 자아로 생각이 넘어간다. 이어지는 다섯 문장에서 이 비판적 자아가 '이러니 재수 없다/이러지 않으니 재수 없다'는 식의 모욕으로 엘제의 핵심 자아에 채찍을 휘두른다. 비판적 자아는 "뭘 그렇게 법석인 거야."라며 그를 위선자라 하고(이러지 않으니 재수 없다.), "낯선 사내들의 애인"이 되는 허튼계집이라 하다가(이러니 재수 없다.), "주춤"하는 겁쟁이라 하고(이러지 않으니 재수 없다.), 다시 "자신을 팔" 허튼계집이라 하더니(이러니 재수 없다.), 끝에 가서는 "아버지의 목숨"을 거론하며 배은망덕한 인간이라 한다.(이러지 않으니 재수 없다.)

엘제의 정신은 반사적 갈등으로 어지럽다. "어느 쪽이 되고 싶은가? 보석으로 치장한 매춘부인가 배은망덕한 겁쟁이인가?" 두 가지 모두 두렵고 어느 쪽도 원하지 않지만, 꼬리에 꼬리를 무는 물음이 그녀의 정신을 마비시켜 마침내 정신적 교착상태로 단락을 끝맺는다. 스포일러를 하자면, 소설 절정에서 엘제의 교착상태가 폭발하면서 무모한 노출 행위와 약물 과용으로 이어진다.

앞서 다른 예에서 봤지만, 감정은 대사를 짧게 자르고 이성은 대사를 길게 늘이는 경향이 있다. 두려움이 엘제의 마음속을 휘저으면서 처음 일곱 문장은 너덧 단어를 넘지 않는 단문들이다. 그런데 비판적 자아가 소리를 높이는 다음 일곱 문장은 그보다 세 배 길이의 복문들이다.

인물에 기반한 글쓰기

이 작품을 출간할 당시, 슈니츨러는 사교계의 꽃인 열아홉 아가씨의 1인칭 내면 독백의 글을 쓰는 예순두 살 남성이었다. 어떻게 이게 가능했을까? 우선 소설과 희곡을 모두 쓰는 작가였으니, 극작가로서의 기량이 이 인물에 어울리는 단어들을 찾는 데 큰 도움이 됐을 것이다. 다음으로 인생 경험이 있다. 그는 마흔하나의 나이에 스물한 살 배우와 결혼했다. 평생 젊은 여성들과 숱하게 염문을 뿌린 것도 사실이다. 젊은 여성을 사귈 때마다 새로운 목소리를 듣고 매번 다른 여성의 관점에서 인생을 상상할 기회를 얻었을 것이다.

그러나 뭐니 뭐니 해도 내 추측은 이렇다. 재능과 기량과 훈련된 청각에 덧붙여 슈니츨러는 연기를 할 줄 알았을 것이다. 관객 앞에 서지는 않았을지라도, 서재 안 책상 앞에서 그는 그녀가 되었을 것이다. 그는 인물에 기반해서 글을 쓰는 작가였다. 이 기법에 관해서는 19장에서 다시 다룰 것이다.

「순수 박물관」

오르한 파묵은 2006년 노벨문학상을 받고 2년 뒤에 「순수 박물관」을 출간했다. 영어 번역에 완벽을 기하기 위해 소설가 모린 프릴리와 장시간 작업에 공을 들였다. 원본인 터키어판보다 오히려 영문판을 토대로 향후 번역이 진행될 가능성이 컸던 만큼(현재까지 60개 언어로 번역됐다.) 번역의 충실성이 대단히 중요했다.

• 설정

파묵의 소설은 첫눈에 반한 사랑과 갈등으로 충만한 그 사랑의 여파에 관한 이야기다. 터키인 사업가 케말은 이스탄불의 주택을 개조해 기억과 추억이 담긴 물건들의 저장소인 '순수 박물관'을 열었다. 타지마할처럼 사랑을 기념하는 박물관이다. 케말이 기념하고 싶은 것은 아름다운 연인이었고, 마지막에는 아내였으며, 이제는 세상을 떠난 퓌순과 보낸 열정적인 9년의 세월이다.

작가는 특유의 내러티브 기법을 발휘해 케말을 박물관 안에 데려다 놓고 전시품을 안내하는 도슨트 역할을 맡긴다. 그러고는 독자를 박물관의 관람객으로 대하며, 도슨트 케말이 박물관의 손님에게 하듯 독자에게 1인칭으로 말을 걸게 한다.

사랑에 빠져 9년의 격정적인 세월을 보내면서 도슨트 케말은 성숙해졌다. 그러나 박물관의 주요 전시품은 추억 속의 삶, 다시 말해 미성숙하고 극도로 낭만적인 케말의 예전 자아다. 젊은 시절 내내 이 자아는 손에 잡히지 않는 무엇을 열렬히 찾아 헤맸다. 그는 퓌순을 사랑한다고 스스로에게 말했고, 어느 정도는 진심이었다. 그러나 깊은 내면에서 그가 진정 집착한 것은 열정을 위한 열정이었다. 그는 옛이야기에 나오는 잡힐 듯 잡히지 않는 완전무결함, 충만하고 초월적인 낭만적 경험을 추구했다. 퓌순은 단지 온몸을 내던진 그의 드라마에서 한 배역을 맡았을 뿐이다.

로맨스에 집착하는 사람은 달빛 아래 고요한 산책, 정열적인 성행위, 촛불이 은은한 가운데의 저녁 식사, 샴페인, 클래식 음악, 시, 석양 등등 낭만적 연애의 의식들을 탐식한다. 그러나 함께 공유할 아름다운 생명체 없이는 이런 매혹적인 의식들이 무의미하다. 그리하여 여성의 눈부신 아름다움에, 오직 그 이유 때문에, 여성에게 반하는 순간 '로맨스와 사랑에 빠진 남자'의 비극이 시작된다. 말하자면 젊은 케말은 아름다움의 저주에 걸리고 말았다. 숭고미에 대한 그 끝없는 갈망 앞에서 단순한 삶을 살기는 불가능해진다.

도슨트 케말과 로맨틱한 케말, 이 두 자아를 만들었으니, 이제 작가는 두 목소리에 각각 개성을 부여하고, 대사에 관한 세 가지 문제를 해결해야 했다. 첫째, 도슨트 자아가 관람객에게 말할 때 어조와 태도는 어떠할까? 둘째, 도슨트 자아가 로맨틱한 자아의 고요한 내적 독백을 어떻게 표현할까? 셋째, 로맨틱한 케말이 말을 할 때, 어떤 특성이 그의 목소리에 결을 더할까?

도슨트 케말이 우리에게 말을 하는 아래 구절에 이 문제에 대한 대답이 담겨 있다.

이쪽에 시계와 성냥개비, 성냥갑들을 놓아둔 건, 그날 퓌순이 오지 않는다는 사실을 받아들이기까지 그 더디게 흐르는 10분, 15분을 내가 어떻게 보냈는지 이 진열물이 보여주기 때문입니다. 나는 방안을 서성대며 창밖을 힐끗거리다 이따금 걸음을 멈추고 가만히 서서 내 안에서 쏟아져 내리는 고통에 귀를 기울이곤 했습니다. 집안 시계들이 째깍째깍 돌아가는 동안 내 고뇌에서 주의를 돌리려고 분침과 초침에 정신을 고정하려 했겠지요. 약속 시간이 다 가올수록 "오늘은, 그래, 그녀가 온다, 이제." 이런 감상이 내 안에서 마치 봄날 꽃처럼 활짝 피어났습니다. 그런 순간이면 당장 내 사랑과 재회할 수 있도록 시간이 더 빨리 흘러주길 바랐습니다. 하지만 그 몇 분이 도저히 지나지 않을 것 같았습니다. 잠깐 정신이 또렷해지면, 내가 나 자신을 속이고 있으며, 퓌순이 절대 오지 않을지 모르니 시간이 아예 흐르지 않기를 바라고 있다는 생각이 들기도 했습니다. 2시가 될 때까지 나는 과연 약속 시간이 된 것을 기뻐해야 하는지, 아니면 1분씩 지날 때마다 그녀가 나타날 가능성이 줄어들어 내 사랑과 나의 거리가 부두를 떠나는 배의 승객과 뒤에 남겨진 이 사이의 거리처럼 멀어지는 것을 슬퍼해야 하는지 도무지 알 수 없었습니다. 그래서 나는 시간이 그렇게 많이 지난 것은 아니라고 나 자신을 애써 설득하곤 했는데, 그런 방편으로 머릿속에서 시간을 작은 묶음으로 나눠보려 했습니다. 매분 매초마다 고통을 느끼는 대신 5분에 한 번씩만 고통을 느끼기로 결심한 것이지요! 이런 식으로 나는 고통을 5분 단위로 끊어 마지막 1분에 몰아서 느끼곤 했습니다. 하지만 처음 5분이 지난 사실을 더 이상 부정하기 힘들어지면 이런 노력도 수포로 돌아갔습니다. 그녀가 오지 않는다는 것을 인정하지 않을 수 없을 때면 막아두었던 고통이 마치 박힌 못처럼 내 안 깊숙이 가라앉는 것 같았습니다….

도스트 케말은 마치 집안의 가보가 가득한 진열장 앞에 서서 관람객에게 말을 하듯 이 구절을 현재 시제로 시작한다. 그러나 「순수 박물관」은 본래 시간의 박물관이다. 이곳의 대표 전시물은 과거에서 꺼내와 전시실에 앉혀놓은 연애담의 에피소드들이다. 그러니 보관된 사건 안에 갇힌 로맨틱한 케말을 전시하면서 도슨트 케말의 시제는 과거로 바뀐다.

도슨트 케말이 로맨틱한 케말의 말을 인용하는 것은 단 한 번이다. 현재 시제의 네 마디, "오늘은" "그래" "그녀가 온다" "이제"를 흥분된 스타카토로 말하는 대목이다. 이 예외적인 한 번 외에는, 로맨틱한 케말의 내적 대사에 한 줄 한 줄 들었을 묵시적 생각들을 독자 혹은 관람객의 상상에 맡기고 있다. 중간 즈음에는 제삼의 자아, 비판적인 케말이 짧게 나타나 로맨틱한 케말의 유치한 자기기만을 꾸짖는다.

도슨트/손님은 의례적인 관계로서, 교수/학생보다 더 서로 격식을 차린다. 교수와 학생이 흥미진진한 아이디어의 교환에 참여한다면, 도슨트와 관람객은 과거에 대한 엄숙한 경의를 함께 나눈다. 그래서 도슨트 케말의 대사는 유려한 비가조의 문장을 쏟아내는 것이다.

이 단락은 열두세 문장으로 구성돼 있고, 한 문장이 평균 이삼십 단어로 이뤄져 있다. "내 안에서 쏟아져 내리는 고통" "내 고뇌에서 주의를 돌리려고" "뤼순이 절대 오지 않을지 모르니" 등등 연쇄적인 종속절들이 문장 하나하나를 미니-절정으로 고조시킨다. 또한 이 단락의 격식과 품위로 미루어, 도슨트 케말이 이 장면을 여러 차례 복기하며 단어 선택을 완벽하게 다듬어 왔음을 알 수 있다.

비록 더 이상 예전처럼 가망 없이 로맨틱한 인물은 아닐지라도 도슨트 케말의 목소리에는 여전히 로맨스에 대한 향수가 진하게 담겨 있다. 그는 도슨트이면서 시인이다. 때문에 주인공의 한껏 고조된 로맨틱한 상상력을 특징적으로 묘사하기 위해, 작가는 도슨트 케말의 묘사에 은유와 직유를 섞어 엮는다. 흔히들 그러듯 클리셰에 의존하는 도슨트 케말의 모습도 여기저기 발견된다. 로맨틱한 케말의 내면에서 생각이 봄날의 꽃처럼 활짝 피어나는 달짝지근한 이미지라든지, 배를 타고 떠나는 승객이 부둣가에 남겨진 연인을 응시하는 눈물 없이 볼 수 없는 B급 영화의 한 장면이 그렇다. 그러나 도슨트 케말의 가장 사적인 언어는 암울한 어조로 고통에 숨을 불어넣는다. 고통이 물처럼 그의 몸속을 흐르고, 박힌 못의 형상을 취한다. 특히 시간을 고통을 전달하는 도관으로 변형시키고, 개폐가 가능한 정신의 밸브까지 장착한 이미지는 비할 바 없이 생생하다.

이 단락은 거의 초반부터 "~하곤 했습니다" "~할 것 같았습니다"는 문장이 여러 번 나온다. 작가는 여기에 단순 과거 시제만이 아니라 기다림의 불확실성과 반복성을 담아 사용하고 있다.

같은 의미더라도 강한 표현과 부드러운 표현에는 차이가 있다. 예를 들어, "나는 듣는다." "내 정신을 고정한다."와 "나는 듣곤 한다." "내 정신을 고정하려 한다."를 비교해보자. "내 안 깊숙이 고통이 가라앉았다."는 구절 대신 "내 안 깊숙이 고통이 가라앉는 것 같았다."고 표현함으로써 그 순간에 비애감이 더해진다. 전반적으로 "하곤 했다"라는 말의 잦은 반복은 현실의 딱딱한 모서리를 부드럽게 다듬고, 실제 과거에 실제 공간에서 벌어지는 일이면서 동시에 인물들의 상상 속에서 벌어지는 듯한 아련한 분위기를 퍼뜨린다.

일어날지 일어나지 않을지 알 수 없는 불확실하고 유동적인 기류 속에서 결국 도슨트 케말의 대사는 본래 그대로, 로맨틱한 실패자의 머릿속에 담긴 추억으로 독자의 귀에 전달된다.

반사적 갈등

파묵의 글쓰기는 반사적 갈등의 두 원천, 사랑의 횡포와 시간의 횡포에서 에너지를 끌어온다.

먼저 사랑의 횡포를 보자. 다른 여성과 약혼을 앞둔 로맨틱한 케말이 아름다운 상점 점원 퓌순을 만난다. 첫눈에 반하는 사랑의 번개를 맞고 그의 삶은 초월적인 낭만적 경험을 향한 궤도에서 방향을 잃는다. 로맨틱한 케말은 운명을 탓하지만, 운명은 우리의 잠재의식이 인생의 핸들에서 우리 손을 잡아뗄 때 우리가 대는 핑계가 아니던가.

로맨틱의 일인자는 매일 매시 매 순간 연인을 자기 옆에 두고 싶어 한다. 외로움의 고뇌가 제 살을 먹고 자라듯 연인의 부재로 인한 고통은 더 큰 고통을 초래하고, 연인의 부재를 더 통렬히 절감하게 한다. 그것에 대해 생각을 하면 할수록 상황은 악화된다. 연인이 마침내 모습을 드러냈을 때 그의 기분이 어떻게 뒤집혔을지 아무도 모른다.

시간의 횡포를 보자. 벽걸이 시계는 시간을 측정하지만, 우리 내면의 빅벤에는 분침과 초침이 없다. 때로는 몇 시간이 단번에 사라져버리고, 때로는 1분이 북극의 2월보다 더 느리게 지나간다. 로맨틱한 케말은 시간이 자신의 고통을 달래줄 거라 생각하며 시간에 정신을 집중해본다. "집 안 시계들이 째깍째깍 돌아가는 동안 내 고뇌에서 주의를 돌리려고 분침과 초침에 정신을 고정하려" 했다. 그러나 시간에 정신을 고정하면 시간의 흐름이 더 고문처럼 느껴진다. 시간을 묶고 분해하고 가속하고 감속하며 어떻게든 통제해보려 하지만, 시간의 고삐를 쥐려다가 도리어 자신을 고문하는 시간의 위력만 더 키워준다.

이것이 반사의 본성이다. 인물이 자신에게 고통을 가하고 그럼으로써 그 독성을 계속 자극하게 되는 것. 자연히 이야기꾼은 반사적 갈등으로 대사를 고민할 기회가 늘어난다.

끝으로, 도슨트 케말이 묘사하는 로맨틱한 케말의 열정은 대단히 강렬하지만 자기집착적이다. 퓌순이 나타나지 않을 때도 "이런, 무슨 일이지?

다쳤을까?" 하는 생각이 먼저 떠오를 법한데 그는 그러지 않는다. 그저 쾌락에 대한 고통스러운 기대감을 초미세 단위까지 해부했을 뿐이다. 로맨틱한 인간은 항상 자기 자신이 우선인 법이다.

제18장

암묵적 갈등

텍스트와 서브텍스트의 균형

모든 대사는 한쪽에는 말해진 것의 문자 그대로의 의미, 그리고 다른 쪽에는 서브텍스트의 울림을 통해 독자/관객이 감지하는 말해지지 않은 의미를 얹고, 둘 사이의 균형을 저울질한다.

저울이 한쪽으로 기울면서 사소한 동기가 엄청나게 큰 언어적 반응을 일으킬 때면, 대사가 공허하게 들리고 장면은 억지처럼 느껴진다. 6장에서 언급한 멜로드라마의 정의처럼, 욕구는 비실대는데 표현에만 힘이 들어간 글이 되기에 십상이다. 요리사가 망친 요리를 감추려고 진한 소스를 들이붓듯, 진부한 내용을 덮으려고 새콤달콤한 문체를 급조하는 작가는 멜로드라마의 시큼한 냄새를 각오해야 한다.

저울이 수평을 유지하면서 말해지지 않은 생각과 감정이 말해진 것으로 고스란히 직접 옮겨지는 경우에는, 곧이곧대로 글을 쓰는 노골적인 글쓰기가 된다. 장면의 암시적 의미와 명시적 의미가 서로의 메아리가 되면, 서브텍스트가 텍스트가 되고, 깊이는 고갈되며, 대사는 시시해지고, 연기는 삐걱댄다.

형식보다 내용으로 무게추가 기울어 최소한의 말이 최대치의 의미를 표현할 때, 대사의 신뢰도와 위력이 가장 커진다. 로버트 브라우닝의 유명한 시구처럼 "적을수록 많아진다. Less is more."[1] 자를 수 있는 낱말은 남김없이 잘라야 한다. 그 낱말을 지워 행의 효과가 커진다면 특히나 그래야 한다. 빽빽하지 않은 언어는 말해지지 않은 것, 말할 수 없는 것을 한층 더 깊이 들여다볼 기회를 독자와 관객에게 제공한다. 예외가 없진 않겠지만, 대개 절제된 표현이 우위를 점할 때 대사의 울림이 커진다.

가능한 한 최소한의 말을 사용해, 가능한 한 최대한의 감정과 의미를 표현한 훌륭한 예를 아래 소개한다.

「사랑도 통역이 되나요?」

「사랑도 통역이 되나요?」는 소피아 코폴라가 32세에 각본을 쓰고 연출한 작품이다. 네 번째로 영화화된 각본이고, 두 번째 장편 연출작이다. 아카데미 각본상을 비롯해 세계 각지에서 여러 상을 수상하기도 했다.

코폴라는 예술가들로 둘러싸인 환경에서 성장했고, 일본을 여러 차례 여행했다. 그리고 우리가 모두 그렇듯 사랑을 얻기도 하고 잃기도 했다. 그러니 개인적 경험이 코폴라의 스토리텔링에 영향을 미쳤다는 추정은 물론 타당하지만, 이 작품을 자전적 이야기로 다루는 건 옳지 않을 것이다. 코폴라의 글쓰기가 표현하는 건 인생의 숨겨진 장소에 대한 통찰을 소설로 담아내는 어느 박학하고 정교한 예술가의 정신에 가깝다.

코폴라의 미니멀리즘적 글쓰기에서는 돌멩이 던지듯 말을 던지는 말싸움이나(「태양 속의 건포도」에서 부부싸움처럼) 교묘하게 말을 엮어 덫을 놓는 조작으로(「위대한 개츠비」에서 데이지의 악의적인 가장처럼) 대사의 진전이 일어나지 않는다. 대신 간접적이고 미묘하고 성긴 언어로, 겉으로 보이지 않지만 깊이 와 닿는, 과거로부터 현재까지 인물들을 따라다니는 암묵적인 갈등을 빚어낸다.

양립 불가능한 선과 차악 사이의 선택은, 일단 저울에 올려놓고 나면, 인물의 진정한 성격을 심도 있게 드러내면서도 극으로 담아내기가 비교적 쉬운 편이다. 그런데 코폴라는 다른 길을 택한다. 그의 인물들은 인생이 지우는 짐과 충돌하지 않고, 인생이 거부하는 허무와 충돌한다. 이 잔잔한 장면은 직접적·간접적·반사적 갈등 없이도 관객을 끌어당겨 붙들어두고 충족시켜 준다.

• 설정

최소한의 대사로 최대치의 효과를 내는 장면을 만드는 열쇠는 장면의 설정에 있다. 앞부분까지 이야기 전개로 인물들이 인생의 위기를 맞는 지점까지 와 있다면, 서브텍스트에 소용돌이치는 인물들의 욕구를 독자/관객이 충분히 감지할 수 있다. 이 욕망이 의식적이든 아니든 독자/관객은 이 욕망의 존재를 알고 느끼며, 이 욕망이 어떻게 풀려가는지 팽팽한 긴장감 속에 지켜본다. 잘 준비된 독자/관객은 말 한 마디, 제스처 하나 뒤에 암시된 세세한 내용까지 놓치지 않고 읽어낸다.

「사랑도 통역이 되나요?」는 이런 기법의 완벽한 본보기다. 영화의 도입부는 교차편집으로 두 주인공을 대조해 보여준다. 예일을 갓 졸업하고 사진작가인 남편과 함께 여행 중인 샬롯, 그리고 액션 배우로 유명한 중년의 할리우드 스타 밥 해리스가 주인공이다. 두 주인공이 파크하얏트 도쿄 호텔에 자리를 잡는 동안, 우리는 두 인물의 차이를 확인한다. 최소 30년 나이 차이가 있고, 명성의 차이가 있으며(모두가 샬롯을 무시하는 반면 모두가 밥에게 알랑거린다.) 결혼 생활도 다르다.(샬롯은 남편의 관심이 필요하고, 밥은 아내가 관심을 꺼주길 바란다.)

투숙 첫날 두 사람은 처음엔 엘리베이터, 나중엔 라운지, 이렇게 두 번 스쳐 가며 서로를 의식하게 된다. 그날 밤 잠을 이루지 못하고 내려간 호텔 바에서 두 사람이 우연히 만난다.

장면 의도

장면이 시작될 때, 샬롯과 밥이 공유하는 욕구는 단순해 보인다. 술 한 잔하며 시간 때우기. 그러나 술 한 잔이 정말 원하는 전부였다면, 호텔 방의 미니바를 이용하면 됐을 일이다. 말을 나눌 누군가를 원하는 뜻밖의 바람이 두 사람을 방 밖으로 내보낸 것이다. 서로를 발견한 순간, '수다로 시간 때우기'가 그들의 장면 의도가 된다.

장면 가치

바에 앉아 있는 밥에게 샬롯이 다가가는 사이 긴장이 고조된다. 몇 시간 전 미소를 교환한 사이긴 하지만, 알고 보면 남자가 거만하고 따분한 사람이거나 여자가 정신 나간 팬일지도 모르는 노릇이다. '이 낯선 사람에게 말을 걸어야 할까, 혼자 술이나 마셔야 할까?' 하는 물음이 두 사람의 머릿속을 스친다. 이런 의혹들이 편안한 고립과 위험한 친밀함 사이의 긴장감을 높인다. 장면을 시작하고 인물들의 선택을 굴절시키는 것이 바로 이 긴장감이다.

그런데 일단 용기를 내서 말을 트고 나니, 더 깊고 본능적인 욕구가 그들의 등을 떠밀어 수다에서 고백으로 나아가게 한다. 각자의 불편한 가정사를 드러내면서 친밀함이 고립을 눌러 이긴다. 그렇게 내디딘 걸음은 또 다른 가치에 불을 붙인다. 인생에서 길을 잃을 것인가, 인생에서 길을 찾을 것인가. 잃기/찾기는 이야기의 핵심 가치가 된다.

제목에 드러나듯 밥과 샬롯은 각자 나름대로 길을 잃은 심정이다. 장면 시작에서 잃기/찾기의 가치는 정확히 부정의 값에 놓여 있다. 장면이 진행되는 도중에도 한 번도 긍정의 값에 닿지 못한다. 오히려 비트 #15에서는 적막감으로 가라앉는다. 하지만 동시에 고립/친밀함의 가치 값은 긍정을 향해 곡선을 그리고, 마지막 비트에 이르러서는 둘의 관계에 자연스러운 친밀함이 형성된다.

각 비트의 가치 값을 매겨 끝에 기호로 표시해보았다. (+)는 긍정, (-)는 부정, (++)는 이중 긍정을 뜻한다.

굵게 표기한 장면 기술을 읽어 내려가며 먼저 대사의 미니멀리즘을 느껴보기 바란다. 그런 다음 비트, 서브텍스트, 가치 값의 굴곡에 관한 내 분석에 비춰 다시 검토하길 권한다.

INT. 파크하얏트 호텔 바-밤

밥이 혼자 앉아 술을 홀짝이고 있다.

비트 #1

밥

(바텐더에게)

결혼도 몇 번 했을걸, 괜찮은 미인들하고. 우리 같으면 홀딱 반할 여자들인데, 그런데도 항상 소문이 있더군. 나는 그 사람 연기를 좋아한 적이 없어서, 게이든 아니든 전혀 관심도 없었지.

- 행동: 밥이 바텐더에게 재미있는 인상을 주려 한다.
- 반응: 바텐더가 재미있게 듣는 척한다.
- 친밀함/고립 (-)

바에 혼자 앉은 남성의 뒤통수를 응시하는 익숙한 이미지 대신 코폴라는 연예계 잡담으로 장면을 시작한다. 할리우드 스타가 일본인 바텐더에게 남의 뒷담화를 하는 모습에서 밥의 쓸쓸함이 더 신랄하게 인물의 특징으로 전달된다. 첫 번째 비트가 밝은 음을 내면서 장면의 절정인 어두운 비트와 대조를 이룬다.

비트 #2

샬롯이 바에 들어선다. 바텐더가 밥 옆의 의자를 빼준다.

샬롯

(바텐더에게)

감사합니다.

(밥에게)

안녕하세요.

(의자에 앉으며 바텐더에게)

고마워요.

- 행동: 바텐더가 샬롯을 자리에 앉힌다.
- 반응: 샬롯이 자연스럽게 어울린다.
- 친밀함/고립 (-)

장면을 구성할 때 대사에 공을 들이기 전에 먼저 이런 질문을 던져보라. 정확히 이 순간에 내 인물이 선택할 수 있는 행동은 무엇이 있을까? 인물이 취할 수 있는 전략은 무엇일까? 그중 어느 것을 택할까? 인물이 내리는 전략적 선택 하나하나가 그의 성격적 특징을 드러내고, 전략을 실행할 때 사용하게 될 낱말들을 결정한다.

그렇다면 손님이 거의 없는 바에 들어와서 세계적인 유명 배우가 혼자 바에 앉아 있는 모습을 보는 순간 샬롯이 취할 수 있는 반응과 선택과 전략은 무엇일까? 위축돼서 그대로 나갈 수도 있고, 남자의 프라이버시를 존중해 따로 테이블에 앉을 수도 있고, 말이 들릴 정도의 거리를 두고 앉을 수도 있을 것이다.

바텐더가 의자를 권할 때, 샬롯은 이중 가장 대담한 선택을 하고 밥 옆에 앉는다. 어색함을 무릅쓰고 자리에 앉기를 선택한 데서 샬롯의 침착함이 나타난다.

비트 #3

바텐더

뭘로 드릴까요?

샬롯

음… 글쎄요… 음.

- 행동: 바텐더가 샬롯의 시중을 든다.
- 반응: 샬롯은 자신이 환영받는지 시험한다.
- 친밀함/고립 (−)

이번에도 샬롯의 선택을 고려해보면, 평소 즐겨 마시는 음료로 곧장 주문할 수도 있었을 것이다. 그러나 자신이 감수하고 있는 위험 요소에 긴장한 탓에 샬롯은 주저하면서 밥에게 반응할 기회를 내민다. 여기서 밥이 보이는 반응이 샬롯이 실제로 환영받는지 아닌지를 말해준다.

비트 #4

밥

(자신이 출연한 광고를 인용하며)

느긋해지고 싶을 땐,

밥 & 바텐더

(한목소리로)

산토리와 함께!

샬롯

보드카 토닉으로 주세요.

밥이 인상적인 듯 샬롯을 흘끗 쳐다본다.

- 행동: 밥이 샬롯을 편안하게 환영한다.
- 반응: 샬롯이 합석한다.
- 반응: 밥이 샬롯의 선택에 지지를 보낸다.
- 친밀함/고립 (+)

밥의 자조적인 선택이 샬롯에게 환영받는 느낌을 안겨준다. 샬롯의 만만찮은 음료 선택에 밥이 인정하는 반응을 보이면서, 친밀함과 고립의 가치가 긍정으로 옮겨간다. 서로 모르는 두 사람이 대화를 나눌 준비를 한다.

밥의 자조적인 행동은 인물의 차원을 보여준다. 배우들은 광고를 포함해서 자기 작품을 진지하게 여기는데, 그는 오히려 자신을 웃음거리로 삼는 쪽을 택한다. 이런 행동의 선택을 통해 예술가로서의 자부심과 자기 경멸 사이의 내적 모순이 드러난다.

비트 #5

샬롯

(바텐더가 음료를 만들러 간 사이 밥에게)

여기는 무슨 일로 오셨어요?

밥

몇 가지가 있는데… 집사람하고 좀 떨어져 있을 겸, 아들 생일도 잊을 겸, 에에 또, 공연할 시간에 위스키 홍보하고 이백만 불 챙길 겸, 겸사겸사요.

샬롯

(믿지 못하겠는 듯 쳐다보며)

오호.

- 행동: 샬롯이 대화를 청한다.
- 반응: 밥이 자기 인생의 세 가지 주된 실패를 고백한다.
- 반응: 샬롯이 충격을 감춘다.
- 잃기/찾기 (--)

샬롯은 전혀 뜻밖의 얘기를 듣게 된다. 당신이 만약 샬롯이라면, 어쩌다 세계적으로 유명한 영화배우 옆자리에 앉았는데 남부럽지 않게 살 것 같은 그 사람에게 근황을 물었더니 그가 대뜸 자기 삶이 불행하다고 말한다면, 당신은 어떤 반응을 보일지 한번 상상해보라. "좀 떨어져 있을 겸"이라는 구절은 밥이 부부의 문제로 자신을 탓하는지, 아내를 탓하는지, 아니면 둘 다를 탓하는지 정확히 샬롯에게 말해주지 않는다. 하지만 아들

생일을 잊은 일, 그리고 무엇보다 예술보다 돈을 선택해 배우로서 창의적 삶을 변질시킨 일을 두고 자책하는 것은 분명하다.

밥의 실패 선언은 단지 샬롯을 놀라게 하는 데서 그치지 않는다. 우리가 관습적으로 낯선 이들과의 사이에서 지키는 공식적인 거리, 그 경계선을 넘어서는 행위다. 선을 넘는 그의 행위로 샬롯은 좀 부담을 느낀다. 잃기/찾기의 개인적 가치가 두 사람의 대화 선상에 오른 이상, 샬롯 자신도 친밀함을 향해 한걸음 다가서서 그에게 자기 얘기를 털어놓아야 하나 순간 고민이 된다. 그리고 그렇게 하기로 한다. 자기를 드러낸 밥의 행위로 그들의 수다는 고백의 순환 쪽으로 방향을 튼다.

비트 #6

밥

그래도 다행히 위스키는 잘 듣네요.

샬롯이 웃는다.

- 행동: 밥이 샬롯의 마음을 달랜다.
- 반응: 샬롯이 공감한다.
- 친밀함/고립 (+)

이 상호 공감의 비트로 두 사람은 아주 조금 친밀함에 다가간다. 비트 #5에서 밥의 고백이 샬롯을 마음을 어지럽히지만, 그는 자신의 행동을 돌아보고 뉘우칠 만큼 세심하다. 그가 농담으로 재빨리 그 순간을 누그러뜨린다. 샬롯은 샬롯대로 그의 민망함을 눈치채고 그의 마음을 풀어주기 위해 웃으며 공감을 전한다.

밥

그쪽은 여기 무슨 일로?

샬롯

음, 어, 남편이 사진작가라 작업이 있어요. 그리고 음, 저는 하는 일이 없어서, 따라왔죠. 또 여기 사는 친구들도 있고요.

- 행동: 밥이 샬롯의 고백을 청한다.
- 반응: 샬롯이 공허한, 그래서 어쩌면 불안한 사생활을 고백한다.
- 잃기/찾기 (--)

비트 #4에서 눈이 마주친 순간부터 두 사람은 터놓고 솔직하게 소통을 한다. 칵테일을 곁들인 수다가 취중진담이 된다. 비트 #5에서 용기 내어 사적인 고백을 털어놓은 밥이 이번에는 샬롯의 동참을 유도하고 있다. 이번에도 가능한 선택지를 생각해보자. 샬롯이 이렇게 대답할 수도 있었을 것이다. "오, 신나게 놀고 있죠. 남편은 사진 촬영하고, 저는 오랜 친구들과 만나고요." 이런 대답 대신 샬롯의 소극적이고 뜨뜻미지근한 말들이 결혼 생활에 대한 달갑지 않은 진실을 암시해준다.

비트 #8

밥이 샬롯의 담배에 불을 붙여준다.

> 밥
>
> **결혼한 지 얼마나 됐어요?**

> 샬롯
>
> **아, 고마워요.**
>
> **(잠시 말을 멈췄다가)**
>
> **2년이오.**

> 밥
>
> **이쪽은 장장 25년이에요.**

- 행동: 밥이 작업 걸 채비를 한다.
- 반응: 샬롯이 받아줄 준비를 한다.
- 반응: 밥이 작업을 건다.
- 친밀함/고립 (--)

결혼 생활이 만족스럽지 못하다고 샬롯이 방금 털어놓았으니, 밥은 이 아름다운 젊은 여성에게 작업 걸고 싶은 마음을 이기지 못하고 자신의 불만스러운 결혼 생활을 투덜거린다.

나이든 남자의 수작을 코폴라가 어떻게 그려내는지 주의 깊게 보자. 자기 행동에 다시 자기가 반응하는 식이다. 샬롯에게 결혼한 지 얼마나 됐냐고 물을 때 밥은 이미 샬롯이 어떤 숫자를 말하든 자신의 불만스러운 사반세기가 그 햇수를 뛰어넘으리란 걸 잘 알고 있다.

샬롯의 선택 역시 주의 깊게 보자. 밥이 담뱃불을 붙여줄 때 작업 거는 신호를 알아보고 피할 수도 있었을 것이다. "2년 동안 아주 행복했죠."라 든지 더 공격적으로 "왜 물으세요?"라고 그녀 쪽에서 되물을 수도 있었 다. 대신 샬롯은 그의 접근을 허용한다.

그러나 착각은 금물이다. 이건 어디까지나 성적인 제안이다. 얼마나 진 지한지는 아직 알 수 없다. 그저 의례적인 사내들의 행동으로 이러는 것 인지도 모른다. 하지만 중년 남자가 바에서 만난 젊은 여자에게 기나긴 자기의 결혼 생활이 전혀 행복하지 못하다고 한탄할 때는 동정심 이상의 것을 기대하고 하는 말이다.

밥의 작업에 멀찌감치 물러날 수도 있었을 텐데, 샬롯이 오히려 한 걸 음 다가온다.

비트 #9

샬롯

아마 중년의 위기인가 보네요.

(잠시 말을 멈췄다가)

벌써 포르쉐도 한 대 사셨어요?

밥

(깜짝 놀라며)

저런, 안 그래도 포르쉐를 살까 생각 중이었어요.

- 행동: 샬롯이 그의 작업을 저지한다.
- 반응: 밥이 샬롯의 위트를 칭찬한다.
- 친밀함/고립 (+)

샬롯은 밥이 건성으로 작업 거는 것임을 알고 있다. 그래서 친절하게 거절하는 의미로 나이를 가지고 그를 놀린다. 밥이 점잖게 샬롯의 위트를 인정한다.

비트 #10

샬롯

25년이라… 그건 뭐… 참, 대단하네요.

밥

글쎄, 계산해봐요. 인생의 3분의 1은 잠을 자요. 거기서 벌써 결혼 생활의 8년이 사라지죠. 그러면 얼마냐, 16하고 나머지 정도로 줄겠죠. 그러니까 뭐, 십 대라고 보면 돼요…. 결혼이란 게… 운전을 할 줄은 아는데 그래도… 이따금 사고는 나니까.

샬롯

(소리 내 웃으며)

맞아요….

- 행동: 샬롯이 한 가닥 희망의 끈을 내민다.
- 반응: 밥이 자신의 험난한 결혼 생활을 고백한다.

- 반응: 샬롯이 그의 위트를 칭찬한다.

- 잃기/찾기 (--)

이전 장면들을 통해서 우리는 샬롯이 남편에 대해서나 자기 앞날에 대해서 확신하지 못한다는 걸 안다. 밥의 결혼 생활에 찬사를 보내려는 샬롯에게 밥이 현실을 상기시킨다. 우리의 이상에 부응하는 관계는 좀처럼 드문 것이 현실이고, 샬롯 역시 자기 삶을 통해 이 점을 잘 알고 있다. 밥이 재치 있게 결혼을 10대의 운전에 비유하면서 이 냉혹한 진실을 순화해 보지만, 그의 냉소적인 대답은 아무런 희망을 주지 않는다. 그런데도 샬롯은 웃음으로 그의 통찰을 칭찬한다.

비트 #4, #5, #8, #10이 관습적인 2단계 구조가 아니라 3단계로 진행되는 것에 주의하라. 보통은 행동과 반응 뒤에 곧바로 새로운 행동이 따라온다. 그런데 이 네 비트들은 행동과 반응 그리고 다시 반응으로 이어진다. 반응이 또 다른 반응을 촉발할 때는, 인물 간의 연계가 더 깊어지고 친밀감이 커지는 신호일 때가 많다.

아카데미상을 받은 시나리오작가 필립 요르단은 이런 말을 남겼다. "끝없는 대사와 장광설로 시나리오를 익사시키지 말라. 모든 질문에 응답이 필요하지는 않다. 말 없는 몸짓으로 감정을 표현할 수 있을 때마다 그렇게 하라. 일단 질문을 던졌으면 대답을 얻기 전에 질문이 머물 시간을 허용하라. 혹은 인물이 대답할 수 없거나 인물도 답을 모르면 더 좋다. 덕분에 무언의 응답이 완결되지 않은 채로 남을 수 있다."

밥

무슨 일을 해요?

샬롯

음, 사실은 저도 아직 잘 몰라요. 봄에 졸업했거든요.

밥

뭘 공부했는데요?

샬롯

철학이오.

밥

이런, 벌이가 짭짤하겠네요.

샬롯

(민망하게 웃으며)

그렇죠… 참, 음, 아직까진 무보수지만.

- 행동: 밥이 샬롯의 개인사를 묻는다.
- 반응: 샬롯이 장래가 유망하지 못하다고 고백한다.
- 잃기/찾기 (--)

비트 #10에서 두 번째 고백을 한 뒤 밥이 다시 샬롯의 얘기를 유도하고, 샬롯은 사생활처럼 경력도 표류 중이라고 털어놓는다.

비트 #12

밥

(웃으며)

어쨌든 각이 나오긴 할 거예요.

샬롯

(웃으며)

그렇겠죠….

- 행동: 밥이 거짓 희망을 내민다.
- 반응: 샬롯이 웃어넘긴다.
- 친밀함/고립 (+)
- 잃기/찾기 (-)

염세적인 밥이 아이러니로 감싼 희망을 내민다. 샬롯이 웃음으로 그의 말을 이해했음을 내비친다. 그러고는 다음과 같은 말로 그의 신경을 긁는다.

비트 #13

샬롯

포르쉐가 제값을 하길 바라요.

밥이 고개를 끄덕인다.

- 행동: 샬롯도 가짜 희망을 내민다.
- 반응: 밥이 자기도 알아들었다는 신호를 보낸다.
- 친밀함/고립 (++)
- 잃기/찾기 (−−)

두 사람 다 말뜻을 이해한다. 비록 불행하더라도 그들은 자신을 속이지는 않으리란 걸. 이 가혹한 진실을 공유함으로써 두 사람은 한층 더 가까워진다.

비트 #14

샬롯

(잔을 들고)
건배.

밥

건배. 감빠이.

- 행동: 샬롯이 자기기만을 이겨낸 그들의 승리를 자축한다.
- 반응: 밥이 샬롯의 축하에 동참한다.
- 친밀함/고립 (+++)

이런 긍정적 행위는 장면 종결부의 암울한 전환점으로 이어지는 준비 단계다.

비트 #15

한참 침묵이 흐른다.

샬롯

잠 좀 자면 좋겠어요.

밥

나도요.

다시 긴 침묵이 흐른다.

- 행동: 샬롯이 자기 안에서 길을 잃은 심정을 고백한다.
- 반응: 밥이 자신도 길을 잃은 느낌이라고 고백한다.
- 잃기/찾기 (−−−)
- 친밀함/고립 (++++)

"잠 좀 자면 좋겠어요." "나도요."에 담긴 고통의 서브텍스트는 내 기억 속의 어떤 대사보다 더 감동적이다.

잠이 온전한 정신을 회복시킨다. 잠을 자지 못하면, 존재 자체가 미친 듯이 돌아가는 시계 꼴이 된다. 몸을 뒤척일 때마다 생각이 폭주하고 걱정과 불안이 머릿속을 휘저으며 소용돌이친다. 샬롯과 밥은 불면에 시달린다. 어째서일까? 시차 때문일까? 생각을 멈출 수 없어서일까?

내가 이 장면의 서브텍스트를 이해하기로는, 그들의 불면증에는 더 깊은 원인이 있다. 그들의 고백이 드러내듯, 두 사람은 결혼 생활에서 떨어져 나오고, 일에서도 표류하며, 자기 내부에서도 망망대해에 떠 있는 심정이다. 가슴속에 가족이나 일로 채워지지 않는 텅 빈 구멍이 뚫렸다. 샬롯과 밥은 인생의 목적을 잃은 사람들이다.

인물과 대사

영화 제목이 말해주듯, 두 주인공은 각자의 공허를 충만함으로 옮기지 못한다. 두 사람 다 앞날을 상상할 수 없고, 삶의 부조리를 해석해 의미를 발견할 수 없다. 더 로맨틱한 시절이었으면 '길 잃은 영혼들'이라 불렸을 것이다.

코폴라의 미학이 어떻게 언어적인 충돌을 피하고, 무심하고 대수롭지 않은 행위를 통해 웃음 뒤의 암투를 넌지시 나타내는지 주목해보자. 게다가 "어쨌든 각이 나오긴 할 거예요."라든지 "포르쉐가 제값을 하길 바라요."처럼 짧고 단순한 문장 안에 방대한 내용을 빽빽하게 밀어 넣는다. 어떻게 이것이 가능할까?

우선, 코폴라는 백스토리를 활용한다. 「순수 박물관」의 장면처럼 인물들의 내레이션으로 과거의 갈등을 생생하고 분명하게 전달할 수도 있었을 것이다. 그러는 대신 코폴라는 드라마를 화면 바깥에 암시적으로 남겨

둔다. 밥과 샬롯이 직접 말로 전하는 이야기는 결혼, 일 그리고 남들이 모르는 자기 자신, 이렇게 세 가지다. 각 이야기의 끝은 상실이고, 두 사람은 대단히 경제적인 언어로 이야기를 마무리한다. 예컨대 "집사람하고 좀 떨어져 있을 겸, 공연할 시간에 위스키 홍보하고 이백만 불 챙길 겸"이라는 밥의 이야기가 그렇고, "남편이 작업이 있어요. 그리고 저는 하는 일이 없어서."라는 샬롯의 이야기가 그렇다. 두 사람은 각자의 불행담을 위트와 자조를 담아 매력적으로 전하고, 이 이야기가 그들의 염세적인 겉모습을 뚫고 그들 내면에서 진행 중인 갈등으로 우리를 안내한다.

둘째, 코폴라는 서브텍스트를 위해 '잠시 멈춤'을 활용한다. 밥과 샬롯은 문장을 "저기…""이런…""뭐…" 등의 연결어로 시작해, 무엇을 말하든 그 앞에 잠깐 신중한 멈춤의 순간을 둔다. 배우들도 "아…""음…" "저…" 같은 음성화된 숙고의 순간으로 단어와 단어 사이에 간격을 둔다. 웃음, 고개 끄덕임, 흘깃하는 눈길, 말 없는 눈 맞춤, 허공 응시 등 음성화되지 않은 멈춤의 반응도 다양하다. 때로는 짧고 때로는 긴 이런 망설임의 순간은, 인물의 입에서 나오는 말을 잠시 중단하고 관객을 내부로 불러들인다. 잠깐의 멈춤으로 생각의 공간이 열리는 것이다.

셋째, 사실주의적인 인물묘사를 들 수 있다. 밥 해리스가 하는 대사의 상당수가 세계적인 액션 배우다운 말로 들린다. "게이든 아니든 관심도 없다.""어쨌든 각이 나올 거다.""벌이가 짭짤하겠다.""위스키가 잘 든다." 같은 말은 밥이 연기했던 터프가이들 중 누군가 했던 말일 수도 있다. 어느덧 그런 인물들이 그의 성격에 스며들어 있다.

샬롯의 어휘는 밥의 어휘와 확연히 대조적이다. 소극적이고 일반화된 단어들이 대부분이고, 색채를 더해줄 수식어구가 거의 없다. "글쎄요." "잘 몰라요.""그러면 좋겠어요." 같은 표현이 되풀이된다. 샬롯의 말투는 편안하지만, 그의 어휘에는 무채색의 정체된 생활이 반영돼 있다.

가치의 진전과 대사

인물이 말하는 행위를 인물이 장면 안에서 하는 행동들과 따로 떼어놓고 바라보면, 첫 비트에서 마지막 비트까지 가치 값이 상승하면서 대사가 진전하는 과정을 볼 수 있어 장면의 형태가 확연하게 드러난다.

여기서 코폴라는 부정적 위력이 세 배로 쌓이는 하강식 나선형으로 장면을 설계하고 있다. 나쁨에서 더 나쁨을 거쳐 가장 나쁨까지 상실의 가치를 추락시키는 일련의 고백으로 이 장면을 전진시킨다.

먼저 밥의 고백이 나온다. 사생활에서 거짓된 태도로 일관해왔으니 자신은 남편이자 아버지로서 엉터리다.(나쁨) 다음은 샬롯이 고백한다. 자신은 아내보다 일을 더 사랑하는 남편 꽁무니만 쫓아다닌다.(나쁨) 이어서 다시 밥이 고백한다. 배우로서 진지하게 연기 활동을 해야 하는데, 술이나 홍보하고 있으니 자신은 변절자다.(더 나쁨) 이번엔 샬롯 차례다. 아무 경력도, 장래 계획도 없으니 결혼 생활 외의 자기 삶에 방향도 목적도 없다.(더 나쁨) 그러다 마지막 비트에서는 각자 자신의 불면을 고백하면서 함께 밑바닥으로 떨어진다.(가장 나쁨)

고백을 중심으로 장면을 쌓아감으로써 코폴라는 인물의 모습을 한 꺼풀씩 벗겨내 두 사람이 서로를 있는 그대로 바라볼 수 있게 한다. 이 길 잃은 영혼들은 고백으로 자신을 드러낸다. 서로에게 보일 수 있도록.

이런 고백이 무작위가 아니라 점진적이라고 느껴지는 까닭은 무엇일까? 우선 밥과 샬롯의 삶은 평행선을 그리고 있다. 두 사람은 인생이라는 무대 전반에서 모두 실패한 사람들이다. 코폴라는 두 사람이 내림차순으로 번갈아 말을 하도록 고백을 구성한다. 어느 것이 더 나쁠까? 사생활에서 겪는 인간관계의 실패일까, 사회생활에서 겪는 직업적인 실패일까?

아마 직업적인 실패가 더 나쁠 것이다. 그 이유는 무엇인가? 실패한 인간관계는 상호 패배이기 때문이다. 둘 중 한쪽도 전적으로 비난에서 자유롭거나, 전적으로 잘못만 저지르지는 않는다. 관계가 실패로 돌아갈 때는, 상대방에게 죄책감을 무겁게 떠밀어서 자기 죄책감을 조금 덜어낼 수도 있다.

하지만 당신이 선택한 경력에서 실패할 때는 알다시피 당신 혼자의 책임이다. 변명을 늘어놓고 '제도'나 불운을 탓하더라도 마음속으로는 알고 있다. 일에서 패하는 건 훈련, 재능, 지식, 판단, 노력의 부족, 그러니까 경력의 실패를 불러오는 일반적인 격차들 때문이라는 것을.

그렇다 하더라도 언제나 직업적 실패가 관계의 실패보다 더 나쁜 것일까? 결혼의 파탄보다 실직이 갖는 의미가 항상 더 클까? 호텔 바 장면의 핵심은 이 두 가지가 아닌 정체성의 상실로 이야기를 쌓아간다는 데 있다. 따라서 문제는 일자리를 얻느냐 잃느냐가 아니라 당신의 정체성을 찾느냐 잃느냐다.

예를 들어, 대형마트에서 점원으로 일하는 기혼 여성이 있다면, 이 경우 관계를 잃는 것이 해고되는 것보다 결과적으로 더 나쁜 일일 수 있다. 이 여성의 정체성은 직장보다 결혼에 근거를 둘 가능성이 더 크기 때문이다.

그러나 이 영화의 두 주인공은 결혼 관계와 자기를 동일화하지 않는다. 밥과 샬롯은 예술가로서 자기 자신에게서 정체성을 찾는다. 따라서 두 사람에게는 관계의 실패보다 직업적 실패가 훨씬 더 나쁜 일이다. 샬롯은 경력을 쌓기는커녕 마음에 품은 야망에 이름을 붙이려는 노력조차 하지 않았다. 영화 후반부에서 작가가 되고 싶은 마음을 넌지시 내비치지만,

지금까지 글도 전혀 쓰지 않았다. 이것을 샬롯 본인 외에 누구의 책임으로 돌리겠는가? 밥은 돈도, 명성도, 배우로서 수요도 있다. 그런데 술잔을 들고 우스꽝스러운 포즈를 취하느라 시간과 재능을 허비하는 쪽을 선택한다. 역시 밥 본인 외에 누구를 탓하겠는가?

코폴라는 여기서 손에 쥔 칼자루를 한 번 더 비튼다. 그럼 직업적 실패와 자아의 상실 중에서는 어느 것이 더 나쁠까? 자아의 상실일 것이다. 마음먹기에 따라 우리는 경력, 명성, 재산, 심지어 창작의 결과물까지도 모두 찰나의 착각으로 치부해버릴 수 있기 때문이다. 공적인 영역에서 도망쳐버릴 수도 있다. 하지만 어디에서든 살기는 살아야 한다. 사적인 관계에서 우리 자리를 찾지 못하고, 직업적 성취에서 자기 가치를 찾지 못하면, 남는 것은 무엇이겠는가? 눈을 안으로 돌려 우리 자신 안에서 가치 있는 삶을 발견해야 한다.

이 작품의 중심에는 실존적 위기의 딜레마가 놓여 있다. 겉으로 보기에 밥과 샬롯은 불행할 이유가 없다. 교양 있고, 부유하고, 결혼도 잘하고, 주위에 친구도 많다. 밥의 경우에는 팬들도 엄청나다. 밥과 샬롯은 외로운 게 아니다. 그들은 길을 잃었다.

두 가지는 다르다. 뭔가 나누고픈 것이 있는데 함께 나눌 사람이 아무도 없을 때, 우리는 외롭다. 누구와 함께 있든 아무것도 나눌 것이 없을 때는 길을 잃은 것이다. 물론 둘 다일 수도 있다. 그러나 둘 중 더 큰 고통을 겪는 건 길을 잃었을 때다.

아래는 비트별로 일어나는 행동과 반응, 그리고 거기서 발생하는 가치 값을 정리한 것이다. 대체로 고립/친밀함의 긍정 값과 잃기/찾기의 부정 값이 번갈아 나오면서, 반복 없이 장면의 페이스를 역동적으로 유지한다.

비트 #1: 인상을 줌/듣는 척함

친밀함/고립 (−)

비트 #2: 자리에 앉힘/자연스럽게 어울림

친밀함/고립 (−)

비트 #3: 시중을 듦/시험함

친밀함/고립 (−)

비트 #4: 환영함/합석함/지지를 보냄

친밀함/고립 (+)

비트 #5: 청함/고백함/감춤

길을 잃기/찾기 (−−)

비트 #6: 달램/공감함

친밀함/고립 (+)

비트 #7: 청함/고백함

길을 잃기/찾기 (−−)

비트 #8: 채비함/준비함/작업 겂

친밀함/고립 (−−)

비트 #9: 저지함/칭찬함

친밀함/고립 (+)

비트 #10: 희망을 내밂/고백함/칭찬함

길을 잃기/찾기 (−−)

비트 #11: 청함/고백함

길을 잃기/찾기 (−−)

비트 #12: 거짓 희망을 내밂/웃어넘김

친밀함/고립 (+)

길을 잃기/찾기 (-)

비트 #13: 거짓 희망을 내밂/털어냄

친밀함/고립 (++)

길을 잃기/찾기 (--)

비트 #14: 축하함/축하함

친밀함/고립 (+++)

비트 #15: 고백함/고백함

길을 잃기/찾기 (---)

친밀함/고립 (++++)

비트 #5, #7, #10, #11, #12, #13에서 드러나는 개인적인 실패들은 인물의 삶에 끼친 피해의 측면에서 계속 앞엣것을 능가한다. 비트 #10부터 #12까지 인물들의 고백은 더욱더 솔직하고 더욱더 서글퍼진다. 샬롯과 밥이 실패의 잔해를 위해 건배하는 비트 #13과 #14에서 두 사람의 새로운 친밀감에 잠깐 분위기가 가벼워지지만, 비트 #15에서 다시 강력한 아이러니로 급전환한다.

가장 괴로운 세 번째 고백("잠 좀 자면 좋겠어요."/"나도요.") 뒤로 잠깐 침묵이 흐르는 사이, 두 사람은 불현듯 서로의 동질성을 알아본다. 고립에서(-) 친밀함으로(++++) 삶에 변화가 일어나면서 인물들이 원하던 즉각적인 욕망이 비트 #15에서 실현되기에 이른다. 물론 여전히 역설적이다. 그들은 잠을 잘 수 없지만(--) 말을 할 수 있고(++), 자기와 꼭 닮은 상대와 가까워지는(++++) 길 잃은 영혼들이다(---).

그들의 행동을 짧게 기술한 목록을 검토하면서 샬롯과 밥이 어떻게 서로의 거울이 되는지 확인해보자. 서로 모르는 두 사람이 술집에 앉아 서로의 태도와 제스처를 무의식적으로 흉내 내고, 서로 메아리처럼 서브텍스트적 행동을 따라 할 때, 본인들은 깨닫지 못할지라도 그 둘은 친밀감으로 연결된다.

이 장면은 대체로 긍정적인 아이러니와 어렴풋한 희망으로 절정에 이른다. 가벼운 친교에서 암울한 상실로, 다시 사랑의 가능성으로 변화의 곡선을 그리는, 조용하지만 놀랍도록 역동적인 장면이다. 장면의 마지막 비트에서 강한 서스펜스가 수면 위로 떠오른다. 이제 힘을 합친 두 사람이 과연 점차 나아지면서 인생의 길을 찾게 될 것인가? 이 의문이 마지막까지 영화를 끌고 간다.

제19장

기능을 자유자재로 구사하려면

경청하자

적은 말로 많은 것을 표현하는 기법에 능해지려면, 먼저 주위 사람들의 내면 깊숙이 놓인, 말해지지 않은 것, 말해질 수 없는 것을 꿰뚫어 보는 눈을 기르고, 그런 다음 말한 것을 듣는 귀를 길러야 한다. 영화사에서 필시 가장 훌륭한 대사를 쓰는 작가로 꼽히는 윌리엄 골드먼은 종종 "할리우드 최고의 귀"를 가졌다는 찬사를 받곤 했다. 그런데 생각해보면 "대사를 듣는 귀"라는 표현은 이젠 좀 구식이 된 느낌이다.

이 말은 마치 버스에 타서 주위 사람들의 말을 열심히 들어뒀다가 그들이 말한 것을 빠르고 정확하게 적어 내려가는 기자 혹은 속기사의 재능이 있는 작가의 이미지를 연상시킨다. 윌리엄 골드먼의 지인으로서 말하자면, 그가 버스를 타고 뉴욕을 돌아다닌 건 아주 오래전의 일이다. 그러나 어디에 있든 간에 골드먼은 작가의 방식으로 깊이 경청하고, 그래서 입 밖으로 뱉어진 말보다 훨씬 더 많은 것을 들을 줄 안다.

삶에 귀를 기울여보자. 장차 작가가 될 사람은 갓난아기 적부터 줄곧 현실 세계의 목소리들을, 그 리듬과 어조와 용어까지 적극적으로 들을 줄 아는 사람이다. 어디에 있든, 오가며 사람들 말을 엿듣고, 흥미로운 구절과 사람들 말에 담긴 함의를 머릿속에, 또 종이에 기록해두자.

말하기는 곧 행위다. 그러니 윌리엄 골드먼처럼 사람들의 말을 들을 때, 두 가지 층위에서 경청하자. 텍스트와 서브텍스트, 그들이 말하는 것과 그들이 행하는 것. 그들의 단어 선택과 문법이 어떤지, 이야기를 만들어가는 방식은 어떤지 들어보자. 사람들이 어떻게 말을 이용해 자기 행동을 드러내지 않고 감추는지 들어보자. 말해지지 않은 것을 감지해야 사람들이 취하는 미묘한 전술이 눈에 보인다. 더 깊이 귀를 기울여, 말해질 수 없는 것까지, 의식의 저변에 흐르며 행동에 동기를 부여하는 충동과 욕망까지 들어보자. 어느 것이 전략적인 말이고 사교적인 술책인지 들어보자. 한 사람이 어떻게 말을 이용해 자신의 욕망이 이뤄지는 쪽으로 다른 사람의 반응을 유도하는지 들어보자.

대사는 일상적인 수다보다 경제적이다. 하지만 사회의 벽에 귀를 바짝 대고 들어보면, 어휘를 늘리기에는 수다만큼 좋은 게 없다. 인터넷 세상은 1분에도 몇 개씩 놀라운 신조어를 쏟아낸다. '트위터' '해시태그' '셀피' '셀카봉' 등은 과학기술에서 영감을 받아 생겨난 용어들이다. 반면 쩍 벌남manspreading, 럼버섹슈얼lumbersexual(거친 벌목꾼 스타일로 멋을 낸 남자), 버드텐더budtender(대마초 숍에서 일하는 서비스직), 링귀스티키linguisticky(어려운 단어) 등은 수다에 대한 자연스러운 애정에서 생겨난 말이다. 주위에 그런 말들이 무엇인지 들어보자. 아니면 당신이 직접 고안해서 당신의 이야기에 활용해봐도 좋다.

두 번째로, 좋은 글을 읽고 나쁜 글은 고쳐 써보자. 열심히 일하는 작가들은 글을 쓰지 않는 시간의 대부분을 책에 코를 박고 보낸다. 소설과 희곡, 시나리오, 방송 대본 등 가리지 않고 읽어나간다. 무대에서, 그리고 크고 작은 매체의 영상에서 대사가 어떻게 연기되는지 보고 또 듣는다. 그렇게 해서 그들이 읽고 본 모든 이야기들의 부산물로서의 대사, 그리고 그들이 온종일 지나친 모든 살아 있는 수다로 채색된 대사를 듣는 귀를 키운다.

쿠엔틴 타란티노의 대사는 자연스러운 말소리와 풍부한 표현력이 탁월한 균형을 이룬다. 현실에서는 아무도 타란티노의 인물들처럼 말을 하지 않지만, 관객은 마치 길거리에서 따온 것인 양 그 속사포 같은 말들을 그대로 받아들인다. 테네시 윌리엄스의 시적 대사는 병에서 와인을 따르듯 흘러나온다. 밑바닥 인물들의 세련된 재담을 만들어내기로는 소설가 엘모어 레너드를 능가할 사람이 없다. 이런 저명한 작가들의 대사는 일상의 수다처럼 귀에 쏙쏙 들어오는데, 그러면서도 특유의 목소리를 지닌 고유한 인물들을 표현해낸다.

반대로 혹시 형편없게 쓰인 대본이나 책을 읽게 되더라도, 곧바로 그 작가를 외면하고 읽던 글을 내동댕이치지는 말길 바란다. 읽던 것으로 돌아가 그의 글을 고쳐 써보자. 작가의 단어들을 지우고 당신의 단어를 넣어보자. 형편없는 대사를 고쳐 써보는 것이야말로 내가 아는 한 가장 빠르게, 가장 효과적으로 작가로서의 재능을 훈련하는 방법이다.

인물에 기반한 글쓰기를 하자

장면을 상상할 수 있는 각도는 두 가지다. 밖에서 안으로 향하느냐, 안에서 밖으로 향하느냐.

밖에서 안을 향해 글을 쓰는 작가는 인물들의 삶이 펼쳐지는 극장에서 10열 중간쯤 앉은 관객이 되어, 자신의 상상력이 발휘되는 걸 관찰하면서 장면을 지켜보고 대사를 엿듣는다. 이런 기법은 사건을 즉석에서 만들 자유가 허용돼서, 일어날 수 있는 모든 사건마다 무한정 변주가 가능하다. 작가가 가능한 선택지들을 검토하고 실험하고 시행착오를 거친 끝에, 전환점을 중심으로 장면의 형태가 잡히는 이상적인 시퀀스를 찾아낸다.

이런 객관적 방법은 개방적이고 탄력적이긴 하지만 피상적인 수준에 머물 위험이 있다. 작가가 늘 바깥에서 '저쪽의' 인물들을 상상하다 보면, 작가의 인식이 얄팍해지고 인물들의 내면에 흐르는 감정의 기류와 접촉이 끊어질 수 있다. 이런 감정의 기류야말로 인물들의 행동을 추동하고 다시 행동에서 말로 움직이는 동력이다. 그러니 작가가 이 기류를 놓치면, 대사는 내용과 형식에서 많은 결함을 노출하게 된다.

그래서 작가는 안에서 밖으로 향하는 각도로도 작업을 한다. 이때 작가는 인물이라는 존재의 한복판, '나'라는 이름에 답하는 인간성의 가장 응축된 핵심에 자신을 앉혀둔다. 이런 안쪽 각도에서 인물의 눈을 통해 인생을 바라보고, 작가 자신의 상상이 빚어낸 사건들을 경험해본다.

그렇게 해서 작가가 그 인물을 연기하는 첫 번째 배우가 되는 것이다. 작가는 남녀노소 가리지 않고 모든 인물들 안에 들어가 안에서 밖으로 인물의 형태를 잡아가는 즉흥연기의 달인이다. 현재에 살아 숨 쉬는 인물이 되어, 인물이 원하는 걸 손에 넣기 위해 몸부림쳐보고, 감정과 충동에 휩싸여보고, 인물의 욕망을 가로막는 세력에 맞서 이런저런 행동을 취해본다. 인물이 느끼는 것을 작가도 느끼고, 인물의 심장에 맞춰 작가의 맥박도 빨라진다. 이런 주관적 대사 창작법을 나는 **인물에 기반한 글쓰기**라 부른다.

'인물에 기반한 글쓰기'를 하기 위해, 전설적인 연기지도자 콘스탄틴 스타니슬랍스키의 '마법의 만약에(Magic If)' 개념을 활용해보자. "만약 내 인물이 이런 상황에 처한다면 그는 어떻게 행동할까?"라고 물으면 안 된다. 그건 그 배역의 바깥에서 안을 들여다보는 시각이다. 당신은 그 인물이 아니므로, "만약 내가 이런 상황에 처한다면 나는 어떻게 행동할까?"라고 물어서도 안 된다. 어떤 상황에서 당신이 느끼고 행하고 말하는 것은 그 인물의 행위와 거리가 멀 것이다. 그러니 이렇게 물어야 한다. "만약 내가 이 상황에서 그 인물이라면, 나는 어떻게 행동할까?" 당신이라는 존재에서 출발하되 당신 자신으로서가 아니라 이야기 속의 인물로서 행위를 창조해야 한다.

실제로 아리스토파네스부터 셰익스피어, 몰리에르, 해럴드 핀터에 이르기까지 유명 극작가들의 이력을 들여다보면, 그들이 모두 배우로 출발했다는 공통점이 있다. 소설가들에게도 연기는 대사 쓰기를 준비하는 가장 좋은 방법이 될 수 있다.

아버지 찰스 디킨스의 전기에서 메이미 디킨스는 아버지의 작업을 지켜보던 장면을 이렇게 묘사한다.

아버지가 책상에서 정신없이 빠르게 글을 쓰는 사이 나는 아무 소리도 내지 않으려 안간힘을 쓰며 소파에 누워 있었다. 그런데 느닷없이 아버지가 의자에서 벌떡 일어나더니 책상 근처에 달린 거울 앞으로 달려갔다. 아버지가 얼굴을 괴상하게 일그러뜨려 지은 표정이 거울에 비쳐 내 눈에까지 보였다. 아버지는 다시 황급히 책상 앞으로 돌아가 잠시 맹렬하게 글을 써 내려갔다. 그러더니 이번에는 내가 있는 쪽으로 몸을 틀었는데, 나를 보지는 못한 것 같고, 그저 나지막이 빠르게 말을 하기 시작했다. 이런 행동도 잠시, 곧 책상으로 돌아앉고는 그 자세로 줄곧 점심때까지 조용히 글을 썼다. 나로서는 참 궁금한 경험 가운데 하나였고, 한참 나중까지 아버지의 취지를 충분히 이해하지 못했다. 그러다가 알게 되었다. 아버지는 타고난 열정으로, 본인이 창조하는 인물 속으로 자신을 완전히 던져 넣었다는 것을, 그리고 그 잠깐 동안은 아버지 주변을 보지 못하는 것은 물론이고, 실제로 아버지가 아버지의 피조물이 되어 상상 속에서처럼 움직였다는 것을.[1]

당신의 인물이 타고난 본성에 충실하게 말을 하게 하려면, 디킨스처럼 직접 인물을 연기해보자. 인물의 생각이 당신 머릿속을 뛰어다니게 해보자. 그런 다음 어휘, 문법, 구문, 발음, 비유, 표현, 발성, 관용어, 속도 등등 모든 윤곽을 동원해 인물의 언어에 형태를 잡아보자. 언어의 세세한 특징에 세심한 주의를 기울여 창조해낸 유일무이한 목소리는 관객의 귀를 사로잡고 관객의 기억에 오래도록 남는다.

혹시 그런 뒤에도 여전히 클리셰의 수렁에서 헤어나지 못하면, 다른 방법을 시도해보길 권한다. 컴퓨터를 끄고 즉흥연기 수업에 등록해라. 다른 수강생들 앞에서 즉석에서 대사를 고안할 정도가 되면, 혼자 책상 앞에 앉아서도 할 수 있게 될 것이다.

일단 안에서 밖으로 장면을 만들었으면, 다시 밖에서 안으로 장면을 상상해보자. 두 각도에서 번갈아 장면을 상상하는 훈련을 해야 기능이 충분히 발전한다. 마지막으로 마치 당신이 최초의 독자 혹은 관객인 것처럼,

편안히 앉아 장면을 당신에게 작동시켜 보자.

대사를 쓰는 기술을 향상하려면, 내적 행동으로서의 말이 외적 행위로 나타나도록 말을 세심히 빚어야 한다. 상상에서 지면 위로 작업이 순조롭게 흘러가고 당신이 쓴 말이 옳다고 느껴질 때는, 작업을 멈추고 분석하려 하지 말고 계속 써 나가라. 그러나 장면이 당신의 감각과 충돌하면, 그래서 혼란이 창의성을 질식시키면, 그럴 땐 어떻게 할까? 질문을 던져야 한다.

핵심적인 질문들

대사를 쓰는 동안 작가의 머릿속에는 자연히 의심이 줄을 잇는다. 어느 감각을 겨냥해서 글을 써야 하나? 눈인가, 귀인가? 지나치게 많은 묘사는 자칫 인물의 초상화로 굳어질 수 있고, 지나치게 많은 대사는 지루한 낭독이 될 수 있다. 그렇다면 어느 정도가 지나치게 많은 것이고, 어느 정도가 지나치게 적은 것일까?

설계와 목적에 대한 고민도 이어진다. 이 대사가 인물을 위해 하는 일이 무엇일까? 비트에서는? 장면에서는? 이야기 전체로서는? 눈가리개를 하고 한 손에 검, 한 손에 저울을 든 정의의 여신처럼, 모든 작가는 자신이 판단하는 장면 하나하나마다 이미지와 말의 균형, 말과 침묵의 균형을 저울질한다.

창의성은 정답을 학습하는 게 아니다. 가장 강력한 질문을 던지는 것이다. 장면과 대사 설계에 관해 새로이 얻은 지식을 창의적 실천에 적용하려면, 질문을 던져야 한다. 당신이 가진 재능의 최고치까지 닿을 수 있도록 당신의 글쓰기와 퇴고에 길잡이가 돼줄 몇 가지 질문들을 소개한다. 작업이 막힐 때마다 인물 한 사람 한 사람의 관점에서 아래 질문들을 던져보고 분명한 대답을 찾다 보면, 작업에 다시 탄력이 붙고, 억눌렸던 재능도 되살아날 것이다.

이 질문들에 대한 대답들이 모여서, 대사에 최대한 힘을 실어주는 서브텍스트가 만들어진다.

- **배후 욕망:** 인물이 처한 상황과 인물의 인간관계를 둘러싸고 있는 배후 욕망은 무엇인가? 이 배후 욕망이 인물의 행동 선택과 언어 사용을 어떻게 제한하고 통제하는가? 인물이 최소한 지금 단계에서 취할 수 없는 행동은 무엇이고, 쓸 수 없는 말은 무엇인가?

- **욕망의 대상:** 삶의 균형을 회복하기 위해 인물이 무엇을 원한다고 자신에게 말하는가? 서브텍스트를 들여다보면 인물의 잠재의식적 욕망도 보이는가? 그렇다면, 이 두 가지 욕망이 어떻게 서로 모순되는가?

- **상위 의도:** 행동의 골격을 따라 인물을 추동하는 힘은 무엇인가? 단지 의식적 필요일 뿐인가, 아니면 잠재의식 속에서 또 다른 욕망이 인물을 방해하는가? 인물의 최대의 적이 인물 자신인가?

- **장면 의도:** 현재 인물의 장면 의도는 무엇인가? 인물이 무엇을 원하는 것처럼 보이는가? 다차원적인 복잡한 인물이라면 이런 질문도 필요하다. 인물이 진정 원하는 게 무엇인가? 잠재의식적인 장면 의도는 무엇인가? 장면 의도가 상위 의도를 추구해가는 한 단계인가? 다시 말해, 전반적인 이야기 진

행 곡선에 비추어 이 장면이 타당한가?

• **동기 부여:** 인물이 원하는 바를 원하는 이유가 무엇인가?

• **장면의 추동자:** 장면이 실현되도록 몰고 가는 인물은 누구인가?

• **적대 세력:** 이 장면에서 갈등을 일으키는 원인은 무엇인가? 인물의 내면에서 비롯하는가? 다른 인물들이나 설정에서 비롯하는가?

• **장면 가치:** 이 장면에서 인물의 삶에 중요한 가치는 무엇인가? 장면 도입부의 가치 값은 무엇인가? 종결부의 가치 값은 무엇인가?

• **서브텍스트:** 겉으로 보이는 인물의 움직임 저변에서 인물이 실제로 하고 있는 행동은 무엇인가? 장면 의도를 추구하면서 인물이 사용할 수 있는 전술은 무엇인가?

• **비트:** 각각의 대사에 깔린 서브텍스트에서 인물이 하는 구체적인 행동은 무엇인가? 이런 행동이 불러올 수 있는 반응은 어떤 것들인가? 이 대사가 비트에서 하는 역할은 무엇인가? 행동인가, 반응인가?

• **비트의 진전:** 비트들이 어떻게 장면을 진전시키는가? 나중 비트가 앞 비트를 점진적으로 넘어서는가?

• **전술:** 이런 말을 이런 식으로 입 밖에 낼 때 인물이 취하는 구체적인 전술은

무엇인가? 어떤 효과를 유발하려 하는가?

- **전환점:** 장면의 가치가 긍정/부정의 곡선에서 어떻게 움직이는가? 장면의 전환점이 어디인가? 정확히 어떤 행위의 비트에서 가치가 최종값으로 바뀌는가?

- **진정한 성격:** 이 장면의 행동 선택이 어떻게 인물들의 진실을 드러내는가?

- **장면의 진전:** 이 장면이 어떻게 이야기를 진전시키는가?

아래 세 가지는 마지막 단계의 길잡이가 될 질문들이다.

- **텍스트:** 표면상 인물들은 자신이 원하는 바를 얻기 위해 무슨 말을 하겠는가? 어떤 말과 표현을 사용해야 인물의 전술과 행동과 반응을 실행하는 데 도움이 되겠는가?

- **해설:** 이 대사에 들어 있는 역사적·사회적·전기적 사실은 무엇인가? 이 사실들이 보이지 않게 극화되어 있는가, 아니면 분명하게 내레이션화되어 있는가? 이 사실의 등장이 너무 늦거나 너무 이른가? 아니면 정확히 알맞은 시점인가?

- **인물묘사:** 인물의 언어 스타일이 인물 개개인의 개성과 배경, 인물묘사로 드러난 기질에 부합하는가?

모든 비트마다 이 질문들을 던지고 답을 구해보기 바란다. 장면의 대사를 쓰는 도중에 다시 이 질문들을 묻고 답하고, 장면을 다 쓰고 나서 세 번째로 이 질문들을 묻고 답해보자. 최고의 질문이 최고의 대답을 만들어 낸다.

마지막 몇 마디

처음에는 인물에 기반한 글쓰기가 힘에 벅차게 느껴질 수도 있다. 그러나 살아오는 내내 당신은 이미 본능적으로 이 기법을 실행해본 경험이 있다. 타인과의 대립을 겪고 나서 매번 어떻게 하는가? 상상 속에서 그 장면을 처음부터 끝까지 다시 돌려보면서 원래 흘러갔어야 하는 방향대로 다시 만들고 수정하게 된다. 당신 머릿속과 상대방의 머릿속에 당신을 집어넣고, 상상력을 발휘해 그 갈등 상황을 비트별로 재창조해봤을 것이다. 장담컨대, 그렇게 고쳐 쓴 인생의 장면은 늘 생생하고 효과적일 것이다. 대사를 쓸 때도 인생의 장면을 고쳐 쓸 때와 본질적으로 똑같이 하면 된다.

인물 특유의 대사를 창조하려면 주위 사람들을 면밀히 관찰하고 소설과 비소설을 두루 읽어 인간의 행위에 대한 지식을 수집해야 한다. 그러나 결국 인물을 훌륭히 그려낸 모든 글쓰기의 원천은 자기인식에 뿌리를 두고 있다. 안톤 체호프도 말하지 않던가. "인간 본성에 대해 내가 아는 모든 것을 나는 나 자신에게서 배웠다."고.

본질적으로 당신이 창조하는 인물은 당신 안에 있고, 그들의 말은 당신의 상상 속에 있다. '마법의 만약에'를 질문하자. "만약 내가 이 상황에서 이 인물이라면 나는 무엇을 행하고 무슨 말을 하겠는가?" 그리고 정직한 대답을 찾아 귀를 기울이자. 정직한 대답은 항상 옳다. 당신이 말하고 행하는 것이 곧 인간의 일일 것이다.

당신 인간성의 미스터리를 간파할수록, 타인의 인간성을 더 이해하고 그들의 독특한 표현 방식을 이해할 수 있다. 당신의 자기인식이 성숙할수록 당신은 여러 사람이 될 수 있다. 그들을 창조하고 그들을 연기하며 그들의 목소리로 말할 수 있다. 그러니,

"건배하자, 내 눈앞의 당신에게. Here's looking at you, kid."

주

제1장 대사에 대한 충분한 정의

1. Joh L. Austin, *How to Do Things with Words*, ed. J. O. Urmson and Marian Sbisà (Oxford, England: Oxford University Press, 1962).
2. Hjalmar Söderberg, *Doctor Glas*, trans. Paul Britten Austin (London: The Harvill Press, 2002).
3. James E. Hirsh, *Shakespeare and the History of Soliloquies* (Madison, New Jersey: Fairleigh Dickinson University Press, 2003).
4. Jay McInerney, *Bright Lights, Big City* (New York: Random House, 1984).
5. Bruce Norris, *Clybourne Park* (New York: Faber and Faber, Inc., 2011).
6. Jonathan Franzen, *The Corrections* (New York: Farrar, Straus and Giroux, 2001).

제2장 대사의 세 가지 기능

1. Edward T. Hall, *The Silent Language* (New York: Anchor Books, 1973). First published 1959.
2. Elizabeth Bowen, *Afterthought: Pieces about Writing* (London: Longmans, 1962).

제3장 표현성 1: 내용

1. Edward T. Hall, *Beyond Culture* (New York: Anchor Books, 1977).

제4장 표현성 2: 형식

1. Peter Brook, *The Empty Space* (New York: Touchstone, 1968).
2. Yasmina Reza and Christopher Hampton, *The God of Carnage* (London: Faberand Faber Limited, 2008).
3. David Means, *Assorted Fire Events: Stories* (New York: Faber and Faber, Inc., 2000).
4. Robert Penn Warren, *All the King's Men* (New York: Harcourt, Brace and Co., 1946).
5. Ken Kesey, *One Flew Over the Cuckoo's Nest* (New York: Viking Press, 1964).
6. Julian Barnes, *The Sense of an Ending* (New York: Vintage Books, 2011).

제5장 표현성 3: 기법

1. Ezgi Akpinar and Jonah Berger, "Drivers of Cultural Success: The Case of Sensory Metaphors," *Journal of Personality and Social Psychology*, 109(1) (Jul 2015), 20–34.
2. Malcolm Gladwell, *Blink* (New York: Little, Brown and Company, 2005).
3. David Means, *Assorted Fire Events: Stories* (New York: Faber and Faber, Inc., 2000).
4. Norman Mailer, *An American Dream* (New York: The Dial Press, 1964).
5. Yasmina Reza and Christopher Hampton, *Art in Yasmina Reza: Plays 1* (London: Faber and Faber Limited, 2005).
6. William Strunk Jr. and E. B. White, *The Elements of Style* (London: Longman, 1997).

제6장 신뢰성의 결함

1. A. H. Maslow, "A Theory of Human Motivation," *Psychological Review*, 50(1943), 370–96.
2. Michael Burleigh, *Sacred Causes* (New York: HarperCollins, 2006).

제7장 언어의 결함

1. Betty Kirkpatrick, *The Usual Suspects and Other Clichés* (London: A & C Black Academic and Professional, 2005).
2. George Orwell, "Politics and the English Language," *Horizon Magazine*, 13(1946).

제11장 네 가지 사례연구

1. Mark Van Doren, *Shakespeare* (New York: Doubleday, 1965).
2. Robert McKee, *Story: Substance, Structure, Style and the Principles of Screenwriting* (New York: ReganBooks, HarperCollins, 1997).
3. McKee, *Story*.

제12장 이야기, 장면, 대사

1. McKee, *Story*.
2. McKee, *Story*.
3. McKee, *Story*.
4. McKee, *Story*.
5. Hall, *Beyond Culture*.
6. McKee, *Story*.
7. McKee, *Story*.
8. McKee, *Story*.
9. McKee, *Story*.
10. McKee, *Story*.
11. McKee, *Story*.

제14장 코믹한 갈등―「프레이저」

1. Marvin Carlson, *Theories of the Theatre* (Ithaca and London: Cornell University Press, 1984).

제17장 반사적 갈등―「엘제 양」, 「순수 박물관」

1. Bruce Hood, *The Self Illusion* (New York: Oxford University Press, 2012).
2. David Eagleman, *Incognito: The Secret Lives of the Brain* (New York: Pantheon Books, 2011).
3. Jurgen Ruesch and Gregory Bateson, *Communication: The Social Matrix of Psychiatry* (New York: W. W. Norton & Co, 1987).

제18장 암묵적 갈등 — 「사랑도 통역이 되나요?」

1. This phrase originated in the line "Well, less is more, Lucrezia: I am judged" from Robert Browning's dramatized poem "Andrea del Sarto" (1855).

제19장 기능을 자유자재로 구사하려면

1. Mamie Dickens, *Charles Dickens* (Charleston, South Carolina: Nabu Press, 2012).

DIALOGUE

부록

이 책에 등장한 작품들
인명 원어 표기

이 책에 등장한 작품들

<영화>

300
미국/2007년
감독: 잭 스나이더Zack Snyder
시나리오: 마이클 고든Michael Gordon, 커트 존스
타드Kurt Johnstad, 잭 스나이더
원작: 프랭크 밀러Frank Miller, 린 바리Lynn
Varley의 만화

감각의 제국 愛のコリダ
프랑스, 일본/1976년
감독, 시나리오: 오시마 나기사大島渚

겨울 빛 NATTVARDSGÄSTERNA
스웨덴/1963년
감독, 시나리오: 잉마르 베리만Ingmar Bergman

그랜드 부다페스트 호텔
THE GRAND BUDAPEST HOTEL
독일, 영국/2014년
감독, 시나리오: 웨스 앤더슨Wes Anderson
원안: 슈테판 츠바이크Stefan Zweig의 두 권의 소설

글래디에이터 GRADIATOR
미국, 영국/2000년
감독: 리들리 스콧Ridley Scott
시나리오: 데이비드 프란조니David H. Franzoni,
존 로건 John Logan, 윌리엄 니콜슨William
Nicholson

네브라스카 NEBRASKA
미국/2013년

감독: 알렉산더 페인Alexander Payne
시나리오: 밥 넬슨Bob Nelson

다크 패시지 DARK PASSAGE
미국/1947년
감독, 시나리오: 델머 데이브즈Delmer Daves
원작: 데이비드 구디스David Goodis의 소설

대부 THE GODFATHER
미국/1972년
감독: 프랜시스 포드 코폴라Francis Ford Coppola
시나리오: 프랜시스 포드 코폴라, 마리오 푸조Mario
Puzo
원작: 마리오 푸조의 소설

대부 2 THE GODFATHER PART II
미국/1974년
감독: 프랜시스 포드 코폴라Francis Ford Coppola
시나리오: 프랜시스 포드 코폴라, 마리오 푸조Mario
Puzo
원작: 마리오 푸조의 소설

더 캣 DR. SEUSS' THE CAT IN THE HAT
미국/2003년
감독: 보 웰치Bo Welch
시나리오: 알렉 버그 Alec Berg, 데이비드 만델
David Mandel, 제프 샤퍼Jeff Schaffer
원작: 닥터 수스Dr. Seuss의 동화

디센던트 THE DESCENDANT
미국/2011년
감독: 알렉산더 페인Alexander Payne
시나리오: 알렉산더 페인, 냇 팩슨Nat Faxon, 짐 래
쉬Jim Rash
원작: 카우이 하트 헤밍스Kaui Hart Hemmings의
소설

디파티드 THE DEPARTED
미국/2006년
감독: 마틴 스콜세지Martin Scorsese
시나리오: 윌리엄 모나한William Monahan
원작: 홍콩 영화 「무간도」의 리메이크작

매트릭스 MATRIX
미국/1999년
감독, 시나리오: 릴리 워쇼스키Lilly Wachowski, 라나 워쇼스키Lana Wachowski

메멘토 MEMENTO
미국/2014년
감독, 시나리오: 크리스토퍼 놀란Christopher Nolan
원안: 조나단 놀란Jonathan Nolan

반지의 제왕 3부작 THE LORD OF THE RINGS
미국/2001, 2002, 2003년
감독: 피터 잭슨Peter Jackson
시나리오: 프랜 월시Fran Walsh, 필리파 보엔스Philippa Boyens, 스티븐 싱클레어Stephen Sinclair, 피터 잭슨
원작: J.R.R. 톨킨J.R.R. Tolkien의 소설

배리 린든 BARRY LYNDON
영국/1975년
감독, 시나리오: 스탠리 큐브릭Stanley Kubrick
원작: 색커리W. M. Thackeray의 소설

브로드웨이를 쏴라 BULLETS OVER BROADWAY
미국/1994년
감독: 우디 앨런Woody Allen
시나리오: 우리 앨런, 더글러스 맥그래스Douglas McGrath

블루 재스민 BLUE JASMINE
미국/2014년

감독, 시나리오: 우디 앨런Woody Allen

비상근무 BRINGING OUT THE DEAD
미국/1999년
감독: 마틴 스콜세지Martin Scorsese
시나리오: 폴 슈레이더Paul Schrader

비스트 BEASTS OF THE SOUTHERN WILD
미국/2012년
감독: 벤 제틀린Benh Zeitlin
시나리오: 벤 제틀린, 루시 알리바Lucy Alibar

빅 슬립 THE BIG SLEEP
미국/1946년
감독: 하워드 혹스Howard Hawks
시나리오: 윌리엄 포크너William Faulkner, 리 브래킷Leigh Brackett, 줄스 퍼스먼Jules Furthman
원작: 레이먼드 챈들러Raymond Chandler의 소설

사랑도 통역이 되나요? LOST IN TRANSLATION
미국/2004년
감독, 시나리오: 소피아 코폴라Sofia Coppola

사랑의 블랙홀 GROUNDHOG DAY
미국/1993년
감독: 헤럴드 래미스Harold Ramis
시나리오: 대니 루빈Danny Rubin, 헤럴드 래미스
원안: 대니 루빈

사이드웨이 SIDEWAYS
미국/2005년
감독: 알렉산더 페인Alexander Payne
시나리오: 알렉산더 페인, 짐 테일러Jim Taylor
원작: 렉스 피켓Rex Pickett의 소설

샤레이드 CHARADE
미국/1963년
감독: 스탠리 도넌Stanley Donen

시나리오: 피터 스톤 Peter Stone
원안: 피터 스톤, 마크 벰Marc Behm

소피의 선택 SOPHIE'S CHOICE
미국/1982년
감독, 시나리오: 알란 파큘라Alan J. Pakula
원작: 윌리엄 스타이런William Styron의 소설

쇼생크 탈출 THE SHAWSHANK REDEMPTION
미국/1994년
감독, 시나리오: 프랭크 다라본트Frank Darabont
원작: 스티븐 킹Stephen King의 소설

스타워즈 2: 제국의 역습 STAR WARS: EPISODE V-THE EMPIRE STRIKES BACK
미국/1980년
감독: 어빈 커쉬너Irvin Kershner
시나리오: 로렌스 캐스단Lawrence Kasdan, 리이 브래켓Leigh Brackett
원안: 조지 루카스George Lucas

시계태엽 오렌지 A CLOCKWORK ORANGE
영국/1971년
감독: 스탠리 큐브릭Stanley Kubrick
원작: 안소니 버제스Anthony Burgess의 소설

시티즌 루스 CITIZEN RUTH
미국/1996년
감독: 알렉산더 페인Alexander Payne
시나리오: 알렉산더 페인, 짐 테일러Jim Taylor

아멜리에 LE FABULEUX DESTIN D'AMÉLIE POULAIN
프랑스, 독일/2001년
감독: 장 피에르 주네Jean-Pierre Jeunet
시나리오: 장 피에르 주네Jean-Pierre Jeunet, 귀욤 로랑Guillaume Laurant

악마는 프라다를 입는다 THE DEVIL WEARS PRADA
미국/2006년
감독: 데이비드 프랭클David Frankel
시나리오: 엘라인 브로쉬 멕켄나Aline Brosh McKenna
원작: 로렌 와이스버거Lauren Weisberger의 소설

앙드레와의 저녁식사 MY DINNER WITH ANDRE
미국/1981년
감독: 루이 말Louis Malle
시나리오: 앙드레 그레고리Andre Gregory, 월리스 쇼운Wallace Shawn

애니 홀 ANNIE HALL
미국/1977년
감독: 우디 앨런Woody Allen
시나리오: 우디 앨런, 마샬 브릭먼Marshall Brickman

어거스트: 가족의 초상 AUGUST: OSAGE COUNTY
미국/2013년
감독: 존 웰스John Wells
시나리오: 트레이시 레츠Tracy Letts
원작: 트레이시 레츠의 희곡

어댑테이션 ADAPTATION
미국/2002년
감독: 스파이크 존즈Spike Jonze
시나리오: 찰리 카우프만Charlie Kaufman, 도널드 카우프만Donald Kaufman
원작: 수잔 올리언Susan Orlean

어바웃 슈미트 ABOUT SCHMIDT
미국/2002년
감독: 알렉산더 페인Alexander Payne
시나리오: 알렉산더 페인, 짐 테일러Jim Taylor
원작: 루이스 베글리Louis Begley

올 이즈 로스트 ALL IS LOST

미국/2013년

감독: J. C. 챈더J. C. Chandor

시나리오: J. C. 챈더

와일드 번치 THE WILD BUNCH

미국/1969년

감독: 샘 페킨파Sam Peckinpah

시나리오: 워론 그린Walon Green, 샘 페킨파

원안: 워론 그린, 로이 N. 싱크너Roy N. Sickner

완다라는 이름의 물고기 A FISH CALLED WANDA

영국/1988년

감독: 찰스 크라이튼Charles Crichton, 존 클리스
John Cleese(크레디트에는 빠짐)

시나리오: 존 클리스

원안: 존 클리스, 찰스 크라이튼Charles Crichton

위대한 레보스키 THE BIG LEBOWSKI

미국/1998년

감독: 조엘 코엔Joel Coen

시나리오: 에단 코엔Ethan Coen, 조엘 코엔

유령 신부 CORPSE BRIDE

미국/2005년

감독: 팀 버튼Tim Burton, 마이크 존슨Mike
Johnson

시나리오: 파멜라 페틀러Pamela Pettler, 캐롤라인
톰슨Caroline Thompson

이 투 마마 Y TU MAMA TAMBIEN

미국, 멕시코/2001년

감독: 알폰소 쿠아론Alfonso Cuaron

시나리오: 알폰소 쿠아론, 카를로스 쿠아론Carlos
Cuaron

이보다 더 좋을 순 없다 AS GOOD AS IT GETS

미국/1997년

감독: 제임스 L. 브룩스James L. Brooks

시나리오: 마크 앤드러스Mark Andrus, 제임스 L. 브
룩스

원안: 마크 앤드러스

인사이드 아웃 INSIDE OUT

미국/2015년

감독: 피트 닥터Pete Docter

시나리오: 마이클 안트Michael Arndt

원작: 피트 닥터

일렉션 ELECTION

미국/1999년

감독: 알렉산더 페인Alexander Payne

시나리오: 알렉산더 페인, 짐 테일러Jim Taylor

원작: 톰 페로타Tom Perrotta의 소설

쥬라기 공원 3 JURASSIC PARK III

미국/2001년

감독: 조 존스톤Joe Johnston

시나리오: 피터 버치만Peter Buchman, 알렉산더
페인Alexander Payne, 짐 테일러Jim Taylor

원작: 마이클 크라이튼Michael Crichton의 소설

철의 여인 THE IRON LADY

영국/2011년

감독: 필리다 로이드Phyllida Lloyd

시나리오: 아비 모건Abi Morgan

침묵 TYSTNADEN

스웨덴/1963년

감독, 시나리오: 잉마르 베리만Ingmar Bergman

카사블랑카 CASABLANCA

미국/1942년

감독: 마이클 커티즈Michael Curtiz

시나리오: 줄리어스 J. 엡스타인 Julius J. Epstein, 필립 G. 엡스타인 Philip G. Epstein, 하워드 코치 Howard Koch, 케이시 로빈슨 Casey Robinson(크레디트에는 빠짐)

원작: 머레이 버넷 Murray Burnett과 조안 앨리슨 Joan Alison의 미발표 희곡 「모두가 릭의 가게에 온다 Everybody Comes to Rick's

캐리비안의 해적: 블랙 펄의 저주 PIRATES OF THE CARIBBEAN: THE CURSE OF THE BLACK PEARL

미국/2003년

감독: 고어 버빈스키 Gore Verbinski

시나리오: 테드 엘리엇 Ted Elliott, 테리 로지오 Terry Rossio

원작: 월트 디즈니 Walt Disney

코드네임 콘돌 THREE DAYS OF THE CONDOR

미국/1975년

감독: 시드니 폴락 Sydney Pollack

시나리오: 로렌조 셈플 주니어 Lorenzo Semple Jr., 데이비드 레이피엘 David Rayfiel

원작: 제임스 그레디 James Grady의 소설

크리스마스 스토리 A CHRISTMAS STORY

캐나다, 미국/1983년

감독: 밥 클락 Bob Clark

시나리오: 레이 브라운 Leigh Brown, 진 셰퍼드 Jean Shepard, 밥 클락

원작: 진 셰퍼드의 소설 「우리가 믿는 신 In God We Trust」, 「다른 사람들은 모두 현금으로 지불한다 All Others Pay Cash」

택시 드라이버 TAXI DRIVER

미국/1976년

감독: 마틴 스콜세지 Martin Scorsese

시나리오: 폴 슈레이더 Paul Schrader

토마스 크라운 어페어 THE THOMAS CROWN AFFAIR

미국/1968년

감독: 노만 주이슨 Norman Jewison

시나리오: 앨런 트러스트먼 Alan Trustman

톰 존스의 화려한 모험 TOME JONES

영국/1963년

감독: 토니 리차드슨 Tony Richardson

시나리오: 존 오스본 John Osborne

원작: 헨리 필딩 Henry Fielding의 고전 소설 「톰 존스 The History of Tom Jones, a Foundling」

파이 PI

미국/1998년

감독: 대런 아로노프스키 Darren Aronofsky

시나리오: 대런 아로노프스키, 에릭 왓슨 Eric Watson

원안: 대런 아로노프스키, 에릭 왓슨, 숀 걸릿 Sean Gullette

판의 미로 EL LABERINTO DEL FAUNO

멕시코, 스페인, 미국/2006년

감독, 시나리오: 기예르모 델 토로 Guillermo del Toro

펄프픽션 PULP FICTION

미국/1994년

감독, 시나리오: 쿠엔틴 타란티노 Quentin Tarantino

원안: 쿠엔틴 타란티노, 로저 에버리 Roger Avary

포레스트 검프 FORREST GUMP

미국/1994년

감독: 로버트 저메키스 Robert Zemeckis

시나리오: 에릭 로스 Eric Roth

원작: 윈스텀 그룸 Winston Groom의 소설

핑크 팬더 PINK PANTHER
미국/1963년
감독: 블레이크 에드워즈Blake Edwards
시나리오: 모리스 리클린Maurice Richlin, 블레이크
에드워즈

헐리웃 스토리 POSTCARDS FROM THE EDGE
미국/1990년
감독: 마이크 니콜스Mike Nichols
시나리오: 캐리 피셔Carrie Fisher
원작: 캐리 피셔의 소설

호파 HOFFA
미국/1992년
감독: 대니 드비토Danny DeVito
시나리오: 데이비드 마멧David Mamet

<TV 시리즈>

30 록 30 ROCK
미국/2006~2013년(시즌 1~7)
감독: 돈 스카르디노Don Scardino, 베스 맥카시-밀
러Beth McCarthy-Miller 외
시나리오: 티나 페이Tina Fey, 로버트 카락Robert
Carlock, 잭 버딧Jack Burditt 외

게리 샌드링 쇼 IT'S GARRY SHANDLING'S SHOW
미국/1986~1990년(시즌 1~4)
크리에이터: 게리 샌드링Garry Shandling, 앨런 즈
웨이벨Alan Zweibel
감독: 브래드 그레이Brad Grey, 개리 샌드링

글리 GLEE
미국/2009~2015년(시즌 1~6)
감독: 브래드 팰척Brad Falchuk, 라이언 머피Ryan

Murphy 외
시나리오: 이안 브레넌Ian Brennan, 브래드 팰척,
라이언 머피

내가 그녀를 만났을 때 HOW I MET YOUR MOTHER
미국/2005~2014년(시즌 1~9)
감독: 파멜라 프라이맨Pamela Fryman, 롭 그린버
그Rob Greenberg
시나리오: 카터 베이스Carter Bays, 크레이그 토머
스Craig Thomas 외

더 와이어 THE WIRE
미국/2002~2008년(시즌 1~5)
크리에이터: 데이비드 사이먼David Simon
감독: 죠 채펠리Joe Chappelle, 어니스트 R. 딕커슨
Ernest R. Dickerson, 클락 존슨Clark Johnson 외
시나리오: 데이비드 사이먼, 에드 번스Ed Burns, 데
니스 루헤인Dennis Lehane 외

데드우드 DEADWOOD
미국/2004~2006년(시즌 1~3)
감독: 마이클 알메레이다Michael Almereyda, 데
이비스 구겐하임Davis Guggenheim, 팀 반 패튼
Timothy Van Patten
시나리오: 테드 맨Ted Mann, 데이비드 밀치David
Milch, 조지 퍼트냄George Putnam
원작: 데이비드 밀치

마이 네임 이즈 얼 MY NAME IS EARL
미국/2005~2009년(시즌 1~4)
감독: 크리스 코치Chris Koch 외
시나리오: 바비 보먼Bobby Bowman, 마이클 페
니Michael Pennie, 그레고리 토머스 가르시아
Gregory Thomas Garcia 외
원작: 그레고리 토머스 가르시아

바이킹스 VIKINGS
캐나다/2013년~ (시즌 1~5)
감독, 시나리오: 마이클 허스트Michael Hirst

브레이킹 배드 BREAKING BAD
미국/2008~2013년(시즌 1~5)
크리에이터: 빈스 길리건Vince Gilligan
감독: 빈스 길리건 , 라이언 존슨Rian Johnson, 아담 번스타인Adam Bernstein, 미셸 맥라렌Michelle MacLaren 외
시나리오: 빈스 길리건, 피터 굴드Peter Gould, 조지 마스트라스George Mastras, 존 시반John Shiban 외

사인펠드 SEINFELD
미국/1989~1998년(시즌 1~9)
크리에이티브: 래리 데이비드Larry David, 제리 사인펠드Jerry Seinfeld
시나리오: 래리 데이비드, 제리 사인펠드 외

소프라노스 THE SOPRANOS
미국/1999~2007년(시즌 1~6)
크리에이티브: 데이비드 체이스David Chase
감독: 데이비드 체이스, 앨런 콜터Allen Coulter, 다니엘 아티아스Daniel Attias 외
시나리오: 데이비드 체이스, 제이슨 카힐Jason Cahill, 마이클 임페리올리Michael Imperioli, 테렌스 윈터Terence Winter 외

스파르타쿠스 SPARTACUS
미국/2010~2013년(시즌 1~3)
감독: 마이클 허스트Michael Hurst, 릭 제이콥슨 Rick Jacobson, 제시 원Jesse Warn
시나리오: 아론 헬빙Aaron Helbing, 토드 헬빙 Todd Helbing, 미란다 곽Miranda Kwok 외

왕좌의 게임 GAME OF THRONES
미국/2011년~ (시즌 1~7)
크리에이터: 데이비드 베니오프David Benioff, D. B. 와이스D.B. Weiss
감독: 앨런 테일러Alan Taylor, 다니엘 미나한 Daniel Minahan, 팀 반 패튼 Timothy Van Patten, 브라이언 커크Brian Kirk 외
시나리오: 데이비드 베니오프, 조지 R.R. 마틴 George R.R. Martin, D.B. 와이스 외
원작: 조지 R.R. 마틴의 판타지 소설 「얼음과 불의 노래A Song of Ice and Fire」

저스티파이드 JUSTIFIED
미국/2010~2015년(시즌 1~6)
감독: 아담 아킨Adam Arkin, 존 애브넷Jon Avnet 외
시나리오: 엘모어 레너드Elmore Leonard, 그레이엄 요스트Graham Yost, 데이브 앤드론Dave Andron 외

치어스 CHEERS
미국/1982~1993년(시즌 1~11)
감독: 제임스 버로우즈James Burrows, 앤디 애커먼Andy Ackerman, 존 라첸버거John Ratzenberger, 팀 베리Tim Berry 외
시나리오: 제임스 버로우즈, 글렌 찰스Glen Charles, 레스 찰스Les Charles, 샘 사이먼Sam Simon, 데이비드 리David Lee 외

커브 유어 엔수지애즘 CURB YOUR ENTHUSIAM
미국/2000년~ (시즌 1~10)
감독: 데이비드 스타인버그David Steinberg, 알렉 버그Alec Berg, 데이비드 만델David Mandel, 제프 샤퍼Jeff Schaffer 외
시나리오: 래리 데이비드Larry David, 알렉 버그, 데이비드 만델, 제프 샤퍼 외

트루 디텍티브 TRUE DETECTIVE
미국/2014~2015년(시즌 1~2)
감독: 캐리 후쿠나가Cary Fukunaga 외
시나리오: 닉 피졸라토Nic Pizzolatt

프레이저 FRASIER
미국/1993~2004년(시즌 1~11)
크리에이터: 데이비드 앙겔David Angell, 피터 케이시Peter Casey, 데이비드 리David Lee 외
감독: 데이비드 리, 제임스 버로우즈James Burrows, 앨런 마이어슨Alan Myerson 외
시나리오: 돈 시걸Don Seigel, 제리 퍼지지언Jerry Perzigian, 데이비드 리 외

하우스 오브 카드 HOUSE OF CARDS
미국/2013년~ (시즌 1~5)
감독: 데이비드 핀처David Fincher, 칼 프랭클린Carl Franklin 외
시나리오: 릭 클리버랜드Rick Cleveland
원작: 마이클 돕스Michael Dobbs의 소설

홈랜드 HOMELAND
미국/2011년~ (시즌 1~7)
크리에이터: 하워드 고든Howard Gordon, 알렉스 갠사Alex Gansa, 기디온 래프Gideon Raff 외
감독: 마이클 쿠에스타Michael Cuesta
시나리오: 하워드 고든, 알렉스 갠사, 기디온 래프 외

<소설>

1984
조지 오웰George Orwell
영국/1949년

구스틀 소위 LEUTNANT GUSTL
아르투어 슈니츨러Arthur Schnitzler
독일/1901년

나는 황제 클라우디우스다 I, CLAUDIUS
로버트 그레이브스Robert Graves

영국/1934년

닥터 글라스 DOKTOR GLAS
얄마르 쇠데르베리Hjalmar Söderberg
스웨덴/1905년

댈러웨이 부인 MRS. DALLOWAY
버지니아 울프Virginia Woolf
영국/1925년

돌로레스 클레이본 DOLORES CLAIBORNE
스티븐 킹Stephen King
미국/1993년

돌의 노래 A SONG OF STONE
이언 뱅크스Iain Banks
영국/1997년

두 도시 이야기 A TALE OF TWO CITIES
찰스 디킨스Charles Dickens
영국/1859년

두들기는 소리 THE KNOCKING
데이비드 민스David Means
미국/2010년

라 프리시마 LA PURISIMA
렉스 피켓Rex Pickett
미국/1995년

러블리 본즈 THE LOVELY BONES
앨리스 시볼드Alice Sebold
미국/2002년

렉스 LEGS
윌리엄 케네디William Kennedy
미국/1975년

롤리타 LOLITA
블라디미르 나보코프Vladimir Nabokov
프랑스/1955년

모두가 왕의 부하들 ALL THE KING'S MEN
로버트 펜 워렌Robert Penn Warren
미국/1946년

모비딕 MOBY-DICK
허먼 멜빌Herman Melville
미국/1851년

미망인의 곤경 THE WIDOW PREDICAMENT
데이비드 민스David Means
미국/2000년

밝은 불빛, 대도시 BRIGHT LIGHT, BIG CITY
제이 맥키너니Jay McInerney
미국/1984년

백년 동안의 고독 CIEN ANOS DE SOLEDAD
가브리엘 가르시아 마르케스Gabriel Garcia
Marquez
아르헨티나/1967년

변심 LA MODIFICATION
미셸 뷔토르Michel Butor
프랑스/1957년

보이지 않는 인간 INVISIBLE MAN
랠프 엘리슨Ralph Ellison
미국/1952년

**뻐꾸기 둥지 위로 날아간 새 ONE FLEW OVER
THE CUCKOO'S NEST**
켄 키지Ken Kesey
미국/1962년

순수 박물관 MASUMIYET MÜZESI
오르한 파묵Orhan Pamuk
터키/2008년

아메리카의 꿈 AN AMERICAN DREAM
노먼 메일러Norman Mailer
미국/1965년

암흑의 핵심 HEART OF DARKNESS
조지프 콘래드Joseph Conrad
영국/1899년

얼음과 불의 노래 A SONG OF ICE AND FIRE
조지 마틴George R. R. Martin
미국/1996년~

엘제 양 FRÄULEIN ELSE
아르투어 슈니츨러Arthur Schnitzler
독일/1924년

**열차 사고, 1995년 8월 RAILROAD INCIDENT,
AUGUST 1995**
데이비드 민스David Means
미국/2000년

**예감은 틀리지 않는다 THE SENSE OF AN
ENDING**
줄리언 반스Julian Barnes
영국/2011년

위대한 개츠비 THE GREAT GATSBY
F. 스콧 피츠제럴드F. Scott Fitzgerald
미국/1925년

이런 사랑 ENDURING LOVE
이언 매큐언Ian McEwan
영국/1997년

인생 수정 THE CORRECTIONS

조너선 프랜즌Jonathan Franzen

미국/2001년

한밤의 아이들 MIDNIGHT'S CHILDREN

살만 루시디Salman Rushdie

영국/1980년

장미의 이름 THE NAME OF THE ROSE

움베르토 에코Umberto Eco

이탈리아/1980년

전쟁과 평화 VOINA I MIR

레프 톨스토이Leo Tolstoy

러시아/1864 1869년

젊은 예술가의 초상 A PORTRAIT OF THE ARTIST AS A YOUNG MAN

제임스 조이스James Joyce

미국/1916년

질투 LA JALOUSIE

알랭 로브그리예Alain Robbe-Grillet

프랑스/1957년

처녀들, 자살하다 THE VIRGIN SUICIDES

제프리 유제니디스Jeffrey Eugenides

미국/1993년

캐치-22 CATCH-22

조지프 헬러Joseph Heller

미국/1961년

킬리만자로의 눈 THE SNOW OF KILIMANJARO

어니스트 헤밍웨이Ernest Hemingway

미국/1936년

표적 OUT OF SIGHT

엘모어 레너드Elmore Leonard

미국/1996년

프랑스 중위의 여자 THE FRENCH LIEUTENANT'S WOMAN

존 파울즈John Fowles

영국/1969년

흰 코끼리 같은 언덕 HILLS LIKE WHITE ELEPHANTS

어니스트 헤밍웨이Ernest Hemingway

미국/1927년

<희곡>

강자 DEN STARKARE

아우구스트 스트린드베리August Strindberg

스웨덴/1889년

고도를 기다리며 EN ATTENDANT GODOT

사무엘 베케트Samuel Beckett

프랑스/1953년

나는 나의 아내다 I AM MY OWN WIFE

더그 라이트Doug Wright

미국/2003년

누가 버지니아 울프를 두려워하랴? WHO'S AFRAID OF VIRGINIA WOOLF?

에드워드 올비Edward Albee

미국/1962년

당신이 좋으시다면 S'IL VOUS PLAÎT

앙드레 브르통André Breton, 필리프 수포Philippe
Soupault

프랑스/1920년

대머리 여가수 LA CANTATRICE CHAUVE

외젠 이오네스코Eugène Ionesco

프랑스/1950년

대성당의 살인 MURDER IN THE CATHEDRAL

T. S. 엘리엇T. S. Eliot

영국/1935년

대학살의 신 GOD OF CARNAGE

야스미나 레자Yasmina Reza

프랑스/2006년

뜻대로 하세요 AS YOU LIKE IT

윌리엄 셰익스피어William Shakespeare

영국/1599~1600년

리처드 3세 THE TRAGEDY OF RICHARD III

윌리엄 셰익스피어William Shakespeare

영국/1592~1593년

마크 트웨인, 투나잇! MARK TWAIN TONIGHT!

마크 트웨인Mark Twain, 할 홀브록Hal Holbrook

미국/1954년

맥베스 THE TRAGEDY OF MACBETH

윌리엄 셰익스피어William Shakespeare

영국/1606년

상실 THE YEAR OF MAGICAL THINKING

존 디디온Joan Didion

미국/2007년

소야곡 A LITTLE NIGHT MUSIC

스티븐 손하임Stephen Sondheim

미국/1973년

속편 각인각색 EVERY MAN OUT OF HIS HUMOR

벤 존슨Ben Jonson

영국/1599년

신의 아그네스 AGNES OF GOD

존 피엘마이어John Pielmeier

미국/1979년

아가멤논 AGAMEMNON

아이스킬로스Aeschylus

그리스/기원전 5세기

아이스맨이 오다 THE ICEMAN COMETH

유진 오닐Eugene O'Neill

미국/1946년

아트 ART

야스미나 레자Yasmina Reza

프랑스/1994년

안티고네 ANTIGONE

소포클레스Sophocles

그리스/기원전 4세기

어느 저녁의 서리 AN EVENING'S FROST

도널드 홀Donald Hall

미국/1965년

엘렉트라 ELECTRA

소포클레스Sophocles

그리스/기원전 4세기

연극 PLAY
사무엘 베케트Samuel Beckett
독일/1963년

오셀로 THE TRAGEDY OF OTHELLO
윌리엄 셰익스피어William Shakespeare
영국/1603~1604년

오이디푸스 왕 OEDIPUS REX
소포클레스Sophocles
그리스/기원전 4세기

왕은 죽어가다 LE ROI SE MEURT
외젠 이오네스코Eugène Ionesco
프랑스/1962년

욕망이라는 이름의 전차 A STREETCAR NAMED DESIRE
테네시 윌리엄스Tennessee Williams
미국/1947년

우리 읍내 OUR TOWN
손튼 와일더Thornton Wilder
미국/1938년

유리동물원 THE GLASS MANAGERIE
테네시 윌리엄스Tennessee Williams
미국/1944년

줄리어스 시저 THE TRAGEDY OF JULIUS CAESAR
윌리엄 셰익스피어William Shakespeare
영국/1599년

컴퍼니 COMPANY
스티븐 손하임Stephen Sondheim, 조지 퍼스
George Furth
미국/1970년

크라프의 마지막 테이프 KRAPP'S LAST TAPE
사무엘 베케트Samuel Beckett
영국/1958년

클라이본 파크 CLYBOURNE PARK
브루스 노리스Bruce Norris
미국/2010년

태양 속의 건포도 A RAISIN IN THE SUN
로레인 헨즈베리Lorraine Hansberry
미국/1959년

피의 결혼 BODAS DE SANGRE
페데리코 가르시아 로르카Federico García Lorca
스페인/1933년

인명 원어 표기

E. B. 화이트 E. B. White

F. 스콧 피츠제럴드 F. Scott Fitzgerald

J. C. 챈더 J. C. Chandor

J. L. 오스틴 J. L. Austin

T. S. 엘리엇 T. S. Eliot

가브리엘 가르시아 마르케스 Gabriel Garcia Marquez

군나르 비욘스트란드 Gunnar Bjornstrand

그레이엄 요스트 Graham Yost

기예르모 델 토로 Guillermo del Toro

노먼 메일러 Norman Mailer

니콜라스 케이지 Nicolas Cage

닉 피졸라토 Nic Pizzolatto

다니엘 히메네 카초 Daniel Giménez Cacho

다이앤 위스트 Dianne Wiest

더글러스 맥그래스 Douglas McGrath

데이비드 리 David Lee

데이비드 민스 David Means

데이비드 앙겔 David Angell

데이비드 체이스 David Chase

데이비드 하이드 피어스 David Hyde Pierce

도널드 홀 Donald Hall

돈 시걸 Don Seigel

래리 데이비드 Larry David

랠프 엘리슨 Ralph Ellison

레이먼드 챈들러 Raymond Chandler

렉스 피켓 Rex Pickett

로레인 브라코 Lorraine Bracco

로레인 헨즈베리 Lorraine Hansberry

로렌 바콜 Lauren Bacall

로버트 그레이브스 Robert Graves

로버트 드니로 Robert De Niro

로버트 레드포드 Robert Redford

로버트 브라우닝 Robert Browning

로버트 펜 워렌 Robert Penn Warren

로버트 프로스트 Robert Frost

루디야드 키플링 Rudyard Kipling

루비 디 Ruby Dee

루이스 C. K. Louis C. K.

루이스 고셋 주니어 Louise Gossett Jr.

리 브래킷 Leigh Brackett

리처드 마시 Richard Marsh

마이클 호던 Michael Hordern

마크 오로위 Mark O'Rowe

마크 트웨인 Mark Twain

마틴 스콜세지 Martin Scorsese

매튜 매커너히 Mattew McConaughey

메릴 스트립 Meryl Streep

메이미 디킨스 Mamie Dickens

모린 프릴리 Maureen Freely

몰리에르 Moliere

미셸 뷔토르 Michel Butor

미켈티 윌리암슨 Mykelti Williamson

밥 클락 Bob Clark

밥 호프 Bob Hope

배리 골드워터 Barry Goldwater

벤 존슨 Ben Jonson

보 데렉 Bo Derek

브라이언 크랜스턴 Bryan Cranston

블라디미르 나보코프 Vladimir Nabokov

빈스 길리건 Vince Gilligan

사무엘 베케트 Samuel Beckett

사무엘 테일러 콜리지 Samuel Taylor Coleridge

샘 페킨파 Sam Peckinpah

소포클레스 Sophocles

소피아 코폴라 Sofia Coppola

손튼 와일더 Thornton Wilder

스티브 맥퀸 Steven McQueen

스티븐 손하임 Stephen Sondheim

스티븐 콜베어 Stephen Colbert

스티븐 킹 Stephen King

시드니 포이티어 Sidney Poitier

아르투어 슈니츨러 Arthur Schnitzler

아리스토텔레스 Aristoteles

아리스토파네스 Aristophanes

아우구스트 스트린드베리 August Strindberg

아이스킬로스 Aeschylus

안톤 체호프 Anton Chekhov

알랭 로브그리예 Alain Robbe-Grillet

알렉 볼드윈 Alec Baldwin

알렉산더 페인 Alexander Payne

앙드레 뒤솔리에 André Dussollier

앙드레 브르통 André Breton

앤 헤서웨이 Anne Hathaway

앨리스 시볼드 Alice Sebold

야스미나 레자 Yasmina Reza

얄마르 쇠데르베리 Hjalmar Söderberg

어니스트 헤밍웨이 Ernest Hemingway

어윈 피스카토르 Erwin Piscator

에드거 앨런 포 Edgar Allan Poe

에드워드 8세 Edward VIII

에드워드 올비 Edward Albee

에밀리 블런트 Emily Blunt

엘리자베스 뱅크스 Elizabeth Banks

엘리자베스 보웬 Elizabeth Bowen

엘모어 레너드 Elmore Leonard

오드리 헵번 Audrey Hepburn

오르한 파묵 Orhan Pamuk

오스카 와일드 Oscar Wilde

오시마 나기사 大島渚

외젠 이오네스코 Eugène Ionesco

우디 앨런 Woody Allen

우디 해럴슨 Woody Harrelson

움베르토 에코 Umberto Eco

월리스 심슨 Wallis Simpson

윌리엄 골드먼 William Goldman

윌리엄 셰익스피어 William Shakespeare

윌리엄 스트렁크 William Strunk Jr.

윌리엄 케네디 William Kennedy

윌리엄 포크너 William Faulkner

유진 오닐 Eugene O'Neill

이언 매큐언 Ian McEwan

이언 뱅크스 Iain Banks

잉그리드 툴린 Ingrid Thulin

잉마르 베리만 Ingmar Bergman

잭 니콜슨 Jack Nicholson

제리 사인펠드 Jerry Seinfeld

제리 퍼지지언 Jerry Perzigian

제이 맥키너니 Jay McInerney

제임스 갠돌피니 James Gandolfini

제임스 조이스 James Joyce

제임스 휘슬러 James Whistler

제즈 버터워스 Jez Butterworth

제프리 유제니디스 Jeffrey Eugenides

조너선 프랜즌 Jonathan Franzen

조니 뎁 Johnny Depp

조지 루카스 George Lucas

조지 마틴 George R. R. Martin

조지 오웰 George Orwell,

조지 퍼스 George Furth

조지프 콘래드 Joseph Conrad

존 디디온 Joan Didion

존 피엘마이어 John Pielmeier

줄리언 반스 Julian Barnes

줄스 퍼스먼 Jules Furthman

진 셰퍼드 Jean Shepard

짐 테일러 Jim Taylor

찰스 디킨스 Charles Dickens

찰스 리드 Charles Reade

캐리 그랜트 Cary Grant

케네스 버크 Kenneth Burke

케빈 스페이시 Kevin Spacey

케이트 블란쳇 Cate Blanchett

켄 키지 Ken Kesey

켈시 그래머 Kelsey Grammer

콘스탄틴 스타니슬랍스키 Constantin Stanislavski

쿠엔틴 타란티노 Quentin Tarantino

크리스토퍼 햄튼 Christopher Hampton

옮긴이의 말

　이 책은 로버트 맥키의 「DIALOGUE」를 옮긴 것이다. 맥키의 전작 「STORY 시나리오 어떻게 쓸 것인가」가 국내에서 출간된 건 2002년이었다. 기대했던 것보다 많이 읽혔고, 주변에서 극을 쓰는 사람들, 특히 시나리오를 쓰는 이들 중에선 그 책을 읽지 않은 사람을 거의 보지 못한 것 같다. 어떤 한 권의 책을 두고 그 분야의 종사자들은 모두 읽어야 하는 책이라고 말하는 건 아주 오만방자한 일일 텐데, 그 책은 결과적으로 거의 그렇게 되었다. 그 두껍고 사실 그다지 쉽게 읽히지도 않는 책을 '남이 읽으니 나도' 하는 심정으로 읽었을 것 같진 않다. 아마 그럴 만한 구석이 있었으니까 그랬을 거라고 생각하고 있다.

　그 책의 원제는 단순히 「STORY」였다. 이야기. 그럴듯한 이야기, 의미 있는 이야기, 재미있는 이야기는 어떻게 만들어지는가 하는 질문에 대답하기 위해 거의 600여 쪽(번역본 기준)에 걸쳐 쓴 것인데, 책이 나오고 나서 벌써 16년의 세월이 지나 세세한 내용은 많이 잊혀진 지금 다시 더듬어 생각해보면, 그 책은 모든 '이야기'의 각 단계에서 던져지는 핵심 질문, "그래서 그다음에 어떻게 되는데?"라는 질문에 대해 그동안 많은 작법 책들이 시도해왔던 답변들 중 비교적 체계적이고, 다각적이고, 무엇보다 그 질문의 배후—질문을 던지는 이들의 의도와 욕망에까지 접근해보려는 시도를 해봤다는 면에서 많이 읽힐 만한 가치를 지닌 책이 아니었나 싶다.

"그래서 그다음에 어떻게 되는데?"라는 질문이 이야기를 전해주는 사람에게 던져지는 것이라면, 이야기 속에서 움직이고 있는 인물에게는 "어떻게 할 건데?"라는 질문이 던져진다. 이 질문에는 물론 "어떻게 생각하는데?", "뭐라고 말할 건데?", "그래서 구체적으로 어떻게 행동할(혹은 하지 않을) 건데?" 하는 하위 질문들이 포함되어 있다. 그렇다면 이 질문들은 결국 "그래서 그다음에 어떻게 되는데?"라고 작가에게 던져지던 질문들이 모든 드라마의 등장인물들 한 사람 한 사람을 대상으로 해서 다시 던져지고 있는 것인 셈이다. 그리고 이는 물론, 그 인물들을 데리고 이야기를 만들어내고 있는 작가에게 향하고 있는 질문들이다. 저자 스스로도 이 책 안에서 "대사의 문제는 이야기의 문제"라고 정리하고 있는데, 그는 다시 이렇게 부연한다. "스토리텔링과 대사는 거의 함수적 대칭성을 가지고 움직인다. 이야기가 나쁜 경우에는 대사도 나쁘다." 그러나 그뿐일까. 이야기는 나쁜데 대사가 훌륭한 경우란 없다. 훌륭한 대사의 가장 큰 성립조건은 그것이 좋은 이야기를 만들어내야 한다는 것이기 때문이다. 왜 그런가. 도대체 어떤 대사가 좋은 대사인가.

이 질문은 사실 매우 위험한 질문이다. "어떤 대사가 좋은 대사인가?"라는 질문은 매우 구체적인 질문이라서 구체적인 대답을 요구한다. 그러나 이 질문에 구체적인 대답을 시도하는 순간 우리는 오랜 전통을 지닌, 게다가 다양하기까지 한 힐난성 질문들이 날아오는 걸 목격하게 될 것이다. 그중 대표적인 건, 아마도 "글쓰기에 정답이 어디 있느냐?" 하는 걸 텐데, 이건 맥키로서는 이미 익숙한 일이다. 그의 전작은 바로 그 이유에서 칭송과 비난을 같이 받아왔다. 맥키는 이런 상황을 그리 거북해하지 않는 것 같다. 그는 아예 이 문제를 작품의 주요 모티브 중 하나로 삼고 있는 영화 「어댑테이션」에 직접 출연까지 하면서 자신의 주장을 거듭 강조한다. 맥키는 이 책에서도 이런 시도를 멈추지 않는다. 대사의 종류를 거침없이 분류하고, 실제 작품들의 예를 가지고 와서 그 분류의 타당성을 입증하고, 어떻게 써야 효과적인지 구체적으로 '지도'한다. 예를 들어보자. 맥키는 대사의 형태를 키워드의 문장 속 배치에 따라 서스펜스형(뒤), 누적형(앞), 균형형(혼합) 세 가지로 분류한 후에 서스펜스형에 대해 이렇게 설명한다.

독자의 시선을 지면에, 관객의 귀를 무대와 화면에 붙들어놓는 대사를 구성하는 요체는 도미문掉尾文, periodic sentence을 사용하는 것이다. 도미문은 문장의 마지막 단어에 이르러서야 그 문장의 핵심적인 의미를 내놓는 방식을 말한다. 문장의 앞부분에 수식어나 부차적 아이디어들을 먼저 나열하고 의미는 보류해두었다가 마지막에 꺼내놓음으로써, 도미문은 방해받지 않은 상태에서 그 문장에 대한 흥미를 계속 유지시킬 수 있다. 예를 들어보자. "당신이 내가 그렇게 하는 걸 원하지 않았다면, 왜 나한테 _____을(를) 줬어(했어)?" 저 공란에 어떤 단어를 넣으면 구체적인 의미가 발생하게 될까? 눈길? 총? 입맞춤? 끄덕임? 사진? 돈? 보고서? 미소? 이메일? 아이스크림선디? 상상할 수 있는 거의 모든 명사가 이 문장의 의미를 확정 지을 수 있다. 호기심을 불러일으키기 위해서, 도미문식의 문장 설계는 의미가 드러나는 걸 지연시키고, 그렇게 함으로써 독자/관객이 문장의 첫 단어로부터 마지막 단어까지 궁금증을 가지고 듣도록 강요한다.

다른 말로 하자면, 도미문은 서스펜스형 문장이다.

(…)

서스펜스형 문장은 대사 설계상 가장 극적인 형태일 뿐만 아니라 가장 코믹하기도 하다. 차오르던 긴장을 마지막 핵심 단어로 갑자기 끊어놓는 서스펜스형 문장으로 끝을 내면서 거의 모든 언어적 농담들이 웃음을 유발한다.

(…)

서스펜스형 설계에는 여러 가지 장점이 있지만 그에 못지않게 단점도 있다. 첫째, 의미를 드러내는 게 항상 지연되고, 억지로 만들어내는 것처럼 들릴 수도 있다는 위험이 있다. 둘째, 길게 이어지는 서스펜스형 문장은 독자/관객이 문장의 끝에 도달해서 모든 정보를 취합하게 될 때까지 복잡한 아이디어에서 나오는 너무 많은 정보를 기억하도록 강요할 수도 있다. 너무 장황해지면 서스펜스형 문장은 잘못 직조된 누적형 문장의 경우처럼 지루하고 허약해진다.

(…)

서스펜스형 문장은 그것이 혼자 쓰였든 다른 문장에 병행해서 쓰였든 대사가 가장 강렬하고 극적으로 설계된 형태다. 그러니 긴장, 강조, 느낌의 확장, 그리고 웃음을 얻으려면 핵심 단어를 뒤로 밀어두라.

이처럼, 저자는 유보조항 없이 단언적으로 자신의 분석을 밀고 나갈 뿐만 아니라 구체적인 처방까지 내린다. 게다가 저자는 오히려 전작에서 중점을 두었던 TV 드라마와 영화를 넘어 소설과 희곡으로까지 적극적으로 전선을 확대시킨다. 그의 견해에 따르자면, 이 모든 장르들은 '드라마'를 다루고 있고, '드라마'를 다루는 한 같은 원칙에 지배받기 때문이다.

우리는 지금, 싫든 좋든, 유례없는 매체융합의 시대를 살고 있다. TV

는 대형화되면서 영화와의 장르적 경계가 희미해지는 동시에 시리즈화되면서 장편소설의 영역과도 뒤섞이고 있다. 게임 또한 소설과 같은 명확한 스토리 라인을 가지고 영화와 같은 영상미학을 지향하는 것들이 주류의 큰 갈래를 이루고 있으며, 상당수의 소설, 그래픽 소설, 만화들은 처음부터 영화화를 염두에 두고 기획되기도 한다. '드라마화', 혹은 '드라마의 강화'는 이 모든 흐름의 근본적인 특징을 설명하는 키워드다. 연극은 이런저런 이유들로 인해 이 융합의 흐름에 매우 소극적이지만, '드라마'는 두말할 것 없이 연극의 핵심이어 왔고, 앞으로도 그럴 것이다.

'드라마'를 구성하는 요소는 촬영, 해설, 음향, 조명, 그래픽 등 실로 다양하지만, 가장 중요한 것은 그 안에 들어 있는 인물들이다. '드라마'는 궁극적으로 인물들이 행하는 언어적 행동, 즉 대사를 통해 만들어지고 전달된다. 이 책이 대사를 둘러싼 교육, 생산, 이야기를 보다 활성화시키고 선명하게 만드는 데 도움이 되기를 기대한다.

이 책의 1장에서 8장까지는 고영범이, 9장부터 끝까지는 이승민이 옮긴 후, 용어와 표현, 어조를 통일시키는 작업을 이승민이 다시 하는 과정을 거쳤다. 그럼에도 여전히 서로 다른 느낌을 주는 문장들을 조율하는 데 편집부의 노고가 컸다. 다시 한번 감사의 인사를 전한다.

— 고영범, 이승민

옮긴이 | 고영범

연세대 신학과를 졸업하고 뉴욕공과대 대학원 Communication Arts 석사학위를 받았다. 다수의 텔레비전용 다큐멘터리를 제작, 연출, 촬영했으며, 단편 영화 「낚시 가다」를 연출하여 2002년 오버하우젠단편영화제 경쟁 부문에 선정되었다. 「태수는 왜?」, 「이인실」, 「방문」 등의 희곡을 썼으며, 「에어콘 없는 방」으로 6회 벽산희곡상을 받았다. 옮긴 책으로는 「STORY 시나리오 어떻게 쓸 것인가」, 「레이먼드 카버: 어느 작가의 생」 등이 있다.

옮긴이 | 이승민

연세대 영문과를 졸업하고 뉴욕대 대학원에서 영화와 문학 학제간 연구로 석사학위를 받았다. 단편 영화 「프로그노시스Prognosis」를 프로듀싱했다. 옮긴 책으로는 「STORY 시나리오 어떻게 쓸 것인가」, 「런던을 걷는 게 좋아, 버지니아 울프는 말했다」, 「찰스와 엠마: 다윈의 러브스토리」, 「먼 길로 돌아갈까」, 「웨이파인더」, 「이상한 나라의 앨리스 레시피」 등이 있다.

DIALOGUE 시나리오 어떻게 쓸 것인가 2

1판 1쇄 펴냄 2018년 10월 30일
1판 3쇄 펴냄 2019년 2월 21일

지은이 | 로버트 맥키
옮긴이 | 고영범 · 이승민
발행인 | 박근섭
책임편집 | 강성봉
펴낸곳 | ㈜민음인

출판등록 | 2009. 10. 8 (제2009-000273호)
주소 | 06027 서울 강남구 도산대로 1길 62 강남출판문화센터 5층
전화 | 영업부 515-2000 **편집부** 3446-8774 **팩시밀리** 515-2007
홈페이지 | minumin.minumsa.com

도서 파본 등의 이유로 반송이 필요할 경우에는 구매처에서 교환하시고
출판사 교환이 필요할 경우에는 아래 주소로 반송 사유를 적어 도서와 함께 보내주세요.
06027 서울 강남구 도산대로 1길 62 강남출판문화센터 6층 민음인 마케팅부

한국어판 © (주)민음인, 2018. Printed in Seoul, Korea
ISBN 979-11-5888-456-7 04680
ISBN 979-11-5888-465-9 04680(set)

㈜민음인은 민음사 출판 그룹의 자회사입니다.